KB056379

건강 담론과 사회정책

이 저서는 2018년 대한민국 교육부와 한국연구재단의 지원을 받아 수행된 연구임
(NRF-2018S1A5B8068518)

신체정치 연구총서 03

건강 담론과 사회정책

초판 1쇄 발행   2021년 12월 31일

엮은이 ㅣ 청암대학교 재일코리안연구소
발행인 ㅣ 윤관백
발행처 ㅣ 🗂도서출판선인

등　록 ㅣ 제5-77호(1998.11.4)
주　소 ㅣ 서울시 마포구 마포대로 4다길 4 곳마루 B/D 1층
전　화 ㅣ 02)718-6252 / 6257　　팩　스 ㅣ 02)718-6253
E-mail ㅣ sunin72@chol.com

정가　38,000원
ISBN　979-11-6068-650-0　94900
　　　　979-11-6068-321-9　(세트)

· 잘못된 책은 바꿔 드립니다.

신체정치 연구총서 03

건강 담론과 사회정책

청암대학교 재일코리안연구소 편

도서출판 선인

▌머리말 ▌

    청암대학교 재일코리안연구소는 2018년 「한국의 근대정치와 신체정치」라는 다년간 연구주제로 한국연구재단의 '대학중점연구소지원사업'에 선정되었다. 그 사업의 결과 가운데 하나로 2019년에 『계몽의 기획과 신체』, 2020년에 『지식장의 변동과 공중위생』이라는 총서를 발행하였다. 이번에 총서 3권으로 『건강 담론과 사회정책』을 약속대로 내게 되어 기쁘다.

    "식민지 의료위생 정책은 의료 그 자체의 필요성에 근거하기보다는 식민지 정치에 대한 고려에서 비롯된 것이 더 많다. 식민지 사회정책은 정상과 비정상의 경계를 획정하고 신체를 통치 대상으로 삼는 효과를 내었다. 신체와 건강 담론이 사회정책으로 연결되는 메커니즘을 비교사적으로 검토한다." 지난 1년 동안의 공동연구 목표는 그러했다. 우리는 어김없이 신체와 의료문화에 대한 역사학적 접근을 시도했다. 의료와 공중보건에 관련된 사건이나 문제를 분석하여 다양한 차원의 해석을 끌어내려고도 했다. 그리하여 의학 그 자체가 아니라 의학을 수용한 방식과 과정을 탐색했다. 또한 근대의 시간대 안에서 식민지시기와 '해방기'를 분리된 국면이 아닌, 하나의 '시간적 과정'으로 파악하면서 전통과 근대 그리고 탈근대를 종단하는 동태적인 시야를 확보하려고 했다. 그러한 노력의 성과 가운데 일부를 이 책 1부와 2부에 나누어 실었다.

1부, '근대 건강 담론의 층위'에서는 '한국 근대의학 지식의 초기 수용 모습'과 한말~1920년대 가정위생 인식을 다루면서 건강 담론과 의료의 사회적 인식을 탐색했다. 또한 일제 경찰의 위생 프로파간다를 살피면서 식민 의료의 성격을 이해하도록 했다. '건강미'와 '국민의 신체'를 다루면서 신체에 대한 역사적 접근을 시도했다. '재현으로서의 신체'를 다루는 가운데 이미지 측면에서 문화적 접근을 시도한 점은 눈여겨볼 만하다. '건강미'와 '국민의 신체' 모두 "신체는 일상의 관습과 권력을 연결하는 핵심 고리이다. 신체는 생물학적 존재이면서 사회적 실재(social reality)이고 역사적 구성물이기도 하다."라는 문제의식을 견지하려고 했다.

2부, '보건·사회 정책의 역사성'은 일제강점기와 '해방 공간'의 한국, 또는 일본과 독일의 보건·사회 정책을 구체적으로 분석하여 그 내용을 상세하게 설명한다. 구체적인 사례에 대한 구체적인 분석을 지향한 셈이다. 그러나 "국가의 보건·위생 정책이 현실에 미치는 파장과 국가권력이 신체에 미치는 층위를 탐색한다."라는 기존 연구 설계와 문제의식을 잊지 않도록 힘썼다. 또한 국가정책이 효과를 발생시키는 지점과 일상을 재조직하는 과정에도 주의를 기울이려고 했다.

공동연구는 여러 장점이 있지만, 치밀하게 연구 설계를 하지 않으면 목표를 이루지 못하는 일이 많다. 연구방법론도 일정하게 공유해야만 한다. 공동연구의 결과물을 모아놓은 이 총서는 연구 설계의 적합성과 연구방법론의 통일성에 대한 평가를 가능하게 한다. 개별 논문으로서는 자기 완결성이 충분하다고 하더라도 그 논문을 모아놓은 총서가 다 만족스럽다고 할 수는 없다. 아주 심하게 말하면, "개별 논문을 모아놓은 것일 뿐이고 전체를 관통하는 문제의식이 없다"라고 비판하는 일도 생길 수 있겠다. 그러나 우리 공동연구진은 코로나 형국에서도 학술행사를 차근차근 진행하면서 상호 소통과 학문적 점검을 게을리 하지 않았다는 것만은 확실하게 말할 수 있다. 아무쪼록 이 총서가 우리 공동연구진의 자기 성찰에 밑바탕이 되고 앞으로의 연구에 작은 밑거름이 되기를 바란다.

청암대학교 재일코리안연구소 소장
김인덕

▌목차 ▌

2부 보건 · 사회 정책의 역사성

1부

근대 건강 담론의 충위

한국 근대의학 지식의 초기 수용 모습
의학교의 외국인 교원과 의학교과서를 중심으로

하세가와 사오리 · 최규진

I. 머리말

전 세계는 현재 코로나19 팬데믹으로 인해 큰 어려움을 겪고 있다. 한국의 피해 역시 적지 않다. 하지만 다른 국가들, 특히 서구국가들이 입은 피해가 워낙 커 한국의 코로나19 대응은 대표적인 '성공' 사례로 회자되고 있다. 한국의 '성공'은 일차적으로 신속한 "검사, 추적, 격리"로 인해 가능했다. 이는 강력한 사회적 통제를 바탕으로 하는데, 그 통제의 범위가 전 사회적이고 기간도 장기적인 만큼 시민들의 자발성이 뒷받침되지 않으면 안 된다. 즉, 평소에 "손을 씻고 사회적 거리를 유지하며 마스크를 반드시 착용"하고, 증상이 있을 경우 신속히 신고하는 성숙한 시민의식 없이는 불가능하다.

이러한 '성숙한 시민의식'은 '특정병인설(特定病因說)'과 '국소병리학(局所病理學)'에 기초한 근대 의학관이 그 사회의 보편 지식으로 자리 잡고 있어야 가능하다.[1] '미생물'이 인체에 들어와 질병을 일으킬 수 있다는 인식이 있어야 마스크 착용이나 손소독과 같은 '생활방역'이 지켜질 수 있고, 코로나19 바이러스가 심각한 '폐렴'을 일으킬 수 있다는 인식이 있어야 기침, 발열과 같은 작은 증상에도 신속한 신고가 이루어질 수 있기 때문이다.

그렇다면 이러한 근대의학 지식은 언제 어떤 모습으로 한국에 들어왔을까? 특히 그 지식이 한국 사회에 "흡수"되고 "섭취"돼, 관립 의학교육기관에서 가르칠 정도의 '공인된 지식'으로서 인정받게 된 것은 언제부터였을까?[2] 이를 알기 위해선 초기 근대식 의학교육기관에서 이루어진 의학교육을 살펴볼 필요가 있다. 특히 한국 정부가 세운 근대식 의학교육기관과 그곳에서 사용된 의학교과서를 주목해야 한다.[3]

---

1) 특정병인설은 각각의 질병은 각기 다른 원인을 갖는다는 것으로 가장 대표적인 것이 바로 외부의 특정 세균에 의한 감염으로 인해 특정 질병이 생길 수 있다는 세균병인론이다. 국소병리학은 균형을 중시하는 전통 체액병리학에서 벗어나 질병의 구체적인 '자리'를 찾는 접근으로, 모로가니(Giovanni Battista Morgagni)가 질병의 자리를 장기(organ)로 본 것에서 출발해 19세기 중엽 비르효(Rudolf Ludwig Karl Virchow)에 의해 그 자리가 세포로까지 구체화됐다. 강신익·신동원·여인석·황상익(2007)은 "질병의 구체적인 자리를 찾으려는 국소병리학은 히포크라테스 이래 2천년 넘게 주도권을 쥐고 있던 체액병리학으로부터 그 지위를 넘겨받았으며, 19세기 후반에 확립된 세균병인설 등의 특정병인론과 더불어 현대의학을 특정 짓는 요소"라고 설명한 바 있다.

2) 김효전(2008)은 한국의 근대화와 번역의 관련성을 검토하며, "어떤 시대에 어떤 책이 번역되었고, 그 영향은 어떠했는가 하는 것만을 검토하는 것으로는 부족하다. 여기에는 정부 당국의 교과서정책으로부터 외국어 교육, 번역자의 양성, 독자층의 분석, 도서관의 확충이나 출판사의 문제, 도서의 거래나 유통 과정 등도 함께 살펴보아야 비로소 번역과 근대 한국의 면모는 올바르게 밝혀지는 것"이라고 강조했다. 본 연구의 문제의식은 김효전의 것과 유사하다.

3) 근대적 질병론 중 세균설의 경우, 한국 사회에 수용된 역사가 1895년 콜레라 방역과정에서 반포된 「호열랄병예방규칙(虎列剌病豫防規則)」까지 거슬러 올라간다. 하지만 어디까지나 제도적인 측면에서 일본의 것을 본 뜬 수준이었고 사회적인 측면에서 '수용'이라고 말할 수 있을 정도의 확산이 이루어진 것은 아니었다. 이러한 사회적인 측면에서 '세균설'이 확산·적용되어 가는 과정에 대해선 신동원(1989, 2004), 이종찬(1997), 박윤재(2005, 2017)가 정리한 바 있다. 하지만 이들 모두 이론적이고 체계적인 세균설의 수용 증거라고 할 수 있는 의학교의 근대적 병리학 교육에 대해선 주목하지 않았다. 그나마 최은경(2012)이 결핵을 중심으로 다루긴 했으나 『병리

물론 이와 관련된 선행연구가 없는 것은 아니다. 서홍관(1994)의 연구
가 대표적이다.[4] 서홍관은 근대의학 도입 초기 의학교육기관에서 사용
된 의학교과서를 개괄적으로 정리했다. 1885년 조선 정부가 세운 최초의
근대식 병원인 제중원에서부터 의학교육이 시도됐으나 결국 좌초되면
서 우리말로 된 의학교과서 편찬이 중요한 과제로 떠올랐고, 이후 조선
정부가 세운 의학교뿐 아니라 선교부가 세운 병원 및 의학교육기관에서
도 일본책을 번역해 의학교과서로 삼았다는 것이다. 서홍관의 작업은
근대의학 지식의 초기 수용 경로를 밝히는 기초 작업으로서 의미가 크
지만 저본이 된 일본책에 대한 구체적인 분석은 이루어지지 않았다.

의학교[5]에서 사용한 의학교과서를 본격적으로 다룬 연구로는 김성
은·가나즈 히데미(2014)의 연구가 있다. 이들은 '제국의료'와 '선교의료'
를 한국 근대의학 지식의 수용 경로로 상정하고,[6] 이에 대한 구체적 사
례로 의학교와 선교부에서 각각 번역해 발행한 해부학 교과서를 분석하
였다. 하지만 이 연구는 '제국의료'와 '선교의료'라는 관점을 다소 도식적
으로 적용함에 따라 몇 가지 오류를 범하고 있다. 일례로 의학교에서 사
용된 해부학 교과서를 '제국의료'의 틀로 이해함에 따라 의학교과서 번

통론』은 간과했다.

4) 세브란스병원에서 선교의사들이 주도한 교과서 편찬 작업에 대해서는 박준형·박
형우(2012), 여인석(2005) 등이 연구를 진행했다. 최근 의학교과서에 나타난 전염병
관련 어휘를 분석한 송미영(2020)의 연구 역시 선교의사들이 주도해 편찬한 교과서
만을 다루고 있다. 참고로 송미영의 연구는 본 논문에서 주목한 1902년판 『병리통
론』(학부 발행)과 거의 동일한 내용을 담고 있는 1907년판 『병리통론』(황성제중원
발행)도 다루고 있다.

5) '의학교'는 1899년 설립돼 1907까지 존재했던 한국 최초의 근대식 정규 의학교육 기
관을 가리키는 고유명사다. 일각에서는 '관립 의학교', '대한의학교' 등으로 언급하
지만 이 글에서는 당시의 명칭을 그대로 사용하였다.

6) 김성은·가나즈 히데미(2014)는 제국의료를 "식민지 경영을 지키고, 존속시키기 위
해 종주국에 의해 행해진 의료 서비스로서 눈에 보이는 정치권력 행사 이상으로 중
요한 통치 기술"로 정의했다.

역이 갖는 주체적 성격은 물론 의학교에 대한 이해까지 왜곡될 수 있는 여지를 남겼다.[7]

의학교에 대해서는 황상익(2013, 2015, 2017)의 선행연구가 대표적이다. 그는 "한국 최초의 근대식 의사 교육기관"이자 관립 의학교육기관인 의학교의 역사 및 관련 인물에 대해 많은 연구를 진행했다. 그럼에도 빈틈이 없는 것은 아니다. 특히 고조 바이케이(古城梅溪)를 제외한 외국인 교원에 대해서는 자세히 다루지 않았고, 의학교에서 사용된 교과서에 대해서도 거의 언급하지 않았다.

본 연구는 의학교의 역사와 의학교 외국인 교원들의 이력 그리고 의학교에서 사용한 의학교과서를 분석하여 위의 선행연구들이 미처 채우지 못한 빈틈을 메우고자 한다. 아울러 선행연구들 사이에 충돌되는 지점들을 논증해, 한국 근대의학 지식의 초기 수용 모습을 보다 선명하게 제시해보고자 한다. 사료로는 지석영의 우두법 도입이 갖는 의미를 새로운 관점에서 조명해주는 『(속)종두변의((続)種痘弁疑)』(坂本菫墅 1882), 1902년 학부에서 간행한 『병리통론(病理通論)』, 의학교 의학교과서의 저본이 된 일본책, 의학교 외국인 교원들의 이력서 등을 검토하였다.

---

7) 황상익 등의 선행연구를 통해 의학교는 조선의 주체적 근대의학 수용의 결실로 해석되어 왔다. 따라서 그곳에서 사용된 의학교과서를 '제국의료'의 틀로 보는 것은 이러한 기존의 이해와 충돌한다. 이에 대해선 제3장에서 자세히 다룰 것이다.

II. 의학교 설립과정
: 지석영의 우두법 도입이 미친 영향을 중심으로

지석영의 우두법 도입 과정에 대해서는 익히 잘 알려져 있다. 여기서는 지석영의 우두법 도입이 공식적인 근대의학 지식의 수용 장소가 되는 의학교 건립에 끼친 영향에 초점을 맞추어 살펴보고자 한다. 특히 의학 지식의 전파 경로, 주체적인 의학 지식 수용의 모습, 번역의 역할을 주목했다. 이를 먼저 살펴보아야 근대의학 지식 전파의 주된 경로(일본에서 조선으로)가 놓이는 과정을 객관적으로 확인하면서도 의학교 학생들의 변증법적 발전 모습과 의학교 의학교과서 번역작업의 주체적 성격에 대한 이해가 가능하기 때문이다.

1876년 제1차 수신사로 일본을 다녀온 박영선이 준텐도의원에서 받아온 종두귀감을 받고 우두법에 대한 관심이 깊어진 지석영은 부산 개항장에 일본이 세운 제생의원에 찾아가 일본 해군 군의들로부터 우두법을 배웠다. 그러나 우두법을 본격적으로 보급하기 위해선 우두묘를 제조하는 방법을 습득해야 했다. 지석영은 1880년 6월(음력), 승지(承旨) 김홍집(金弘集)이 이끄는 제2차 수신사 일원으로 일본에 갈 수 있는 기회를 잡아 이를 성사시켰다.[8]

1880년 7월 15일(양력 8월 20일), 지석영은 외무성 관사와 함께 우두종계소(牛痘種継所)를 찾아 우두 보급에 필요한 지식을 익혔다.[9] 지석영

---

8) 「조선의 '젠너' 松村 池錫永先生 곰보를 퇴치하던 고심의 자최, 辛未의 光明을 차저 (二十)」, 『매일신보』, 1931.1.25.
9) 지석영은 기쿠치 고안(菊地康安) 소장의 지도 아래 필담을 이용해 수일간 종두법에 대해 배웠는데, 지석영이 필담한 내용을 정리해달라고 하자 우두종계소측은 필담한 내용을 편집하여 7개 항목으로 나뉘어진 책으로 만들어 제공했다. 7개 항목은

이 찾아간 이 우두종계소는 단지 일본 근대의학의 기술뿐 아니라 그 역사가 고스란히 담긴 곳이었다. 이 우두종계소 초대 원장은 메이지정부 초대 위생국장이 되는 나가요 센사이(長与專斎)였다. 나가요는 일본 우두법 도입에 결정적 기여를 한 난학의사 오가타 고안(緒方洪庵)이 세운 데키주쿠(適塾)에서 공부를 했다. 1860년엔 나가사키로 가 폼페로부터 직접 서양의학을 배웠다. 이후 메이지 신정부에 들어가 1871년 의료제도를 조사하기 위해 이와쿠라 도모미 사절단(岩倉具視使節団) 일원으로 구미제국을 방문했다. 서양의 의료 및 교육제도를 직접 조사한 나가요는 일본에 돌아와 문부성의무국장으로 의제(醫制) 제정에 관여했으며, 1874년 6월에는 자신이 이와쿠라 도모미 사절단으로서 헤이그에서 직접 배워온 기술을 적용해 우두종계소를 설치하였다.[10] 그리고 6년 후 바로 이곳에 지석영이 찾아와 그 노하우를 배운 것이다.

지석영은 귀국 후에도 일본 공관의를 맡고 있었던 해군 군의 마에다 기요노리(前田淸則)로부터 서양의학을 배워 근대의학 지식을 더욱 발전시켰다.[11] 이러한 지난한 과정을 거쳐 종두에 관한 거의 모든 지식과 기술을 습득한 지석영은 종두장(種痘場)을 차리고 본격적으로 우두접종 사업을 시작하였다. 임오군란 사태의 여파로 종두장이 불태워지는 등 어려움을 겪었으나,[12] 바로 종두 사업을 재개하였을 뿐 아니라, 새로운 문물의 도입과 보급을 위해 각종 외국 서적을 수집하고 번역할 것을 주

소아종두, 종두 중의 금기, 소아채장법(小兒採漿法), 독우(犢牛) 종두의 경과, 독우 채장법(犢牛採漿法), 두묘 제조 및 조장법, 독우 사양법(飼養法) 등이다(衛生局 1881).

10) 小島和貴, 『長与專斎』, 長崎文献社, 2019.

11) 마에다 기요노리(前田淸則)는 일본 공사관의 마에다는 근대 서양 의술을 교육 받고 한성에 온 최초의 의사다. 그는 우두술 등 근대 의술에 관심이 많던 지석영 등과 교류하여 당시 조선 지식인들에게 영향을 미치기도 했다(황상익, 『근대 의료의 풍경』, 푸른역사, 2013, 828-829쪽).

12) 「朝鮮のゼンナ種痘先生(六)池錫永のことども(李完應)」, 『朝鮮思想通信』 814, 1928.11.24.

장하는 상소문을 올리는 등 이전보다 적극적으로 개화에 대한 자신의 주장을 펼쳤다.13)

1885년에는 그동안 쌓은 지식과 경험을 총망라해『우두신설(牛痘新說)』을 출판했다. 상, 하 2권 1책으로 구성된 이 책의 상권은 각종 해외 우두 관련 서적을 번역·편집해 수록했다.14) 하권에는 접종법을 비롯해 두묘 제조 및 축장법(蓄藏法) 등 도쿄 우두종계소에서 받아온 필담집과 자신의 축적된 경험을 바탕으로 정리해 담았다.15) 지석영은 갑신쿠데타에 관여한 것으로 의심받아 유배에 처해지며 또 한 차례 큰 시련을 맞았으나,16) 1892년 두창 유행으로 우두법 보급이 시급해짐에 따라 의료 사업만 하는 조건으로 유배에서 풀려났다. 실제 지석영은 1893년 4월부터 교동(敎洞)에 우두보영당(牛痘保嬰堂)을 설립하고 무상으로 우두 사업을 실시했다.17)

1894년 6월 개화파정부 김홍집 내각이 수립되자 지석영은 의료 사업을 넘어 다시 정치적 입지를 다질 수 있었다. 형조참의(刑曹參議) 직위를 맡게 되었고 부승지(副承旨), 토포사(討捕使), 한성부윤, 대구판관, 보주목사(普州牧使) 등을 거쳐 1895년 4월에는 동래부사가 되었으며, 1895년 5월 26일에 공포된 지방관제에 따라 5월 29일 동래부관찰사가 되었

13)『고종실록 19권』1882.8.23.
14) 상권에는 제너의『우두고(牛痘考)』,『우두속고(牛痘續稿)』, 합신의『종두론』,『우두내력』(만국공보(萬國公報)에 실린 내용), 중국에서 출판되었던『인두신서서(引痘新書序)』, 조난정(趙蘭亭)의『증보우두삼요(增補牛痘三要)』등이 담겼다.
15) 하권에는 소아접종법, 진두(眞痘), 가두(假痘), 종두 시 의변(宜辨), 종두중 금기, 출두후 수지(出痘後須知), 소아두장채취법(小兒痘漿採取法), 두묘 제조 및 축장법(蓄藏法), 채두가수장법(採痘痂收藏法), 독우 종두 및 경과, 독우채장법, 독우사양법 등이 담겼는데, 그 분류 체계가 우두종계소에서 제공해준 필담집의 그것과 매우 유사하다.
16)『고종실록 24권』1887.4.26.
17) 대한의사학회,『송촌 지석영』, 도서출판 아카데미아, 1994, 33-36쪽.

다. 아무런 벼슬도 없이 혈혈단신으로 찾아와 우두법을 배웠던 곳을 16년 만에 최고 책임자로서 찾게 된 것이다. 지석영의 출세와 함께 그가 다져 온 우두사업도 정부정책으로서 하나씩 틀을 갖추어 갔다. 1895년 10월 7일에는 종두규칙이, 11월 7일에는 종두의양성소 규정이 반포되었다.

하지만 급변하는 시대였던 만큼 부침도 컸다. 김홍집 내각 붕괴와 함께 지방관제 개정으로 동래부가 폐지됨에 따라 지석영은 해임되었고,[18] 1898년 3월에는 나라가 기울어져 가는 것을 한탄하며 화폐, 궁궐 관리를 비롯한 11개조에 관한 상소를 올렸다가 "마음가짐이 음흉하고 행실이 비열한 데다 제멋대로 유언비어를 만들고 인심을 선동하여 현혹시켰다"는 비판을 받고,[19] 황해도 풍천군 초도(椒島)로 10년 유배형을 선고받았 다.[20]

지석영은 독립협회 의원들의 항의로 3개월 후인 1898년 6월에 풀려났 다. 서울로 돌아온 지석영은 의학교 설립에 관한 건의를 학부대신에게 올리는 등 본연의 과업이라고 할 수 있는 의학에 다시 힘을 쏟는다. 지 석영의 노력만큼이나 민중들의 인식도 빠르게 변하고 있었다. 1898년 7월 15일 종로에서 열린 만민공동회 집회에서 의술학교 설립에 관한 논 의가 이루어졌다. 이 논의는 목원근, 송석준, 홍정후 등 세 사람을 대표 로 선임해 학부대신에게 건의 편지를 전달하는 구체적인 행동으로 이어 졌다. 학부대신 서리 고영희가 예산 부족을 이유로 무마하긴 했지만, 조 선정부가 민중들의 근대의학 지식의 수용 그리고 그것의 통로인 의학교 육기관에 대한 열망을 인식하는 계기였을 것이다.[21] 1898년 말, 지석영

---

18) 신용하, 「지석영의 개화사상과 개화활동」, 『한국학보』 30-2, 2004, 102-103쪽.
19) 「고종실록 37권」 1898.3.20.
20) 『고종시대사 4집』 1898.3.25.
21) "젼 관찰ᄉ 지셕영씨가 의학교를 셜시ᄒ쟈고 학부에 쳥원ᄒ엿다ᄂ 말은 젼일에 긔 지ᄒ엿거니와 우리ᄂ 믹양 우리나라 일이 시작ᄒᄂ 것만 잇고 나죵 실시되는 거시 업스믈 렴녀ᄒ엿더니지금 들으니 학무국쟝 김각현씨가 의학교 셜시ᄒᄂ딕 열심히

의 의학교 설립 청원 편지에 대해 조선 정부가 몇 달 전 입장과 달리 1899년 초 의학교를 개교하는 것으로 급선회한 것이 이를 방증한다.[22]

의학교 교장 자리에는 지석영이 앉았다. 우두법을 익힌 지석영이 의학교 건립을 청원하고 의학교 교장에 앉게 된 것은 우연이라고 보기 어렵다. 그만큼 우두법이 조선 사회에 미친 영향이 컸다는 방증일 것이다. 이는 우두법을 먼저 받아들인 일본에서 유사하게 경험했던 바이기도 했다. 일본의 호치신문은 지석영이 부산 제생의원에 와서 우두법을 배울 당시에 이미 이러한 조선의 변화를 예견한 기록을 남겼다.[23]

> 조선 부산포에서 들려온 소식에 따르면 당국(조선-인용자)도 점차 개명(開明)의 서광(曙光)이 비치기 시작했으며 의술도 개진(開進)의 단서가 열리기 시작했다. 지난 10일, 경성의 의사 지석영이라는 25세의 사람이 우라세 유타카(浦瀨裕)의 소개로 본포(本浦) 의원을 찾아왔다. 금반(今般) 초량에 머물며 매일 의원에 출두(出頭)하여 종두술 계고를 부탁했기에 의원에서 관청에 문의해본 결과, 문제가 없다고 하여 바로 12일부터 교수를 시작하였다. 이 사람은 중국어로 번역된 서양 책을 읽고 종두에 관한 지식이 약간 있었기에 종두법을 습득하는 데 얼마 시간이 걸리지 않았다. 종두에 대해 다 배운 다음, 의술과 관련된 여러 의문점들을 매일 의원에 와서 질문하고 답을 원했는데 매우 계발(啓發)한 점이 있었다. **오늘날의 우리나라(일본-인용자)의 의사(醫事) 진보 또한 종두에서 시작해 점차 추이(推移)해 유신에 달해 대학의학교를 설치하**

쥬션ᄒ야 명년도 탁지부 예산에 너어 명년 일월 일일로붓허 의학교를 기학ᄒ다ᄒ니 치하ᄒ기를 마지아니ᄒ겟더라."(『뎨국신문』 1898.11.16)

22) 황상익, 앞의 책, 2013, 514~517쪽.

23) 현재 이 호치신문 원본기사는 발견되지 않았고, 『(続)種痘弁疑』, 坂本董墅, 1882, 23~24쪽에 인용된 것으로 확인할 수밖에 없다. 그러나 이 호치신문의 기사를 인용한 『(続)種痘弁疑』은 1882년도에 출판된 것이다. 즉 호치신문 기사의 유무를 떠나 『(続)種痘弁疑』 자체가 1차 사료로서의 성격을 갖는다. 또한 조선에서 의학교 건립 논의는커녕 지석영조차 잘 알려져 있지 않던 상황에서 당시 일본에서 먼저 지석영의 우두법 학습을 주목하고 그것이 갖는 사회적 영향력에 대해 예견했다는 것은 의학사적으로 적지 않은 의미를 갖는다.

기에 이르렀는데 그 단서가 여기에 근거하는 것이 많다(강조-인용자).

우두법은 세균설과 같은 근대의학 이론이 정립되기 전에 시행된 것임에도 "동아시아를 비롯한 서양 이외의 나라에 전파되며 서양 의술의 효능을 뚜렷하게 인식시키는 역할"을 했다.[24] 즉, 호치신문이 예견했듯이 조선에서도 우두법이 확산되며 민중들의 근대의학에 대한 인식을 변화시켰고, 이러한 변화가 의학교의 탄생에도 적지 않은 영향을 미쳤다.

III. 의학교의 외국인 교원

민중들의 요구 그리고 지석영의 노력을 통해 마침내 1899년 3월 24일 직령 제7호 〈의학교관제〉가 반포됐다. 하지만 어디까지나 의학교의 설치만 이루어졌을 뿐 수업은 아직 시작되지 못했다. 가장 큰 문제 중 하나는 교육을 위한 교재를 마련하는 것이었다. 겨우 일본에서 의서를 수입해,[25] 1899년 10월 2일부터 수업을 시작했지만,[26] 제대로 된 교육을 위해선 번역작업이 수반되어야 했다. 의학교에서는 화학을 먼저 가르치기로 하고, 학부 편집국에서 관련 책 번역에 착수했다.[27]

그러나 학부의 번역작업에만 의존할 수 없었다. 의학교에는 일본인

24) 황상익, 앞의 책, 2013, 17쪽.
25) 「면세홀공찰」, 『독립신문』, 1899.9.2.
26) 「감샤 흔일」, 『독립신문』, 1898.10.3.
27) "의학책 편집. 의학교에서 개학은 이미 하였으되 의술 서책을 오히려 구비치 못한 고로 현금은 각 화학들을 위선 가르치고 의술 책 몇 십(十) 벌을 학부 편집국에서 방장 번역 하는 중인데 한 달 후면 그 서책이 다 발간 되리라더라."(「의학칙편집」, 『독립신문』, 1899.10.14).

교사도 있었기에 통역도 필요했다. 즉, 의학교 자체적으로 통번역 역량을 갖추어야 했다. 지석영은 적절한 인재들을 활용하여 이러한 어려움을 헤쳐나갔다. 의학교는 개교 당시 교장 지석영 외에 교관직으로 경태협(景台協, 1899.3.29-1899.4.11), 남순희(南舜熙, 1899.3.29-1901.8.2), 교사직으로 고조 바이케이(古城梅溪, 1899.5.16.-1900.5.21)가 있었다.[28]

개교한 지 얼마 안 된 시점에서 경태협이 교관직을 그만뒀기 때문에 의학교에는 사실상 남순희 한 명밖에 조선인 교관이 없었다. 하지만 남순희의 역량은 뛰어났다. 남순희는 1895년 관비유학생으로 일본에 유학해 게이오의숙 보통과와 도쿄 공수학교(工手學校)에서 수학한 인재였다. 그는 의학교에서 학생 교육은 물론 일본인 교사 고조 바이케이의 통역 및 교재 번역까지 맡았다.[29] 또한 일본 학자들이 유럽계 수학책들을 편집한 『신수학(新數學)』을 번역 · 편집하여 1900년 11월 『정선산학(精選算學)』이란 이름으로 발간했다.[30] 그는 언어에 관심이 많고 재능 또한 출중해서 의학교 교관을 하면서도 광흥학교 특별 영어 야학과에 학생으로 등록해 우등을 차지하기도 했다. 비록 1901년 8월 2일 이른 나이에 세상을 떠났지만 남순희는 통번역 능력을 바탕으로 지석영을 도와 의학교의 초기 운영에서 절대적인 역할을 했다.[31]

---

28) 황상익, 『한국 최초의 근대식 의사 교육기관 의학교와 그 사람들』, 여백, 2015, 59-77쪽.
29) 『독립신문』 1899년 9월 12일자에는 혼자서 교육, 통역, 번역 업무를 해야 하는 남순희에 관해 다음과 같은 기사가 실렸다. "의학교에서 돌아간 월요일부터 비로소 개학 하였는데 교관은 남순희씨 일인뿐이라 낮에는 학도들을 가르치려 통변을 하려 번역을 하려 세 가지 사무가 극히 호번한지라 해 교사일인 고성매계씨가 학부에 가서 말하기를 남 교관 하나가 여러 가지 사무를 홀로 맡아 하지 못 하겠으니 통변함이나 번역함이나 일인을 더 붙여서 군색한 폐가 없게 하여 달라고 한즉 학부에서 대답하기를 아직 경비 예산이 없으니 그대로 남 교관 혼자 시무 하면 인원 하나를 차차 부쳐주마고 하였다더라."
30) 이상구 · 이재화 · 김영구 · 이강섭 · 함윤미, 「한국 근 · 현대수학 교재 연구」, 『數學敎育論文集』 31-1, 2017, 153쪽.
31) 황상익, 앞의 책, 2013, 563쪽.

그러나 남순희의 역량과 열정이 아무리 뛰어났다 하더라도 남순희만으로는 의학교에 필요한 내용을 갖추긴 어려웠다. 여전히 의학교과서 번역이 절실했다. 지석영은 이를 위해 1899년 10월 14일 아사가와 마쓰지로(麻川松次郎)를 고용했다.[32]

아사가와의 주요 이력을 보면(부록 참고), 1890년 8월부터 1892년 4월 4일까지 일본인 학교 인천공립소학교에서 교관으로 있으면서 아이들을 가르쳤다. 1892년 8월부터는 경성심상소학교(京城尋常小学校) 교관으로 근무했다.[33] 아울러 아사가와는 1896년 『신정심상소학(新訂尋常小學)』을 다카미 고(高見龜)와 함께 편찬했다(學部編輯局 1896). 『신정심상소학』은 1895년 4월 한성사범학교 관제가 공표된 후 조선 정부가 처음으로 편찬한 교과서였다. 1898년에는 고조 바이케이가 쓴 『종두신서(種痘新書)』를 번역하기도 했다.[34]

지석영은 이러한 경력을 가진 아사가와를 의학교의 의학교과서 번역 작업에 적합한 인재라고 판단했을 것이다. 아사가와는 의학교에서 3개월 번역 업무를 담당하고 정식 교사로 채용될 예정이었다.[35] 그러나 아사가와는 결국 정식 교사가 되지 못하고 3개월만에 의학교 생활을 정리해야 했다.[36] 그 구체적인 이유는 알기 어렵지만, 번역에 초점을 맞춘 단순한 의학 지식의 '전달'을 넘어 진정한 의미의 '교육'에 대한 조선 사회의 요구와 기대가 빠르게 상승하고 있었기 때문인 것으로 보인다.

심지어 의학교 교사 고조 바이케이(古城梅渓)는 의사였음에도 의학

---

32) 「醫書繙譯」, 『황성신문』, 1899.10.16.
33) 領事杉村濬·居留民總代市川石三郎·居留地会議長山本惰記, 「京城尋常小学校設立ノ義在京城杉村領事伺出之件」, 1892.5.7-1892.8.11.
34) 石田純朗, 「賛化醫院と京城最初の日本人医師古城梅渓」, 日本科学九州大発表内容, 2009.5.23.
35) 「의학교에서 아직 셔책을 준비치 못한고로」, 『뎨국신문』, 1899.10.16.
36) 「醫書繙譯」, 『황성신문』, 1899.10.16.; 「일문번력」, 『독립신문』, 1899.10.25.

지식 수준 때문에 고초를 겪었다. 사실, 고조 바이케이는 조선 근대의학 도입 역사에서 빼놓을 수 없는 인물이다. 1883년 12월 오이타현립 의학교를 졸업한 고조는 박영선이 우두법을 배운 준텐도의원에서 1884년 11월부터 1886년 4월까지 약 1년 반 동안 근무한 후 1886년 5월에 일본 공사관 소속 의관 자격으로 조선에 왔다.[37] 이후 고조는 공무에서 벗어나 1891년 진고개에 찬화의원(贊化醫院)이라는 병원을 사비로 지어 경성에서 진료를 시작했으며, 1897년에는 찬화의원 부설로 종두의양성소를 만들어 조선인 종두의를 양성·교육했다.[38] 고조는 의학교에 고용되기 전 해인 1898년『종두신서』를 간행하는 등 의서 편찬 작업에 주력했다.[39]

지석영처럼 이론과 실천 모두에서 조선의 우두법 보급에 힘을 쓴 고조는 1899년 5월부터 지석영이 교장으로 있는 의학교에서 교사로 근무했다. 하지만 1900년 4월, 학생들이 고조의 불비한 근대의학 지식을 문제삼기 시작했다. 고조가 자신의 실수를 해명하고 지석영은 물론 학부대신 김규홍(金奎弘)까지 나서 학생들을 달랬지만, 학생들은 "이 학문이 다른 학문과는 달라 한 치만 틀려도 결과적으로는 천리의 오차가 생기기 때문"에 자신들이 의학을 잘 못 배우면 "인민을 위생함은 고사하고 반위(反爲) 상해"하게 된다며 퇴학을 불사하겠다는 입장을 거듭 표명했다.[40] 결국 고조는 아내의 오랜 병(長病)을 치료하기 위해 일본으로 돌

37) 「古城梅溪氏四日午前逝く」, 『朝鮮新聞』, 1931.1.5.
38) 황상익, 앞의 책, 2013, 81-87쪽.
39) 앞서 언급했듯이 고조가 쓴『종두신서』는 아사가와가 조선어로 번역했는데, 학부는 이 『종두신서』를 편집국에서 간행해 위생국에서 사용토록 했다(石田純朗, 앞의 글). 34쪽으로 구성된『종두신서』는 학부 편집국장 이경식(李庚植)과 고조 바이케이가 서문을 썼다. 총 8개의 장으로 이루어졌는데, 제1장은 종두의 역사, 제2장 수두(獸痘), 제3장 두묘 종류, 제4장 종두 수술(접종법), 제5장 접종 경과, 제6장 종두 경과중 병발병(倂發病), 제7장 복종(復種), 제8장 두묘보존법에 대해 쓰여 있다(三木榮, 『朝鮮医学史及疾病史』, 1963, 264-265쪽).

아가야 한다는 핑계를 대며,[41] 계약 기간의 절반도 채우지 못하고 1년만에 의학교 교사직을 그만두었다.[42]

고조와 아사가와의 사례는 일본인 의사들과 번역가들의 협조로 조선에 근대의학 도입이 가능했으나,[43] 1900년에 이르면 이들의 지식에 대해 따져 묻고 배제할 수 있을 정도로 조선의 의학이 주체적이고 독립적인 수준으로 발전하고 있는 모습을 보여준다. 이러한 변증법적인 변화는 조선인 의서 번역가들의 등장과 그들의 작업물을 통해 더욱 분명히 확인할 수 있다.

---

40) 「醫學徒의 請退」, 『황성신문』, 1900.4.17.; 국사편찬위원회, 『請願書』, 1900.4.24.

41) 고조는 의학교에서 해임되고 피신하듯 1900년 6월에 일본으로 돌아갔다. 한 달 뒤인 7월에 다시 조선으로 돌아온 고조는 찬화의원 원장으로 다시 근무했다. 1903년 6월부터는 위안스카이(遠世凱)가 1902년에 만든 톈진(天津) 북양군의학당(北洋軍醫學堂)에서 근무해달라는 의뢰를 받아 중국으로 갔으며 찬화의원은 형인 고조 간도(古城管堂)가 맡았다(『황성신문』 1900년 4월 17일자, 6월 12자, 7월 16일자, 1903년 6월 26일자 기사 참조).

42) 『독립신문』 1899년 5월 11일자에는 중의원에서 논의 끝에 계약 기간을 1년으로 결정했다고 보도됐지만, 1899년 5월 16일 대한제국 정부와 고조 바이케이 사이에 체결된 의학교 교사 계약서를 보면 고용 기간이 3년으로 되어 있다(황상익, 앞의 책, 2013, 588쪽). 물론 고조 바이케이가 의학교를 사직하는 데에는 민족주의적인 요인도 작용했을 것이다. 하지만 고조 바이케이의 후임으로 일본인 의사 고타케 다케쓰구가 임용됐다는 점, 그리고 고타케는 조선인 학생들과 크게 큰 문제가 없었다는 점 등을 볼 때 민족주의적인 요인만으로는 해석할 수 없다. 그리고 민족주의적인 감정이 일정 부분 작용했다 하더라도 고조가 잘못을 인정하게 만들 정도의 지식 기반이 의학교 학생들에게 있었다는 사실은 변하지 않는다.

43) 본 연구에서 자세히 다루지 않았으나 지석영이 제생의원에서 우두법을 비롯해 근대의학 지식을 습득하는데 일본 외무성 소속 통역사 우라세 히로시와 제생의원의 해군 군의들의 도움이 컸다.

IV. 의학교에서 사용한 의학교과서

1899년 10월 14일자 독립신문 기사에 따르면 개교 당시, 의학교는 의술책을 구비하지 못한 관계로 먼저 화학과 같은 과목을 가르친 다음 본격적인 의학을 가르칠 계획이었다.[44] 실제 1899년 12월 12일자 제국신문 기사에는 "관립 의학교에서는 물리학 공과와 종두학 공과를 겸하여 공부하더니 종두학 공과는 다 마치고 물리학 공과는 절반쯤 되었는데 화학 공과를 일간 시작할터이오. 또 양력 내년 일월 일일부터는 해부학 공과를 시작한다더라"고 되어 있다. 이 기사대로 수업이 진행되었다면 학생들이 먼저 물리학과 우두법에 대해 배운 다음, 1900년부터 해부학 공부를 시작했을 것으로 추정된다. 그리고 해부학을 교육한 다음 병리학을 가르쳤을 것이다. 1902년에『병리통론』이 번역된 것도 이에 잘 부합한다.

다만, 유병필이 번역한 해부학 교과서가 1907년에 가서야 출간된 것은 이러한 흐름과 어긋나는데 이에 대해선 두 가지 추론이 가능하다. 첫째는 유병필의 번역서 이전에 다른 번역서가 존재했을 가능성이다. 김두종은 의학교에서 1900년 4월 고조 바이케이에게 일본어로 된 해부학 교재를 번역하게 했다고 기술한 바 있다.[45] 실제 의학교 초기 해부학 번역서가 사용되었는지는 확실하지 않으나 고조 바이케이가 해부학을 가르친 것은 분명해 보인다. 의학교 학생들이 문제를 제기한 고조의 의학 지

---

44) 또한 이 기사에 학부 편집국에서 의술 책 몇십 벌을 번역 중에 있으며 한 달 후(1899년 11월 중순쯤) 그 서책이 발간될 예정이라고 쓰여 있어, 아직 발견되지 않았을 뿐 의학교에서 다양한 번역서가 사용되었을 것으로 추정된다(「의학칙편집」,『독립신문』, 1899.10.14).
45) 김두종,『한국의학사 전(全)』, 탐구당, 1981, 516쪽.

식이 바로 해부학과 관련된 것이기 때문이다. 두 번째는 유병필의 번역서가 첫 출판이고 이전에는 일본어로 된 원서로 가르쳤을 가능성이다. 해부학의 경우 그림이 차지하는 비중이 높고 용어도 한자로 되어 있기 때문에 원서로 교육하는 것이 불가능하지 않았을 것이다.

한편, 이러한 해부학 교과서의 특성을 바탕으로 병리학 교과서를 살펴보면, 병리학 교과서의 경우 문장 설명의 비중이 높고, 완전히 새로운 '이론'을 가르치는 것이었다. 따라서 해부학보다 어려운, 달리 말해 상당한 의학적 지식이 뒷받침되지 않으면 할 수 없는 번역이었을 것이고 그것이 갖는 사회적 파급력 또한 훨씬 컸을 것이다.[46] 따라서 의학교 초기에 『병리통론』이 번역되었고, 번역될 수 있었다는 사실을 보다 의미있게 볼 필요가 있다.

1. 『병리통론』

1902년, 『병리통론』이라는 의학교과서가 학부 편집국에서 발행돼 의학교에서 사용되었다. 이는 현존하는 근대의학 관련 의학교과서 중 가장 앞선 것으로, 유창희(劉昌熙)가 번역하고 지석영이 교열을 맡았다.

---

46) 일본의 경우 난학의사들에 의해 『해체신서(解体新書)』가 출판되기 전 이미 전통의학의 연장선상에서 『장지(藏志)』와 같은 해부서가 간행되는 것을 볼 수 있다. 즉 해부학의 경우 전통의학의 관점에서 '완전히 새로운' 영역이거나 이해할 수 없는 영역이라고 보긴 어렵다. 이에 비해 세균설 및 세포병리학과 같은 육안으로 확인하기 어려운 내용을 담고 있는 근대적 병리학은 훨씬 생소하고 어려웠을 것이다. 근대적 병리학 중 세균병인론이 갖는 사회적 파급력에 대해선 앞서 언급한 신동원, 이종찬, 박윤재의 선행연구를 통해 확인할 수 있다.

<그림 1> 1902년 학부 편집국에서 발행한
『병리통론』 표지와 서론(동은의학박물관 제공)

『병리통론』을 번역한 유창희는 관비 유학생으로 1894년부터 1899년까지 5년간 일본 도쿄 간다(神田) 법학원에서 공부한 인재였다.[47] 일본 체류 중에는 한국 최초의 잡지라 불리는 『친목회회보(親睦會會報)』에 글을 기고하기도 했다.[48] 귀국 후 1900년에는 광흥학교(光興學校) 법률과 교사로 임시 임명되어 교단에 섰다.[49]

이 『병리통론』은 일본의 야마다 료슈쿠(山田良叔)와 하세가와 준치로(長谷川順治郞)가 독일 병리학자인 콘하임(Julius Friedrich Cohnheim)[50]

47) 국사편찬위원회, 「四. 要視察外國人ノ擧動關係雜纂 韓國人ノ部 (四),((118) 留學生 劉昌凞·張燾·李冕宇의 歸國 報告)」, 『韓國近代史資料集成 2권(要視察韓國人擧動 2)』, 2001.11.
48) 「일본 잇는 죠션 유학싱의 친목회 뎨 스호 회보가 왓는듸」, 『독립신문』, 1897.4.8.
49) 「法律敎師」, 『황셩신문』, 1900.2.14.

의 저서를 번역해 출판한『병리통론』을 중역(重譯)한 것이다.[51] 야마다 료슈쿠는 1858년 5월 31일생으로 사타케번(佐竹藩, 지금의 아키타현) 의 사였던 아버지 야마다 료하쿠의 영향을 받아, 1877년 19살 때 제생학사 (済生学舍)에 입학하고 1879년 8월 의술개업시험에 합격하여 의사가 되었다. 재학 중에는 독일어 원서만으로 공부했다고 하며, 시험위원장이 었던 하세가와 다이(長谷川泰)가 이러한 야마다의 재능에 감탄해 바로 제생학사 간사로 임용했다고 한다.[52]

야마다는 콘하임의 책이 워낙 뛰어났기 때문에 요점을 번역해 도쿄의 학전문학교 제생학사 학생들의 강술(講述)에 이용했는데, 어느 날 친구 인 하세가와[53]와 이야기를 나누다가 그가 책을 번역해 동지들에게 나눠 주고 싶다고 하였기에 함께 번역하게 됐다고 책의 서문에 번역 경위를 밝혔다. 책은 상하로 나뉘어져 있으며 상권은 질병, 병원(病原), 병변(病 變), 하권은 혈액병, 혈행병(血行病), 소화기병, 호흡기병, 비뇨기병, 신 경병 등이 실려 있다.[54]

---

50) 콘하임(Julius Friedrich Cohnheim)은 독일의 병리학자로 세포병리학의 창시자 비르 효의 제자 중 가장 뛰어난 인물로 꼽힌다. 수많은 학생들이 그가 강의하던 브레슬 라우대학과 라이프찌히대학으로 몰려들어 그는 19세기의 가장 위대한 병리학 교수 중 한 사람으로 불린다. 그가 쓴 *Vorlesungen uber allgemeine Pathologie*(1887)는 비 르효의 *Cellular Pathology* 이후 가장 영향력 있는 교재로 평가받는다(Edmnd R. Long, 1997).

51) 민영소(閔泳韶)가 작성한 병리통론 서문을 통해 이를 확인할 수 있다. 정확히는 "長 若川岫二人"이라고 적혀 있는데, 하세가와 준치로(長谷川順治郎)와 야마다 료슈쿠 (山田良叔) 두 명(二人)을 뜻하는 것으로 추정된다.

52) 岩崎一・殿崎正明・唐沢信安,「済生学舍の山田良叔講師と山田訳 「藺氏生理学」に ついて」,『日本医史学雑誌』, 53-1, 2007.

53) 하세가와 준치로(長谷川順治郎)의 이력에 대해서는 알기 어렵다. 다만, 야마다의 재 능을 높이 사 제생학사 강사로 채용했던 하세가와 다이의 동생이 하세가와 준치로 (長谷川順次郎)인데 야마다와 함께 콘하임의 책을 번역한 하세가와 준치로(長谷川 順治郎)와 동일인물이거나 혈연관계일 가능성이 있어 보인다(人事興信所,『人事興 信録3版 皇室之部, 皇族之部 い(ゐ)之部―の之部』, 1903, 117 참고).

54) 昆海母,『病理通論. 巻上』, 1902., 序言. 1902년도에 나온 것이 8판 발행인 것으로

1902년 학부에서 간행한 『병리통론』은 일본의 『병리통론(상, 하)』 중 상권을 번역한 것이다.[55] 구체적인 내용을 살펴보면 다음과 같다. 먼저 서문에서는 학부대신 민영소(閔泳韶)가 동양과 서양의학의 차이점을 설명하고, 학부편집국장 이규환(李圭桓)의 건의로 "의학교의 모든 생도들에게 나누어 주고자" 번역이 추진되었다며 번역에 착수하게 된 경위를 밝히고 있다.[56] 이어 서론에서는 병리학의 기본 개념과 근대식 의사가 되기 위해 병리통론을 학습하는 것이 왜 중요한지 다음과 같이 설명하고 있다.

> 병리통론은 질병의 논리학이기에 질병의 본연(本然)을 논하여 병원(病原)의 작용을 설명하며, 병변(病變)의 본성을 논술하고 발병의 원인을 판단해서 질병의 기본을 알 수 있게 하며 의술의 방침을 제시하는 학과이다. 각종의 질병을 실험하고 그 차이를 비교해서 병리의 통칙(通

보아 당시 일본에서도 상당한 인기를 끌었던 책임을 알 수 있다. 아울러 8판 서문에서 발행을 위해 저본으로 삼은 책을 다음과 같이 언급하며 1판 발행 이후 판을 거듭하는 과정에서 콘하임 책(1번) 외에도 다양한 책을 참고했다고 한다. 1. Prof. Dr. Cohnheim, Vorlesungen über allgemeine Pathologie 2. Prof. Dr. Baerz, allgemeine Pathologie 3. Prof. Dr. Samuel Compedium der Allgemeinen Pathologie 4. Prof. Dr. Ziegler, pathologiche Anatomie 5. Prof. Dr. Virchow, Cellularpathologie 6. Prof. Dr. M. Pcrls and Ncelsen allgemeine Pathologie 7. Prof. Dr. Seeligmüller, Krankheiten des Rückenmarks und Gehirns 8. Prof. Dr. B. Hirschfeld, Grundriss Der Allgemeinen Pathologie 9. Prof. Dr. H. Schmaus Grundriss Der pathologischen Anatomie 10. Prof. Dr. L. Krehl Grundriss Der Allgemeinen Klinischen Pathologie 11. Prof. Dr. H. Ribbert, Lehrbuch der allgemeinen Pathologic.

55) 『병리통론』은 1907년 선교부가 운영하는 황성제중원에서도 간행되었다. 목차를 비교해볼 때, 1902년 학부에서 발행해 의학교에서 사용된 『병리통론』과 유사하나 보다 정밀한 분석이 요구된다. 이는 후속 과제로 남긴다. 참고로 1902년 판은 동은의학박물관이 소장 중이며, 1907년 판은 한국학중앙연구원이 소장하고 있다.

56) 이 병리통론의 서문에 대해서는 여인석이 다룬 바 있다(여인석, 「한말과 식민지 시기 서양의학의 한의학 인식과 수용」, 『의사학』 16-2, 2007, 163-164쪽). 여인석이 해석한대로 민영소의 서문은 "동서절충적 의학관"을 보이고 있다. 그러나 민영소는 동양의학은 내과, 서양의학은 외과가 우수하다는 단편적인 논지를 반복하고 있어 『병리통론』의 내용과 의미를 충분히 이해하지 못한 것으로 보인다.

則)을 얻어내는 것이다. 그래서 병리각론(病理各論)을 먼저 배워야겠다고 생각되지만, 결코 그렇지 않다. 병리학 통론을 먼저 들어가지 아니하면 이치를 알지 못할 뿐 아니라 번거로운 폐(弊)가 또 있게 된다. 이를 역사에서 비추어보면 병리학은 3기의 발달을 겪는 것이 분명하다. 곧 증후탐색의 시대, 병리해부토검(討檢)의 시대, 원병(原病)관계탐검(探檢)의 시대를 겪는다. 지금은 이런 제3기의 시대를 겪음으로써 의사가 된다. 병리학을 이수코자하면 반드시 질병론, 병원론(病原論), 병변론(病變論)을 연구하지 않으면 안 된다.

본론은 '질병론(疾病論)', '병원론(病原論)', '병변론(病變論)' 세 개의 장으로 구성되어 있는데, 본론 1장에 해당하는 '질병론'은 다시 '질병(疾病)', '증후 및 진단(症候及診斷)', '예후 및 경과(豫後及經過)', '전귀(轉歸)', '치칙(治則)'으로 나뉜다. 질병론의 세부 내용을 다루기 앞서 가장 먼저 조직(組織) 그리고 그 조직의 기본 단위로서의 세포(細胞)에 대한 정의를 제시해 명확히 국소병리학적 지식의 기반 위에서 쓰여진 책임을 보여주고 있다.

다음 본론 2장 '병원론'의 첫 번째 부분(一類) '내인(內因)'에서는 질병을 '선천'적인 병과 '후천'적인 병으로 구분해 설명하고, 그 선천적인 요인으로서 '유전(遺傳)' 등을 다루고 있다. 2장 두 번째 부분(二類)인 '외인(外因)'에서는 '기계적원인(器械的原因)', '이학적원인(理學的原因)', '화학적원인(化學的原因)', '기생물원인(寄生物原因)'으로 범주를 나누고 있다. 여기서 기계적원인은 창상과 같은 외상에 해당하며, 이학적원인은 '광선', '온열', '한랭', '기압' 등으로 인해 생기는 외상을 의미한다. 화학적원인은 외적 독극물에 의한 중독이나 요독과 같이 체내에서 만들어진 유해한 물질로 인한 중독 등을 의미한다. 마지막으로 기생물원인은 인체 내부 또는 외부에 살며 인체의 영양분을 먹고 생존하는 '기생물'에 의해 생기는 질병을 말한다. 이 기생물은 동물기생물과 식물기생물로 나뉘는데, 여기서 동물기생물은 회충과 같은 기생충을 뜻한다. 식물기생물은 '분열균(分裂菌)', '사상균(絲狀菌)', '맹아균(萌芽菌)' 세 가지로 나뉘는데, 사상균과 맹아균 같은 경우에는 신체 일부분에 영향을 미치는 것에 불과한데 비해 분열균은 '일명 박테리아'라고 불리며 전신에 병을 일으키기 때문에 가장 주의를 요한다고 명시되어 있다.

본론 3장에 해당하는 병변론은 "질병의 물질적 변화를 논하는" 것으로 '국소혈행장해(局所血行障害)', '퇴행병변(退行病變)', '진행병변(進行病變)', '염증(炎症)', '전염병(傳染病)' 등 5개 부분으로 나뉜다. 여기서 전염병 부분을 살펴보면, "하등 유기체가 신체 중에 들어와 번식하여 독소를 일으켜 국소장해를 발생"시키며, "여러사람(衆人)에게 전염돼 만연하는 병"으로 전염병을 정의했다. 또한 파스퇴르와 코흐를 필두로 정립되어 가던 세균학적 지식을 일정부분 수용하고 있음을 어필했다. 실제 전염병의 세부 항목에서는 흑사병, 매독, 결핵, 나병 등 그 당시까지 알려진 각종 전염병에 대해 세균병인론적인 관점에서 상세히 다루고 있다.

2. 『해부신학박제진전(解剖新學博濟眞詮)』

1907년에는 『해부신학박제진전』이라는 제목의 해부학 교과서가 출판되었다. 의학교가 대한의원에 통폐합되기 직전에 출판된 『해부신학박제진전』은 의학교 교사 고타케 다케쓰구(小竹武次)가 편집하고 의학교 제1회 졸업생이자 졸업 후 교관으로 후배들을 가르친 유병필(劉秉珌)이 번역한 것이다(여인석 2005; 70). 유병필은 같은 제1회 졸업생 가운데 첫 번째로 의학교 교관이 된 김교준(金敎準)에 이어 두 번째로 1905년 1월 19일, 의학교 교관이 됐다. 유병필은 1907년 3월 14일까지 의학교 교관을 맡았고 1907년에 만들어진 국문연구회에서도 연구원으로 활동했다(황상익 2013; 562).

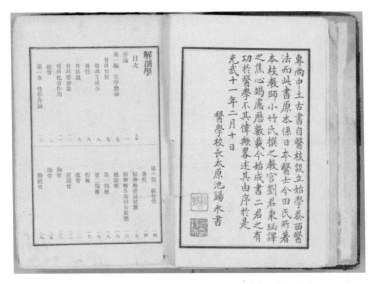

<그림 2> 의학교에서 사용된 해부학 교과서의 서문 및 목차
(서울대학교병원 의학박물관 제공)

이 해부학 교과서는 일본의 저명한 해부학자인 이마다 쓰카누(今田束)가 쓴 『실용해부학(実用解剖学)』을 번역한 것이다. 이마다는 미쓰쿠리 린쇼(箕作麟祥)로부터 사사받았으며, 1872년 제일대학구의학교(第一大学区医学校)에 입학해 독일인 의사 되니츠(Wilhelm Dönitz)로부터 해부학을 배웠으며, 훗날 도쿄대 조교수를 역임했기도 했다.[57]

이마다의 『실용해부학』은 1887년 처음 일본에서 간행됐다. 계통해부학 요지를 설명함과 동시에 학생들이 암기·응용하는 데 편하게 만들었

---

57) 吉岡達夫, 「今田先生の生涯と業績」, 『山口県医師会報』 1781, 2009, 22-30쪽.

다고 하며, 구체적인 저서명까지는 밝히지 않았으나 독일 해부학자인 헨레(Friedrich Gustav Jacob Henle)와 오스트리아 해부학자인 허틀(Joseph Hyrtl), 크라우제(Krause, Wilhelm), 홀슈타인(Hollstein, Lion) 등의 저서를 참고했다고 한다.[58] 1887년에 처음 출판된 이래 크게 유행했던 의서인 것으로 추정된다.[59]

이 해부학 교과서 역시 세브란스병원에서 별도로 번역·편찬되었다. 다만 병리통론의 경우 의학교보다 늦었지만, 이 책은 의학교보다 1년 빠른 1906년 김필순이 번역해 출간했다. 이 해부학 교과서의 내용에 대해선 김성은·가나즈 히데미가 상세히 다룬 바 있다. 이들의 연구는 김필순 번역본에 집중돼 있던 기존 선행연구들의 성과를 뛰어 넘어 양측의 해부학 교과서를 비교·검토하는 선구적인 작업이었다. 그러나『해부신학박제진전』의 내용 및 구성에 대한 검토는 충실히 이루어진 반면 역사적 의미에 대해선 크고 작은 오류가 보인다.

김성은·가나즈 히데미의 연구에서 보이는 가장 큰 오류는 대한제국 학부가 관할하던 의학교와 일제에 의해 대한의원으로 통폐합된 이후의 상황을 명확히 구분 짓지 않았다는 점이다. 저자들은 마치 의학교의 해부학 교과서가 사실상 통감부가 관할하던 대한의원 체제에서 만들어진 것처럼 기술하고 있고, 의학교의 해부학 교과서 번역·편찬 역시 일제 '제국의료'의 증거인 것처럼 제시하고 있다. 그러나 대한의원으로 통폐

---

58) 今田束,『實用解剖學』, 1903, 序文
59) 일본 국회도서관에서 확인되는 것만 제20판에 이른다. 이마다의『실용해부학』은 1906년 황성제중원에서도 김필순에 의해 번역되었다. 유병필 번역본과 김필순 번역본은 약간의 차이가 있다. 김필순 번역본은 대체적으로 한글로 문장이 번역되었고 한자가 필요한 경우에는 괄호 안에 한자를 넣는 방식을 취했다. 표제어에 영어 단어를 추가한 것 또한 특징이라 할 수 있다. 반면 유병필의 번역은 국한문 혼용으로 되어 있다. 황성제중원판『해부학』권두에 '이 책은 일본의과대학 조교 금전속(金田束)씨가 저술한 책을 번역한 것이다'라고 되어 있지만 이제 금(今)자를 쇠 금(金)자로 잘못 쓴 것으로 보인다.

합된 것은 1907년 3월 10일 〈대한의원관제〉가 반포되면서였다. 그 전까지는 의학교가 딱히 제국의료의 영향을 받았다고 보기 어렵다.[60] 해부학 교과서의 편집을 맡은 고다케 다케지(小竹武次) 역시 고조 바이케이가 쫓겨남에 따라 1900년 6월 채용된 사람으로, 군의신분으로 조선에 오긴 했으나 일제의 제국의료와 연결 짓기에는 무리가 있다.[61]

〈그림 2〉에서 확인할 수 있듯이 명백히 해부학 교과서는 대한의원으로 통폐합되기 전에 발행된 것이고,[62] 번역작업은 당연히 발행보다 훨씬 앞선 시점에서 시작됐을 것이다. 오히려 통폐합 직전임에도 발행을 추진했고, 지석영이 의학교 교장 자격으로 해부학 교과서의 서문을 썼다는 사실이 시사하는 바를 주목할 필요가 있다. 즉, 의학교의 해부학 교과서 번역작업은 '제국의료'의 증거가 아닌 오히려 그에 대항한 주체적 근대의학 수용 노력의 증거일 것이다.[63] 아울러 조선 사회의 비판을 무릅쓰면서까지 통감부가 의학교를 대한의원으로 통폐합해 강제하려 한 것이 거꾸로 의학교가 그전까지 제국의료의 영향권하에 놓이지 않았

---

60) 만약 의학교의 주체적 성격이 1905년 통감부 설치 이후 심하게 훼손돼 제국의료의 영향권하에 놓였다면 그에 합당한 근거를 제시할 필요가 있을 것이다. 1910년 한일 병합 전에 일제의 제국의료적인 접근이 없었다는 것이 결코 아니다. 1877년 부산 개항장에 설립된 제생의원부터 제국의료적 관점에서 설명이 가능하며, 대한의원 역시 탄생과정부터 제국의료적 관점에서 볼 필요가 있다.

61) 고다케는 1896년 9월 1등 군의 신분으로 한성에 와 1910년까지 한국에 살았다. 고다케는 고조와 달리 의학교 학생들과 별 문제가 없었던 것으로 보인다(황상익, 앞의 책, 2013, 595-597쪽).

62) 정확한 발행시점까지는 알 수 없으나, 지석영이 의학교장 자격으로 1907년(광무11년) 2월 10일 서문을 작성했기에 대략 의학교가 폐지되기 한 달 전에 발행된 것으로 보인다.

63) 〈대한의원 관제〉 제16조는 "본령 시행일로붓터 광무9년 칙령 제10호 광제원 관제 및 광무9년 칙령 제7호 의학교 관제를 폐지홈이라"라고 명시했다. 즉, 1907년 3월 15부로 의학교는 폐지되어 역사 속으로 사라졌다. 이후에는 대한의원 교육부, 대한의원 의육부 등으로 불렸다. 지석영 역시 의학교 교장에서 학감으로 강등되는 등 그 입지가 훨씬 약화되었다(황상익, 앞의 책, 2015, 96-97쪽).

다는 것을 반증한다.[64]

정리하면, '제국의료'와 '선교의료'를 상정해 한국 근대의학 지식의 수용 경로를 설명하는 것은 크게 두 가지 문제점을 갖는다. 첫째는 '제국의료'와 '선교의료'라는 두 가지 틀을 도식적으로 적용할 경우 근대의학 지식의 초기 수용 경로를 왜곡시킬 수 있다는 점이다. 서홍관이 제시했듯이 결국 선교부도 일본책을 번역할 수밖에 없었을 만큼 일본이 먼저 소화한 의학서가 한자문화권에서 갖는 영향력은 매우 컸다. 정치적으로는 개항기 서양 세력과 일제가 갈등을 빚었고 조선 정부는 그들 사이에서 줄타기를 했지만, 적어도 문자화된 근대의학 지식의 유통에 있어서는 일본의 영향력이 압도적이었던 것이다.

한편, 이러한 근대의학 지식의 주된 전파 경로를 인정한다고 해서 조선 지식인들의 번역작업이 갖는 주체성이 퇴색되어선 안 된다. 『해체신서(解体新書)』를 비롯해 독일 의학서적을 저본으로 한 수많은 네덜란드 번역책을 중역했던 일본 난학의사들의 주체적 노력이 평가절하되지 않는 것처럼 말이다. 이는 자연스럽게 두 번째 문제와 연결된다. 즉, '제국의료'와 '선교의료'라는 두 개의 틀만 제시할 경우 개화기 조선 지식인들의 주체적인 노력을 간과하게 된다는 점이다. 다시 말해, 유병필이 번역한 의학교의 해부학 교과서는 제국의료의 증거가 아니라 오히려 근대의학 지식을 수용하려

---

64) 통감부가 주도한 '한국 시정 개선에 관한 협의회'에서 대한의원을 건립해 의학교 등 여러 의료기관을 통폐합하는 기획을 세우자 여론은 바로 민감하게 반응했다. 일례로 1906년 4월 18일자 『대한매일신보』는 다음과 같이 사설을 실었다. "병원과 의학교는 다다익선인데, 이제 이를 병합코자 하는 숨은 뜻(裏由)이 통감의 권고라 하니 전국에 한 군데 적십자사(병원)만 있으면 허다한 인민의 질병을 능히 다 치료할는지. 만일 자비, 제중하는 마음이면 병원과 의학교는 확장하여 인민의 위생상 사업을 날마다 한걸음씩 더 나아가게 할 것이어늘 이제 오히려 축소하고 통합하니 (…) 한마디로 소위 정부 대관이란 자들이 말 잘 듣는지(廳從) 여부를 시험코자 함이라. 아! 저 대관이란 자들은 대체 무슨 뜻으로 관립(官立)을 통폐합(廢縮)하여 공립으로 대신하는가? 교육 확장이니, 위생 확장이니 하면서 이와 같이 통폐합하면 이는 자기 권리를 스스로 버리는 것이오"

했던 당대 지식인들의 주체적인 노력의 증거로 보는 것이 타당하다.

V. 맺음말

  지금까지 의학교를 중심으로 이루어진 한국 근대의학 지식의 초기 수용 모습을 살펴보았다. 본 연구의 핵심 내용과 의의 및 한계를 정리하며 마무리할까 한다.

  의학교의 탄생 자체가 우두법이라는 서양의학 지식 도입의 결실이었다. 근대식 의학교육 기관 설립에 대한 여론이 형성된 상황에서 우두법 도입에 결정적인 역할을 한 지석영의 건의가 더해져 1899년 3월 24일 직령 제7호 〈의학교관제〉를 통해 의학교가 세워졌다. 개교 당시 남순희 등 일본 유학 경험이 있는 조선 지식인들이 수학 등의 기초 학문을 학생들에게 가르쳤으나 제대로 된 교육을 위해선 근대식 의학교육을 받은 사람과 의학교과서가 필요했다. 이를 위해선 외국인 교원 채용과 번역작업이 수반되어야 했다.

  이러한 배경하에 일본인 아사가와 마쓰지로와 고조 바이케이가 채용되었다. 1890년 3월부터 조선에서 활동했던 아사가와는 조선어는 물론 영어까지도 가능했던 인물이다. 1896년, 의학교에서의 번역작업에 앞서 정부에 의해 처음으로 간행된 교과서인 『신정심상소학(新訂尋常小學)』을 다카미 고와 함께 편찬한 경력도 있었다. 의학교에 고용되기 직전인 1898년 8월에는 고조 바이케이가 쓴 『종두신서』를 번역하기도 했다. 그러나 아사가와는 의학교에서 3개월 번역 업무를 담당하고 정식 교사로 채용되지 못한채 해임됐다.

고조는 1883년 12월 오이타현립 의학교를 졸업하고 1886년 5월에 일본 공사관 소속 의관 자격으로 조선에 왔다. 1897년에는 찬화의원 부설로 종두의양성소를 만들어 조선인 종두의를 양성했다. 1898년에는 『위생신론』과 『종두신서(種痘新書)』를 간행하는 등 의서 편찬 작업에도 힘을 쏟았다. 종두의 양성의 공을 높게 평가 받은 고조는 1899년 5월부터 의학교에 채용돼 교사로 근무했다. 하지만 1900년 4월, 고조의 해부학 강의를 문제삼은 학생들이 지석영 교장에게 일제 퇴학하겠다는 청원을 내 의학교와의 인연은 1년만에 끝나고 만다.

고조와 아사가와의 사례는 역설적이게도 일본인 의사들과 통번역자들의 협조로 조선에 근대의학이 도입되었던 것이 1900년에 이르면 이들의 지식에 대해 평가할 수 있을 만큼 조선의 의학이 보다 주체적인 수준으로 발전하고 있는 상황을 보여준다. 이러한 변증법적인 변화는 조선인 의서 번역자들의 등장과 그들의 작업물을 통해 더욱 분명해진다.

1902년, 『병리통론』이라는 의학 교과서가 번역돼 의학교에서 사용되었다. 이 『병리통론』은 학부 편집국에서 발행한 책으로 유창희가 번역하고 지석영이 교열했다. 야마다 료슈쿠와 하세가와 준치로가 독일 병리학자인 콘하임의 저서를 번역해 출판한 『병리통론(상)』을 중역(重譯)한 것이었다. 이 『병리통론』에는 국소병리학과 특정병인설이라는 근대적 의학관의 두 기둥이 명확히 제시되고 있다. 이것이 의학교에서 의학 교과서로 사용되었다는 사실은 조선 정부가 형식적인 수준을 넘어 내용적으로 근대의학 지식을 받아들였음을 보여주는 증거다.

더불어 서홍관이 선행연구에서 일본에서 조선으로 전달되는 근대의학 지식의 주된 유통 경로를 설명한 것에서 한발 더 나아가 독일-일본-한국으로 이어지는 경로를 확인할 수 있었다. 그러나 이러한 근대의학 지식의 구체적 내용은 어떠했는지 그 확산이 어떠한 사회적 영향을 끼

쳤는지에 대해선 보다 면밀히 살펴볼 필요가 있다. 아울러, 콘하임의 원본, 야마다·하세가와의 번역본, 유창희의 중역본을 놓고 내용을 비교하여 구체적으로 어떠한 변용(變容)과 전용(轉用)이 나타나는지 아울러 같은 텍스트임에도 출간된 시점과 출간된 각 사회의 상황이 각기 달랐던 만큼 그것이 해당 사회에 미친 영향은 어떻게 달랐는지 고찰해볼 필요가 있다.[65]

1907년, 『병리통론』에 이어 『해부신학박제진전』[66]이라는 해부학 교과서가 출판되었다. 의학교 교사 고타케 다케쓰구가 편집하고 의학교 제1회 졸업생이자 교관으로 있던 유병필이 번역했다. 이 해부학 교과서는 일본의 저명한 해부학자인 이마다 쓰카누가 쓴 『실용해부학』을 번역한 것이었다. 유병필은 일본 유학파도 아니었고 의학교 1회 졸업생이었다. 의학교 출신자가 해부학 교과서를 번역했다는 것은 의학교에서 교육한 근대의학 지식수준이 결코 낮지 않았다는 것, 그리고 그 근대의학 지식 확산이 의학교에서 자체적으로 이루어질 수 있을 만큼 체계화된 단계에 이르렀다는 것을 보여주고 있다.[67]

현재까지 발견된 의학교에서 사용한 근대의학 지식을 담은 의학교과

---

65) 본 연구에서 『병리통론』이 공식적인 의학 지식의 장(場)에 특정병인론과 국소병리학이라는 근대적 의학관의 두 기둥을 제시했다고 보았지만, 같은 텍스트가 특정병인론과 국소병리학을 넘어 최전선에서 세균학의 발전을 이끌고 있던 독일과 일본에서 갖는 의미는 다를 수 있다.

66) 일반적으로는 『해부학』으로 알려져 있으나 표지에는 『해부신학박제진전』이라고 쓰여 있다. 따라서 이 책의 제목은 『해부신학박제진전』이라고 표기하는 것이 맞다. 다만 목차에는 '解剖學'이라고 쓰여 있어 『해부학』으로 표기하는 것도 틀렸다고 할 수는 없을 것이다.

67) 유병필은 1900년대 대표적인 의학교육자로 꼽히는 인물로 김익남이 유학파 의사의 선두주자였다면 유병필은 국내파 의사의 선두주자였다. 1909년 출판사 의진사(義進社)에서 창립 1주년 기념으로 '교육대가'를 선정하는 여론조사를 시행했는데 유병필은 안창호, 지석영 등에 이어 6위로 선정되었다(황상익, 『김익남과 그의 시대』, 청년의사, 2017, 194쪽).

서는『병리통론』과『해부신학박제진전』이 두 권밖에 없다. 그러나 이 두 권만으로도 시사하는 바가 적지 않다. 근대의학 중에서도 가장 핵심적인 이론이자 전통의학과 가장 큰 차이를 보이는 해부학과 병리학이기 때문이다. 특히 1902년 학부에서 발행된『병리통론』은 현존하는 가장 오래된 의학교과서일 뿐 아니라 공식적인 의학 지식의 장(場)에 특정병인론과 국소병리학이라는 근대 의학관의 두 기둥을 최초로 제시한 작업으로서 그 역사적 의미는 매우 크다.

이『병리통론』이 갖는 의미를 보다 분명히 하기 위해선 학부와 의학교에서 이 책의 번역을 왜 중요하게 생각했는지, 당시 의학자들의 논의를 비롯해 시대적·사회적 배경을 확인하는 것이 필요하다. 이에 대해선 후속 연구를 통해 보완하고자 한다.

*부록

경성심상소학교 설립건 서간에 첨부되어 있는 아사가와 마쓰지로의 이력서 내용

연도	내용
1872년 10월	소학 고등과를 보(保) 졸업.
1883년 4월	소학교를 떠남.
1883년 6월	6월 6일까지 놀고 쓰카자키 도시히토(塚崎俊人)씨로부터 수학을, 가토(加藤頤成)씨로부터 한학(漢學) 초보를 배웠음.
1885년 10월	귀향. 11월까지 시모게군(下毛郡) 소재 소학교에서 조교로 근무.
1885년 12월	조교로 있으면서 나카쓰(中津) 후지노(藤野阜三郎)로부터 이화학과 생리학을 배웠음.
1886년 4월	조교를 그만둠과 동시에 나카쓰 선성학사(扇城学舍)에 들어가 수리 및 영학(英學)을 배웠음.
1887년 3월	교관학력검정시험을 통해 소학교 교관 면허장을 받음.
1887년 4월	시모게군 아사히소학교(旭小学校) 훈도(訓導)로 배명(拜命).
1887년 12월	사직.
1888년 1월	나카쓰 유심학사(留心學舍)에 들어가 마노 헤이(間野遺秉)씨로부터 한학을 배웠음. 또한 00로부터 수학전수학교(数学専修学校. 선성학교를 분리한 곳)에 다니면서 오하라(小原太喜)씨로부터 수리를 배웠음.
1888년 2월	나카쓰 오쿠히라(奥平) 백작의 사립중앙학교에 다니면서 영국인 머독(マードック), 가디아(ガーディア) 두 명에게 영학을 배웠음.
3월	유심학사 간사를 맡음.
1889년 3월	메이지 22년(1890) 2월까지 나카쓰초(中津町) 야마다(山田小太郎)씨로부터 영학을 배웠음.
1890년 2월	유심학사에서 보통학과(普通漢学科) 제1급 졸업.
〃	수리전수학교에서 4년 후기 졸업. 즉 산수학, 이론 응용부터 태수학(台数學), 기하학, 평면 삼각법(平面三角法)까지 이수했음.
1890년 3월	도한(渡韓).
1890년 8월	공립인천소학교 교관 배명.
1892년 4월 4일	퇴직.
	인천에 머물며 여가 중 미국인 의사 랜디스(ランヂス)와 영국인 파우나알(パウナアル)로부터 영학을 배웠음.

참고문헌

1. 자료(한국, 일본, 그 밖의 해외, 인터넷 순)

「감샤 흔일」, 『독립신문』, 1898.10.3.

「긔학례식」, 『독립신문』, 1899.10.3.

「古城歸國」, 『황성신문』, 1900.6.12.

『관보』, 1899.3.28.

김필순 역, 『해부학』, 황성제중원, 1906.

「면세흘공찰」, 『독립신문』, 1899.9.2.

「法律敎師」, 『황성신문』, 1900.2.14.

「本院長古城梅溪가 一時歸國ᄒ야 不在ᄒ더니 今次來京前과 如히 專力院務에」, 『황성신문』, 1900.7.16.

역자 불명, 『병리통론』, 황성제중원, 1907.

유병필 역, 『해부신학박제진전』, 의학교, 1906.

유창희 역, 『병리통론』, 대한제국 학부 편집국, 1902.

「醫書繙譯」, 『황성신문』, 1899.10.16.

「의학교샤 연빙」, 『독립신문』, 1899.5.11.

「의학교에셔 아직 셔책을 준비치 못한고로」, 『뎨국신문』, 1899.10.16.

「醫學徒의 請退」, 『황성신문』, 1900.4.17.

「의학칙편집」, 『독립신문』, 1899.10.14.

「일문번력」, 『독립신문』, 1899.10.25.

「일본 잇는 죠션 유학싱의 친목회 뎨 ᄉ호 회보가 왓는듸」, 『독립신문』, 1897.4.8.

「일신삼역」, 『독립신문』, 1899.9.12.

「這般院長古城梅溪가 淸國政府의 招聘을 應ᄒ야 不日 出發赴任터인」, 『황성신문』, 1903.6.26.

「전 관찰사 지셕영씨가 의학교를 셜시 하쟈고」, 『뎨국신문』, 1898.12.16.

「"조선의 '젠너' 松村 池錫永先生 곰보를 퇴치하던 고심의 자최, 辛未의 光明을 차저 (二十)」, 『매일신보』, 1931.1.25.

「종두규칙」, 『內部來文』, 1894.10.7.

「종두의양성소」, 『관보』, 1895.11.9.

지석영, 『신학신설』, 1888.

지석영, 『우두신설(牛痘新說)』, 1885.

「古城梅溪氏四日午前逝く」, 『朝鮮新聞』, 1931.1.5.

今田束, 『実用解剖学』, 1903.

今田束, 『実用解剖学』, 1904.

領事杉村濬·居留民稔代市川石三郎·居留地会議長山本情記, 「京城尋常小学校設
　　　　立ノ義在京城杉村領事伺出之件」, 1892.5.7-1892.8.11.

衛生局, 「附録 第五項 牛痘種継所」, 『衛生局第六次年報明治13年7月~明治14年 6 月』,
　　　　1881.

人事興信所, 『人事興信録3版 皇室之部　皇族之部　い（ゐ）之部—の之部』, 1903.

「朝鮮のゼンナ種痘先生(六)池錫永のことども(李完應)」, 『朝鮮思想通信』814, 1928.11.24.

坂本董墅, 『(続)種痘弁疑』, 島村利助 出版, 1882.

學部編輯局, 『新訂尋常小學』, 1896.

昆海母, 『病理通論. 巻上』, 1902.

Derek Thompson, "What's Behind South Korea's COVID-19 Exceptionalism?", The
　　　　Atlantic. 2020.3.6.

국사편찬위원회 사이트, 「고종실록 19권」(1882.8.23), 『조선왕조실록』, 병자 4번째
　　　　기사_http://sillok.history.go.kr/id/kza_11908023_004(검색일: 2021.2.18).

국사편찬위원회 사이트, 「고종실록 24권」(1887.04.26), 『조선왕조실록』, 계미 1번째
　　　　기사_http://sillok.history.go.kr/id/kza_12404026_001(검색일: 2021.2.18).

국사편찬위원회 사이트, 「고종실록 37권」(1898.03.20) 양력 2번째
　　　　기사_http://sillok.history.go.kr/id/kza_13503020_002(검색일: 2021.2.18).

국사편찬위원회, 『고종시대사 4집』(1898.3.25.)_
　　　　http://db.history.go.kr/item/level.do?sort=levelId&dir=ASC&start=1&limit=20&
　　　　page=1&pre_page=1&setId=10&totalCount=10&prevPage=0&prevLimit=&itemI
　　　　d=gj&types=&synonym=off&chinessChar=on&brokerPagingInfo=&levelId=gj_0
　　　　04_c02_030_220_020&position=-1(검색일: 2021.02.18).

국사편찬위원회, '駐韓日本公使館記錄 5권 〉 十. 顧問官進退 及 本邦人雇聘 〉 (30) 『醫學校 日人教師의 資質問題로 인한 學生들의 同盟退學 件』 〉 3)『請願書』 (1900.4.24.)_http://db.history.go.kr/item/level.do?sort=levelId&dir=ASC&start =1&limit=20&page=1&pre_page=1&setId=1&totalCount=1&prevPage=0&prevLi mit=&itemId=jh&types=&synonym=off&chinessChar=on&brokerPagingInfo=&l evelId=jh_005_0100_0300_0030&position=-1(검색일: 2021.2.18).

국사편찬위원회, 「四. 要視察外國人ノ擧動關係雜纂 韓國人ノ部 (四),((118) 留學生 劉昌凞・張燾・李冕宇의 歸國 報告)」, 『韓國近代史資料集成 2권(要視察 韓國人擧動2)』, 2001.11_

http://db.history.go.kr/item/level.do?sort=levelId&dir=ASC&start=1&limit=20& page=1&pre_page=1&setId=10&totalCount=10&prevPage=0&prevLimit=&itemI d=hk&types=&synonym=off&chinessChar=on&brokerPagingInfo=&levelId=hk_ 002_0040_1180&position=3(검색일: 2021.2.18).

2. 저서

강신익・신동원・여인석・황상익, 『의학 오디세이-인간의 몸, 과학을 만나다-』, 역 사비평사, 2007.

김두종, 『한국의학사 전(全)』, 탐구당, 1981.

대한의사학회, 『송촌 지석영』, 도서출판 아카데미아, 1994.

박윤재, 『한국근대의학의 기원』, 혜안, 2005.

신동원, 『호열자, 조선을 습격하다』, 역사비평사, 2004.

Edmnd R. Long, 유은실 역, 『병리학의 역사』, 1997.

황상익, 『근대 의료의 풍경』, 푸른역사, 2013.

황상익, 『한국 최초의 근대식 의사 교육기관 의학교와 그 사람들』, 여백, 2015.

황상익, 『김익남과 그의 시대』, 청년의사, 2017.

三木榮, 『朝鮮医学史及疾病史』, 1963.

小島和貴, 『長与專斉』, 長崎文献社, 2019.

3. 논문

김성은·가나즈 히데미, 「근대 의학 교육과 번역-이마다 쓰카누의『實用解剖學』 번역을 중심으로-」, 『日本語文學』 64, 2014.

김효진, 「번역과 근대 한국-법학과 국가학문헌을 중심으로」, 『개념과 소통1』, 2008.

박윤재, 「19세기 말-20세기 초 병인론의 전환과 도시위생」, 『도시연구』 18, 2017.

박준형·박형우, 「홍석후의『신편생리교과서』(1906) 번역과 그 의미」, 『의사학』 21-3, 2012.

이상구·이재화·김영구·이강섭·함윤미, 「한국 근·현대수학 교재 연구」, 『數學 教育論文集』 31-1, 2017.

이종찬, 「서재필의 생애와 사상 근대적 공중위생론의 대중적 전파자」, 『의사학』 6-2, 1997.

서홍관, 「우리나라 근대의학 초창기의 교과서들」, 『의사학』 3-1, 1994.

송미영, 「제중원 한글 의학 교과서에 나타난 전염병 관련 어휘에 대한 고찰」, 『국 어사연구』 31, 2020.

신동원, 「조선말의 콜레라 유행, 1821-1910」, 『한국과학사학회지』 11-1, 1989.

신용하, 「지석영의 개화사상과 개화활동」, 『한국학보』 30-2, 2004.

여인석, 「한말과 식민지 시기 서양의학의 한의학 인식과 수용」, 『의사학』 16-2, 2007.

여인석, 「한말 의학교과서 출판과 그 의미」, 『한국사론 42』, 국사편찬위원회, 2005.

최은경, 「개항 후 서양의학 도입과 '결핵' 용어의 변천」, 『의사학』 21-2, 2012.

吉岡達夫, 「今田先生の生涯と業績」, 『山口県医師会報』 1781, 2009.

石田純朗, 「賛化醫院と京城最初の日本人医師古城梅渓」, 日本科学九州大発表内容, 2009.5.23.

岩﨑一·殿﨑正明·唐沢信安, 「済生学舎の山田良叔講師と山田訳「蘭氏生理学」に ついて」, 『日本医史学雑誌』, 53-1, 2007.

『가뎡위싱』을 통해 본 기독교 의료선교사 Mills의 가정위생 인식

Ⅰ. 머리말

한말 서구 문명을 수용하면서 '위생'에 대한 인식도 크게 변하였다. 평양에 콜레라[1]가 확산된 1821년 이를 '괴질'이라고 불렸으며 10일 동안 천여 명이 사망하는 사건이 발생하였다.[2] 그렇지만 그 원인을 몰랐던 당시에는 '쥐 귀신'에 의해 일어난다고 여겨, 쥐를 잡는 고양이 그림을 도성 곳곳 또는 집 대문에 붙이거나 종이 고양이를 만들어 부적처럼 매달아 놓았고, 고양이 소리를 이용하여 콜레라 귀신을 쫓기도 하였다.[3] 이처럼 전염병 콜레라가 발생하는 원인을 잘 몰랐던 당시에는 '위생'에 대한 인식보다는 무속 등으로 임시방편으로 위기를 벗어나려고 하였다.

이와 같은 콜레라 등 전염병이 자주 발생하는 상황에서 위생에 대한

---

1) 당시는 콜레라가 아닌 '호열자(虎列刺)'라고 불렀다.
2) 『순조실록』 24, 1821.08.13.
3) 김신회, 「1821년 콜레라 창궐과 조선 정부 및 민간의 대응 양상」, 서울대학교 대학원 석사학위논문, 2014, 35쪽 및 47쪽 ; 올리버 에비슨 저, 박형우 역, 『근대 한국 42년』(상), 청년의사, 2010, 242~244쪽.

인식은 '근대'라는 시공간에서 확산되어 갔다. 즉 위생은 근대성의 다른 이름으로 의학의 발전과 개인위생에 대한 인식의 확산을 통해 보급되었고 문명으로 여겼다.[4]

근대 전환기 위생 인식은 선교사의 영향이 적지 않았다. 개항과 함께 조선에 온 선교사들 중에는 당시 조선을 '청결하지 않는 곳'으로 기록하고 있다.[5] 이들에게 조선에서의 생활은 위생적으로 볼 때 더러움과 불결이었다. 그렇다 보니 선교사들은 선교를 통해 위생을 강조하기도 하였다. 선교사들에 의해 형성된 위생은 개인적인 차원에서 점차 가정과 사회로 확산되었다.[6] 이를 계기로 가정에서의 위생 즉 가정위생의 중요성도 점차 새롭게 인식하게 되었다.

이와 관련하여 1900년대 후반에는 사용하는 가정학 및 가정위생에 관한 도서들이 발행되었고,[7] 가정학에 포함되어 여성 교육의 중요한 위치로 자리매김하게 되었다.[8] 이처럼 근대 전환기 가정위생에 대한 인식이

---

4) 강성우, 「서양인이 "위생"의 관점에서 본 조선의 모습 -오리엔탈리즘을 넘어서-」, 『한일관계사연구』 60, 2018, 130쪽.
5) 언더우드 여사는 제물포에 도착한 후 "황량한 갯벌에 이 지독한 악취가 풍긴다"고 했으며, 부산을 방문한 스웨덴 기자 아손은 "사방에서 악취가 풍겼으며 문밖에는 쓰레기가 넘쳐나며 바닥에는 오물이 썩어 간다"라고 하였다.
6) 물론 근대 전환기 위생 인식의 확산은 선교사의 영향도 컸지만, 동학의 역할도 적지 않았다. 이에 대해서는 성주현, 「근대전환기 동학·천도교의 위생인식」, 『인문과학』 73, 2019 ; 성주현, 「근대전환기 호열자의 유행과 천도교의 대응」, 『세계역사와 문화연구』 56, 2020을 참조할 것.
7) 『대한매일신보』 1906.06.13. 〈대동서관 출수 서록〉 광고에 의하면 『가정위생서』가 포함되어 있다. 이외에 위생 관련 도서는 『學校衛生學』, 『最近衛生學』, 『處女衛生論』, 『衛生工事新論』, 『育兒與衛生』, 『疫病衛生書』, 『簡明生理學』, 『衛生學問答』, 『生理衛生學講義』 등이 있다.
8) 가정학과 관련된 연구 성과는 조민아, 「대한제국기 '가정학'의 수용과 가정교육의 변화」, 서울대학교 대학원 석사학위논문, 2012 ; 전미경, 「1900-1910년대 가정 교과서에 관한 연구 -현공렴 발행 『한문가정학』, 『신편가정학』, 『신정가정학』을 중심으로」, 『한국가정과학교육학회지』 17-1, 2005 ; 이지연·전상숙, 「식민지시기 근대 과학적 지식으로서 가정학의 형성」, 『이화사학연구』 52, 2016 ; 임상석, 「근대계몽기 가정학의 번역과 수용」, 『한국고전여성문학연구』 27, 2013 ; 김명선, 「고등여학생

크게 확산되자, 의료선교사로 파견되었던 밀스(R.G. Mills)는 1919년 2월에 『가뎡위싱』을 발행하였다. 밀스(R.G. Mills)가 발행한 『가뎡위싱』은 기존의 일상생활의 가정위생과는 달리 의학적 소견을 보다 많이 반영한 새로운 내용을 담고 있다.

이에 따라 본고에서는 한말부터 1920년대까지 가정위생의 인식을 분석하고자 한다. 이를 위해 먼저 한말부터 1920년대 『매일신보』와 『동아일보』에 나타난 가정위생에 대하여 살펴보고, 이어 1919년 기독교 선교사가 발행한 『가뎡위싱』을 통해 가정위생 인식을 살펴보고자 한다.

II. 한말~1920년대 가정위생의 인식

1. 한말의 가정위생

서구 근대문명을 수용하면서 한국 사회는 적지 않은 변화를 가져왔다. 그 가운데 의료선교사의 내한은 의료뿐만 아니라 위생 인식에도 크게 영향을 미쳤다. 콜레라가 유행한 1820년대 후반만 하여도 근대적 의료와 위생보다는 부적을 사용하거나 한의학을 통한 의술, 기도를 올리는 무속, 민간의 관습 등으로 대응하였다.[9]

1890년대까지 콜레라의 창궐로 여전히 많은 사람들이 죽자, 정부에서도 예방과 관련된 조치로 점차 서구의 의학과 위생 개념을 수용하여 이

기사과목 교과용도서의 주거지식(1908-1924)」, 『한국산학기술학회논문지』 11-7, 2010 등이 있다.

9) 김신회, 앞의 논문, 2014, 35쪽 및 47쪽.

를 확산시켜 나갔다.[10] 1894년 갑오개혁으로 위생국을 설치하여 전염병 예방 사무를 관장하도록 하였으며, 이듬해 1895년에는 콜레라를 예방하고 관리하는 법규를 발포하였다.[11] 이어 1899년에는 콜레라 예방규칙을, 1909년에는 콜레라의 예방에 관한 건과 콜레라 예방책으로 청결법을 실시하는 건 등 각종 관련 법류를 제정하여 콜레라에 대한 예방을 강화해 나갔다.

이와 같은 관 중심의 전염병 예방뿐만 아니라 내한 기독교 의료선교사에 의해서도 위생에 대한 관심이 커져 갔다.[12] 특히 갑신정변 당시 자상을 입은 민영익이 의료선교사 알렌 등의 치료에 의해 완전히 회복함에 따라 국내에도 서양식 병원이 설립되었다. 알렌의 기록에 의하면 초창기 환자들이 "조선 사람의 각 계급을 망라하여 아래로는 걸인, 나병 환자로부터 위로는 궁중의 귀인이 있는 상태"로 다양하였다고 하였다. 당시 이들이 치료를 받는 질병은 말라리아, 매독, 소화불량, 피부병, 결핵, 나병, 기생충병 등이었다.[13]

이에 따라 치료뿐만 아니라 질병을 예방할 수 있는 위생에 대해서도 새롭게 인식케 하였고, 나아가 가정에서의 위생 즉 가정위생도 점차 중요하게 인식하였다. 이는 당시 신문광고에서도 확인할 수 있다. 『대한매

---

10) 개화파 인물인 박영효와 유길준 등은 인민의 건강을 힘써 국가를 부강케 하자는 주장을 하는 한편 콜레라 등 전염병 예방법을 적극 소개하였다.

11) 당시 발포한 콜레라 관련 법규는 일반인을 대상으로 하는 '호열자 소독규칙', 관리자를 위한 '호열자 예방과 소독집행규칙'이다.

12) 한말, 근대전환기 내한 의료선교사에 대해서는 최금희, 「전라도지방 최초의 여성 의료선교사 마티 잉골드 연구」, 『선교신학』 17, 2008 ; 임희모, 「미국 남장로교 선교사 야곱 패터슨(Jacob Bruce Patterson)의 군산 예수병원 의료사역 연구(1910-1925)」, 『장신논단』 52(3), 2020 ; 전석원, 「1884~1910의 급성전염병에 대한 개신교 의료선교사업 -개항기 조선인의 질병관, 의료체계에 대한 의료선교의 계몽주의적 접근」, 『한국기독교와 역사』 36, 2012 등을 참조할 것.

13) 알렌 지음, 신복용 옮김, 『조선견문기』, 평민사, 1986, 152쪽.

일신보』광고에 의하면 의학서적 목록에는 『가정위생서』가 포함될 정도로 가정위생에 대한 인식이 사회적, 교육적으로도 중요시되었음을 알 수 있다.[14] 뿐만 아니라 여자교육회는 3대 목적의 하나로 위생교육을 강조하였다.

大抵 本會를 發達흠은 此 三大 目的이 有ㅎ니 (중략)
三은 衛生과이니, 衛生과는 家庭衛生을 注意ㅎ야 育兒法과 調病術을 研究ㅎ야 醫科 學校를 建設ㅎ야 看護 調病과 諸般 衛生을 一切 卒業ㅎ야 生命을 保護홀지니, 比喩ㅎ건딕, 他邦의 人口는 漸漸繁昌ㅎ며 本邦 人口는 年年減縮ㅎ니, 此를 見하면 衛生의 決果를 貴婦人도 容易曉得홀빅라 何故오. 他邦 國民은 衛生의 專力ㅎ야 寒暑를 고로게 ㅎ고 衣食을 適當이 ㅎ며 運動을 自由ㅎ야 身體를 强健히 ㅎ며 子女를 生産흠이 育兒法을 曉得홀지라. 天殃之斃가 無ㅎ니 人口 漸增흘 거시오.[15]

위의 인용문은 1906년 7월 25일 여자교육회 제1회 통상회에서 찬무원 진학신[16]이 「여자교육의 필요」라는 제목으로 연설한 내용 중 일부이다. 여자교육회는 3대 목적을 여학교에 교육과, 여공과, 위생과 등의 교육을 하는 것으로 설정하였다.[17] 이중 위생과 교육은 가정위생이었다.

한말 가정교육의 핵심은 육아법과 조병술로, '아이를 잘 기르는 것'과

---

14) 『대한매일신보』, 1906년 06월 13일 당시 광고된 의학서적은 『學校衛生學』, 『胎內教育』, 『男女交際新論』, 『最近衛生學』, 『造化新論』, 『男女育兒新法』, 『處女衛生論』, 『肺病問答』, 『衛生工事新論』, 『國民體育論』, 『種痘學』, 『育兒與衛生』, 『疫病衛生書』, 『生殖器書』, 『簡明生理學』, 『衛生學問答』, 『吾妻鏡』, 『男女生殖器病祕書』, 『男女交合新論』, 『生理衛生學講義』, 『銅人圖』, 『保全生命論』, 『省身指掌』, 『全體闡微』, 『體學』, 『生理學』, 『解剖學』, 『醫宗必讀』, 『傷寒審症表』, 『人體之組織』, 『中西臟腑合圖』, 『人身解剖圖』, 『生理細圖』, 『진병기협』 등이 있다. 위의 서적 중에는 위생과 관련된 것도 상당 부분 차지하고 있음을 확인할 수 있다.
15) 『대한매일신보』 1906.08.02.
16) 秦學新은 무안감리서 주사로 활동한 바 있으며, 외국어학교를 졸업하고 부교관으로 선임되었다. 1906년 5월 양규의숙 설립과 여자교육회 조직에 참여하였다.
17) 교육과는 학교 교육, 여공과는 실업 교육임.

'병을 다스리는 것'이었다. 나아가 가정위생으로 외국처럼 국민 모두가 위생에 전념하여 의식을 적당히 하고 운동을 자유롭게 하여 신체를 강건히 하여 자녀의 출산해 인구 증가할 것을 강조하고 있다. 이는 가정위생을 부국강병의 하나 방안으로 인식하였음을 알 수 있다.

가정위생은 교육뿐만 아니라 강연을 통해 확산되었다. 국민교육회는 의학 졸업사인 박종환을 초청하여 가정위생이라는 제목으로 강연회를 개최하였으며,[18] 숙명여학교는 내부 촉탁 일본인 야마네(山根)를 초빙하여 가정위생을 비롯하여 태아교육법 등을 내용으로 하는 강연을 가졌다.[19]

한말 가정위생을 주제로 한 강연 내용은 구체적으로 확인할 수 없지만, 언론에 발표된 글을 통해 어느 정도 파악할 수 있다. 김수철은 「가정교육법」이라는 글에서 가정위생에 대해 다음과 같이 밝힌 바 있다.

> 衛生은 身體敎育의 消極的 方法이니 其 積極的 方法되는 養生과 相俟ᄒ야 비로소 身體의 完全ᄒ 發育을 圖得ᄒᄂᄂ 者요. 且 衛生에는 公衆衛生과 家庭衛生이 有ᄒ니, 卽 公衆衛生은 國家의 行政機關을 依ᄒ야 營ᄒᄂ 者라.
>
> 年來 我國에서도 年年 多額의 費用을 投ᄒ야 其 完備를 圖去ᄒ나 아직 其 功績의 顯著ᄒᆷ을 未得ᄒᆷ은 恒常 痳疾, 虎列剌 等의 最恐ᄒ 傳染病이 流行ᄒ나니 此ㅣ 엇지 寒心의 處ㅣ 아니리오. 政府는 如何히 衛生의 普及을 思ᄒ지라도 家庭의 衛生이 不行ᄒᄂ 時에ᄂ 到底히 衛生의 完整을 望키 不能ᄒ지니, 다맛 此 點으로 論ᄒ더릭도 家庭衛生法의 輕忽치 못ᄒ 것은 明若觀火로다.
>
> 又況 將來의 國民될 幼兒의 生活은 其 大部가 家庭 中에 專在ᄒᆷ이리오. 蓋 家庭에 病者가 有ᄒ 時는 其 一家의 不幸ᄒᆷ과 不快ᄒᆷ이 幾何의 程度오. 人이 만약 健全ᄒ 精神은 健全ᄒ 身體에 宿ᄒ다는 諺에 異論이

---

18) 『황성신문』 1907.03.29.
19) 『대한매일신보』 1910.07.10.

己無ᄒᆞ엿슨 즉 엇지 衛生에 不注意홈을 得ᄒᆞ리오. 且 家庭衛生의 勉홀
바 ㅣ 는 身體 各 機關을 養護홈에 在ᄒᆞ니 其 方法으로 取ᄒᆞ야 衣服의 選
擇 住居의 構造, 飮食物의 節制 等에 就ᄒᆞ야 攻究홀 바 ㅣ 不無ᄒᆞ도
다.[20]

김수철은 위생을 먼저 공중위생과 가정위생으로 구분하였다. 공중위
생은 국가라는 기관에서 맡아 보급해야 할 것을, 가정위생은 말 그대로
가정에서 하는 위생이라고 하였다. 그런 의미에서 이질이나 콜레라 등
전염병 유행에 대한 위생의 보급을 공중위생으로, 가정에서 가족 개개
인의 신체 각 기관을 양호하는 것을 가정위생으로 인식하였다. 그 연장
선에서 가정위생의 방법은 '의복의 선택 주거의 구조, 음식물의 절제' 등
이라고 하였다. 이로 볼 때 가정위생은 일상생활에서 필요한 의식주와
관련된 것으로 매우 한정적으로 인식하고 있다.

2. 1910년대 가정위생

이러한 한말 의식주 중심의 가정위생에 대한 인식은 1910년대에서도
크게 달라지지 않고 있다. 가정위생과 관련하여 당시의 인식을 보다 구
체적으로 살펴보는 데는 한계가 있지만, 『매일신보』를 통해서 확인해
볼 수 있다. 『매일신보』는 1912년 10월 17일부터 12월 22일까지 25회에
걸쳐 「가정위생」을 연재하였는데, 이를 정리하면 다음 〈표 1〉과 같다.

---

20) 김수철, 「가정교육법」, 『태극학보』 21, 1908.05, 30~31쪽.

<표 1> 『매일신보』(1912.10.17.~12.22)에 연재된 「가정위생」의 내용

게재일자	주제어	주요 내용
1912.10.17	의복	의복의 필요성, 의복의 재료
1912.10.20	의복	의복 입는 법, 속옷, 이불, 청결법, 모자, 안경
1912.10.22	음식물	음식물_음식물의 병 근원이 되는 일
1912.10.23	주거	토지를 택할 일, 집 짓는 법
1912.10.24	주거	가옥의 구조, 가옥의 주위
1912.10.26	운동	운동의 정도, 식후의 운동, 운동의 종류와 효력
1912.10.27	목욕	온수욕, 냉수욕
1912.10.30	목욕	해수욕
1912.11.1	목욕	해수욕(속)_목욕장에서 먹는 음식
1912.11.6	목욕	광천욕
1912.11.7	수면	수면의 원인, 수면시간, 취침 시의 주의
	음식물	차와 커피
1912.11.8	기호 음식물	주정류
1912.11.10	기호 음식물	주정류(속)
1912.11.13	기호 음식물	주류의 해, 주류의 분량과 금기
1912.11.15	기호 음식물	술의 종류와 주의_일본술, 포도주, 맥주, 소주
1912.11.16	기호 음식물	담배, 사탕류와 향미물_사탕류. 된장과 감자의 류, 향미물
1912.11.19	동물성 육류	獸鳥 육류
1912.11.20	동물성 육류	우유
1912.11.26	기호물 음식료	우유 먹는 자의 주의
1912.11.27	기호물 음식료	우유 먹는 자의 주의(속)
1912.11.28	동물성 식류	계란
1912.11.29	어패류	어패류
1912.11.30	어패류	어패류(속)
1912.12.21	동물성 식물	어패류(속)
1912.12.22	식물성 식물	쌀과 보리

위의 〈표 1〉에서 보는 바와 같이 『매일신보』에 연재된 가정위생은 기존의 의식주 외에 운동과 수면, 목욕 등 포함하고 있다. 이는 가정위생의 영역이 의식주 중심에서 일상생활의 영역으로 확장되었음을 알 수 있다. 그렇지만 운동은 식후에 상당한 부분을 할애하였다는 점은 여전히 의식주와 관련된 것이 가정위생의 중심이었다고 할 수 있다. 더욱이 『매일신보』는 연재에 앞서 '가정위생'에 대한 개념이나 필요성 등을 전혀 언급하지 않고 있다는 점도 가정위생의 중요성을 인식하지 못한 것으로 파악된다.

그렇다면 1920년대 가정위생에 대한 인식은 어떻게 달라졌을까. 전염병과 같은 공공위생에 대해서는 당시 언론인 신문에서는 예방이나 치료, 질병 상황 등에 대해서는 많은 지면을 할애하였지만 가정위생과 관련해서는 기사량이 많지 않았다. 당시 『매일신보』와 『동아일보』에 가정위생과 관련된 연재물이 게재되었다. 먼저 『매일신보』의 가정위생을 정리하면 다음 〈표 2〉와 같다.

<표 2> 『매일신보』에 연재된 가정위생의 내용

일자	기사명	내용
1924.4.6	의식주의 위생	의복_의복의 원료, 의복의 보온, 의복의 통기성, 의복의 인습성
1924.4.13	음식물의 위생	물, 식물의 호 불호를 아는 법(우물), 음식물의 성분, 음식용의 그릇
1924.4.20	식물로 오는 위험	수육, 우육의 부피를 아는 법, 생선의 신선함을 아는 법, 우유를 선택하는 법, 우유로 마는 콜레스피루구, 계란을 건사하는 방법, 육식과 채소의 우열, 식사의 시간, 식물 두는 법
1924.4.27	주택의 위생	습기와 전등의 주의
1924.4.27	부인의 위생	월경(경도), 월경 때 섭생법, 임신 중의 섭생법
1924.5.4	부인의 위생	해산 후의 섭생법
1924.5.4	육아법	탯줄, 목욕, 강보, 유아의 외출, 영양

〈표 2〉의 가정위생은 대구중앙의원 원장 박영대가 5회에 걸쳐 연재한 것으로, 의식주 외에 '부인의 위생과 육아법'을 포함하고 있다. 이 글을 연재하면서 박영대는 가정위생에 대해 다음과 같이 언급하고 있다.

> 가정위생은 일반 위생의 소부분인데, 그것이 여하하다는 것을 대강 말씀하고자 합니다. 그 목적은 가정의 건강을 보전하며 증진하는 데 있습니다. 위생을 대별하면 개인위생과 공중위생의 두 가지가 있으니, 개인위생은 자기의 위생이요, 공중위생은 부정촌 등의 위생이 올시다. 즉 공중위생에는 군대나 학교나 공장 위생이 있으니, 이는 필경 개인위생을 합한 것입니다.[21]

박영대는 가정위생은 '일반 위생의 소부분'이며, 연재의 목적은 '가정의 건강을 보전하며 증진하는 데' 있다고 밝혔다. 그는 위생은 공중위생과 개인위생으로 크게 구별하였는 바, 가정위생은 개별위생의 범주로 분류하고, 개인이 지켜야 할 위생으로 인식하였다. 그 연장선에서 "개인위생에 양생을 잘하는 사람은 장수하는 것이요, 장수하면 가정을 유쾌하고 행복스럽게 할 것이니, 이로부터 그 필요한 예를 들어 말하려 합니다"라고 하여, 개인의 장수가 가정의 유쾌이며 행복이라는 관점에서 살펴보고 있다. 이러한 입장에서 개인과 관련된 의식주와 여성이 관심을 가져야 할 위생에 대해 연재한 것이다.

여성과 관련된 가정위생은 '부인의 위생과 육아법'이었는데, 부인의 위생은 월경, 월경과 임신 중의 섭생법, 출산 후의 섭생법 등과 출산 이후 육아법으로 나누어 연재하였다. 이 중에서도 임신 중의 섭생에 대해 상세하게 다루었다. 그 내용은 다음과 같다.

---

21) 『매일신보』 1924.04.06.

(가) 임신 후 1개월에는 배가 조금 따듯하고

(나) 위경이 체한 듯 하고

(다) 식성이 변하여 지금까지 아니 좋아하던 것을 질겨 먹고자 하며

(라) 1개월이 지나 2개월이 되거나 혹은 3개월이 되면 아니 곱고 구역질이 나기 시작을 하여 심하면 수척하여 지나니, 이러한 때에는 상당한 의사에게 진찰을 받는 것이 좋습니다.

(마) 임신 후 5개월이 되면 아이의 움직이는 것을 아나니, 이것을 태동이라 합니다.

(바) 식물은 보통 기름 많은 식물과 술은 이하지 아니하고, 소채와 익은 과실은 좋으며 그 외 평시에 잘 먹던 것은 관계 없으나 특히 주의할 것은 잘 때 간식하지 말고 속을 비워서 자는 것이 좋습니다.

(사) 변비증이 없게 할 것이니, 제일 간단한 법은 취침하기 전에 컵에 물을 부어 머리맡에 두었다가 아침에 일찍 일어나는대로 마시고 물 대신 우유도 좋습니다.

(아) 의복은 복부가 점점 커가니, 의복을 크게 하고 따듯한 의복으로 느슨히 입을 것이외다.

(자) 임신 중의 일반 섭생은 연극장 같은 사람이 많이 모이는 곳에 가지 말 일, 잠을 충분히 잘 일, 적당히 운동할 일, 무거운 것을 들지 말 일, 층계에 승강할 때 주의할 일, 기차나 기선으로 원행치 말 일, 재봉과 세탁과 기타 모은 일을 과도히 말 일, 자주 목욕하여 신체를 청결할 일[22]

위에서 언급한 '임신 중의 섭생법'은 여성이 임신 중에 나타나는 현상과 임신했을 때 주의할 것들을 구체적으로 설명한 것이다. 이는 당시 신문에서 처음으로 언급한 것으로 부인위생이 가정위생에서 중요한 위치를 차지하고 있음을 밝혔다는 데 의의가 있다고 판단된다. 육아법은 탯줄 자른 법, 아이의 목욕 방법, 아이를 감싸는 강보의 중요성, 유아의 외출, 모유를 권장하는 유아의 영양 등에 대해서도 구체적인 위생 방법을 알려주고 있다.

---

22) 『매일신보』 1923.04.27.

3. 1920년대 가정위생

『매일신보』는 1920년대에도 가정위생과 관련된 내용은 종종 게재하곤 하였는데, 이를 정리하면 〈표 3〉과 같다.

<표 3> 1920년대 『매일신보』에 게재된 가정위생 관련 내용

일자	기사명	내용
1925.1.24	가정위생	돌림감기의 예방법과 치료법
1925.3.29	가정위생	머리털이 빠지면, 간난 아기의 볼기짝, 혓바늘이 있을 때
1925.4.5	가정위생	잠자지 않을 때, 코가 막힐 때에, 손발이 트는 때/육아
1925.4.12	가정위생	제 중독 응급수당/해독제_15가지
1925.4.19	가정위생	손발에 땀, 충치 예방법_육아
1925.5.31	가정위생	여드름, 자리옷_육아, 콧병_육아

〈표 3〉은 1925년 『매일신보』에 게재된 가정위생과 관련된 것으로 겨울철 감기 예방과 일상생활에서 일어날 수 있는 간단한 질병, 가정에서 상비용으로 필요한 해독제, 그리고 갓난아이의 육아법 등을 소개하고 있다. 이 역시 가정과 관련된 것이지만, 특히 육아와 관련하여 많은 위생법을 소개하고 있다. 이러한 점에서 1920년대 『매일신보』의 가정위생은 의식주와 육아법, 일상생활에 필요한 의학 상식에서 벗어나지 못하였다.

한편 『동아일보』는 1925년과 1926년, 1927년에 각각 '가정위생'과 관련된 것을 연재한 바 있다. 이를 정리하면 〈표 4〉와 같다.

<표 4> 『동아일보』에 연재된 가정위생의 내용

일자	연재물	내용	비고
1925.1.23	가정위생	가정의 겨울위생/이불과 요에 대한 위생	허영숙
1925.1.26	가정위생	가정의 겨울위생/방 수제에 대한 일	허영숙

일자	연재물	내용	비고
1925.1.28	가정위생	가정의 겨울위생/목욕을 자주 할 일	허영숙
1925.1.30	가정위생	가정의 겨울위생/머리를 자주 감을 일	허영숙
1925.2.4	가정위생	가정의 겨울위생/머리를 자주 감을 일 (속)	허영숙
1925.2.6	가정위생	가정의 겨울위생/성홍열, 예방법	허영숙
1925.9.7	가정상식	이상적 가정/가정은 무엇?	가정과 그 환경
1925.9.8	가정상식	이상적 가정/중요한 설비, 이상적 추택	가정과 그 환경
1925.9.10	가정상식	이상적 가정/주택의 청결, 가정의 능률, 노동의 습관	가정과 그 환경
1925.9.12	가정상식	자원적 부원/환경은 무엇, 공기의 본체	가정과 그 환경
1925.9.13	가정상식	자원적 부원/산화작용, 물과 사람, 광선과 열	가정과 그 환경
1925.9.14	가정상식	자원적 부원/태양과 우리, 음식물	가정과 그 환경
1925.9.15	가정상식	공기와 위생/청결한 공기, 호흡	가정과 그 환경
1925.9.16	가정상식	공기와 위생/심호흡, 헌잡물	가정과 그 위생
1925.9.17	가정상식	공기와 위생/실내 소제, 호흡기관, 회분열(花粉熱)	가정과 그 위생
1925.9.19	가정상식	공기와 위생/인공호흡, 물에 빠진 사람	가정과 그 위생
1925.9.23	가정상식	공기와 위생/일반 질식, 졸도	가정과 그 위생
1925.9.25	가정상식	가정과 물/순량한 물, 빗물(雨水)	가정과 그 위생
1925.9.28	가정상식	가정과 물/샘과 우물	가정과 그 위생
1925.10.3	가정상식	가정의 물/경수(硬水)와 연수(軟水), 물의 청정	가정과 그 위생
1925.10.4	가정상식	음식물/육체의 성분, 영양소와 그 작용	가정과 그 위생

일자	연재물	내용	비고
1925.10.5	가정상식	음식물/몸에 필요한 음식, 식물의 소화	가정과 그 위생
1925.10.9	가정상식	음식물/소화작용, 소화와 심리상태	가정과 그 위생
1925.10.12	가정상식	음식물/식물의 변화, 식물의 경제	가정과 그 위생
1926.3.1	가정위생	어린 아이의 울 때 어머니의 주의	허영숙
1926.3.2	가정위생	아이를 못 낳는 부인과 남편	허영숙
1926.3.3	가정위생	월경기에 있는 따님을 둔 어머니의 주의 하실 몇 가지	허영숙
1926.3.4	가정위생	해산과 위험	허영숙
1926.3.5	가정위생	해산과 위험	허영숙
1926.3.6	가정위생	해산과 위험	허영숙
1926.4.22	가정위생	개에 물렸을 때 이렇게 하시오	허영숙
1926.4.27	가정위생	생명을 위협하는 파리와 모기	허영숙
1926.4.29	가정위생	봄의 청결	허영숙
1926.5.1	가정위생	위생과 아이의 사망률	허영숙
1926.5.4	가정위생	월경과 안정	허영숙
1927.4.6	가정에 필요한 소독법의 지식	미균의 침입을 막을 줄 모르면 현대적 주 부의 큰 수치가 된다_소독의 필요, 소독 법의 종류	
1927.4.7	가정에 필요한 소독법의 지식	미균의 침입을 막을 줄 모르면 현대적 주 부의 큰 수치가 된다_화학적 소독법, 소 독의 응용	
1927.4.8	가정에 필요한 소독법의 지식	미균의 침입을 막을 줄 모르면 현대적 주 부의 큰 수치가 된다_소독의 응용(속), 소독과 질병	

〈표 4〉는 1925년, 1926년, 1927년에 각각 『동아일보』에 게재되었던 '가정위생'이라는 주제의 연재물이다. 첫 번째 연재물은 1925년 1월 6회에 걸쳐 게재된 「가정위생」이다. 이 연재물은 여의사 허영숙23)이 집필한 것으로 겨울철 가정에서 주의할 위생으로 이불, 목욕, 청소 등 청결법과

전염병 성홍열의 예방법을 소개하였다.

두 번째 연재물은 1925년 9월 7일부터 18회 게재된 「가정상식」으로, 초기에는 '가정과 그 환경'이었지만 '가정과 그 위생'으로 변경되었다. 실제 내용적으로 볼 때 「가정상식」은 앞서 살펴보았던 1910년대 『매일신보』의 「가정위생」 연재물과 크게 차이가 없다는 점에서 의식주 위주의 가정위생의 연장이라고 할 수 있다. 필자를 밝히지 않아 알 수 없지만, 이상적 가정의 요소로 가정위생과 관련하여 다음과 같이 밝히고 있다.

> 가정에서는 언제든지 가정을 이룬 각원의 위생에 주의할 것도 태만이 하지 못할 요건의 하나입니다. 그러므로 먼지나 미균이나 연기나 냄새 같은 것이 나지 아니한 공기가 필요합니다. 더러운 것이 섞이지 아니하고 미균이 없는 깨끗한 음료수가 있어야 합니다. 적당한 음식물을 잘 요리할 설비가 있어야 합니다.[24]

세 번째 연재물은 1926년 3월 1일부터 6회에 걸쳐 허영숙이 두 번째 「가정위생」으로, 육아, 월경, 출산과 해산 등 이른바 부인과와 관련된 것이었으며, 네 번째 연재물 역시 허영숙이 1926년 4월 22일부터 5회에 걸쳐 게재된 「가정위생」으로 개에게 물렸을 때, 전염병을 옮기는 파리와 모기, 청결, 육아, 월경 등 가정에서 대처해야 할 예방법을 소개하였다. 다섯 번째는 1927년 4월 6일부터 3회에 연재된 「가정에 필요한 소독법의 지식」으로 세균에 대한 소독에 대해 설명하였다.

1920년대 『동아일보』에 다섯 차례 연재된 가정위생도 대부분이 의식주와 관련하여 가정에서 대처해야 할 위생과 여성들의 건강과 위생에

---

23) 허영숙은 도쿄 요시오카(吉岡)여자의학교를 졸업하였으며(『별건곤』 4, 1927.02, 21쪽), 1920년 5월 1일 서대문 1정목 9번지에 英惠醫院을 개원하였다(『동아일보』 1920. 05.01).
24) 『매일신보』 1925.09.08.

대해 다루고 있다. 다만 전염병과 직접 관련이 있는 성홍열, 세균에 대한 소독 등은 1910년대 가정위생의 영역에서 좀 더 확장되었다고 할 수 있다.

이상에서 살펴본 바와 같이 한말부터 1920년대까지 가정위생은 첫째 의식주와 관련하여 건강에 미치는 가정 내의 위생, 둘째 월경, 임신, 해산 등 출생과 관련된 부인 위생, 셋째 육아에 관한 내용, 넷째, 일상생활에서 일어나는 상처의 대응, 다섯째 전염병의 매개가 될 수 있는 파리와 모기, 세균의 소독 등이었음을 확인할 수 있다.

Ⅲ. Mills의 『가뎡위싱』 구성과 가정위생 인식

1. 국내에서의 Mills의 활동

『가뎡위싱』에 표기된 저술인 '아ㄹ.チ.ミリス'은 Mills, Ralph Garfield (1884-1944)이다. 한국에서 활동하는 동안 그는 '마일서(馬壹瑞)', '밀의사(密醫師)'로 불렸다. Mills는 미국 출신으로 1884년에 출생하였으며, 1908년 의료선교사로 내한하였다. 이후 1918년 4월 귀국한 것으로 알려졌다. 그의 내한 경력을 간략하게 소개하면 다음과 같다.

> 1908년 10월 9일 북장로교 의료선교사로 내한, 세브란스 병원에서 활동
> 1909년 평북 강계 선교부로 파송되어 활동
> 1910년 강계 동문 밖에 계례지병원(Kennedy Hospital) 설립
> 1911년 9월 세브란스병원에서 진료, 세브란스의대에서 강의
> 1918년 4월 1일 선교사직 사임하고 귀국[25]

---

25) 『내한선교사 약력』.

Mills는 학력 등 초기 기록은 알려지지 않고 있지만, 1908년 10월 9일 북장로교 의료선교사로 한국 땅을 밟았다. 세브란스 병원에서 의사로 근무하면서 선교활동을 하던 Mills는 1909년 5월 2일 평북 강계 선교부에 파견되었다. 그가 강계 선교부로 파견된 이유는 구체적으로 확인할 수는 없지만 아마도 강계지역 선교의 목적이 아닌가 한다. 강계지역 기독교는 1899년 김윤봉이 평양에 갔다가 기독교에 입교함으로써 전래되었다.

이를 계기로 1900년 1월 강계 읍내에 교회가 건립되었다. 당시만 해도 강계지역은 불교와 천도교의 교세가 비교적 우세하였기 때문에 기독교 교세의 확장이 필요하였다. 이러한 상황에서 위생과 의료를 기반으로 하는 선교 전략에 따라 Mills가 파견된 것이다. 당시 의료선교는 시료(施療)와 시약(施藥)을 통해서 한국인들의 육체적, 정신적 혹은 심리적 아픔을 치료하고 재활, 재생의 길을 가도록 도움을 주기 위한 것이었다.[26]

1909년 강계 선교부에 파견된 Mills는 강계읍교회를 기반으로 의료와 선교활동을 전개하였다. Mills는 선교보다도 의료활동에 더 적극적이었으며, 이후 강계지역 의료계의 선구적 역할을 담당하였다. 그는 강계 선교부에 부임하면서 강계 의료선교의 문을 열었다. 나무 창고를 개조하여 진료소를 만들고 첫해 여름 동안 300여 명을 치료하였다. 1910년 뉴욕의 케네디(J. S. Kennedy)의 헌금으로 동문 밖에 병원을 건축하기 시작하여 1911년 2월 계례지병원(桂禮知病院)이라는 이름으로 개원을 하게 되었다.[27] Mills는 계례지병원이 개원한 지 7개월 후 1911년 9월 다시 서울의 세브란스의학교로 자리를 옮겼다.[28]

세브란스 의학교에서 의사로써 진료를 하면서 교수로 활동한 Mills는

---

26) 차신정, 『한국 개신교 초기 그리스도를 나눈 의료선교사』, 캄인, 2013, 228~229쪽.
27) 이만열, 「한말 미국계 의료선교를 통한 서양의학의 수용」, 『국사관논총』 3, 1989, 229쪽.
28) 차신정, 앞의 책, 87~88쪽.

한국인의 식생활과 위생 문제에 관심을 갖게 되었는데, 1914년 동료 교수 반 버스커크(J. D. Van Buskirk),[29] 러들로우(A. I. Ludlow) 등과 함께 학교 내에 연구부를 창설하였다.[30] Mills가 주도한 연구부의 목적을 다음과 같이 밝힌 바 있다.

> 1 생활 수준 향상과 주거환경의 개선
> 2 기숙사에 기거하는 학생들에게 충분한 음식을 제공하여 학생들 건강의 큰 적인 결핵에 맞서 효과적으로 싸울 수 있게 하는 것
> 3 모든 임상의들이 질병의 진단에 이용할 수 있는 정상적인 생리학적 기준의 확립
> 4 이제껏 무시되어 온 관점으로부터 세계의 문제를 조명하는 것[31]

그리고 이를 달성하기 위해 다음과 같은 연구 업적을 남겼다.

---

29) 반 버스커크[J. D. Van Buskirk, 반복기(潘福奇), 1881~1969]는 1880년 미국 미주리주 캔사스시에서 태어나 1906년 캔사스 시립대 의과를 졸업하고 의학 박사학위를 받았다. 1908년에 내한하여 충남 공주 북감리교 선교병원장으로 복무하는 중 1909년 세브란스 의학교를 연합의학교로 운영하기로 결의하며 조성된 위원회의 위원으로 위촉되었다. 1913년부터 그는 세브란스연합의학교 생리학 교실 교수이자 부속병원 의사로 재직하였다. 버스커크의 약력은 『건강생활』, 박문서각, 1929의 저자 소개란 참조.
30) 여인석, 「세브란스의전 연구부의 의학연구 활동」, 『의사학』 13-2, 2004, 234쪽.
31) R.G. Mills, "The Research Department of the Severance Union Medical College," *Korea Mission Field* 12-1, 1916, pp.22~24 ; 여인석, 위의 논문, 236쪽 재인용. 한편 Mills는 연구부는 목적을 구체적으로 달성하기 위해 다음과 같은 목표를 설정하였다.
  1 이전에 연구한 다른 나라들과는 음식 관습 습관이 다른 민족[즉 한민족]에서 나타나는 의학적 문제의 연구
  2 주로 가정에 관련된 보건과 위생 문제연구
  3 한국 고유의 음식과 그 음식의 가치에 대한 연구
  4 평균적인 음식섭취 상태를 평가하고 생명과 건강을 유지하는 데 필요한 음식량을 확인하기 위한 실험
  5 수백 년 동안 경험적으로 사용된 고유의 약재와 처방의 가치 연구
  6 동물 기생충 문제와 고유의 약재에 의미를 가지는 식물학적 동물학적 문제의 연구
  7 현재 출판되는 일본의 의학 문헌과 한국 고유의 문헌들을 조사하여 거기에 담겨 있는 유용한 정보들을 영어권에 알리는 일

1 다수의 식물학적 표본 특히 과거 한국의 치료자들이 약재로 사용
  하던 식물들과 많은 수의 약재들이 수집되어 분류한 일.
2 한국에서도 사용되던 중국의 약물학 서적과 침구서 등의 번역을
  진행한 일.
3 한국인 사이에서 보이는 높은 영아 사망률의 원인을 탐구하기 위
  해 통계자료를 수집한 일.
4 대변 소변 혈액 객담에 대한 통상적 검사를 표로 만들었다 한 가지
  특징적인 사항은 구충 감염이 많다는 점을 밝힘.
5 한국인들에서 매독 감염률을 조사 모든 계층의 1,000명 이상의 환
  자들에 대해 바서만(Wassermann) 검사를 시행한 일.
6 몇몇 학교 기숙사에 기거하는 학생들의 음식 섭취를 조사하였다
  분석적이고 생리학적 측면에서 한국 음식의 가치를 평가하기 위한
  연구.
7 영어권의 의학계가 이용할 수 있도록 일본 의학 문헌의 초록을 번
  역하고 출판하는 일.[32]

이와 같이 한국인의 식생활과 위생문제에 많은 연구를 진행하던 Mills
는 선교사를 사직하고 1918년 4월 한국을 떠나 미국으로 돌아갔다.

  Mills는 한국인의 위생문제 외에도 전통의학에도 관심을 가졌다. Mills
는 1918년 한국을 떠날 때까지 한국의 식물들과 전통의학의 본초서에 언
급된 약재들에 대해 많은 조사와 연구를 했고 실제로 수천 종류의 식물
표본과 약재를 수집했다. 한국을 떠난 Mills는 베이징의 협화의과대학으
로 갔는데, 이 수집물들도 함께 중국으로 가져갔다. 그리고 1924년 그가
중국을 떠나 미국으로 돌아가기 전 자신이 한국에서 수집한 식물과 약
재 표본들을 북경협화대학에 기증하였다.[33]

  이처럼 한반도의 식물에 대한 Mills의 관심은 한반도의 자연 환경에
대한 관심으로 자연스럽게 확대되었다. Mills는 1909년에서 1911년에 걸

32) 여인석, 앞의 논문, 237쪽.
33) 위의 논문, 239쪽.

쳐 강계를 지나 압록강으로 흘러 들어가는 동내강 유역의 지질 환경과
식생을 광범위하게 조사하여 그 결과를 발표하기도 했다.[34]

2. 『가뎡위싱』의 구성과 내용

『가뎡위싱』은 3·1운동이 일어나기 직전인 1919년 2월 15일 발행되었
다. Mills가 1918년 4월 선교사를 그만두고 미국으로 돌아가기 전 1924년
까지 중국 베이징에 머물렀는데, 이 시기에 간행되었다. 이로 볼 때 Mills
는 한국을 떠나기 전 『가뎡위싱』의 원고를 집필한 것으로 추정된다. 이
후 중국에 머무르는 동안 『가뎡위싱』이 발행되었다.[35]

　Mills가 발행한 『가뎡위싱』은 앞절에서 언급한 바와 같이 한국에서 의
료선교사로 활동하는 동안 한국인의 위생에 관한 연구의 결과물이다.
특히 그는 세브란스의학교에 재직 중 창설한 연구부의 목표에는 '가정에
관련된 보건과 위생문제 연구'가 포함되었다는 점에서 이를 확인할 수
있다고 본다.

　Mills가 발행한 『가뎡위싱』 관련 기본 서지사항은 다음과 같다.

> 저술인 : 濟衆院 美國人 アル.チ.ミリス
> 발행인 : 京城 鐘路 朝鮮耶蘇敎書會 英國人 班禹巨
> 인쇄인 : 京城府 寬勳洞 三十番地 鄭敬德
> 인쇄소 : 京城府 寬勳洞 三十番地 朝鮮福音印刷所
> 발행소 : 京城 鐘路 朝鮮耶蘇敎書會
> 인쇄일 : 大正 8년(1919) 2월 12일
> 발행일 : 大正 8년(1919) 2월 15일

---

34) 위의 논문, 241쪽.
35) 『가정위싱』은 현재 숭실대학교 한국기독교박물관에 소장되어 있다. 본 자료를 제
　　공해 준 한국기독교박물관에 지면을 통해 감사드린다.

본문 : 28쪽

정가 : 6錢

<『가뎡위싱』표지>　　<『가뎡위싱』본문>　　<『가뎡위싱』판권>

저술인 Mills의 표기는 제중원, 미국인, アル.チ.ミリス으로 되어 있다.
제중원은 그가 한국에 내한하여 처음으로 의사로 재직했던 병원이다.
제중원은 1885년 개원한 최초의 서양식 국립병원이었지만, 미국인 실업
가 세브란스(Severance, L. H.)의 재정지원으로 1904년 남대문 밖에 현대
식 병원을 건립하고 옮기면서 세브란스병원이라고 명칭을 변경하였다.
Mills는 1908년 내한하였지만 자신의 소속을 세브란스병원의 전신인
제중원이라고 밝혔다.[36] 이는 자신이 속한 병원의 역사성에 초점을 맞

---

36) 제중원은 알렌의 건의를 받아들여 1885년 개원한 우리나라 최초의 서양식 국립병원
으로, 처음 이름은 광혜원이었다. 제중원은 개설 이후 환자수가 계속 늘어나자 1887년
한성 남부 동현(을지로)으로 옮겼다. 앨런이 1887년 가을 본국으로 돌아가자 제중
원의 일은 헤런이 맡게 되었다. 그 후 헤런이 죽자 캐나다 토론토대학교에서 파견
된 C. C. 빅턴이 맡게 되었다. 그러나 정부의 무능, 재정상의 어려움 등으로 인해
의료사업이 제대로 시행되지 못했기 때문에 다시 O. R. 에이비슨을 보내어 일을 전
담하게 했다. 에이비슨은 1899년에 제중원의학교를 설립했다. 1908년 6월 처음으로
제1회 졸업생 7명을 배출했는데, 이것이 연세대학교 의과대학의 전신인 세브란스
의학교의 시초였다. 에이비슨이 1904년 9월 4일 세브란스 병원을 신축하고 진료를

추려고 하였던 것으로 보인다. 미국인은 그의 모국인 미국 출신임을 밝히려는 것이었고, アル.チ.ミリス는 자신 이름의 일본식 표기이다. 이는 일제강점기라는 현실을 그대로 수용한 것으로 보인다. 다만 앞서 언급한 바 있듯이 Mills가 한국의 전통의학과 식물 등에 관심이 많았다는 점에서 선뜻 이해가 되지 않는다.

발행인은 반우거(班禹巨)로, 그는 영국 출신으로 본윅(Bonwick, Gerald William)의 한국명이다. 그는 발행처인 조선야소교서회에서 1910년 최초의 유급 총무로 임명되었으며, 『가뎡위싱』 발행 당시 조선야소교서회의 책임자로 기독교 출판문화에 기여한 바가 적지 않았다.

『가뎡위싱』은 발행과 관련된 간행사 또는 머리말 등이 전혀 없으며 바로 본문이 시작된다. 목차가 없는 『가뎡위싱』은 다음의 여섯 개의 절37)으로 구성되어 있다.

제1절 속병 다스리는 법(INTERNAL DISEASE)
제2절 파리와 병의 관계론(FLIES AND DISEASE)
제3절 해소병 다스리는 법(CONSUMPTION)
제4절 학질의 원인과 예방(MALARIA)
제5절 재귀열병 전염병 예방법(RELAPSING FEVER)
제6절 개선의 이유(ITCH)

첫 번째 절에 해당하는 '속병 다스리는 법'은 이른바 '속병'과 관련된 것으로, 위장병의 예방과 관련된 내용을 담고 있다. 과식을 피하는 적당한 식사, 균형 있는 영양, 술과 담배의 금지, 임산부의 출산 전과 후의

시작했는데, 이때부터 제중원은 세브란스 병원으로 바뀌게 되었다(한국민족문화대백과사전).
37) 『가뎡위싱』은 목차나 구성을 구체적으로 구분하지 않고 있다. 본고에서는 편의상 '절'로 나누어 살펴보고자 한다.

식사 조절, 출산 후 몸조리, 수유와 육아 등에 대해 설명하고 있다. 특히 여성과 육아에 대해 많은 부분을 할애하였다는 점에서 여성 중심의 위생임을 알 수 있다.

두 번째 절에 해당하는 '파리와 병의 관계론'은 파리가 전염병의 원인이 된다는 점에서 그로 인한 질병에 관한 예방과 주의할 점을 내용으로 하고 있다. 파리의 생태, 파리를 매개로 한 적리병, 집안에서 파리를 없애는 청결법 등을 설명하였다.

세 번째 절에 해당하는 '해소병 다스리는 법'은 당시 해소병[38]으로 불린 '결핵'에 대한 예방을 내용으로 하고 있다. 해소병의 위험성, 해소병을 예방하는 방법 등을 설명하였다.

네 번째 절에 해당하는 '학질의 원인과 예방'은 학질의 원인, 학질의 증후, 학질 예방 등을 내용으로 하고 있다. Mills가 특히 학질에 대해 "조선에는 학질이라 하는 병이 많은데, 이 병으로 인하여 여러 가지 해를 받는 고로 그 병의 원인과 예방하는 법을 대강 말하노니, 혹 동포에게 유익할까 하노라"라고 하여, 당시 학질로 인한 피해가 적지 않았음을 밝히고 있다.

다섯 번째 절에 해당하는 '재귀열병 전염병 예방법'은 장티푸스에 관한 것으로, Mills는 "근일에 유행하는 한 가지 열병은 곧 재귀열병"이라고 하여, 재귀열병[39] 예방법을 내용으로 하고 있다. 재귀열병의 증세, 예방

---

38) 해소병은 기관지와 관련된 질병으로 흔히 천식이라고 한다. 그렇지만 내용상으로 볼 때 결핵에 해당된다고 보여진다.

39) 재귀열병은 스피로헤타(spirochaeta)에 감염된 이에 의하여 발생하는 제2종 전염병이다. 증상은 격심한 오한, 전율과 함께 계류열(稽留熱: 체온의 고저 차이가 1℃ 이내인 고열)이 계속되다가 발한(發汗)과 함께 해열하고 1주일 후에 또다시 발작을 일으킨다. 이 병은 1741년에 장티푸스와 발진티푸스에서 분리되어 하나의 독립된 전염병으로 고정되었으나, 아직도 많은 사람들에 의하여 각종 열성 전염병과 오진되는 일이 많아서 이 병의 발생을 널리 역사적으로 추정하기는 어려운 실정이다 (『한국민족문화대백과사전』).

을 위한 빈대와 이를 없애는 것을 설명하였다.

　마지막 절인 여섯 번째는 '개선의 이유'라는 것으로 피부병인 개선 즉 옴과 관련된 것을 내용으로 하고 있다. 옴종을 치료하는 방법과 전염의 예방법을 다루고 있다.

　이상으로 살펴보았듯이『가뎡위싱』에서 취급하고 있는 질병은 속병(배앓이), 적리병(이질), 해소병(결핵), 학질, 재귀열, 개선 등으로 당시 유행하였던 전염병이었다. 이들 질병에 대한 예방을 가정에서 어떻게 예방을 해야 하는가에 대하여 알기 쉽게 설명하고 있다. 이들 질병은 가정과 밀접하다는 점에서 '가정위생'이라고 한 것으로 추정된다.

3.『가뎡위싱』의 위생인식

　그렇다면『가뎡위싱』에 나타난 가정위생의 인식은 무엇인가 하는 점이다. 앞에서 언급한 바와 같이 Mills는『가뎡위싱』을 발행하면서 가정위생에 대해 구체적으로 언급하지는 않았다. 그렇지만 왜 위생이 중요한지는『가뎡위싱』에서 밝히고 있다.

　　대저 사람의 마음에 제일 중히 여김은 무엇이냐 물을 것 같으면 물론 누구든지 저의 생명이라고 대답할 수밖에 없습니다. 이것은 온 천하를 다 얻을지라도 저의 목숨이 죽어지면 아무 유익함이 없어지는 까닭이라. 이런고로 하나님께서 정한 명대로는 살아 있어야 되겠는 데 이도 또한 잘되지 않고 병나서 고치지 못함으로 비명에 죽는 사람이 허다히 있지 않습니까. 그러면 이 병은 어디서 나느냐 하면 다만 위생을 잘못하는 데서 나는 것이라. 가령 다른 기계로 말할지라도 새것 때는 좋았지마는 항상 씀으로 병나기 쉬우니 이 병난 것을 고치지 않고 그만두면 되겠습니까. 결단코 아니라 고쳐야 새것과 같이 쓸 수 있겠고 제일 좋은 방책은 당초부터 병나지 않게 힘쓸 것이 올시다.(강조: 필자)[40]

Mills는 하나님께서 정하신 명대로 살아야 하지만 병으로 인해 비명으로 죽는 사람이 많은데, 병에 걸리는 것은 위생을 잘못하였기 때문이라고 하였다. 또 "위생을 잘하는 것이 약 쓰는 것보다 유익"[41]하다고 하여, 위생의 중요성을 강조하였다.

Mills는 『가뎡위싱』을 발행하면서 당시 일반적으로 알려진 의식주 중심의 가정위생보다는 가정에서 발생할 수 있는 전염병을 예방하는 이른바 예방위생에 초점을 맞추고 있다. 그는 『가뎡위싱』에서 취급하고 있는 질병을 선정하면서 그 이유를 나름 밝히고 있다, 내용이 좀 많지만 소개하면 다음과 같다.

> 속병 : 옷 입는 것과 밥 먹는 것과 거처하는 것을 조심하여야 하겠습니다. 그러나 이 중에 특별히 말할 것은 음식 먹는 것이니, 속병이라 하는 것은 거의 다 이 음식 잘못 먹음으로 나는 것이라. 음식 먹는 것과 옷 입는 것의 몇 가지 위생하는 법을 이 아래 조금 기록하겠으니, 자세히 보시고 이대로 하기를 바라나이다.[42]

> 파리와 병 : 대저 우리는 무서워하는 동물이 무엇이냐 말할 때에 으례히 사자와 호랑이와 그 외에 각종 악독한 뱀들이라 하겠으나 그것들은 사람을 해할지라도 한 번에 한 사람뿐이어니와, 이 파리라 하는 것은 그렇지 아니하여 집집마다 있어서 사람을 수없이 해하는 것이니라. 그러한즉 이로 말미암아 우리의 제일 조심할 병중에 첫째 되는 적리병(붉은 똥 누는 병)과 호열자(괴질)와 허열증과 결핵병(해소병의 일종 되는 고치기 어려운 병)과 또 그 외에 각종 병을 생각할 때에 음식이 정결하지 못함을 인하여 파리가 이러한 병을 전염되게 하는 줄로 기억할지니라. 이제 우리가 이러한 사실을 한 후에는 파리라 하는 것은 우리의 원수인줄로 생각할지며 또 그 죽은 데에 이르는 적리병에 대하여 제일

---

40) 『가뎡위싱』, 1쪽.
41) 위의 책, 3쪽.
42) 위의 책, 3~4쪽.

주의할 것을 생각하여야 할 것이라.[43]

　　해소병 : 대저 해소병이라 하는 것은 이 세상 병 중에 제일 많은 병이니라. 각국에 이 병이 적지 아니하며 또한 이 병으로 인하여 죽는 자가 무수하오며, 또한 이 병은 전염되는 병이니, 먼저 전염되는 것과 어떻게 전염을 막는 것과 처음 징조를 아는 것이 요인한 일이니라.[44]

　　학질의 원인과 예방 : 사람마다 명을 알아보지 아니한 자 나라마다 병 없는 지방이 없으나, 조선에는 학질이라 하는 병이 많은데, 이 병으로 인하여 여러 가지 해를 받는 고로, 그 병의 원인과 예방하는 법을 대강 말하노니, 혹 동포에게 유익할까 하노라.

　　재귀열병 : 대저 근일에 유행하는 한 가지 열병은 곧 재귀열이니, 매우 혹독하여 사람으로 심한 고생을 시키고 잘못 치료하면 죽는 자도 많으며, 또 전념하는 힘이 속한 고로 좌에 증세와 예방법을 기록하노라.

　　개선 : 개선되는 원인은 처음에 옴벌레가 손가락 사이에나 온몸에 어디든지 연한 피부 가운데로 들어가 활동하면서 알도 낳고 똥도 눕으로 피부가 해를 맞아 가려운 증세가 생기는데, 그 가려운 것을 견디지 못하여 긁으면 옴종이 되어 극한 고생을 받느니라.

　Mills는 『가뎡위싱』 발간 준비를 하면서 고민이 적지 않았을 것으로 판단된다. 앞에서 살펴보았듯이 당시까지만 해도 가정위생은 대부분이 의식주 및 여성과 관련된 것이었기 때문이었다. 2절에서 살펴본 바와 같이, 『매일신보』와 『동아일보』에서는 Mills가 『가뎡위싱』에서 언급한 속병, 해소병, 학질, 재귀열병 등을 가정위생에서 반영하지 못하였다.
　먼저 속병에 대해서는 『매일신보』와 『동아일보』에서 검색이 되지 않

43) 위의 책, 11쪽.
44) 위의 책, 17쪽.

을 정도 전혀 다루어지지 않았다. 속병은 일명 '배앓이' 또는 '위병'이라고 할 수 있는데, 음식을 잘못 섭취했을 때 발생할 수 있는 질병이라고 할 수 있다. 이는 음식과 관련된 것이지만, 『매일신보』와 『동아일보』는 질병의 개념보다는 음식의 영양 등에 대해 언급하고 있다. 이에 비해 Mills는 속병을 '음식을 먹는 것'과 관련하여 설명하고 있다.

> 가령 사람의 배로 말하면 물건을 넣는 자루와 같은데, 그 가운데 오장과 육부가 들어있어 빈자리는 도무지 없는데, 음식을 먹으면 힘줄이 조금 늘어졌다가 음식이 다 내린 후에는 다시 전과 같이 줄어지는 모양인데, 만일 음식을 한 겁에 과히 먹으면 위가 너무 팽팽하여 잘 운동치 못함으로 음식이 잘 내리지 못하여 항항 체중이 (위병) 나기 쉬운 것이니, 이것을 가령 맷돌에 비유하면 맷돌에 곡식을 넣어 갈아 가루를 만들 때에 조금씩 넣어 천천히 갈면 맷돌이 돌기도 잘 돌뿐 아니라 곡식이 잘 갈려서 가루도 매우 가늘 터이나 만일 곡식을 한 겁에 많이 넣어 갈면 맷돌이 잘 돌지도 않고 가루도 굵을 것이니, 이것은 곧 음식이 밥통(위)에 너무 많이 채이면 위가 잘 운동치 못함으로 소화가 잘되지 못하여 채증 생기는 것과 조금도 다름이 없나니라. 그러면 배 가운데 빈 곳 없이 모든 오장육부가 다 등뼈 앞에 붙어 있는데, 음식을 너무 많이 먹으므로 위가 크게 늘어져서 다른 장부를 밀고 자리를 넓게 맡으니, 불가불 다른 장부는 밀려서 제자리에 있지 못하고 좀 내려가는 고로 모든 여러 가지 속병이라 하는 것이니 나나니, 혹 배속이 둑둑거리기도 하고 조금 결리기도 하고, 또 당기는 것과 뒤 잘 보지 못하는 것과 이밖에 또 여러 가지 이상한 증세라.[45]

위의 인용문에 의하면 속병이 일어나는 위의 상태, 음식과 속병의 관계, 속병이 일어나는 위의 상태와 증세 등을 구체적으로 언급하고 있다. 물론 속병을 예방하기 위한 방법도 부연 설명하고 있다.[46] 또한 '옷 입는

---

45) 위의 책, 2~3쪽.
46) 위의 책, 3~4쪽. 내용은 다음과 같다. "음식을 조심하여 먹을 것이니, 음식은 할 수 있는 대로 무르고 연한 것을 먹되 먹을 때에 너무 급히 먹지 말고 잘 씹어 천천히

것'이 속병과의 관련에 대해서도 한국적 상황을 곁들여 설명하고 있다.[47] 이를 통해 음식과 옷이 속병에 미치는 관련성을 밝혀주고 있다.

  Mills는 여름철 전염병의 매개체인 파리와 질병의 관계론에 대해서도 자세하게 언급하고 있다. 1920년대 전개되었던 파리를 박멸을 위한 선전 활동은 『동아일보』등 당시 신문에서는 많이 게재되었지만, 질병과 관계에 대해서는 크게 주목하지 못하였다. 1924년 5월 인천경찰서는 파리잡이를 일반여관업, 요리업, 음식점, 고기를 다루는 가게 등을 대상으로 하고 있다. 이들에게 파리잡이를 위한 경고를 한 바 있다. 경고의 내용은 다음과 같다.

> 일. 음식물은 더욱 철저히 파리를 못 앉게 하며, 요리점과 선술집 등
>   의 음식장에는 반드시 파리 잡는 등을 한 개이상 설치할 일
> 이. 각 영업장 안팎에 청결을 존중히 하여 일반 공중위생의 청결에
>   힘쓸 일
> 삼. 쓰레기통과 기타 파리 생기기 쉬운 장소에는 석탄유(石炭乳) 또
>   는 석유유제(石油乳劑) 데신 등의 살충제를 매일 한 번 이상 뿌
>   릴 일[48]

  그렇지만 Mills는 과감하게 기존의 틀을 벗어나 실제 가정에서 발생할

먹으며, 밥 먹을 때에 국과 물 같은 것을 너무 많이 먹지 말고, 밥 먹은 후 한두어 시간 지내고 국과 물을 조금 넉넉히 먹는 것이 좋고, 또 음식을 할 수 있는 대로 좋은 음식 소고기와 닭고기와 계란 같은 것을 먹는 것이 매우 유익하니, 항상 위생 잘하여 병이 더하지 않게 힘쓰며 또 이 병이 없는 사람은 나지 않게 위생 잘하기를 힘쓸 것이 올세다."

47) 위의 책, 5쪽. 내용은 다음과 같다. "사람의 몸에 입는 옷을 말하면, 다만 모양만 보는 것이 아니라 몸을 돕는 것이니, 첫째는 옷을 몸에 맞게 지어 입되 너무 넓게도 말고 너무 좁게도 말고 알맞게 지어 숨 쉬는 가슴 같은 데는 할 수 있는 대로 넉넉히 넓게 할 것이요. 더욱 조선 부녀들의 옷 입는 것을 보면 사람의 제일 긴요한 숨통을 잘라매어 두니, 이렇게 하면 옷 입어서 몸을 도우며 생명을 보호한다 할 수 없는 것이니"

48) 『동아일보』 1924.05.04.

수 있는 질병 또는 당시 유행하는 전염병에 대한 예방이 가정위생에서 더 절실하다고 인식하였던 것으로 보인다. 이들 질병에 대해 Mills는 다음과 같이 각각 위험성과 예방법을 제시하고 있다. 이를 정리하면 〈표 5〉와 같다.

<표 5> Mills의 『가뎡위싱』에 나타난 질병의 위험성과 예방법

질병	위험성	예방법
속병 (배앓이)	• 소화가 잘 되지 못하여 체증이 생김 • 위가 크게 늘어나 다른 오장육부에 영향을 미침 • 위가 둑둑 거리고, 결리고, 당기고, 변을 잘 보지 못함	• 음식을 조심하여 먹을 것 • 무르고 연한 음식물을 먹을 것 • 급하게 먹지 말고 천천히 먹고 잘 씹어서 먹을 것 • 국과 물 같은 것을 너무 많이 먹지 말 것, 식후 한두어 시간 후에 국과 물을 조금 넉넉히 먹을 것 • 좋은 음식, 소고기, 닭고기, 계란 같은 것을 먹는 것이 유익
파리와 질병	• 적리병(붉은 똥을 누는 병) • 호열자(괴질, 콜레라) • 허열증 • 결핵병(해소병의 일종되는 고치기 어려운 병) • 하리병(이질병) 등 기타 각종 질병의 원인	• 집과 마당과 변소를 극히 청결하게 하여 파리로 하여금 아무 것도 찾아 얻지 못하게 할 것 • 집에 파리가 없게 할 것 • 파리가 들어오는 대로 죽이며, 또 겨울 동안에 살아있지 않게 할 것
해소병	• 세상 병 중에 제일 많은 병 • 각국에서 이 병이 적지 않으며, 이 병으로 인하여 죽는 자가 무수함 • 전염이 되는 병	• 위생을 잘하여 몸을 건강하게 할 것 • 다른 사람에게 전염을 막을 것 • 환자가 쓴 물건이나 손수건을 반드시 끓일 것 • 맑은 공기를 자주 마실 것
학질	• 조선에서 가장 많은 병 • 다른 병과 합병하며, 오한과 두통이 있음 • 치료하지 않으면 사망에 이름	• 모기가 번식하지 못하게 집 근처를 깨끗이 할 것 • 소독을 자주 할 것 • 침실에 모기장을 치거나 하여 무기에 물리지 않도록 할 것 • 환자와 멀리하며 공중위생에 힘쓸 것
재귀열병	• 근일에 유행하는 열병 • 매우 혹독하여 오한, 두통, 요통, 사지통 등 심한 고생을 시키고, 잘못 치료하면 죽는 자가 많음 • 전염력이 강함	• 집안에 빈대와 의복의 이를 없앨 것 • 목욕을 자주하고 깨끗한 옷을 입을 것 • 입었던 옷은 유황에 쬐일 것 • 병원을 찾아 치료를 받을 것
개선	• 피부의 가려움증	• 의원에서 치료하고 약을 잘 챙겨 먹을 것

질병	위험성	예방법
	• 긁으면 옴종이 되어 고생함	• 옷을 정결하게 세탁할 것 • 목욕을 물기 없이 깨끗하게 닦고 약을 바를 것 • 옷을 자주 갈아입을 것 • 옴 환자의 물건을 같이 사용하지 말 것

〈표 5〉는 당시 사회에서 한국인이 많이 앓고 있거나 유행하는 질병에 대한 원인과 증세, 위험성 등을 먼저 지적하고 있으며, 이에 대한 예방법을 제시하고 있다. 원인과 증세, 위험성에 대해서는 의학적 상식을 부연하고 있다. 즉 '개선'의 경우 "처음에 옴벌레가 손가락 사이에나 온 몸에 어디든지 연한 피부 같은 데로 들어가 활동을 하면서 알도 낳고 똥도 누므로 피부가 해를 받아 가려운 증세가 생기는데, 그 가려운 것을 견디지 못하고 긁으면 옴종이 되어 극한 고생을 받느니라"라고 하여, 옴벌레를 통한 원인과 가려움과 극한 고생의 증세를 설명하고 있다. 재귀열은 "근일에 유행하는 한 가지 열병"이라고 하여 매우 혹독하여 사람으로 심한 고생을 시키고 잘못 치료하면 죽는다고 위험성을 강조하였다. 그리고 재귀열은 "오한, 두통, 요통, 사지통이 있으며 또 혹 가슴에 꽃이 나고 코피도 나는 자가 있으며, 심하면 황달 빛도 있으니, 며칠 동안 앓고 며칠 동안 좀 낫다가 또다시 여전히 앓는 병"이라고 하여, 구체적이고 쉽게 이해할 수 있는 증세까지 설명하고 있다. 예방법도 빈대와 이로 인해 발생하는 전염병이라는 점에서 빈대와 이를 없앨 뿐만 아니라 잦은 목욕과 옷의 청결을 먼저 할 것을 권유하고 있다. 만약 전염되었다면 의사에게 치료를 받을 것을 적극 권유하고 있다.

재귀열은 1918년 초에 유행하던 질병인데, 이에 대해 "항상 하급의 노동자, 기타 걸식자 등에게서 발생"한다고 하였으며, "매양 몸이 추하고 입은 옷도 남루한 중에 이가 많이 생기게 되면 그 이가 병균을 전염케 하여 처음에는 몸살 모양으로 앓다가 나중에 신열이 몹시 생기고 눈알

이 붉어지며 앓는 염병"이라고 하였다.[49] Mills는 당시 유행하였던 재귀열을 가정위생의 영역에 바로 반영하였던 것이다. 그런 점에서 Mills의 『가뎡위싱』은 일반적 위생 상식보다는 당시 일반사회를 위협하는 전염병의 예방을 중시하였다고 할 수 있다. 개선의 경우 당시 많은 사람을 괴롭히는 질병이었지만, 언론에서는 관심을 보이지 않았다. 이에 비해 Mills는 『가뎡위싱』에 포함시켜 위생적으로 예방할 것을 권장하였다.

이로 볼 때 Mills는 의식주와 직간접으로 관련이 있는 것은 속병에서 다루고, 적리병의 원인이 되는 파리, 해소병, 학질, 재귀열병, 개선 등 당시 한국인에게 많은 고통을 주고 있는 질병을 선택하여 가정에서의 청결, 예방 등을 구체적으로 전달하고자 하였다. 뿐만 아니라 Mills는 『가뎡위싱』을 통해 상식적 의식주와 부인병이 아닌 의학적 예방 위생과 전염병 예방에 보다 중점을 두었다고 할 수 있다. 이는 가정에서 위생에 대한 의식을 향상케 하였다는 점에서 의미가 있다고 판단된다.

IV. 맺음말

이상으로 한말부터 1920년대까지의 가정위생에 대한 인식과 Mills가 발행한 『가뎡위싱』의 가정위생을 살펴보았다. 이를 정리하면서 맺음말을 대신하고자 한다.

일반적으로 위생에 대한 인식은 서구의 근대문명을 수용하면서 크게 전환되었다. 전근대의 위생인식은 이른바 민간요법 또는 민간신앙으로 대처하였지만, 서구 문명을 수용하면서 위생은 의학적으로 접근하였다.

---

49) 『매일신보』 1918.02.16.

근대 위생인식은 국가가 중심이 되는 공공위생과 일반 가정을 중심으로 가정위생으로 구분하였다. 공공위생은 콜레라 등 유행하는 전염병에 대한 예방과 치료에 중점을 두었다면, 가정위생은 개인을 포함한 가정에서 건강을 위한 예방적 위생이었다.

한말부터 1920년대의 가정위생은 크게 달라지지 않았다. 기본적으로 의식주와 관련되어서 발생할 수 있는 질병의 예방이 큰 부분을 차지하였다. 여기에 더하여 가정의 중심인 여성이나 주부들의 건강과 관련된 월경, 출산과 해산과 관련된 주의할 일, 그리고 육아법이 포함되었다. 예외적으로 성홍열, 파리와 모기의 퇴치법, 전염병 예방을 위한 가정에서의 소독법 등을 언급하였다.

이로 볼 때 한말부터 1920년대의 가정위생은 첫째 의식주와 관련하여 건강에 미치는 가정 내의 위생, 둘째 월경, 임신, 해산 등 출생과 관련된 부인 위생, 셋째 육아에 관한 내용, 넷째, 일상생활에서 일어나는 상처의 대응 등으로 요약할 수 있다.

이에 비해 Mills가 발행한 『가뎡위싱』의 가정위생은 보다 의학적 요소가 풍부하고 이를 예방하는 것에 초점을 맞추고 있다. 의료선교사 Mills는 1908년부터 1918년까지 활동하면서 당시 한국인이 많이 앓거나 걸리는 질병에 대해 관심을 가졌으며, 세브란스 의학교에 관련 연구부를 조직한 바 있다. 이를 토대로 하여 1918년 4월 한국을 떠나 중국 베이징에 머물렀지만, 그가 집필한 가정위생과 관련된 원고는 1919년 2월 『가뎡위싱』으로 발행되었다.

Mills의 『가뎡위싱』은 기존의 의식주 중심의 가정위생에 대한 인식을 위생에서 보다 의학적으로 확장시켰다. 그는 한국인과 관련된 질병 즉 속병(배앓이)으로 알려진 위장병, 해소병으로 알려진 결핵, 파리가 전염원으로 알려진 적리병, 당시 한국인에 많이 유행한 학질과 재귀열병, 그리고 옴 등 질병과 직접 관련이 있는 것에 대한 예비지식과 예방법을 구체적으로 소개하고 있다. 이는 그동안 의식주 중심의 가정위생을 한층 깊이 있게 취급하였다는 점에서 유의미하다고 할 수 있다.

이는 1930년대의 가정위생에 대한 인식에서도 확인할 수 있다. 『동아일보』 1931년 초에 연재된 바 있는 가정위생 관련 글인 「가정에 늘 가출 약과 급병 간호법」은 내과, 외과, 피부과, 부인과 등과 관련하여 위급할 경우 갖추어야 비상 약품에 대해 소개하고 있다. 여기에는 상처에 대한 지혈법을 포함하고 있다.[50] 1938년 조선금융연합회에서 발행한 『가정의 우』에서도 가정위생은 '육식과 채식의 우열, 냉수욕과 마찰욕, 咬傷과 刺傷에 대한 대처법' 등을 소개하고 있다.[51]

이러한 점에서 볼 때 Mills의 『가뎡위싱』은 당시 한국인이 많이 앓거나 유행하는 전염병과 질병에 대해 의학적으로 이해할 수 있도록 하였으며, 이를 기반으로 전염병과 위생에 대한 인식을 향상시켰다는 점에서 중요한 의미가 있다고 할 수 있다.

---

50) 임명재, 「가정에 늘 갖출 약과 급병 간호법」, 『동아일보』 1931.01.01, 01.18, 01.17, 01.18 등 4회에 걸쳐 연재되었다.
51) 조선금융연합회, 『가정의 우』, 1938.

참고문헌

1. 자료

『순조실록』,『대한매일신보』,『황성신문』,『태극학보』,『동아일보』,『매일신보』,『별
　　건곤』,『건강생활』

『내한선교사 약력』,『한국민족문화대백과사전』,『가정의 우』

2. 저서

Mills,『가뎡위싱』, 조선야소교서회, 1919.

알렌 지음, 신복용 옮김,『조선견문기』, 평민사, 1986.

차신정,『한국 개신교 초기 그리스도를 나눈 의료선교사』, 캄인, 2013.

3. 논문

강성우,「서양인이 "위생"의 관점에서 본 조선의 모습-오리엔탈리즘을 넘어서-」,『한
　　일관계사연구』 60, 2018.

김명선,「고등여학생 기사과목 교과용도서의 주거지식(1908-1924)」,『한국산학기
　　술학회논문지』 11-7, 2010.

김신회,「1821년 콜레라 창궐과 조선 정부 및 민간의 대응 양상」, 서울대학교 대학
　　원 석사학위논문, 2014.

성주현,「근대전환기 동학·천도교의 위생인식」,『인문과학』 73, 2019.

성주현,「근대전환기 호열자의 유행과 천도교의 대응」,『세계역사와 문화연구』 56,
　　2020.

여인석,「세브란스의전 연구부의 의학연구 활동」,『의사학』 13-2, 2004.

이만열,「한말 미국계 의료선교를 통한 서양의학의 수용」,『국사관논총』 3, 1989.

이지연·전상숙,「식민지시기 근대 과학적 지식으로서 가정학의 형성」,『이화사학
　　연구』 52, 2016.

임상석,「근대계몽기 가정학의 번역과 수용」,『한국고전여성문학연구』 27, 2013.

임희모,「미국 남장로교 선교사 야곱 패터슨(Jacob Bruce Patterson)의 군산 예수병

원 의료사역 연구(1910-1925)」, 『장신논단』 52-3, 2020.

전미경, 「1900-1910년대 가정 교과서에 관한 연구 -현공렴 발행 『한문가정학』, 『신편가정학』, 『신정가정학』을 중심으로 」, 『한국가정과학교육학회지』 17-1, 2005.

전석원, 「1884~1910년의 급성전염병에 대한 개신교 의료선교사업 ; 개항기 조선인의 질병관, 의료체계에 대한 의료선교의 계몽주의적 접근」, 『한국기독교와 역사』 36, 2012.

조민아, 「대한제국기 '가정학'의 수용과 가정교육의 변화」, 서울대학교 대학원 석사학위논문, 2012.

최금희, 「전라도지방 최초의 여성 의료선교사 마티 잉골드 연구」, 『선교신학』 17, 2008.

일제 경찰기구의 위생 관념 보급을 위한 시·공간적 선전

최 재 성

Ⅰ. 머리말

역사상 한반도에서도 다른 나라들과 같이 여러 전염병이 자주 발생하여 많은 인명피해를 입었다. 근대 이행기에 들어서서도 마찬가지였다. 그리하여 19세기 말부터 그 예방책의 일환으로 법령을 제정했다. 대한제국 정부는 1899년 8월에 〈호열자예방규칙〉(내부령 제20호, 8월 23일)·〈장질부사예방규칙〉(내부령 제21호, 8월 25일)·〈적리예방규칙〉(내부령 제22호, 8월 29일)·〈발진질부사예방규칙〉(내부령 제23호, 8월 29일) 등을 잇달아 제정하여 콜레라·장티푸스·이질·발진티푸스 등을 예방하는 조치를 취했다.[1] 그리고 경찰기구에 그 업무를 담당케 하기도 했다. 식민지기에 들어서도 위생 사무는 일제 경찰기구가 담당했다. 일제 경

---

1) 『관보』 제1355호, 의정부 총무국 관보과, 1899년 9월 1일 ; 『관보』 제1355호, 의정부 총무국 관보과, 1899년 9월 1일 ; 『관보』 제1356호, 의정부 총무국 관보과, 1899년 9월 2일 ; 『관보』 제1359호, 의정부 총무국 관보과, 1899년 9월 6일.

찰기구의 위생행정 담당 과정을 보면, 다음과 같다. 1910년 10월 새로 시행된 〈조선총독부관제〉에 따라 과거 대한제국 내부 소관의 위생 사무는 총독부 내무부 지방국 위생과에 넘기고, 위생행정 중 경찰에 관한 사무는 경무총감부에 속하게 했다. 그 후 1911년 8월과 1912년 4월 〈경찰관서관제〉의 일부 개정에 따라 다시 총독부 의원 및 도 자혜의원을 뺀 나머지는 모두 경무총감부에 이관하여 '위생행정 사무의 통일이 완성됨'에 이르렀다.[2]

그 결과 1910년대 경무총감부 위생과(보건계·방역계) 사무 분장을 보면, 보건계는 "1. 상수 및 하수의 취체에 관한 사항, 2. 음식물, 음식기구, 약품 및 위생상 유해물품 취체에 관한 사항, 3. 오물 소제에 관한 사항" 등 15개, 방역계는 "1. 전염병 및 지방병에 관한 사항, 2. 종두에 관한 사항 등" 8개를 관장했다.[3] 또 1912년의 〈경찰범처벌규칙〉에는 "구류 또는 과료에 처할 자"로 "노상방뇨를 하거나 하게 하는 자" 등 11개 항목을 위반하여 위생에 저촉되는 자로 규정했다.[4] 이상은 무단통치기 헌병경찰 중심의 위생행정 연혁이다.

1919년 3·1운동 이후 8월 19일에 경찰제도가 개편되었다. 〈조선총독부 경찰관서관제 폐지건〉에 의해 조선헌병대 사령관이 경무총감을, 헌병대장이 각도 경무부장을 겸임하는 시스템이 폐지되었다.[5] 대신 조선총독부의 1국으로 경무국을 두고, 중앙의 경찰기관으로 하였다. 지방에는 경찰사무집행의 담당 부서로서 도지사 관할 아래 제3부를 두었다.[6]

2) 조선총독부, 『施政三十年史』, 1940, 89쪽 ; 조선총독관방 총무국 총무과장, 『朝鮮彙報』 3월호, 조선총독부, 1915.3, 131쪽.
3) 조선총독관방 총무국 총무과장, 위의 자료, 131~132쪽.
4) 「조선총독부령 제40호」, 『朝鮮總督府官報』 제470호, 1912.03.25.
5) 마쓰다 토시히코 지음, 이종민·이형식·김현 옮김, 『일본의 조선 식민지 지배와 경찰』, 경인문화사, 2021, 276~277쪽.
6) 위의 책, 249쪽. 각 도의 '제3부'는 1921년 2월 이후 '경찰부'로 개칭되었다(같은 책,

그에 따라 도 경무부장의 위생사무 처리권한이 도지사에게 이관되었고, 각 도 경찰부(제3부)에 위생과가 설치되었다. 지방 위생사무는 도 경찰부 위생과가 담당했다.[7]

위생 사무를 경찰이 담당한다는 의미에서 '위생 경찰'이라고 지칭하는 경우가 있었다. 이미 1910년『매일신보』는 "미신에 관하여 위생경찰에서는 특히 주의를 불태(不怠)하는 중이라더라."고 하여 '위생 경찰'을 적시하여 보도했다.[8] 그러나 여기서의 위생 경찰은 경찰 사무 가운데 위생 사무를 담당한다는 의미이지, '위생 경찰'이라는 직제가 따로 있었던 것은 아니다. 그런 면에서 위생 경찰은 사법경찰이나 경제경찰과는 차이가 있다.

사법경찰에 대해서는 19세기 말 서유견문에서 서구의 경찰제도를 소개할 때, 이미 행정경찰과 구별되는 것으로 분류되었다.[9] 여기서 유길준은 행정경찰의 직무 가운데 하나로 '국민의 건강을 보살피는 일'을, 또 경찰이 간섭해야 할 조목으로 '전염병의 예방법 및 소독법과 종두·음료수 및 식료품·의약품·가축 도살장과 묘지·화장터와 기타 위생법에 관계되는 사항'을 소개했다.[10] 또 경제경찰은 전시총동원체제기에 경제통제를 전담할 목적으로 1938년 11월 〈조선총독부 부내 임시직원설치제〉의 개정에 따라 새로 만들어졌다.[11] 사법경찰이나 경제경찰은 일반 행정경찰과는 뚜렷하게 구분되는 조직이었다. 여기에 '위생경찰'이라 지

---

7) 정근식,「식민지 위생경찰의 형성과 변화, 그리고 유산」,『사회와 역사』90, 2011, 248~249쪽.
8)『매일신보』1910.12.04.
9) 유길준 지음, 허경진 옮김,『조선지식인 유길준, 서양을 번역하다 서유견문』, 서해문집, 2005, 293쪽.
10) 위의 책, 293~294쪽.
11)「칙령 제714호」,『朝鮮總督府官報』제3546호, 1938.11.12.

칭하면, 역시 일반경찰 조직과는 구분되는 집단으로 인식할 여지가 있으므로 이 글에서는 '위생경찰' 대신 '경찰기구'라는 용어를 택했다.

이 글은 일제 식민지기 경찰기구가 조선인의 위생 관념을 고취하기 위해 벌인 선전 활동을 고찰함을 목적으로 한다. 일제 경찰 활동 중 극히 일부분에 속한 내용을 다루므로, 선행 연구는 제한된 범위에서 이용했다.[12] 또 일제 경찰이 취급했던 위생 활동에 관한 선행 연구는 앞에서 인용한 정근식의 논문이 거의 전부라 해도 과언이 아니다. 정근식의 논문은 주로 하드웨어 면을 다루고 있다. 법령의 정비, 제도의 마련, 조직의 변천 등에 초점을 맞춘 것이다. 이를 통해 위생을 담당했던 기구에 대해서는 대략적인 파악이 가능하다. 그런데 그 경찰기구는 구체적으로 어떤 일을 했는지에 대한 궁금증을 해소해 주지는 못한다. 이 글은 그 물음에 대한 해답을 구하고자 하는 시도로서 경찰기구의 소프트웨어라고 할 수 있는 내용에 주목하여 활동을 살펴보고자 한다. 이 글의 집필 의도는 궁극적으로 이 지점에 있다.

조선에서 위생 관념 보급을 위해 일제 경찰은 으르고 달래는 '당근과 채찍' 시책을 폈다. 달래는 방법으로는 시간과 공간을 활용한 선전 활동이 있다. 먼저 특정 시간대를 설정하여 집중 선전하는 방법으로는 '위생데이'와 '방역주간' 등의 운영이 있다. 또 일정한 공간에 대중을 불러 모아 선전하는 방법으로는 '전람회' 개최 등이 있다. 그리고 으르는 방법으로는 강압적인 수단으로 위생 관념을 주입하려는 활동이 있다. 강압적 주입 활동에 대해서는 다른 지면을 통해 다루고자 한다.

이 글에서는 일제강점기 시공간을 활용한 위생 관념 제고 선전 활동 가운데 일제 경찰이 단독 혹은 공동으로 주최한 것만을 추렸다. 경찰 이

---

12) 일제 경찰에 대한 선행 연구는 이 글에서 일일이 소개하기 지면이 부족할 정도로 많다. 그래서 경찰제도 변천 등에 대해서는 마쓰다 토시히코의 저서를 참고했다.

외의 조직도 위생 관념 선전 활동에 나선 경우가 많았다. 특히 1930년대 후반부터 1940년대에 이르는 시기에는 조선총독부나 국민정신총동원연맹(국민총력연맹) 등 경찰의 상부 조직이 직접 관장했다. 따라서 일제 말기 조선총독부가 직접 추진했던 '국민건강주간'이나 '건민운동주간' 등은 차후의 과제로 넘기고자 한다. 또 이용 자료로는 일간 신문 기사가 다수이다. 그 외에 조선총독부 기관지, 일제 경찰기구 기관지 등에서도 관련 기록을 찾아보았으나 단편적인 기사 위주였고, 모든 행사를 망라하지도 않았다. 그래서 보다 상세하고, 장기간 추적이 가능한 일간 신문 기사에 의존할 수밖에 없었다.[13] 그리고 이 글에서 소개하는 여러 행사들은 단일 사안에 대한 집중 보도가 있었던 것을 추출한 것이다. '시공간'을 활용한 선전 활동 고찰에서 시간에 비해 공간을 먼저 다룬 것은, 그 활동이 처음 시작된 시기에 따른 것일 뿐이다.

II. 일정한 공간에 대중을 소집하여 집중 선전

1. 위생 전람회

1) 경성의 전람회

일정한 공간을 이용하여 선전한 활동은 일제 경찰기구가 1910년대 초부터 널리 썼던 방법이다. 예를 들면, 경기도 수원의 헌병분대는 1911년

---

13) 일본어 신문명과 일본어 자료가 수록된 자료명은 한자로 표기하여 한글 자료와 구분했다.

9월 7일부터 10월 초까지 관내 각지에서 군청사 혹은 분견소 구내 또는 민가를 빌려 도 자혜의원의 환등기계를 사용하여 군수·면장·헌병 등이 출석하여 위생 강화회를 개최했다.[14] 환등 기계를 사용한 시각적 선전 활동을 했다는 것인데, 헌병분대라는 활동의 주체를 통해 무단통치기 헌병경찰 주도의 시대상을 알 수 있다. 이를 두고 일제경찰은 "조선인에 대해 위생사상을 계발시키는 데는 강화회 개최가 가장 적당하여 비익(裨益)이 적지 않은 상황"이라고 자평했다. 이와 같은 시각적 선전 활동은 1920년대에도 이어져 1923년 총독부 경무국과 도 경찰부 주최로 위생 활동사진회를 개최하기도 했다.[15]

환등회, 활동사진회가 보다 진전된 것으로는 전시회가 있다. 그 사례는 공진회에서 찾을 수 있다. 1915년에 열린 '시정5주년 기념 공진회'에서 제2호관 내에 위생부 전시 코너가 있었다. 이때 병균 그림과 위생에 관한 통계표, 그리고 위생경찰에 관한 각종 모형 표본 등이 진열되었다.[16] 그러나 공진회 역시 경찰기구가 주도한 행사가 아니라 총독부 차원에서 개최한 것이었다. 이후 1920년대 초부터 전람회가 개최되었다.

1921년 7월 1일부터 7일까지 1주일간 경기도 경찰부 위생과 주최로 위생 전람회가 열렸다.[17] 그에 앞서 1920년 9월 4일 도지사 회의에서 총독은 도지사들에게 지시 사항을 하달했다.[18] 그 가운데 '위생 사상'에 대해서는 다음과 같이 지시했다.

조선인의 위생 사상의 유치함으로 (중략) 본부(조선총독부-인용자)는

---

14) 『警務月報』 제16호, 조선총독부경무총감부, 1911.10, 269쪽.
15) 『警務彙報』 제218호, 조선경찰협회, 1923.7, 66~68쪽.
16) 『매일신보』 1915.10.14.
17) 『매일신보』 1921.07.05.
18) 『동아일보』 1920.09.07.

지난번 위생 사상 고취의 일단으로 각지에 환등회를 개최하고, 또는 각
종의 선전을 행하여 상당한 성적을 거두었으나, 다시 나아가 **활동사진
환등회, 순회 전람회의 개최, 문서 회화의 발간 등**을 계획 중이므로 **지
방청에서도 본부 시설과 호상 책응하여 적의의 조치를 강(講)**하여써 조
선인 위생 사상의 향상을 꾀하여 각방 시설의 원활한 운용에 이바지하
게 할 것을 기하라.(강조-인용자, 이하 동일)[19]

아직 유치한 조선인의 위생 사상을 고취하기 위해 조선총독부에서는
각지에서 환등회와 각종 선전을 행하였고, 장래에 환등회, 순회 전람회
개최 등을 계획하고 있으므로 각 지방에서도 총독부의 시설에 응하여
적의 조치를 강구하라는 주문이었다.

이 시기에 총독부가 위생을 강조한 것은 불과 1~2년 전에 '스페인 독
감'과 콜레라로 엄청난 희생을 치렀던 경험을 염두에 둔 것이었다고 생
각한다. 1918년 10월부터 조선에서 스페인 독감이 유행하기 시작하여 조
선 전체에서 환자 758만 8,392명, 사망자 14만 518명의 희생자를 냈다.[20]
이와 같은 큰 희생을 남긴 스페인 독감에 대해 어찌된 일인지 조선총독
부의 공식 자료인 시정연보나 통계연보의 위생 부문 기록에는 일언반구
의 언급도 없다. 당시의 법정 전염병 8종에 속하지 않는 것이라 하여 언
급을 하지 않았다고 볼 수도 있지만, 그렇다면 법정 전염병 이외의 항목
에서 다룰 수도 있었을 텐데 그렇게 하지 않은 건 '은폐'로 밖에 해석
되지 않는다. 또 1919년에는 큰 가뭄과 홍수에 의해 전염병(콜레라)이
유행했다.[21] 그에 따라 경기도지사는 9월 5일과 10월 3일에 각각 도령
제8호와 제11호를 발령하여 콜레라 예방 조치 강화를 지시했다.[22]

---

19) 『동아일보』 1920.09.11.
20) 『매일신보』 1919.01.30.
21) 『施政三十年史』, 214쪽.
22) 『매일신보』 1919.09.08 ; 1919.10.05.

총독의 지시가 있고 난 후 1921년 5월 10일부터 3일간 총독부 경무국 장 주재로 각 도 위생과장, 도 위생기술관 회의가 열렸다. 이 자리에서 는 '콜레라 병 예방에 관한 건', '종두 여행(勵行)에 관한 건' 등 14건에 달하는 경무국장 주의사항이 있었고, 각 도 타협사항으로는 경기도에서 제출한 "위생사상의 향상을 계(計)하려면 여하한 방법을 목하의 급무라 할까" 건과 경상북도 제출의 '도 위생 전람회 개최의 가부' 건 등이 논의 되었다.[23]

이와 같은 과정을 거쳐 1921년 7월에 경기도 경찰부 위생과 주최로 위 생 전람회가 열린 것이다. 전람회의 취지에 대해 위생과장(周防)은, "**일 반 위생 사상을 보급케 하기 위하여 처음으로 시작하는 사업**"이라면서, "이번에 경성에서 열고자 함은 위선 **위생 사상을 하루라도 급히 선전하 기 위하여** 여는 터"라고 설명했다.[24] 위생 사상 보급을 위해 처음 시작 하는 사업이라는 것과 하루라도 급히 선전하기 위해 경성에서 개최한다 는 것이다. 또 원래는 계획을 크게 하여 위생박람회 같은 것을 개최하려 고 한 것인데, 경비 관계로 간단히 전람회를 1주일간 개최하는 것으로 정해졌다고 한다.[25]

전람회가 개최된 기일은 1921년 7월 1일부터 7일까지였고, 장소는 인 사동 군악대 자리(탑골공원 옆에 있는 전 이왕직 양악대 자리)였는데, 이와 같은 행사를 개최할 때 선호하는 장소는 종로 부근이었다. 교통이 편리하다는 점이 고려되었을 것이다.

이 전람회에서 진열된 진열품에 대해서는 『동아일보』 기사를 통해 개 략적으로 파악할 수 있다. 출품물은 500여 점이었는데, 전염병의 모형과

23) 『조선일보』 1921.05.11.
24) 『동아일보』 1921.06.17.
25) 『매일신보』 1921.07.05.

그 실물, 보건위생에 관한 표본과 실물, 산과(産科) 위생의 표본과 실물, 우역의 표본과 실물, 기타 음료수 등 일반 위생에 관한 것이었다.[26]

<그림 1> 위생전람회 진열품(『매일신보』 1921.07.01.)

또 진열 순서는 인체구조에 관한 재료, 실물의 해골과 인체의 모형, 보건위생에 관한 식물의 자양물 비교 등이었다. 산과 표본으로는 임신한 지 첫 달부터 열 달 동안 뱃속에서 자라가는 태아의 실물 진열, 기타 화류병, 전염병에 관한 것이다. 또 될 수 있는 대로 실물을 진열하지만, 부득이한 것은 표본 혹은 모형으로 전시했다.[27] 전람회장에는 위생 기수나 의사가 있어 관람객에게 일일이 출품물에 대해 설명했고, 개회 기간 야간에는 위생 활동사진을 공중에 무료 관람케 했다.[28]

관람객은 동원이 많았다. 7월 1일 오전 8시 서대문소학교 생도 단체를 비롯하여 오후 1시까지 약 4천 명의 생도가 입장했다.[29] 2일에는 오전,

26) 『동아일보』 1921.06.17.

27) 『동아일보』 1921.06.22.

28) 『동아일보』 1921.06.17.

오후를 합해 5~6천 명에 달했고, 밤에 영사하는 활동사진이 있는데, 매일 밤 1만여 명에 달했다. 관람객에 대해 경기도 경찰부 위생과장은 밤에는 조선·일본인이 딱 반씩, 낮에는 일본인이 10분의 1이라 말했다.[30] 이를 통해서 볼 때 주간의 전람회에는 조선인의 동원이 많았던 것으로 보인다.

이듬해인 1922년에도 10월 4일부터 8일까지 5일간 경성에서 위생 전람회가 개최되었다.[31] 총독부 위생과, 경기도 위생과, 적십자사 조선지부 등의 연합 주최로 경성 시내 영락정 상품진열관에서 추기 위생 전람회가 열린 것이다. 진열품은 수백여 종의 보건위생, 전염병 위생, 화류병 위생에 관한 실물과 표본, 그림 등으로 1921년의 전람회 출품물과 비슷했다. 무료 관람으로 오전 9시부터 오후 5시까지 행사를 진행했다. 특히 중앙관에서 위생 활동사진을 매일 낮에 영사했고, 그 입장권도 무료였다. 당일 전람회에 입장한 사람들에게 배부한 것이다.[32]

2) 1920년대 지방의 위생 전람회

위생 사상의 보급은 경성에서만 이뤄져서는 조선총독부의 목적을 달성할 수 없었다. 조선 전체 인구의 압도적 다수가 지방에 거주하고 있었기 때문이다. 그런 사정은 위생 전람회가 지방에서도 개최된 배경이 되었다. 1920년대 지방의 위생 전람회 상황을 대략 추려 보면 다음 〈표 1〉과 같다.

---

29) 『동아일보』 1921.07.02.
30) 『매일신보』 1921.07.05.
31) 『조선』 92, 1922.11, 157쪽.
32) 『동아일보』 1922.09.28.

<표 1> 1920년대 지방의 위생전람회

주체	일시	지역	내용	출전
충남 경찰부	1922.06.17.~07.11	강경 등 19개 처	위생모형전람회	『동아일보』 1922.06.17.
황해도 경찰부 위생과	1922.08.05~08.07/ 08.10부터 도내	해주 도회지 7곳	활동사진 및 위생에 관한 전람회	『동아일보』 1922.08.10.
평안남도 위생과 후원	1922.08.17.~	평양	위생전람회	『매일신보』 1922.08.19.
경기도 경찰부 위생과	1922.08.30.~31.	개성	위생전람회	『매일신보』 1922.09.03.
경기도 경찰부 위생과	1922.11.01.~02.	이천군	위생사상을 선전하고자 전람회, 야간 활동사진	『매일신보』 1922.10.22. 『동아일보』 1922.11.15.
곡성군청, 경찰서의 주최	1922.12.08.~10.	곡성군	담양, 구례군과 연합	『조선일보』 1922.12.06
경기도 위생과	1923.11.05.~06.	연천, 의정부, 포천	제2회 위생전람회	『매일신보』 1923.10.31
여수경찰서	1924.11.08.~10.	여수군	위생전람회, 수만 매의 각종 위생 선전 삐라를 살포	『朝鮮新聞』 1924.11.12.
경기도 경찰부	1924.06.27.	김포군	위생 관련 강화, 활동 사진	『매일신보』 1924.07.01.
경기도 위생과	1928년	각 군	순회 진료, 위생전람회, 위생사상을 가진 선전 영화회	『매일신보』 1928.09.14.

지방의 위생 전람회를 보면 먼저, 경성에서 열렸던 위생 전람회가 경기도 내 각 지역으로 전파되는 상황을 확인할 수 있다. 경기도 경찰부 위생과는 1921년 경성의 전람회를 '제1회 위생전람회'로 보고, 1922년 여름에는 경성에 이어 경기도 내 2위와 3위 도시인 개성과 인천 2개소에서 전람회를 개최할 계획을 세웠다. 회기는 5일~1주간으로 정하고, 별도로 천연두와 콜레라의 활동사진과 기타 강연도 하려고 준비했다.[33] 이후

개성에서의 전람회는 8월 30일과 31일 양일간 개최되었다. 무슨 이유 때문이었는지 모르나 회기가 축소되었다는 것을 확인할 수 있다. 전람회 내용에 대해 『매일신보』는, '경기도 경찰부 부원과 개성경찰서원의 안내와 설명이 있었고, 제1일 입장자 7,500명, 제2일 오전 11시까지 2,513명이었으며, 야간에는 무료 활동사진 시청도 있었다'고 전하고 있다.[34]

도시 지역 이외 경기도 각 군에 대해서도 경찰부 위생과는 전람회를 개최했다. 그리하여 이천군을 위시하여 전람회를 개최할 계획을 세웠다.[35] 이천군의 전람회는 11월 1일과 2일에 개최되었다. 경기도 위생과는 다음 해인 1923년에도 각 군의 전람회를 계획했다. 그것을 '제2회 위생전람회'로 지칭하며 11월 5일부터 연천, 의정부, 포천에서 각 이틀간 개최하기로 했다. 진열품은 모형과 실물이 100여 점인데, 내용은 음식물 위생, 전염병 예방, 학교 위생, 산아(産兒)에 대한 지식 등이고 야간에는 콜레라, 두창 예방 등의 활동사진이다.[36]

도 경찰부 위생과 주최의 순회 전람회와 활동사진 영사 외에 다른 행사도 겸하며 확대되는 경향도 있다. 1928년에 경기도 위생과는 위생전람회, 위생사상 선전 영화회 외에 순회 진료도 겸하기로 했다. 의사, 약제사, 조수 1명과 경찰관 3명씩을 1개 조로 만들어 각 군에서 개최할 계획을 세웠던 것이다.[37]

두 번째는 도청 위생과의 주최가 아닌, 후원의 경우이다. 1922년 평양에서는 8월 17일부터 평양 남신정 제2여자보통학교 교장 내에서 위생전람회가 개최되었다. 이에 대해 '도청 위생과의 후원으로 대대적 설비'를

33) 『매일신보』 1922.04.12.
34) 『매일신보』 1922.09.03.
35) 『매일신보』 1922.10.22 ; 『동아일보』 1922.11.15.
36) 『매일신보』 1923.10.31.
37) 『매일신보』 1928.09.14.

했다고 보도했다. 도 위생과가 아니라면, 평양부청이 주최했을 것이다. 출품한 점수는 100점 이상인데, 모형과 그림이 많으며 평양 자혜의원에서 실지로 환자의 사진을 촬영한 것도 다수 출점했다고 한다. 시간은 매일 오전 8시에 개회하여 오후 4시에 폐회했고, 야간에는 위생에 관한 활동사진 영사를 했다. 개최 당일 관람객이 '무려 수천'이었다고 한다.[38]

세 번째는 각 지방 경찰서가 주최한 사례이다. 전남 곡성군에서는 1922년 12월 8일부터 3일간 경찰위생전람회가 열렸다. 곡성군청, 곡성경찰서의 주최로 인근 담양군, 구례군과 연합으로 개최했다. 이 행사를 위해 곡성경찰서는 약 1개월 전부터 준비를 했는데, 협찬회 조직, 서무, 접대, 장식, 조도(調度), 여흥의 각 계로 분담했다. 또 전람회장은 제1, 제2, 제3, 특별의 4구로 나누었고, 출품물은 모형, 회화, 통계로 경찰위생에 관한 것이었다. 이 행사를 위해 군내 각 면 유지로부터 천여 원의 기부금을 모았고, 여흥으로 위생에 관한 활동사진, 소인극(비전문가가 하는 연극-인용자), 씨름 대회도 준비했다.[39] 곡성군에서 개최된 이 경찰위생전람회를 기하여 전남 경찰부는 행사 마지막 날에 전남 각 군의 경찰위생, 소방 공로자를 곡성공립보통학교에 소집하여 표창식도 열었다.[40]

1924년에 여수에서 열린 전람회도 지방 경찰서 주최 사례이다. 여수경찰서는 위생 사상 보급을 위해 11월 8일부터 3일간 학교조합 사무소에서 위생전람회를 개최하기로 했다. 또 수만 매의 각종 위생 선전 삐라를 살포하기로 했다.[41] 그리하여 8일 오전 10시부터 10일 정오까지 3일간 경찰 위생전람회가 개최되었다. 9일~10일의 야간은 위생 활동사진을 무료로 관람하게 했다. 전람회장에는 총독부 경무부와 여러 방면으로부

---

38) 『매일신보』 1922.08.19.

39) 『조선일보』 1922.12.06 ; 1922.12.16.

40) 『조선일보』 1922.12.16.

41) 『朝鮮新聞』 1924.11.03.

터 출품된 모형 또는 통계표를 진열하고, 위생·화방(火防)의 선전 삐라 수만 매를 살포했다. 3일간 입장자수는 약 3만 명이었다고 한다.[42]

네 번째는 출품물 검열 사례이다. 경찰이 아닌 민간 기업 주최 행사였기 때문에 검열이 이뤄진 것이다. 경찰 주최였다면 검열을 할 이유가 없기 때문이다. 그러나 경찰이 주최한 행사가 아니더라도 검열을 통해 결국 경찰의 의중이 전람회에 반영된 것이다. 일본 오사카에 인단본포의 주최와 경성부 위생계의 후원으로 명치정 경성도서관에서 1922년 7월 23일부터 5일간 위생전람회가 개최될 예정이었다. 이어 경성 본정경찰서는 21일 전람회장에 출품한 표본을 검사하고, 그중 30여개는 풍속을 문란케 할 혐의가 있다 하여 진열을 금지시켰다. 그 표본은 "여자의 음부 등을 실물과 같이 만들어 전염병의 계통과 그 형용을 자세히 알도록 한 모형"이라고 한다. 22일 오후에는 경기도 경찰부 부원이 현장에 출장하여 다시 자세한 검사를 하였으며 30여 종의 표본을 제한 외에는 예정과 같이 전람회를 열도록 했다.[43]

2. 파리 위생 전람회

파리 퇴치는 당대 위생에서 중요한 과제였다. 충남에서 만든 '위생 선전화'에 '죽여 없애자 파리와 구더기'라는 표어가 적혀 있다.[44]

1924년 6월에는 파리 위생 전람회가 열렸다. 그에 앞서 경기도 경찰부 위생과는 1923년 여름부터 매월 1일과 15일을 '파리잡는 날'로 정하고 관

---

42) 『朝鮮新聞』 1924.11.12.
43) 『동아일보』 1922.07.23.
44) 『警務彙報』 제198호, 조선경찰협회, 1921.11, 95쪽.

내 경찰서와 협력하여 대대적으로 파리 잡기를 실시했다.[45] 그리하여 6월 15일부터 제1회 파리잡는 날로 정하고, 경성부내 각 경찰서 비번 순사까지 소집하여 위생조합과 유지들을 독려하여 호별 권유하고 소학교·보통학교 생도에게는 깃발 1만 5천 개를 배포했다.[46]

<그림 2>
파리 퇴치 포스터

이후 경기도 경찰부는 1924년 초여름 경성에서 파리의 위생 전람회를 개최하기로 했다. 그 준비는 1923년 9월부터 시작되었다. 다수의 실물, 모형, 회화를 진열하여 '파리는 사람의 원수요, 공포할 해충'임을 절실히 통감하게 하기 위해서였다.[47] 또 일반으로 하여금 파리는 실로 '인생의 대적(大敵)'인 것을 철저히 알릴 작정으로 일반 민간 측에서도 전람회 출품을 받기로 계획했다.[48] 기한을 초여름으로 정한 것은, 첫 여름을 당하기 전에 개최하려고 했기 때문이며, 여러 종류의 파리의 성질을 연구하고 전염병에 어떠한 영향이 있는지 조사해 일반에 참고가 되게 할 목적이었다.[49]

경찰부 위생과장은 전람회 개최를 앞두고 전람회 개요를 다음과 같이 밝혔다.[50] 먼저 일시와 장소인데, 일시는 6월 1일부터 7일간이고, 장소는 종로4정목 전차통 권상장 내로 정해졌다. 다음으로 출품물 신청 계획으로 진열품은 파리에 관계있는 것을 모두 망라한 것이었는데, 파리의

45) 『동아일보』 1923.09.16.
46) 『매일신보』 1923.06.15.
47) 『조선일보』 1923.09.15.
48) 『동아일보』 1923.09.16.
49) 『매일신보』 1924.01.31.
50) 『조선일보』 1924.05.04.

발육 · 형태 · 종류 · 습성, 발육장소, 파리와 불결한 파리의 병독 전파, 파리로 인해 일어나는 질병, 파리의 예방 박멸 등으로 구분했다. 특히 예방 박멸에 대하여는 민간에서도 전문가가 있고, 발명품과 약품 등도 많으므로 이들도 출품함으로써 파리의 해악 및 예방 박멸에 협력하기를 희망했다. 그에 따라 출품 희망품은 파리의 예방 박멸에 관한 실물, 모형, 그림 등과 변소 · 변기 · 쓰레기통류 · 구제용 약제 · 기구 · 기계류 · 포스터 · 표어 · 배구(俳句) · 천류(川柳)류(類)[51] 등이었다. 그리고 출품에는 그 설명 및 사용법, 가격, 판매업자의 주소, 이름 등을 자유롭게 부기하여 5월 20일까지 신청하도록 했다.

파리 위생 전람회 첫날 입장자는 4천여 명이었고, 밤에는 장소를 옮겨 어의동공립보통학교에서 위생 활동사진회를 열었는데, 관람자가 약 8천 명이었다.[52] 이후에도 경기도 위생과는 파리 박멸을 일반에게 장려하기 위해 노래를 지어 보급하기도 했다. 경기도 위생과는, 총독부 위생과 기사(村田昇淸)가 '극히 통속적으로 파리 정벌의 창가'를 지은 것에 작곡(작곡: 村岡樂童)을 하여 인쇄한 것을 교수 재료로 관하 각 학교에 배부하여 유효하게 이용하라고 통첩을 발했다.[53]

3. 1933년 총독부 · 경기도 · 경성부 연합 주최 방역 전람회

총독부와 경기도 · 경성부 연합 주최의 방역 전람회가 1933년 8월 10일

---

51) 배구(俳句, はいく)는 배해 연가(俳諧連歌, はいかいれんが)의 첫 구가 독립된 5·7·5의 17자로 된 짧은 시이고, 천류(川柳, せんりゅう)는 에도시대 서민층 사이에서 성행한 5·7·5의 세 구(句)로 된 풍자·익살을 주로 한 짧은 시이다.
52) 『동아일보』 1924.06.04.
53) 『매일신보』 1925.05.25.

부터 개최되었다.[54] 관람객 숫자에 대해 첫날 이래 13일까지 입장자가 5만 651명이었다고 하고,[55] 회기 6일간에 7만 7,840명이 입장했다고 한다.[56] 매일 1만 명 이상씩 관람했다는 것으로 단기간에 상당한 동원이 있었음을 알 수 있다.

이 시기에 방역 전람회가 개최된 배경으로는 다음 세 가지 사실을 들 수 있다. 먼저 조선총독부는 1932년 5월 24일, 부령 제45호로써 전염병예방령 시행규칙을 개정하고, 또 그에 따라 같은 날 부령 제46호로써 소독약품 검정규정을 발포했다. 골자는 전염병예방령 시행규칙 제22조에 규정된 소독약품 이외의 약품 중 일본 약국방에 규정돼 있지 않아 그 품질 및 효력 등 일정하지 않은 감이 있으므로 이 검정규정을 설치하였다는 것이다.[57]

두 번째는 예방 내복약 제조와 보급 시작이다. 조선총독부는 "조선에서 전염병의 발생은 통계상으로부터 보면, 콜레라·두창을 제한 외에 감소되지 않고 도리어 매년 증가의 추세를 보이고 있다."고 파악했다. 그 원인으로는 "종래는 일반 위생지식의 결핍, 위생행정기관의 불비, 의사 분포의 희박 등에 기인한 은폐·무신고·미발견 환자가 상당히 존재했다."고 진단했다. 그 결과 대책으로 총독부는 "이런 추세에 비춰 특히 종래 방역시설을 확대 강화하고, 특히 **1932년도 이후로는 경구(經口) 면역법에 따른 이질·장티푸스, 기타 예방 내복약 등을 제조**함으로써 일반의 수요에 응했다."고 했다.[58] 전염병 발생을 줄이기 위해 종전의 예방 주사 방법 이외에 먹는 예방약 보급을 시작했다는 것이다.

<hr />

54) 『동아일보』 1933.08.10.
55) 『朝鮮新聞』 1933.08.15.
56) 『매일신보』 1933.08.17.
57) 『施政三十年史』, 381쪽.
58) 위의 자료, 380~381쪽.

세 번째는 1930~1933년 두창과 장티푸스의 대유행이다. 이때의 두창 유행에 대해 조선총독부 기록은 "1930년에 국경지방을 덮친 병독은 점차 남하하여 1933년에 거의 전 조선적으로 만연하여 환자 4,298인, 사망자 966인을 낳았"[59]다고 전하고 있다. 1932년 1년간 경성부내 전염병 환자가 2,496명이었는데, 그중 장티푸스 환자가 1,078명, 두창 환자가 276명이었다.[60]

새로운 방역 정책과 전염병의 유행에 따라 1933년에는 방역 전람회를 개최했다. '**방역을 선전**하고 위생 사상을 보급하고자' 경기도와 경성부, 그리고 총독부의 위생 당국이 전부터 계획 중이던 대규모 위생 전람회를 8월 10일부터 5일간 수송보통학교에서 개최하기로 결정하고, 계획을 세웠다. 이 전람회의 전시물은 병 진찰의 실연, 무료 진단 전기치료, 활동사진, 순화원의 모형도 등 각종 위생 시설을 축도로 한 것들이었고, 특이하게 장내에 위생적 이발관을 설비하고 관람객에게 무료로 이발도 해주기로 했다.[61] 1920년대 위생 전람회 개최 목적은 위생 사상 선전이었으나, 이 시기에는 '방역 선전'이라는 취지가 추가되었던 것이다.

주최자 측 외에도 체육협회, 대학, 군부, 기타 각 방면에서 방역, 보건, 위생, 체육 등의 물품을 출품하도록 할 계획을 세웠다.[62] 또 일일이 설명자를 두어 관람자를 지도하고, '진단과 음식물 검사도 일체 무료로 하여 목전에서 실험'하고, 활동사진회, 강연회도 개최하기로 했다. 특히 회기 중에는 부민의 '**위생주간**'으로 하여 위생 사상을 보급 선전하고자 했다.[63] 위생 주간에 대해서는 3장에서 상술하겠다.

59) 『施政三十年史』, 381쪽.
60) 『조선일보』 1933.01.11.
61) 『매일신보』 1933.07.19.
62) 『동아일보』 1933.07.22.
63) 『조선일보』 1933.07.11.

개막일인 10일 오전 중에 총독을 비롯한 관계자의 '내견(內見)' 비평을 받고, 오후부터 일반에 공개되었다. 총독이 미리 관람을 하고 비평을 한 것은 총독부를 포함한 연합 주최 행사였기 때문일 것이다. 이때 전시 물품수는 1만 2천여 점이었는데, 1920년대 위생 전람회 때에 5백여 점에 그쳤던 것에 비해 무려 24배 가량 격증한 것이다. 또 수송공보교에 마련된 전시관은 방역관, 학교위생관, 수도관, 체육관, 결핵관, 뢴트겐관, 분만관, 토목청소관, 가정위생관, 중독관, 대학관, 식육 위생관(각 1), 육군 참고관, 화학관(각 2) 계 16관에 걸친 대규모였다.[64]

관람자수를 보면, 첫날 개관 전후 4시간 동안에 입장자 12,862명이었고, 수송공보교, 효창공보교 양 교정에서 열린 방역에 관한 활동 사진회에도 관람자 1만 명 이상이었다고 한다.[65] 첫 4일 간 입장자는 5만 651명이었는데,[66] 대다수 입장자는 거의 조선인이고, 전염병 환자가 많은 일본인은 매우 희소하여 주최자 측에서는 그를 '유감으로 생각'하여 일본인을 대상으로 하는 선전에 주력하기도 했다.[67] 6일간에 7만 7,840명이 입장했으니,[68] 하루 평균 12,900여 명의 셈이었다.[69] 당시 경성의 '40만 부민' 가운데 거의 1/5 수준이었다.

방역 전람회가 관람자에게 준 위생 사상 보급상 영향에 대해 『동아일보』는, 전염병이 어떻게(얼마나-인용자) 무서운 것인지를 새삼 인식하고, 전염병 환자를 경찰서에 자진 고발하여 격리 치료하도록 했으며, 환자를 일부러 경찰서 내 임시진료소까지 동행한 일이 있다고 소개했다.[70]

64) 『朝鮮新聞』 1933.08.09.
65) 『동아일보』 1933.08.12.
66) 『朝鮮新聞』 1933.08.15.
67) 『동아일보』 1933.08.15.
68) 『매일신보』 1933.08.17.
69) 『조선일보』 1933.08.17.
70) 『동아일보』 1933.08.17.

4. 1939년 결핵 예방 전람회

1939년에는 결핵병 박멸을 목적으로 한 재단법인 결핵예방회 설립을 앞두고, 총독부, 경기도, 경성부, 일본적십자사 조선본부의 공동주최로 8월 9일부터 18일까지 결핵 예방 전람회가 열렸다.[71]

그에 앞서 조선총독부는 관민 협력으로 결핵 예방지식의 보급을 위해 1936년 4월 조선결핵예방협회를 설립했다. 또 1937년도 이후에는 총독부 예산에 결핵예방비를 계상하여 각지에 전람회·강연회·좌담회·영화회·그림 연극(지지거, 紙芝居, かみしばい) 등을 개최하고, 팜플렛·포스터·기타 인쇄물을 배부했다.[72] 이후 1939년 4월 28일 일본 황후는 '결핵 만연 현상을 우려하여' 내각총리대신을 불러 결핵예방에 관한 뜻[슈旨]을 내리고, 결핵 예방 및 치료에 관한 시설의 자금으로서 다액의 내탕금을 하사했다. 이에 일본 정부는 5월 22일 재단법인 결핵예방협회를 설립했다. 재단법인 결핵예방협회는 조선·대만에 지방 본부를 두기로 하여 조선에서는 정무총감·경무국장·내무국장·학무국장·경무국 위생과장이 설립위원이 되어 재단법인 인가를 받아 1939년 11월 30일 재단법인 결핵예방협회 조선지방본부를 설립했다.[73]

그해 1939년 3월 열린 경기도회에서 결핵 예방 시책 질문을 받은 위생과장은, 결핵 예방에 먼저 필요한 것은 예방지식이므로 향후 그 보급을 위하여 순회 강연 및 전람회를 개최할 터이며, 결핵 예방에 주력하고자 1년에 2만여 명의 접객업자를 검사하겠다고 답변했다. 경찰부장도 같은 자리에서 결핵 예방지식 보급에는 포스터, 삐라 등으로 적극적 노력하

---

71) 『동아일보』 1939.08.09.
72) 『施政三十年史』, 865~866쪽.
73) 위의 자료, 866~867쪽.

고 있다고 덧붙였다.[74]

　그리하여 경기도 위생과는 총독부·경성부·일본적십자사 조선본부와 공동 주최로 8월 9일부터 18일까지 10일 동안 경성부내 남대문심상소학교에서 결핵예방전람회를 개최할 계획을 세웠는데, 기간 중에 도 위생과원과 각 경찰 위생계를 동원하여 시내 중요 지점에서 담(痰) 검사와 담 소독을 철저히 하고자 했다.[75] 이는 그 전해인 1938년에 총독부가 결핵 환자 요양소를 설치하고, 몇몇 중요 도시에 대규모 결핵예방전람회를 개최할 계획을 세운 데 따른 일이었다.[76]

　이 전람회를 기획한 일제 경찰 당국의 자세는 다음 언급에서 엿볼 수 있다. 즉 "해마다 이십수만 명이나 되는 귀중한 생명을 좀먹어 없애는 무서운 국민병 결핵에 대한 일반의 인식을 거듭 강조하기 위해" "결핵은 특별히 전쟁 중인 국민에게 놀라운 기세로 퍼진다는 것은 지난 세계대전 때의 전례에 비추어 명료한 일이므로 이번은 각별히 기운을 들여서 결핵예방 사상선전에 진출할 방침"의 일환으로 개최했다는 것이다.[77]

　이 전람회에서는 그 외에도 활동사진, 라디오방송, 결핵 무료 상담, 각담(咯痰) 검사, 각담 소독, 강연회와 영화회도 행하기로 했다. 활동사진의 날짜별 영사 장소는 10일 훈련원, 11일 원정소학교, 12일 수송학교, 13일 경성의전, 14일 영등포경찰서, 15일 미동소학교였다. 또 결핵 무료 상담과 각담 검사는 전람회장에서 하고, 각담 소독은 중요 가로 등에서 실시하려 했다. 강연회는 첫날인 9일 낮에는 부인과 여학생 단체를 대상으로 하고, 밤에는 일반방청을 허락했다.[78]

---

74) 『매일신보』 1939.03.05.
75) 『조선일보』 1939.07.29.
76) 『조선일보』 1938.09.03.
77) 『동양의약』 제1권 3호, 동양의약협회 출판부, 1939, 71쪽.

경성에서 결핵 예방 전람회가 열린 다음 달에는 강원도에서도 같은 내용의 전람회 개최가 준비되었다.[79] 강원도 경찰부 위생과는 결핵예방 전람회를 9월 20일부터 1주일간 춘천 본정소학교 강당에서 개최할 계획을 세웠다. 일반 주민과 도내 각군의 학교 직원, 경찰서 주재소원 등도 관람하도록 하여 결핵 예방과 체위 향상에 공헌하고자 하는 목적이었다. 또 1년 후인 1940년 8월 11일부터 17일까지에는 총독부와 평남도의 공동주최로 결핵예방전람회가 열릴 계획이었다.[80] 이는 경성의 결핵 예방 전람회가 각 도로 확산된 사례이다.

이상에서 본 것처럼 일정한 공간에 대중을 소집하여 집중 선전한 활동을 요약하면, 1910년대에 일제 경찰기구는 환등 기계를 사용한 시각적 선전 활동으로 위생 강화회를 개최했다. 1918~1919년 '스페인 독감'과 콜레라의 대유행으로 큰 피해를 겪은 직후인 1921년과 1922년에는 경기도 경찰부 위생과 단독 혹은 공동 주최로 경성에서 위생 전람회를 열었다. 관람객의 호기심을 끌만한 활동사진 영사도 있었다. 전시물은 보건위생에 관한 표본과 실물, 통계표 등이었다. 관람객은 동원이 많았다. 주로 학생층의 관람이 많았기 때문이다. 1924년 6월에 경기도 경찰부는 경성에서 파리 위생 전람회를 개최했다. 1920년대 지방에서도 경찰기구의 주최로 위생전람회가 열렸다. 경성에서의 전람회가 지방으로 확산된 것이다. 1930년대에는 기존의 '위생 사상 보급'외에 '방역 선전' 목적이 추가되었다. 그 결과 1933년에는 새로운 방역 정책에 따라 '방역을 선전하고 위생 사상을 보급하고자' 총독부·경기도·경성부 연합 주최 방역 전람회가 개최되었다. 1939년에는 결핵병 박멸을 목적으로 한

78) 『동아일보』 1939.08.09.
79) 『조선일보』 1939.09.08.
80) 『동아일보』 1940.07.22 ; 1940.08.07.

재단법인 결핵예방회 설립을 앞두고, 총독부, 경기도, 경성부, 일본적십자사 조선본부의 공동주최로 8월 9일부터 18일까지 결핵 예방 전람회가 열렸다. 그에 앞서 일본 정부는 5월 22일 재단법인 결핵예방협회를 설립했고, 조선총독부도 그해 11월 30일 재단법인 결핵예방협회 조선지방본부를 설립했다. 결핵 예방 전람회는 이와 같은 배경에서 개최된 것이다.

III. 특정 시간대를 설정하여 집중 선전

1. 위생데이

시간, 즉 날짜를 특정하여 위생 관념을 집중적으로 선전하는 방식은 먼저 '위생데이' 설정과 시행으로부터 시작되었다. 예를 들면, 1936년 『매일신보』는 '장마 맞이 준비 일주일' 난(欄)에서 '제5일 금요일'을 '위생데이'로 설정하고, "오늘은 가족들에게 보건 위생에 관한 인식을 깊게 하도록 하시지요."라고 권하며 손을 씻고 주위의 물건도 깨끗이 하도록 했다.[81] 각 경찰서에서도 위생데이를 설정하고, 여러 위생사상 선전 활동을 했다. 1920~40년대 위생데이 행사 실시 상황을 개략적으로 살펴보면, 다음 〈표 2〉와 같다.

---

81) 『매일신보』 1936.08.02.

<표 2> 1920~40년대 위생데이 행사

주체	날짜	내용	출전
강릉경찰서		매일 시간을 정해 각 정(町)에 위생데이를 선전, 청소	『釜山日報』 1926.07.22.
청주경찰서	6.1./ 7~9월(3개월)	청소, 소독약 살포	『매일신보』 1928.06.03.
이리경찰서	매주 토요일	석유제 산포	『매일신보』 1932.09.08.
의령경찰서	매월 10일	도로 청소, 하수구 준설, 우물 청결	『釜山日報』 1934.09.14.
천안경찰서	7.20~9.30.	선전 삐라 살포	『釜山日報』 1934.09.14.
목포경찰서	11.17.	각종의 방법으로 선전	『매일신보』 1936.11.13.
부안경찰서	7~9월 1·15일	하계 위생데이	『매일신보』 1937.07.03.
인천경찰서	1.9 토요일	취체와 독려, 디프테리아 예방주사	『매일신보』 1937.01.09.
	11.9	생활개선 '反省戒心日' 겸해 각 가정 청소와 소독	『조선일보』 1937.11.06.
	2.26	각 정 위생조합원과 서원을 총동원	『동아일보』 1938.02.26.
	3.11. (매월 1회)	각 정 위원과 서원 총동원	『매일신보』 1939.03.11.
	3.24 일요일	대청소, 소독	『조선일보』 1940.03.16.; 『매일신보』 1940.03.19.

위 내용을 범주화하기는 어려우므로, 다음 각 경찰서별로 주요 특징을 간략히 소개하기로 한다. 먼저 강릉경찰서는 위생계 경부(奈良忠夫)가 매일 시간을 정해 비번 순사를 데리고 하수도, 쓰레기장과 불결한 장소를 청소했다.[82] 청주경찰서는 4개 구역의 시행 시일을 나눠 저택 및 가옥의 안팎, 하수구, 기타 불결한 곳을 청소하고, 그곳에 소독약을 무상 살포하였다.[83] 이리경찰서는 악역(惡疫)이 성행하는 환절기이므로 시내

---

82) 『釜山日報』 1926.07.22.
83) 『조선』 129, 1928.07, 125쪽 ; 『매일신보』, 1928.06.03.

각 요소와 여인숙·음식점·하수구 기타 불결한 장소에 석유제(石油劑)를 산포하는데, 경비는 매회 석유제 대금 10원 남짓으로 이리읍과 경찰서가 공동 지출했다.[84] 의령경찰서장은 매월 10일(우천 익일로 연기)을 위생데이로 정하고, 9월 10일(제1회 위생데이)부터 실시했다.[85]

다음으로 천안경찰서는 천안읍과 공동으로 위생데이를 시행하여 선전 삐라를 일반 시민에 산포했다.[86] 목포경찰서는 11월 17일 공회당에서 목포위생조합 및 연합회 발회식을 맞아 이날을 위생데이로 정하여 위생사상보급의 선전을 각종의 방법으로 하려고 했다.[87] 부안경찰서는 하계 위생데이에 따라 요항을 설정하고, 하계 위생 및 시가지 미관 유지를 기하기로 했다.[88]

다음은 1937년부터 1940년 3월까지 인천경찰서에서 실시한 위생데이 행사이다. 1937년에는 두 가지 사례가 있다. 먼저 1월 9일 토요일 첫 위생데이에 인천경찰서는 특히 디프테리아 예방주사를 시행했다. 당시 인천부내에 디프테리아가 유행되어 15세 이하의 아이들에게 반드시 예방주사를 맞도록 했다.[89] 중일전쟁 이후 전시총동원 체제기에도 이 행사는 이어졌다. 같은 해에 인천경찰서 위생계는 '생활개선 반성 계심일(戒心日)'인 11월 9일을 기해 위생데이까지 겸하여 '각별한' 소독을 했다.[90] 1938년에는 2월 26일에 행사를 했다. 당시 이상 기후로 인한 유행성 감기의 '대창궐'에 따라 인천부내 환자는 약 2천명에 이르렀다. 이에 인천경찰서장은 매월 2회씩 시행하던 위생데이를 2월에는 26일에 실시하기

84) 『매일신보』 1932.09.08.
85) 『釜山日報』 1934.09.14.
86) 『釜山日報』 1935.07.23.
87) 『매일신보』 1936.11.13.
88) 『매일신보』 1937.07.03.
89) 『매일신보』 1937.01.09.
90) 『조선일보』 1937.11.06.

로 했다.[91] 1939년에 각종 전염병 발생을 미연에 방지할 계획으로 인천 경찰서는 매월 1회의 위생데이를 실시할 계획으로 3월 11일 개시했다.[92] 1940년에도 3월에 위생데이 행사를 시작했다. 이는 당시 인천경찰서 관내에 디프테리아 환자가 7명 발생했는데, 이를 해빙기 하수구의 불결 등으로 인해 생기는 현상으로 파악하고, 24일 일요일을 기하여 일반 하수구의 청소, 의류 등 침구에 소독을 철저히 하기로 했고, 이를 위반하는 때에는 엄중 처벌할 방침이었다.[93]

2. 방역주간

1) 1933년 방역 전람회와 동시 실시된 경성부의 방역주간

'데이'가 강화·확장된 개념은 '주간'이다. 1933년 8월 '방역 전람회'와 함께 '방역주간'이 설정되어 운영되었다. 경기도 경찰부는 8월 10일부터 16일까지 위생대전람회를 개최하면서 '방역 보건의 관념을 대중의 가슴에 새기도록' 9일부터 1주간을 방역주간으로 하여 각 서의 서장이 제일선에 서서 관내 방역사상을 진흥할 방침을 택했다.[94] 이에 종로경찰서는 다음과 같이 방역주간 계획을 세웠다.

- 순회 진찰: 관내 계동 이외 16동리를 특별구역으로 하여 매일 3반의 진찰반을 출동케 하여 가가호호의 인구를 진찰하고, 치료비 없

91) 『동아일보』 1938.02.26.
92) 『매일신보』 1939.03.11.
93) 『매일신보』 1940.03.19 ; 『조선일보』 1940.03.16.
94) 『朝鮮新聞』 1933.07.29.

는 빈민에게는 경성부 경비(輕費) 진료소의 무료진료권을 교부
- 임시청결: 9일부터 12일까지 4일간 관내 전부에 대해 청결 시행(일
  할)
  9일: 사직동, 필운동, 내자동, 수창동, 체부동, 창성동, 통의동, 적
  선동, 옥인동, 통동, 누하동, 누상동, 궁정동, 신교동, 효자동, 청운
  동, 광화문통
  10일: 공평동, 청진동, 종로1정목, 도렴동, 서린동 등
  11일: 권농동, 운니동, 익선동, 와룡동 등
  12일: 서린동, 남대문통, 인사동, 종로2정목, 낙원동, 돈의동 등
- 변소 소독: 임시청결 시행하는 동안 중앙위생조합연합회에서 인부
  50명으로 하여금 각 호의 변소를 소독
- 도로 소제: 8월 13, 14일 양일간 각 파출소원과 정동 총대 연합으로
  각호의 문전과 도로를 소제하고 쓰레기통을 소제
- 파리 잡이: 방역주간을 특히 파리잡이 '데이'로 정하여 파리를 철저
  히 소탕
- 손가락 세척 독려: 방역전람회의 기한 중에는 외출을 하거나 식사
  전에 손을 깨끗이 씻도록 독려 선전
- 우물물 소독: 방역주간 중에는 우물 소독반을 조직하여 관내 각 호
  의 우물 전부를 소독.[95]

순회 진찰, 임시청결, 변소 소독, 도로 청소, 파리 잡이, 손가락 세척
독려, 우물물 소독 등 방역과 관련하여 할 수 있는 모든 방법을 망라한
것이다. 종로경찰서 이외 각 경찰서에서도 경쟁적으로 방역주간의 행사
를 개시하여 순회 진찰, 소독 청결 등을 행했다.[96] 순회 진찰 사례를 보
자. 8월 12일 종로경찰서 관내에서 118명의 환자를 발견했다. 즉시 경비
진료소의 시료권을 배부하여 전속 치료를 알선했다. 환자의 병은 어른
은 대개 위장병(배탈-인용자)으로서 익지 않은 과실과 기타 청량음료의
영향이 상당하고, 어린 아이는 모두 회충이나 기타 기생충의 보유자였

95) 『동아일보』 1933.08.03.
96) 『朝鮮新聞』 1933.08.09.

<그림 3> 방역주간과 위생전람회
(『朝鮮新聞』 1933.08.10.)

다.[97] 8월 10일부터 15일까지 종로경찰서 관내 환자는 519명이었다. 전부 순화원에 수용하고 치료했는데, 그중에는 장티푸스, 이질 등의 전염병 환자도 있으나 가장 많은 것은 어린 아이들의 위장병 환자였다. 원인은 익지 않은 풋과일을 많이 먹은 탓이며, 이 배탈이 결국 장티푸스와 이질의 원인이 된다고 했다.[98]

청소와 소독 사례는 경성부 내 남미창정 청년단의 활동에서 볼 수 있다. 이 청년단은 방역주간 첫날부터 매일 일용품 물화가 집산하는 남대문시장을 중심으로 정내의 청소 소독 활동을 했다.[99]

행사 선전 활동도 대대적으로 전개했다. 본정경찰서는 9일 오전 11시 남부위생조합연합회 간부와 정(町) 총대를 총동원하여 '위생전람회'와 '방역주간'의 선전에 나섰다. 본정서장의 지휘로 12량의 자동차에 분승하여 악대를 선두에 세워 기치를 세우고 본정서를 출발하여 경기도청, 경성부청을 방문한 후 『朝鮮新聞』사를 내방했다. 또 조선신궁, 경성신사에 참배하고 관내를 빠짐없이 순회하여 관내에 방역주간 실행사항의 삐라를 살포하고, 총독부 상공장려관 앞에서 해산했다. 다른 경찰서에

---

97) 『동아일보』 1933.08.14.
98) 『매일신보』 1933.08.17.
99) 『朝鮮新聞』 1933.08.15.

서도 선전 활동을 했다.[100]

라디오방송을 통한 강연도 진행했다. 1933년 8월 9일 수요일부터 11일 금요일까지 매일 오후 7시 30분에 〈방역주간 강좌〉가 이뤄졌다.[101]

2) 1934~35년 경성의 방역주간

1934년에도 경성에서 방역주간 행사가 열렸다. 3월에 이르러 방역주간 행사는 5월 하순에 시행하기로 하고, 방역주간에 하게 될 실시사항의 대강도 만들어졌다.[102] 다시 5월 7일에는 경기도 경찰부와 경성부 및 부내 5경찰서 위생관계자 협의회에서 구체적 계획이 결정되었다. 날짜는 6월 4일부터 10일까지 1주간으로 확정되었다. 또 매일 중점을 둘 사항도 다음과 같이 정해졌다. 제1일(6월 4일) 선전일, 제2일(5일) 소독 및 청결일, 제3일(6일) 위생시설개선일, 제4일(7일) 승취일(파리 잡는 날-인용자), 제5일(8일) 전염병일, 제6일(9일) 결핵예방일, 제7일(10일) 건강일.[103] 아울러 매일 오후 8시부터는 활동사진 선전도 계획했다.[104] 또 경성부는 위생사상 보급 목적으로 '살기 좋은 대경성의 건설' 영화를 4일 오후 7시부터 사회관에서 상영하기로 했다.[105]

전 해의 방역주간 행사와 비교할 때 주목되는 변화는 첫째, 매일 다른 주제를 정해 'ㅇㅇ일'로 정했다는 것, 둘째 결핵예방이 강조되었다는 점이다. 첫째 변화는 전람회와 동시에 진행했던 방역주간이 독립되어 매

---

100) 『朝鮮新聞』 1933.08.10.
101) 『조선일보』 1933.08.09 ; 1933.08.11.
102) 『매일신보』 1934.03.13.
103) 『동아일보』 1934.05.10 ; 『조선일보』 1934.05.21.
104) 『조선일보』 1934.05.29.
105) 『동아일보』 1934.05.29.

일 날을 바꿔가며 강조점을 변화시키려고 했기 때문으로 보인다. 둘째 변화는 2년 후인 1936년 결핵예방주간의 독립 설정으로 이어졌다.

"부민 전부가 서로 협력하여 우리의 경성을 건강한 도시로 만들자"라는 구호로 1934년 경성부의 방역주간이 시작되었다.[106] 먼저 6월 4일 첫날 선전일을 맞아 선전활동이 시작되었다. '전염병 도시의 경성이라는 오명을 일소'하고, '일약 건강도시를 만들고자' 5개 경찰서의 비번 순사까지 총동원하여 수십만 매의 위생사상 보급에 관한 삐라를 산포했다. 또 경성역전, 조선은행 앞, 황금정(을지로-인용자) 입구, 종로 네거리, 삼각지, 배오개 네거리, 광화문 앞에는 선전탑까지 설치했다.[107]

제2일인 5일에는 "청결한 집에는 병이 없다"는 표어 아래 부내 전반에 걸쳐 소독 청결을 했다.[108] 제3일인 6일은 위생시설 개선일인데, 각 가정에서는 반드시 위생통과 변소의 수리와 검사를 하여 파손된 곳이 있으면 고치고, 설비가 없는 가정은 이번 기회에 설비를 하도록 강조했다.[109] 제4일은 파리 잡는 날로 각 가정에서는 갖은 방법으로 파리를 구제·박멸하고, 이후에도 이를 잊지 말도록 강조했다.[110] 8일은 전염병예방일로, 이 주간 행사 중에 가장 중대한 날로 취급되었는데, 전염병 예방법이 소개되었다.[111] 결핵예방일인 제6일에는 경성부내 각호에 타구(唾具)를 설치하고, 그의 소독을 실시하며, 각담의 무료 검사와 침구·의복 등의 일광소독을 실시했다. 또 건강 상담에 관한 라디오 방송, 결핵예방에 관한 활동사진 상영도 있었다.[112] 10일은 방역주간 최종일로 오

106) 『동아일보』 1934.06.05.
107) 『매일신보』 1934.06.05.
108) 『동아일보』 1934.06.05.
109) 『매일신보』 1934.06.06.
110) 『매일신보』 1934.06.07.
111) 『매일신보』 1934.06.08 ; 『동아일보』 1934.06.08.
112) 『동아일보』 1934.06.10.

전 6시 30분부터 라디오 체조가 경성부내 여러 곳에서 동시에 행해졌다. 집합하지 않은 사람은 각 가정에서도 라디오 체조를 하고, 아울러 근교 산책 등을 실시하여 건강 증진을 꾀하도록 했다.[113] 경성부에서는 특히 이날 경성운동장을 개방하여 부민의 건강 증진에 이바지하겠다고 했다.[114] 그리고 6월 10일에는 방역주간 기념 계영대회도 열렸다. 계영대회는 11단체 선수가 참가하여 10일 오후 1시부터 신설된 풀에서 개최되었다.[115]

1935년에도 7월 4일부터 7일까지 4일간 경성에서 방역주간이 시행되었다.[116] 방식은 전 해와 비슷했는데, 기간은 줄어든 것이다. 이때 방역주간 행사 중 주목되는 것은 다음과 같다. 먼저 선전에 대한 것이다. 종로경찰서는 네거리 간판과 자동차 순회 선전 외에 우미관·단성사·조선극장 등 세 상설관에 방역에 관한 자막을 영사하고, 관내 카페(낙원회관·엔젤·종로회관) 등에서는 건강 표어가 쓰여 있는 성냥 5만 갑을 제작하여 일반 손님들에게 나눠주도록 했다.[117] 다음으로 약과 위생용품의 할인 판매이다. 방역기간에 예방약 등을 할인 판매케 하며,[118] 방역주간 중 위생시설 개선일(7월 5일)에는 명진사라는 기업에서 변소 뚜껑 800개를 만들어 먼저 사는 사람에게 한하여 15전씩에 판다고 했다.[119] 셋째 무료 검사와 진단이다. 제3일(7월 6일)은 파리 잡이와 결핵 예방에 중점을 두어 특별히 경기도와 경성부 위생시험실에서 결핵 예방의 무료 검사를 행하고, 경성부내 관·사립 병원과 의원에서도 무료 건강 상담과

---

113) 『매일신보』 1934.06.10.
114) 『매일신보』 1934.06.08.
115) 『동아일보』 1934.06.10 ; 『朝鮮新聞』 1934.06.12.
116) 『조선중앙일보』 1935.06.20 ; 1935.07.04.
117) 『매일신보』 1935.06.30.
118) 『매일신보』 1935.07.04.
119) 『매일신보』 1935.07.05.

진단을 실시했다.[120]

3) 지방의 방역주간

방역주간은 지방에서도 실시되었다. 1934년 부산에서는 경남도(경찰부)·부산부·부산경찰서 공동 주최로[121] 1934년 8월 1일부터 '건강도시 부산의 건설운동에 박차를 가하는' 방역주간이 시행되었다.[122] 그에 앞서 6월 1일 부청 회의실에서 관계자 '타합회'를 열고 여러 협의를 했는데, 제1회의 방역주간을 맞아 부산 최초의 위생전람회도 개최하기로 결정했다.[123] 같은 해 평양에서도 방역주간이 시행되었다. 평양부는 평양경찰서, 상공단체, 의사회, 경찰부 등과 협력하여 6월 15일부터 9월 15일까지 3개월간 매월 15일부터 20일까지 1주간을 방역주간으로 정한 후 점두 장식, 기타를 선전 실시하기로 결정했다.[124] 7월의 방역주간은 15일부터 7일간 평양부 평양·대동 양 경찰서 연합으로 대대적으로 행하기로 했다.[125]

1935년에는 더욱 확산되었다. 경기도 경찰부는 7월 4일부터 시행되는 경성의 방역주간에 맞춰 같은 기간에 인천·개성·수원의 각 부·읍 연합으로 방역주간을 개최했다.[126] 그에 따라 인천경찰서는 4일부터 7일까지 4일간 방역주간을 시행하면서, 선전 포스터 1천 매와 삐라 2만 매를 배포하고, 청량음료 검사, 무료 검역, 등산, 해수욕 등을 시행했다.[127]

---

120) 『조선중앙일보』 1935.07.06.
121) 『朝鮮時報』 1934.08.01.
122) 『釜山日報』 1934.08.06.
123) 『朝鮮時報』 1934.06.03.
124) 『매일신보』 1934.06.16.
125) 『매일신보』 1934.07.17
126) 『매일신보』 1935.07.01.

같은 경기도 관내 강화경찰서도 4일부터 7일까지 4일간 방역주간을 맞이하여 여러 행사를 실시했다.[128)]

전시체제기인 1943년에도 황해도에서는 방역주간을 설정하여 시행했다. 당시 "결전체제하 인적자원의 확보는 국가의 가장 끽긴사(喫緊事)" 였기에, 인적 자원의 확보를 위해 먼저 방역의 완벽을 기함이 가장 급무로 인식한 황해도는 4월 21일(수)부터 27일(화)까지 1주간 도내 방역주간을 강력하게 전개하고자 했다.[129)] 황해도 금천경찰서 역시 21일부터 7일간 애국반장을 통해 위생사상을 철저케 하였다.[130)]

4) 방역기간 중 전염병 발생

방역주간이 설정되고 동시에 방역전람회가 개최되었던 1933년 8월에 경성부 내에서 전염병이 속발했다. 방역전람회가 개최된 10일 경성부내에는 하루 동안에 이질 8명, 장티푸스 7명, 기타 5명, 모두 20명의 전염병신환자가 발생했다. 9일에도 본정서·종로서 관내에서 각 7명의 전염병신환자가 발생하고, 기타 관내에서 4명 등, 모두 18명의 환자가 나왔다.[131)] 방역주간 제3일인 11일에도 이질 7명, 장티푸스 8명, 발진 4명, 성홍열 1명, 계 20명의 환자가 나왔다.[132)] 10일부터 15일까지 방역주간에 경성부내에서 발생한 전염병 환자수는 이질 31명, 장티푸스 25명, 파라티푸스 5명, 디프테리아 7명, 성홍열 7명, 모두 75명이었다.[133)]

---

127) 『조선중앙일보』 1935.06.30 ; 『동아일보』 1935.07.02.
128) 『매일신보』 1935.07.09.
129) 『매일신보』 1943.04.23.
130) 『매일신보』 1943.04.29.
131) 『동아일보』 1933.08.12.
132) 『조선중앙일보』 1933.08.13.
133) 『동아일보』 1933.08.17.

이 현상을 두고 3개의 한글 신문 모두 힐난조의 보도를 했다. 『동아일보』는 "교통 안전데이에 사고가 많고, 방역주간에 역질이 유행함은 모순"이라고 했고,[134] 『조선일보』는 "방역한다고 떠드는 경성시내에 모순"이라 했으며,[135] 총독부 기관지인 『매일신보』도 "악역 방지주간인지 악역 발생주간인지 분별치 못할 기현상을 보이게 되었다."고 했다.[136] 대책으로서 『동아일보』는 "이번에 더욱 많이 드러난 것은 주로 감추었던 전염병 환자를 자진하여 드러낸 것으로 말미암은 것"이라고 긍정적으로 평가하면서,[137] "전람회, 활동사진, 청결검사 다 좋거니와 근본적인 역균의 은닉소를 근절할 일"이 급한 일이라고 지적했다.[138] 『조선일보』는 경성부의 차별적 시설을 지적했다. 북부 일대 '왜소한 가옥, 광선 안 드는 주택, 불결한 도로, 악취 나는 하수도' 현상, '반성(半成) 도로, 토도(土道), 암흑한 암야(夜街), 가수(街樹)없는 도로' 시설 등이 경성부의 차별적 시설로 인한 것이라 한 것이다.[139]

3. 결핵 예방 주간과 결핵 예방 데이

1) 1936년의 결핵 예방 주간

1936년에는 5월 26~28일 3일간 결핵 예방 주간이 설정되어 시행되었다. 조선 각지에서 일제히 예방사상의 보급 선전을 하고자 조선결핵예

---

134) 『동아일보』 1933.08.13.
135) 『조선일보』 1933.08.12.
136) 『매일신보』 1933.08.13.
137) 『동아일보』 1933.08.17.
138) 『동아일보』 1933.08.13.
139) 『조선일보』 1935.07.04.

방협회, 13도 결핵예방협회, 13도 경찰부, 관내 각 경찰서가 시행 주체였다. 그 요강을 보면, 경성에서는 무료 건강상담소 개설(경기도 위생시험실, 경성부 건강상담소, 각 도립의원, 각 공의), 무료 각담 검사, 선전탑 설치(경성, 인천, 개성, 수원), 포스터, 삐라, 팜플렛, 전람회, 선전영화, 강연회, 라디오방송, 학생강화, 창경원 반액 공개 등이었다.[140]

당시 각지에서의 주요 행사 내용을 보면, 다음 〈표 3〉과 같다. 경성에서는 경성부, 경기도 경찰부, 부내 각 경찰서, 부내 각 정회(町會)가 행사 주체가 되어 5월 26일부터 29일까지 4일간 행사를 계획하여 여러 가지 내용의 행사를 실시했다. 이후 이틀 연장되었다. 그밖에 함경남북도와 평안남도에서도 3일간 전람회 행사가 실시되었다.

<표 3> 1936년 결핵 예방 주간의 주요 행사

주체	기간	내용	출전
경성부, 경기도 경찰부, 부내 각 경찰서, 부내 각 정회	5.26~5.29. 30~31일 양일간 연장	무료 시험, 건강상담, 라디오 방송, 옥외 활동사진, 강연, 영화, 결핵 강연, 위생전람회, 파리잡이 장려	『동아일보』, 1936.5.26. 『동아일보』, 1936.5.31.
함북결핵예방협회	5.26~5.28	예방전람회(나남소학교 강당) 인쇄물 10만매 배부	『동아일보』, 1936.5.28., 5.31.
평남결핵예방협회, 평양부	5.26~5.28	결핵예방전람회 500여 점 진열	『조선일보』, 1936.5.29.
함남도 위생회	5.26~5.28	결핵예방전람회 3일간 10,940명 입장	『동아일보』, 1936.5.31.

한편 일제는 특정 시간대를 설정하여 여러 선전을 하는 실태를 조사하여 통일할 방침을 세웠다.[141] 그 과정을 보면, 먼저 일본 내각정보위원회는 다음과 같은 제의를 했다. 즉 국민작흥주간, 교통안전주간, 방화

140) 『동아일보』 1936.05.20 ; 『조선일보』 1936.05.21.
141) 『매일신보』 1936.11.21.

데이, 체육데이, 무엇 주간, 무엇 데이라는 주최물이 연중 연속적으로 거행되고 있는 것은 도리어 일반 인심의 긴장을 환기치 못할 염려가 있다는 등의 이유로 전국적으로 통일하여 효과를 많게 하자는 취지였다. 이에 척무성은 선전주간 혹은 선전데이의 주최물에 관하여 총독부에도 통첩을 했다. 총독부는 이것을 기회로 조선의 선전 주최물의 통일 강화를 할 의향을 가지고 먼저 각 국과 각 도에 조사하도록 통첩을 발했다. 그리하여 각국 각도에 걸친 무슨 데이, 무슨 주간 등의 주최물 일체를 조사 통일하게 되었다. 이 조사 결과에 따라 의미 있는 주최물에는 적극적 후원을 하고, 이와 대동소이한 것은 통합하여 선전의 효과를 뜻있게 하고 전국적으로 행할 성질의 것은 더욱 통일 강화할 방침을 택했던 것이다.

2) 1938년의 결핵 예방 데이

1938년에는 결핵 예방 데이가 설정되어 시행되었다. 그 과정을 보면, 다음과 같다. 일본 후생성은 '비상시국에 대처하여 총후국방의 만전을 기하고 국민의 건강증진, 체위를 향상시켜 인적 자원의 충실을 꾀하기 위하여' 5월 17일부터 23일까지 1주간을 '국민정신총동원 건강주간'으로 정해 보건위생의 전반에 걸쳐 유효적절한 선전을 실시하기 위하여 각 성과 연락하여 관민일치의 실시운동을 촉진하기로 했다.[142]

이에 내무성은 17일부터 1주일 동안을 건강주간으로 정하고 국민 대중에 보건 위생사상의 선전보급을 대대적으로 하기로 하였다. 조선에서는 특히 주간으로 실시하지는 않으나 주간 중 결핵예방데이인 20일만 전조선적으로 결핵예방에 대한 대대적 선전을 하여 '국민건강의 암'이 되어 있는 결핵의 박멸에 매진하기로 했다.[143]

---

142) 『조선일보』 1938.04.07.

그에 따라 전 조선 각도에서 '보건보국'의 기치 아래 각기 대대적으로 예방선전에 매진하게 되었는데, 경기도 위생과는 20일을 결핵예방일로 정하고 결핵예방을 주로 한 위생사상 보급을 위하여 강연, 영화, 라디오 방송 등 여러 가지 행사로 일반의 인식을 깊이 하도록 계획했다. "사망률이 다른 도의 배나 높고 경성, 개성, 수원 등의 사망률 제1위를 점령하는 도시를 가진 경기도"는 위생과와 경성부 위생과 도내 각 경찰서가 '민중의 선두에 나서서' 진력하기로 했다. 또 그날에는 기차·전차·도로와 혼잡한 곳에 침을 뱉는 사람은 경찰에서 이를 엄중 단속했다.[144] 이 행사와 관련하여 경기도 위생과장(天岸)은 다음과 같이 말했다. "경기도내 현상만 보더라도 조선 사람은 내지인에 비해 사망률이 3분의 1밖에 안 되며, 이 병의 예방으로 가장 중요한 영양도 조선 음식 쪽이 대단 좋으니 조선 사람은 지금 정도에서 그 예방에 한층 더 힘쓰면 그 장래는 대단 낙관될 것으로 생각한다."[145]

요약하면, 날짜를 특정하여 위생 관념을 집중적으로 선전하는 방식은 먼저 위생데이 설정과 시행으로부터 시작되었다. 일선 경찰서에서 위생데이를 설정하고, 여러 위생 사상 선전 활동을 했다. 이는 1920년대 중반에 시작되어 1940년대까지 이어졌다. 위생데이가 강화·확장된 개념은 '주간'이다. 1933년 8월 '방역 전람회'와 함께 '방역주간'이 설정되어 운영되었다. 방역주간에는 순회 진찰, 임시청결, 변소 소독, 도로 청소, 파리잡이, 손가락 세척 독려, 우물물 소독 등 방역과 관련하여 할 수 있는 모든 방법을 망라하여 활동을 전개했다. 방역주간은 지방에서도 실시되었다. 1934년 부산과 평양, 1935년 경기도 관내 도시 지역에서 시행되었고,

---

143) 『조선일보』 1938.05.13.
144) 『동아일보』 1938.05.20.
145) 『조선일보』 1938.05.19.

황해도에서는 1943년에도 방역주간을 설정하여 운영했다. 1936년에는 결핵 예방 주간이 설정되어 시행되었다. 1938년에는 일본의 '국민정신총동원 건강주간'에 맞춰 그중 하루 결핵 예방 데이가 설정되어 시행되었다.

이상은 경찰기구가 주체가 되어 벌인 선전 활동이다. 그밖에도 경성부와 경성교화단체연합회, 총독부, 국민총력조선연맹 등이 주체로서 벌인 행사들도 많다. 1936년과 1937년에는 경성부와 경성교화단체연합회 주최로 국민정신작흥주간을 운영하면서 그중 하루를 건강증진일로 설정하여 운영했다.[146] 1939년과 1940년에는 총독부에서 국민건강주간을 실시했다.[147] 이어 1942년에 국민총력조선연맹은 조선사회사업협회, 결핵예방협회 조선본부와 조선체육진흥회 등과 제휴하여 5월 1일부터 '대조봉대일'인 8일까지 8일 동안에 걸쳐 전조선 일제히 '건민운동'을 전개키로 했다.[148]

Ⅳ. 요약과 평가

조선에서 위생 관념 보급을 위해 일제 경찰은 으르고 달래는 '당근과 채찍' 시책을 폈다. 달래는 시책은 시간과 공간을 활용한 선전 활동이다. 특정 시간을 설정하여 집중 선전하는 방법은 '위생데이'와 '방역주간' 등의 운영이다. 또 일정한 공간에 대중을 불러 모아 선전하는 방법은 각종 '전람회' 개최 등이다.

---

146) 『조선일보』 1936.11.07, 11.09, 11.01 ; 『매일신보』 1937.11.11.
147) 『조선일보』 1939.03.10 ; 『매일신보』 1940.05.09.
148) 『매일신보』 1942.04.11, 04.16, 05.02 ; 『불교』 신제53집, 불교사, 1943, 30쪽.

무단통치기인 1910년대에 헌병경찰 주도의 일제 경찰기구는 환등 기계를 사용한 시각적 선전 활동으로 위생 강화회를 개최했다. 3·1운동 이후 일제 경찰기구는 조직이 변경되어 경무총감부는 폐지되고 조선총독부 경무국이 중앙 경찰기구가 되었다. '문화정치'기를 맞아 총독은 1920년 도지사회의에서 지시사항을 하달했다. 아직 유치한 조선인의 위생 사상을 고취하기 위해 조선총독부는 각지에서 환등회와 각종 선전을 행하였고, 장래에 환등회, 순회 전람회 개최 등을 계획하고 있으므로 각 지방에서도 총독부의 시설에 응하여 적의 조치를 강구하라는 주문이었다. 1918~1919년 '스페인 독감'과 콜레라로 엄청난 희생을 치렀던 경험을 염두에 둔 것으로 보인다. 그에 따라 1921년과 1922년에는 경기도 경찰부 위생과 단독 혹은 공동 주최로 경성에서 위생 전람회를 열었다. 또 경기도 경찰부는 1924년 6월에 경성에서 파리 위생 전람회를 개최했다. 1920년대 지방에서도 경찰기구의 주최로 위생전람회가 열렸다. 경성에서의 전람회가 지방으로 확산된 것이다. 한편 날짜를 특정하여 위생 관념을 집중적으로 선전하는 방식은 먼저 위생데이 설정과 시행으로부터 시작되었다. 일선 경찰서에서 위생데이를 설정하고, 여러 위생 사상 선전 활동을 했다. 이는 1920년대 중반에 시작되어 1940년대까지 이어졌다.

1932년에는 예방 내복약 제조와 보급이 시작되고, '방역'이 강조되었다. 1933년에는 새로운 방역 정책과 전염병 유행에 따라 '방역을 선전하고 위생 사상을 보급하고자' 총독부·경기도·경성부 연합 주최 방역 전람회가 개최되었다. 1933년 8월 '방역 전람회'와 함께 '방역주간'이 설정되어 운영되었다. '주간'은 '데이'가 강화·확장된 개념이다. 방역주간에는 순회 진찰, 임시청결, 변소 소독, 도로 청소, 파리 잡이, 손가락 세척 독려, 우물물 소독 등 방역과 관련하여 할 수 있는 모든 방법을 망라하여 활동을 전개했다. 방역주간은 지방에서도 실시되었다. 1934년 부산과 평양, 1935년 경기도 관내 도시 지역에서 시행되었고, 황해도에서는 1943년에도 방역주간을 설정하여 운영했다.

1930년대 후반 이후에는 결핵 예방이 강조되었다. 특히 전시총동원체제에 들어선 1939년 4월 일본 황후는 '결핵 만연 현상을 우려'하여 결핵 예방에 관한 영지(슈旨)를 내렸다. 이에 일본 정부는 5월 22일 재단법인 결핵예방협회를 설립했고, 조선총독부도 그해 11월 30일 재단법인 결핵 예방협회 조선지방본부를 설립했다. 그에 앞서 1936년에는 결핵 예방 주간이 설정되어 시행되었다. 1938년에는 일본의 '국민정신총동원 건강주간'에 맞춰 그중 하루 결핵 예방 데이가 설정되어 시행되었다. 1939년에는 결핵병 박멸을 목적으로 한 재단법인 결핵예방협회 설립을 앞두고, 총독부·경기도·경성부·일본적십자사 조선본부의 공동주최로 8월에 열흘간 결핵 예방 전람회가 열렸다.

이상에서 보듯이 일제 경찰기구의 위생 선전 활동은 시간이 흐르고, 회수가 거듭될수록 보다 정교해짐을 알 수 있다. 초기 별도로 진행되었던 시간과 공간 설정 행사는 1930년대 들어서는 서로 결합되었던 것이 하나의 예이다. 시행착오를 겪으면서 효과를 보다 높일 수 있는 방안으로 방역전람회를 개최하면서 동시에 방역주간 행사를 대대적으로 벌인 것으로 보인다.

이처럼 일제 경찰기구가 나서서 위생관념 보급 선전 활동에 나선 지 30년, 그 성과는 얼마나 있었을까. 직접적 인과관계를 알려주는 자료를 찾을 수 없기에, 같은 기간 주기적인 통계 자료를 통해 추적해보자. 다음 〈표 4〉는 1911년부터 1941년까지 30년에 걸쳐 5년 주기로 전염병 환자와 사망자수를 발췌하여 작성한 것이다. 전염병은 모두 10종이다.

<표 4> 전염병 환자수와 사망자수

구분	1911	1916	1921	1926	1931	1936	1941
환자	6,604	7,596	13,158	11,631	15,168	17,869	24,167
사망	1,226	2,195	3,677	2,295	2,535	3,321	4,017

출전: 조선총독부, 『朝鮮總督府統計年報(1911년판)』, 조선총독부, 1912; 조선총독부, 『朝鮮總督府統計年報(1916년판)』, 조선총독부, 1917; 조선총독부, 『朝鮮總督府統計年報(1921년판)』, 조선총독부, 1922; 조선총독부, 『朝鮮總督府統計年報(1926년판)』, 조선총독부, 1928; 조선총독부, 『朝鮮總督府統計年報(1931년판)』, 조선총독부, 1933; 조선총독부, 『朝鮮總督府統計年報(1936년판)』, 조선총독부, 1938; 조선총독부, 『朝鮮總督府統計年報(1941년판)』, 조선총독부, 1943.

주: ①콜레라, 장티푸스, 이질, 디프테리아(實布垞里亞), 발진티푸스, 두창, 성홍열, 파라티푸스(이상 8종은 1911년부터), ②1926년 통계에는 유행성 뇌척수막염 추가(1924년부터), ③1940년부터 재귀열 통계 산입, ④콜레라 환자 통계는 1938년까지임(1933~37년, 39년 이후 통계 없음).

〈표 4〉를 보면, 일제의 조선 통치가 30년이 넘은 시점에, 일제 경찰이 30년 동안 위생 사상 보급을 위해 여러 시책을 시행했음에도 전염병에 걸린 환자수와 사망자수는 크게 줄어들지 않았다. 경성에서 위생전람회가 처음 개최되었던 1921년의 말에도 5년 전에 비해 환자수는 1.7배 정도 늘었다. 또 사망자수는 약 1500명 정도 증가했다. 다시 5년 후인 1926년에는 환자수와 사망자수 모두 줄었다. 그 사이에 1922년부터 경성과 지방의 위생전람회, 1924년의 파리전람회, 그리고 각지의 '위생데이' 설정, 운영이 있었다. 1926년 전염병 환자수 감소는 이들 활동의 영향이라 할 만하다. 그러나 5년 후인 1931년에 이르면, 다시 증가 추세를 보인다.

1933년 방역전람회와 방역주간 설정이 동시에 이뤄진 이후 통계를 보자. 1936년에도 1931년에 비해 환자수와 사망자수 모두 약간의 증가세를 보인다. 환자수는 약 18%, 사망자수는 31% 정도 늘었다. 1920년대에 비해 상승 곡선의 기울기는 완만해졌지만, 증가세는 여전하다. 다만 콜레라에 대해서는 감소 효과가 있었다. 이에 대한 일제 측의 평가를 보자. "콜레라는 1933년 이후 발생 유행이 끊어져 오랫동안 없었다. 마침 1938년

늦봄에 중국 연안 각지에 콜레라 유행의 징조가 있어 조선에서는 조속히 그 대책을 수립하여 경계 중 (중략) 황해도에서는 환자 21명, 평남에서는 29명을 내고, 전자는 10월 12일에, 후자는 10월 22일 점차 종식되었다."[149) 그 상황이 반영되어 앞의 1936년과 1941년 통계자료에도 콜레라 환자는 '0'이다.

1930년대 후반에도 위생데이, 방역주간이 설정되어 운영되었다. 그렇지만, 1941년의 전염병 환자수와 사망자수 모두 증가세를 꺾지는 못했다. 5년 전에 비해 각각 35%, 21% 증가했다. 그러면 1940년대 조선에서 위협적인 전염병은 어떤 것이 있었을까. 그 해답은 다음 〈표 5〉를 통해 확인할 수 있다.

<표 5> 1940년대 초 전염병 환자와 사망자수

구분	환자		사망자		사망률	
	1941	1942	1941	1942	1941	1942
유행성 뇌척수막염	126	97	58	37	46.0	38.1
두창	4,720	1,600	1,061	404	22.4	25.3
디프테리아	2,648	2,889	503	540	18.9	18.7
이질	2,900	3,628	533	532	18.3	14.7
장티푸스	10,827	11,116	1,609	1,463	14.8	13.2
발진티푸스	1,352	2,571	163	329	12.0	12.8
파라디푸스	692	683	39	60	5.0	8.8
재귀열	475	668	26	19	5.5	2.8
성홍열	427	398	25	9	5.8	2.3
콜레라	-	-	-	-	-	-
총수	24,167	23,650	4,017	3,393	16.6	14.3

출전: 조선총독부, 『朝鮮總督府統計年報(1941년판)』, 조선총독부, 1943, 269쪽.; 조선
총독부, 『朝鮮總督府統計年報(1942년판)』, 조선총독부, 1944, 267쪽.
주: 구분의 전염병 나열 순서는 1942년 사망률 기준.

---

149) 『施政三十年史』, 861~862쪽.

위 〈표 5〉를 보면, 환자수와 사망자수에서 가장 많은 수치를 차지한 전염병은 장티푸스이다. 또 사망률 기준으로 하면, 유행성 뇌척수막염을 비롯해 두창·디프테리아·이질·장티푸스 등의 순으로 높다. 콜레라는 1938년(환자 50명, 사망 32명) 이후 환자 발생이 없다. 1910년 환자 486명, 사망 382명이었는데, 이후 1932년에는 환자 70명 중 사망 38명이었다.[150]

1942년에는 1년 전에 비해 환자수와 사망자수, 사망률 모두 약간 감소 현상을 보였다. 감소세 반전에 가장 큰 기여를 한 전염병은 두창이었다. 대신 1942년에는 발진티푸스 환자수와 사망자수가 크게 늘어났지만, 두창의 통계수치가 그 증가를 상쇄했다.

다음은 1930년대 중반 이후 중점을 두었던 결핵에 대해 살펴보자. 결핵에 대해서는 일찍부터 주목하여 이미 1910년대 후반에 법적 장치가 마련되었다. 폐결핵의 예방을 위해 1918년 7월 조선총독부령으로 폐결핵 예방에 관한 법령이 발포된 적이 있다.[151] 그러나 1930년대 환자수를 보아도, 매년 증가 추세를 보였다. 다음은 1930년대 46개 관립의원 및 도립의원의 결핵환자수와 치료 연일수를 나타낸 〈표 6〉이다.

〈표 6〉 1930년대 관립의원 및 도립의원의 결핵환자수와 치료 연일수

구분	1931	1932	1933	1934	1937	1938	1939
입원환자	689	742	820	1,636	2,845	2,577	2,434
외래환자	7,890	9,503	11,234	17,840	24,576	34,301	35,551
치료 연일수	92,903	98,045	104,436	182,876	235,969	277,003	266,886

출전: 조선총독부, 『朝鮮總督府統計年報(1931년판)』, 조선총독부, 1933; 조선총독부, 『朝鮮總督府統計年報(1932년판)』, 조선총독부, 1934; 조선총독부, 『朝鮮總督府統計年報(1933년판)』, 조선총독부, 1935; 조선총독부, 『朝鮮總督府統計年報(1934년판)』, 조선총독부, 1936; 조선총독부, 『朝鮮總督府統計年報(1937년판)』, 조선총독부, 1939; 조선총독부, 『朝鮮總督府統計年報(1938년판)』, 조선총독부, 1940; 조선총독부, 『朝鮮總督府統計年報(1939년판)』, 조선총독부, 1941.
주: 1935~1936년, 1940~42년의 통계연보에는 결핵환자수 정보 미수록.

150) 조선총독부, 『朝鮮總督府統計年報(1941년판)』, 조선총독부, 1943, 270쪽.
151) 『施政三十年史』, 126쪽.

위 〈표 6〉에서 확인할 수 있듯이, 결핵환자 관련 통계는 꾸준히 증가 현상을 보였다. 다만 1939년의 입원 환자수가 전 해에 비해 143명 줄었지만, 외래 환자가 1,250명 증가하여 오히려 전체 환자수로는 천 명이상 늘었다. 입원 환자수 감소에 따라 치료 일수도 감소했다. 그렇지만 입원 환자 · 외래환자 · 치료 연일수 모두 1931년 대비 1939년 통계는 각각 3.5배, 4.5배, 2.87배로 격증했다. 1936년에는 결핵 예방 주간과 1938년의 결핵 예방 데이 설정 운영, 1939년의 결핵 예방 전람회는 모두 이와 같은 결핵 환자 격증에 대한 대응이었다고 할 수 있다.

그러나 1942년의 건민운동주간에도 여전히 결핵 박멸이 주요 목표였던 것에서 알 수 있듯이, 결핵 문제는 여전히 큰 문제였다. 특히 전시동원에 따라 청년들을 병사로 동원하여 집단 막사생활을 시키는 형편에서 결핵은 전력(戰力) 문제이기도 했다. 일본 황후까지 나서서 '영지'를 내릴 정도의 사정은 이와 같은 상황을 배경으로 한 것이었는데, 전시체제기 위생과 전력(戰力)에 대한 연구는 추후 과제로 넘긴다.

참고문헌

1. 자료

『동아일보』, 『매일신보』, 『조선일보』, 『조선중앙일보』, 『朝鮮新聞』, 『釜山日報』,
　　『朝鮮時報』.

『동양의약』 제1권 3호, 동양의약협회 출판부, 1939.

『불교』 신제53집, 불교사, 1943.

『警務月報』 제16호(10월분), 조선총독부경무총감부, 1911.10.

『警務彙報』 11월호(제198호), 조선경찰협회, 1921.11.

『警務彙報』 7월호(제218호), 조선경찰협회, 1923.7.

『朝鮮總督府官報』 제470호, 1912.3.25.

『朝鮮總督府官報』 제3546호, 1938.11.12.

조선총독부, 『施政三十年史』, 조선총독부, 1940.

조선총독관방 총무국 총무과장, 『朝鮮彙報』 3월호, 조선총독부, 1915.3.

조선총독부, 『조선』 92호, 조선총독부, 1922.11.

조선총독부, 『조선』 129호, 조선총독부, 1928.7.

조선총독부, 『朝鮮總督府統計年報(1911년판)』, 조선총독부, 1912.

조선총독부, 『朝鮮總督府統計年報(1916년판)』, 조선총독부, 1917.

조선총독부, 『朝鮮總督府統計年報(1921년판)』, 조선총독부, 1922.

조선총독부, 『朝鮮總督府統計年報(1926년판)』, 조선총독부, 1928.

조선총독부, 『朝鮮總督府統計年報(1931년판)』, 조선총독부, 1933.

조선총독부, 『朝鮮總督府統計年報(1932년판)』, 조선총독부, 1934.

조선총독부, 『朝鮮總督府統計年報(1933년판)』, 조선총독부, 1935.

조선총독부, 『朝鮮總督府統計年報(1934년판)』, 조선총독부, 1936.

조선총독부, 『朝鮮總督府統計年報(1936년판)』, 조선총독부, 1938.

조선총독부, 『朝鮮總督府統計年報(1937년판)』, 조선총독부, 1939.

조선총독부, 『朝鮮總督府統計年報(1938년판)』, 조선총독부, 1940.

조선총독부, 『朝鮮總督府統計年報(1939년판)』, 조선총독부, 1941.

조선총독부, 『朝鮮總督府統計年報(1941년판)』, 조선총독부, 1943.

조선총독부, 『朝鮮總督府統計年報(1942년판)』, 조선총독부, 1944.

2. 저서

마쓰다 토시히코 지음, 이종민·이형식·김현 옮김, 『일본의 조선 식민지 지배와
경찰』, 경인문화사, 2021.

신창후 저, 김현수·양인실·조기은 역, 『식민지 조선의 경찰과 민중세계 1894-
1919』, 선인, 2019.

유길준 지음, 허경진 옮김, 『조선지식인 유길준, 서양을 번역하다 서유견문』, 서해
문집, 2005.

3. 논문

김진규, 「일제 식민지 시기 위생조합 제도의 형성과정-경찰 관변기구화를 중심으
로-」, 『한국사론』 66, 2020.

박윤재, 「한말·일제 초 한성위생회의 활동과 식민 지배」, 『서울학연구』 제22호,
2004.

이형식, 「1910년대 식민지제국일본의 전염병 방역대책-조선전염병예방령을 중심
으로-」, 『일본학보』 제92권, 2012.

이형식, 「1910년대 조선총독부의 위생정책과 조선사회」, 『한림인문학』 20집, 2012.

장주선, 「일본 전시하의 위생행정과 경찰행정」, 『자치연구』 3-2, 1993.

정근식, 「식민지 위생경찰의 형성과 변화, 그리고 유산」, 『사회와 역사』 90, 2011.

시각화한 신체와 '건강미'

최 규 진

Ⅰ. 머리말

몸이란 "사회의 인정을 받기 위해서 오랜 기간의 교육과정을 필요로 하는 미완성의 생물적 실체"이다.[1] 근대에 몸을 둘러싸고 새로운 미적 가치가 생겨나고 육체는 더 많은 상징화의 장소를 제공했다.[2] '근대의 몸'이란 어떤 것이고 '아름답다'라는 것의 실체는 무엇일까. 일제강점기만을 대상으로 한 이 짧은 글에서는 더욱 답하기 어렵다. 역사적이고 사회적인 맥락과 연결되어 있으며 젠더 정치학을 포괄하는 질문이다. 그러나 신체관의 변화에 따라 신체에 대한 미적 기준도 달라졌다는 것만큼은 분명하게 말할 수 있다. 근대의 몸은 전근대 몸과 크게 달라지지 않았지만, 몸을 보는 시각이 달라졌다. '아름다움'의 표준이나 기준도 달

---

1) 크리스 쉴링 지음·임인숙 옮김, 『몸의 사회학』, 나남, 2011, 242쪽.
2) 피터 브룩스 지음·이봉지 한애경 옮김, 『육체와 예술』, 문학과지성사, 2013, 15쪽.

시각화한 신체와 '건강미' **131**

라졌다. 이 결론만큼은 많은 연구에서 이미 말했다.

"20세기가 시작된 뒤부터 가치의 심미화를 가장 심도 있게 증언해주는 영역은 다름 아닌 신체적 이상형의 진화였"고,[3] 식민지 조선에도 그 '진화'가 시작되었다. 그때의 신문 기사에서는 "어제의 미남미녀가 오늘의 미남미녀가 아니며 미의 기준이 평면적인 것에서 입체적인 것으로 바뀌었다"라고 적었다.[4] "고정된 미인관은 과거에 매장되고 다각적인, 즉, 과학적 미인관이 머리를 들게 되었다"라고도 했다[5] 입체적이고 과학적인 미의식은 무엇인지 알아내기 어렵지만, '다각적'이란 '여러 가지'라는 뜻으로 이해할 수 있다. 여러 가지 미에는 어떤 것이 있을까. 그때의 '신식 말'로 '간판'이라고 불렸던 얼굴이 여전히 '여성미'의 중요한 기준이었다.[6] 그러나 얼굴만이 아니라 "여러 부분적 미를 발휘하면 상당한 성가를 올릴 수 있었다."[7] 물론 '외형미'만이 아닌 '내적인 정신미와 심정미'도 중요하다고 했지만,[8] 육체미, 나체미, 요선미, 배선미, 각선미, 균정미,[9] 곡선미, 표정미, 모발미, 피부미, 의복미, 미용미, 청춘미, 개성미 등 갖가지 미에 대한 발견이 시작되었다.

이러한 여러 '시각적인 미'와는 다르게 포괄적이며 복합적인 개념으로 사용한 단어가 바로 건강미이다. 건강미란 무엇인가.[10] 어느 광고 문안

---

3) 스튜어트 유웬 지음 · 백지숙 옮김, 『이미지는 모든 것을 삼킨다』, 시각과언어, 1996, 223쪽.
4) 「1930년의 미인의 표준」, 『조선일보』 1930.01.09.
5) 이용순(파리미용원), 「어떻게 하면 미인이 될까」, 『신세기』 1939.03, 97쪽.
6) 홍종인, 「미인과 그 심성」, 『여성』 1권 3호, 1936.06, 12쪽.
7) 성동생, 「여성미의 표준」, 『동아일보』 1929.06.25.
8) 「미인 제조 교과서」, 『신여성』 32호, 1932.01, 37쪽.
9) 「근대적 여성미는 선의 균정(均整)에 있다」, 『매일신보』 1928.08.15 ; 「선의 매력과 근대적 여성미」, 『중외일보』 1928.08.31.
10) "중국에서 '건강미'는 우등한 국민을 생산하기 위한 건강한 몸만들기와 근대적 아름다움을 추구하는 몸 가꾸기라는 중첩된 의미를 함께 지니고 있으며, '건강미'가 내포하고 있는 이 두 의미는 갈등의 양상을 보이기도 한다"(김윤수, 「1930년대 중국에

처럼 "튼튼하고 예쁜 것"[11]이라고 병렬적으로 이해하면 그만일까. 건강과 아름다움의 관계를 따져보면 그렇게 간단한 문제가 아니다. "건강하면 아름답다"인가. 아니면 "아름다워지려면 건강해야 한다"라는 뜻일까. 엇비슷한 뜻풀이 같지만, 뉘앙스가 다르다. 그동안 연구에서는 주로 화장법과 몸 가꾸기 차원에서 건강미를 일부 다루었다. 건강과 미 가운데 '미'에 초점을 맞춘 연구였던 셈이다. 신체와 관련해서 건강미를 말할 때조차 여성의 스포츠 활동과 연관하여 짧게 설명하거나,[12] 건강미란 전시체제기에 강조했던 '새로운 미의식'이라고 예단하는 경우가 많았다. 그러나 건강미는 어느 특정한 국면에서 특별한 활동과 연관하여 사용한 언어가 아니라 일제강점기에 줄곧 사용한 사회·문화적 개념이었다. 건강미는 단순히 "건강한 체격에서 나오는 아름다움"[13]만이 아니라 시대정신을 새겨넣은 어떤 기호이기도 했다.

이 글에서는 신문과 잡지에 실린 글을 분석하고 광고 이미지와 문안을 해석하면서 '건강'과 '미'의 결합 관계를 밝힐 것이다. 쉽게 예상할 수 있듯이, 사회 심리적 가치 기준으로 의약품 광고에서는 '젊음과 건강'을 제시했고 화장품 광고에서는 '아름다움'을 내세웠다. 그러나 건강미라는 틀 안에서 의약품과 화장품이 서로 영역을 넘나들었음을 주목해야 한다. 의약품과 화장품 광고가 전체 광고 가운데 70~80% 남짓을 차지하기 때문에 그 두 광고를 비교하는 것은 대단히 어려운 일이다. 그렇지만 두

서의 '건강미(健美)' 담론 『玲瓏』(1931-1937)을 중심으로」, 『중국어문논총』 65, 2014, 335쪽).

11) 『신여성』 51호, 1932.09(이하 신문과 잡지를 인용할 때 제목이 없는 각주는 모두 상품 광고이다. 필요한 몇 개를 빼고 다른 모든 상품명은 생략한다).

12) 김지혜, 「한국 근대 미인 담론과 이미지」, 이화여자대학교 박사학위논문, 2015, 193~195쪽.

13) 김미선, 「1920~30년대 '신식' 화장 담론이 구성한 신여성에 관한 여성주의 연구」, 이화여자대학교 석사학위논문, 2005, 43쪽.

영역의 광고를 함께 검토하지 않으면 건강미의 실체에 다가갈 수 없다.

의약품 광고의 기본 전략은 "건강해야만 아름다울 수 있다"라는 것이었지만, 때로는 인간의 미적 욕구에 호소하는 광고 전략을 세우기도 했다. 부인병 약(women's medicines) 광고가 두드러진다. 다른 보기를 들면, "당신의 미를 확실하게 책임진다"라는 강장제 광고도 있다.[14] '미용 위생약'[15]인 여드름·주근깨약은 '미안수', '미안액'과 같은 제품명에서도 알 수 있듯이, 처음부터 '아름다움'에 초점을 맞추었다. 건강만이 아니라 미용을 위해서 자기 상품을 써야 한다는 치약과 비누 광고는 아주 많다.[16] 화장품 광고의 기본 전략은 "아름다움"에 호소하는 것이지만, 거의 다 위생이나 건강과 결합했다. 또 화장품 광고는 피부 건강만이 아닌 여성의 당당함이라는 정신건강까지도 겨냥하고 있다. 화장품 광고는 자외선 차단, 비타민 함유, 피부 호르몬, 영양 크림, 발모 효과 등에서 보듯이 의학적인 접근을 시도하면서 건강하고 싶은 인간의 마음에 다가가려 한다. "구라부 미신 크림의 위대한 의학적 효과",[17] 이 광고 문안은 화장품의 숨은 전략을 잘 드러낸다.

이 글은 "건강"을 파는 약과 미를 파는 화장품"[18]의 분리선을 넘어선다. '건강미'를 둘러싸고 의약품 광고와 화장품 광고가 펼치는 경합과 교호 관계를 살필 것이다. '매약 화장점'이라고 해서 약과 화장품을 함께 파는 곳이 있었음을 생각한다면,[19] '건강미'와 관련해서 화장품과 의약

---

14) 『여성』 5권 6호, 1940.06, 28쪽.

15) 『동아일보』 1935.05.25. 광고 문안에 여드름 제거제를 '미용 위생약'이라고 큰 글씨로 적었다.

16) 보기를 들면, "미용과 건강을 위해"라고 헤드 카피를 단 치약 광고가 있다(『매일신보』 1939.08.16).

17) 『동아일보』 1930.04.09.

18) 「금일의 광고 실전」, 『조선일보』 1937.05.27.

19) 「매약 화장점의 신번영책」, 『동아일보』 1935.02.13.

품 광고를 함께 살피는 것의 정합성을 이해할 수 있을 것이다.[20] 다음 〈그림 1〉과 〈그림 2〉는 '약점' 또는 '약국'에서 화장품을 판다는 광고다.

<그림 1>『매일신보』 1924.04.09.   <그림 2>『동아일보』 1924.03.13.

이미 1910년대부터 광고에 '건강미'라는 어휘가 나타난다.[21] 1920년대 와 1930년대 신문·잡지 기사에서는 보건이나 체육활동과 관련하여 건 강미라는 용어를 사용하는 일이 많지만,[22] 광고에서는 그와 다른 사례 가 적지 않다. 그나마 전시체제기에는 건강미의 의도와 재현의 방식이 달라진다. 따라서 '건강미'에 대한 개념사적인 접근이 필요하다. 아울러 건강미를 시각화한 방식을 설명하려면 논문이 허락하는 범위 안에서나 마 많은 그림을 제시해야만 한다. 상품 광고에서 사용하는 이미지는 시 대상을 반영한다. 이 글에서는 될 수 있으면 많은 광고 이미지를 제시하

---

20) 「미인을 보는 눈도 옛날과는 아주 달라」, 『조선일보』 1937.05.24. 식품 광고에서도 '건강미'를 마케팅 전략으로 사용하는 예가 적지 않다. 초콜릿 광고에서 "미는 건강에 있다"(『동아일보』 1929.02.22.)라고 하거나, 음료수 광고는 "장을 정제해서 피부미를 주고 칼슘의 힘으로 용태에서 곡선미가 생기며" 이러저러한 성분으로 혈색이 발랄해진다고 했다(『조선일보』 1936.04.16).
21) 『매일신보』 1916.08.02. 부인약 중장탕 헤드 카피에 '肌艶한 건강미'라고 적고 상반신을 드러낸 여성이 중장탕을 마시는 모습을 그렸다. 이때의 건강미란 "피부에 윤기가 흐르는 것"이었음을 알 수 있다.
22) SH생, 「여성의 건강미」, 『동아일보』 1929.09.13.

여 시대상과 함께 신체를 시각화하는 다양한 방식을 보여주려고 한다. 미디어 이미지는 문자로 표현하지 못하는 수많은 정보를 담고 있다는 판단에서다.

II. 모던 신체관의 착근, 화장미와 건강미

1. '모던' 신체와 미의식의 변화

식민지 조선에서도 근대를 맞이하며 미의 기준이 빠르게 바뀌고 다양해졌다. 그 배경이 무엇인가. '모던'이다. 모던이란 "한마디 말로 형용해서 그 의미를 표현하기가 까다롭지만",[23] '최신식'이라는 뜻으로 널리 쓰였다.[24] '모던'의 감각은 시각이 중심이다. "모더니스트들은 시각을 빼앗겼다."[25]라는 지적은 역설적이다. 볼거리가 많아서 아예 시각을 빼앗겼다는 뜻이다. 시각 중심사회에서 신체는 매우 중요한 자본이자 사유재산이 되었다.[26]

시각 중심사회에서는 보기와 보여주기가 중요했다. 거울에 비친 내 신체는 쇼윈도에 진열된 상품과 다르지 않다. 그렇게 '신체미'는 생활세계에 큰 영향을 미쳤다. '신체미'에 신경을 곤두세우고 있는 다음 광고를 보자.

---

23) 임인생, 「모던이즘」, 『별건곤』 25호, 1930.01, 136쪽.
24) 「모던어 點考」, 『신동아』 10호, 1932.09, 101쪽.
25) 「모던 -복덕방」, 『별건곤』 34호, 1930.11, 150쪽.
26) 보드리야르·이상률 옮김, 『소비의 사회』, 문예출판사, 2000, 190쪽.

<그림 3> 『동아일보』 1932.10.28.

　광고 문안에서 꽃 가운데 '목단꽃', 다시 말하면 모란꽃이 으뜸이라고
했다. 모란꽃은 요염함을 뜻한다.[27] 그와 함께 자신의 나체를 거울에 비
춰보는 여성을 그렸다. 거울은 하나의 존재를 바라보는 주체와 보이는
대상으로서의 이미지로 이분한다. 주체는 거울을 통해서 자기 몸을 물
리적 대상이나 육체적 타자로 바라보는 법을 배우기 시작한다.[28] 여러
상품 광고에서 거울을 보는 여성 이미지를 활용하지만, 특히 화장품 광
고에 많다. 이때 여성은 주체로서가 아니라 보이는 대상으로 극단화된
다. 거울의 시선은 곧 남성의 시선으로 작용한다.[29] "남성은 여성을 본
다. 여성은 보여지고 있는 자기 자신을 본다."라는 지적은 이것을 일컫
는다.[30]
　'모던'의 신체관에서는 아름답고 '가치 있는' 몸의 표준을 서양 쪽에 두
었다. '현대 문명이 요구하는 미인'의 기준은 서양이었다.[31] 여기에 영화

---

27) '명색미안백분' 광고에서도 "목단꽃같이 요염(妖艶)하고 예쁜 새와 같이 사랑스럽게
　　된다"라고 했다(『신여성』, 1932.08. 89쪽).
28) 김종갑, 「근대인의 전근대적 몸-드라큘라의 죽지 않는 몸」, 『19세기 영어권 문학』
　　13, 2009, 22쪽.
29) 권창규, 『인조인간 프로젝트-근대 광고의 풍경』, 서해문집, 2020, 134쪽.
30) 존·버거 지음, 편집부 옮김, 『이미지』, 동문선, 1990, 84쪽.

도 큰 영향을 미쳤다. 영화에서 소개하는 서구는 곧 근대의 상징이며 영화배우는 근대인 미를 갖춘 '문명인'이었다. "영화의 스타가 현대 여성미의 표준이 되고 말았다."[32]라는 기사가 있다. "세태가 구미(歐美)의 유행, 더욱이 미국 영화배우의 그것을 그대로 따랐다."[33]라는 미용계의 지적도 있다. 이런 기록에 따른다면, "할리우드 모더니티가 육체에 각인되었다."라는 평가는 과장이 아니다.[34]

스포츠 보급과 활성화는 '남성미'뿐만 아니라 '여성미'의 기준을 바꾸는 역할을 했다.[35] 여성에게도 "얼굴만 곱게 다듬으면 미인이 되는 것은 시대착오"라며 운동을 권장했다.[36] 여성이 스포츠와 친하면 체격이 균등하게 발전하여 육체미를 갖게 된다고 했다.[37] 게다가 '제2의 피부'인 패션은 '외양미'의 판단에서 주요한 잣대가 되었다. 보통 신체라 하면 옷을 입은 신체를 생각하기 때문에 의복은 신체의 일부였던 셈이다.[38] "균정의 미를 표현하는 데는 양장이 적당하다."[39] "청년들이 서양 부인 체격을 찬미하고 도회 젊은 여성들의 양장 유행은 결코 무리가 아니다."[40] 여성 패션이 유행의 물결을 타면서 새로운 미인의 탄생과 폐기를 되풀

31) 한기자, 「현대 문명이 요구하는 미인」, 『부인』 1권 6호, 1922.12, 28쪽.
32) 정근양, 「과학만필, 미인담(1)」, 『조선일보』 1938.11.15.
33) 오엽주, 「미용 신체는 자연의 건강미를 수립하는 데 있다」, 『신세기』 1939년 11월호, 74쪽.
34) 유선영, 「육체의 근대화: 할리우드 모더니티의 각인」, 『문화과학』 24, 2000, 244쪽.
35) 김경일, 「1920~1930년대 신여성의 신체와 근대성」, 『정신문화연구』 24(3), 2001, 203쪽.
36) 「얼굴의 미보다 체격의 미를 발휘하라(1)」, 『조선일보』 1926.08.29.
37) 정보라, 「여성과 스케팅」, 『여성』 2권 2호, 1937.02, 76쪽.
38) 마릴린 혼 등 지음 · 이화연 등 옮김, 『의복: 제2의 피부』, 까치, 1995, 161쪽. 양장이 '신체미'에 미친 영향에 대해서는 이영아, 『예쁜 여자 만들기』, 푸른역사, 2011, 74~82쪽에서 자세히 다루고 있다.
39) 「근대적 여성미는 線의 均整에 있다」, 『매일신보』 1928.08.15.
40) 김중근, 「전시 조선인 의복 문제, 의복제의 혁신 제의」, 『삼천리』 제12권 제3호, 1940.03, 262쪽.

이했다. 남성에게도 유선형의 양복이 유행하면서 그에 맞는 체격이 미의 기준이 되었다.[41] 어찌 되었든 돈을 써야 유행 따라 옷을 장만할 수 있었다. "현대의 남녀 양성의 미는 상품의 힘을 의뢰(依賴)하여서만 발휘할 수 있는 것 같다."[42] 이 기사는 '근대미'의 중요한 특성을 정확하게 지적했다.

여러 매체는 미의 기준을 제시하고 '시대에 맞는 미'를 전파했다. 매체에서는 8등신의 신체 비율이 보기 좋고 '몽고계'의 외꺼풀 눈이 아닌 서양의 쌍꺼풀 눈이 더 아름답다고 했다.[43]오뚝한 코를 만든다는 '융비기(隆鼻器)' 광고와[44] '쌍꺼풀 미인'이 되는 미안기(美眼器)[45]가 생겨나는 문화적 토대가 생긴 셈이다.

근대기 매체에 등장하는 다양한 광고와 삽화, 영화 등을 통해 이전까지 가려졌던 여성의 몸이 시각화되며 새로운 미의식을 형성시켰다.[46] 화장품 광고는 새로운 미의 기준을 제시하며 '미적 압박'을 했다. 게다가 의약품 광고에 담겨있는 '의학적 시선'은 새로운 신체형을 요구했다. 신체에 의학의 문화적 영향력이 작동했다.[47] 그 밖의 "사이비 의학적 담론

41) 『조선일보』 1937.10.09.
42) 김해춘, 「남녀 양성미와 그 성쇠, 특히 남성미에 대하여」, 『별건곤』 6호, 1927.04, 105쪽.
43) "서양의 영향도 영향이려니와 생활상태의 급변, 취미의 격변으로 종래의 대표적이던 몽고안(蒙古眼)식으로는 만족할 수 없게 되었다. 그것은 우미(優美)한 점은 있으나 너무나 무표정한 까닭에 생생하고 씩씩한 맛이 없다. 그러므로 가는 외가풀 눈보다도 쌍가풀지고 반짝 띄운 눈 표정과 변화가 잠겨있는 눈을 즐겨하는 경향이 있다."(木火生, 「근대 여성미의 해부」, 『신동아』 1933.04, 94~95쪽).
44) 『동아일보』 1931.07.16.
45) 「아이호 미안기」(광고) 『조광』 50호, 1939.12, 쪽수 없음. "쓰신 그날부터 보기 좋은 쌍가풀이 된다. 영화스타―는 모두 애용"이라는 카피와 함께 사용 전의 외꺼풀 눈과 사용 후의 쌍꺼풀 눈 사진을 실었다.
46) 김지혜, 「美人萬能, 한국 근대기 화장품 신문 광고로 읽는 미인 이미지」, 『미술사논단』 37, 2013, 167쪽.
47) 수전 웬델 지음·강진영 김은정 황지성 옮김, 『거부당한 몸』, 그린비, 2018, 227쪽.

도 육체를 '읽어내는' 권위를 주장했다."[48] 이러한 외적 요인 말고도 여성의 새로운 정체성 형성과 '현대 신사'의 탄생이 미의 기준을 다채롭게 했다.

> 여자라면 질긋나긋하고 말랑말랑하여 '두부살'에 '바늘뼈' 같이 애처롭게 어여쁜 것으로만 알던 지난날의 표준은 요사이 여학생들의 튼실히 자라는 성육(成育)으로 인하여 완전히 깨어져 버리고 만 것이니 그야말로 미관(美觀)의 확대라고나 부를까.[49]

위의 인용 글에서 보듯이 '신여성'을 바라보는 새로운 '미관'이 형성되었다. 또한 '근대적 남성미'를 주장하는 시대가 왔다. 이때 주요하게 등장하는 개념이 바로 '건강미'이다. "서양은 건강미를 중요하게 여긴다"라는 신문 기사가 자주 실렸다.[50] 잡지에서는 "고전미보다도 건강미를 본위로 하는 시대가 되었다"라고 적었다.[51] "근대인의 남성미란 건강미이다"라는 광고도 있다.[52]. 그 광고에서 건강미는 여성만이 아닌 남성에게도 요구했음을 알 수 있다.

2. 과시하는 몸, 여성미와 남성미

평상시 조선시대의 남녀는 피부 손질 위주인 담장(淡粧)을 주로 했다.[53] 근대 이전에 일반 여성은 청결과 옷매무새를 정돈하는 정도에 그

---

48) 피터 브룩스 지음·이봉지 한애경 옮김, 『육체와 예술』, 문학과지성사, 2013. 410쪽.
49) 「건강미 예찬」, 『매일신보』 1928.09.26.
50) 「미는 얼골로부터 다리의 미로」, 『조선일보』 1929.07.18.
51) 신불출, 「신구여성 좌담회 풍경」, 『삼천리』 제8권 제2호, 1936년 2월, 106쪽.
52) 『조선신문』 1929.04.13.

치며 몸 꾸미기가 호사스럽지 않았다. 여성의 단장은 자신의 위생과 가족 구성원 등을 대상으로 했다. 그러나 근대에 들어서면서 화장이 새로운 사회적 의미를 지녔다. 여성이 담장 밖으로 나와 사회활동을 하면서 화장은 대중의 시선을 고려한 사회적 의례로 자리를 잡아갔다. "현대의 모든 환경이 의식적으로 여성의 미를 더 가속도로 발달"[54]하게 하면서 화장법도 빠르게 바뀌었다. 거기에는 화장품을 사치가 아닌 일상 생활 용품으로 전환하려는 화장품 회사의 판매 전략도 작용했다. 1920년대 초반에 『경성일보』에 실린 "화장품은 필수품이다"라는 광고는 좋은 보기다. 아무런 일러스트레이션 없이 광고문만 실은 그 광고의 핵심 내용을 옮겨보면 다음과 같다.

> ○ 화장품의 진짜 사명
> 화장품은 문화생활의 필수품이다. 야만국과 다르게 문명국에서는 일상의 필수품이 되었다. 화장품의 사명은 상쾌함과 건강과 아름다움과 예절 등을 유지하고 조장한다.
> ○ 철학자 칸트가 말하기를
> " 사람은 육체를 아름답게 함으로써 영혼을 아름답게 할 수 있다."
> ○ 문화생활과 화장품
> 화장품은 정신미를 북돋우며, 의식주의 개선과 상관적 사명을 가진 문화생활의 필수품이다.[55]

여성의 아름다움을 문명화의 한 부분으로 내세우면서, 미의 근대적 표준을 따르려면 반드시 화장품을 써야 한다는 논리다. 화장품이 필수품이라는 광고는 더 있다. 보기를 들면, "화장하는 것은 다만 모양을 내는 것이 아니라 쾌감과 예절을 유지하고 발전시키는 '미적 수양'의 과정"

53) 전완길, 『한국화장문화사』, 열화당, 1999, 61쪽.
54) 성동생, 「자라나는 여성미」, 『동아일보』 1929.06.23.
55) 『경성일보』 1922.06.08.

이라는 광고가 있다.56) 그 밖에도 "화장품은 사치품이 아니라 비누·치약과 함께 위생적 일상생활의 필수품이다."라는 광고도 있다.57) 화장품이 필수품이라면 화장을 하는 것은 기본 예의다. 더구나 "누구나 아름다움을 추구한다." 다음 광고는 그 내용을 고스란히 담았다.

<그림 4> 『경성일보』 1924.07.15.　　　<그림 5> 『동아일보』 1925.07.30.

〈그림 4〉는 화려한 옷을 입고 푹신한 의자에 앉아서 '문화생활'을 하는 여성을 그려 넣고 "화장은 예의이다"라는 헤드 카피를 달았다. 그 옆의 〈그림 5〉는 상반신을 드러낸 채 큰 거울 앞에 앉아 있는 여성을 그렸다. 인간은 태어나면서부터 아름다운 것을 사랑하고, 누구나 아름다워지고 싶은 욕망이 있다고 했다. 다음 〈그림 6〉과 〈그림 7〉 화장품 광고를 보면 "미는 여자의 생명이며 미는 힘이다"라는 카피로 미인박명이라는 말을 정면으로 부정한다. "미는 여자의 생명"이며 화장품을 바르면 아름다움과 기쁨을 함께 준다는 광고다. 〈그림 7〉에서 "미인은 최고의 예술이며 미모는 힘이다."라고 적었다. 그리하여 〈그림 8〉에서 보듯이

---

56) 「참화장미」(전면광고 가운데 부분), 『동아일보』 1930.04.09.

57) 『동아일보』 1924.08.26.

여성의 미모는 재산이 된다. 이에 견주어 〈그림 9〉 의약품 광고는 "남성으로서는 건강미가 재산"이라고 했다. 화장미와 건강미가 맞서는 듯하다.

<그림 6> 『경성일보』 1922.10.20

<그림 7> 『조선일보』 1924.06.06

<그림 8> 『경성일보』
1939.03.30.

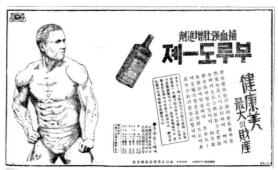

<그림 9> 『경성일보』 1939.03.30.

〈그림 8〉의 화장품 광고에서는 "그대의 얼굴, 그대의 피부는 귀부인의 재산이다"라고 적었다. 이런 화장품 광고는 신체의 외모가 성적 매력뿐

만 아니라 삶의 바른 태도를 보여준다는 루키즘(lookism)을 작동시키고 있다. 근육질의 남성을 내세운 의약품 광고에서는 '남성성'에 대한 기준을 제시했다. 이처럼 광고는 소비를 환기할 뿐만 아니라 이데올로기 효과도 노린다.

여성만 외모 가꾸기를 했던 것은 아니다. 신문에서도 "현대 사교 생활에서 남자도 신분에 상응하는 몸치장을 해야 한다"라고 했다.[58] 그 몸치장에는 화장도 포함되어 있었다. 남자에게 화장이란 "아양을 떨고 교태를 부리기 위해서가 아니라, 건강과 청결을 표시하는 사회인의 예절에 속하는 것"이었다.[59] 그러나 '모던 보이'처럼 경대에다가 가지가지 화장품을 진열하거나 '기생 뒷서방'처럼 차리고 나서는 것은 천박하다고 했다. 몸치장은 하되 수수하게 보이도록 하는 것이 좋다고 했다.[60] 1920년대 후반, '모던 보이'의 몸치장에 대한 글을 보자. "심지어 얼굴에는 여자처럼 약간의 분때를 민다. 머리에 향수를 뿌린다. 비단 수건으로 양복 윗주머니의 주둥이를 반쯤 틀어막는다. 단장을 한다, 또한 여자처럼 반지를 낀다, 시계를 찬다. 도무지 이루 헤아릴 수 없는 많은 물건이 그의 몸을 싸고 있다."[61] 이 글처럼 정말 남자가 분 화장을 했을까. 이와 관련된 화장품 광고가 있다.

〈그림 10〉은 만화 기법을 쓴 광고다. 그 내용을 읽어보자. "양복 윗주머니의 주둥이를 반쯤 틀어막은" 남자는 먼저 '마스타 바니싱 크림'을 바르고, 그다음에는 현대미가 풍부한 '마스타 물백분'과 가루 백분을 써서 신식(新式) 살색으로 가정화장(家庭化粧)을 했다. "요새 청년 가운데 분

58) 「남자의 미용?」, 『동아일보』 1933.12.15.
59) 「남자의 모냥내기 오해 말지어다」, 『조선일보』 1937.06.01.
60) 「남자의 위엄을 상하는 몸치장 외려 천격스럽다」, 『조선일보』 1936.11.08.
61) 김해춘, 「남녀 양성미와 그 성쇠, 특히 남성미에 대하여」, 『별건곤』 6호, 1927.04, 105쪽.

<그림 10> 『조선일보』 1935.04.30.

안 바르는 사람이 거의 없다"라는 어느 기사는 과장이지만, 남성용 분
화장품이 있었던 것만은 이 광고만으로도 알 수 있다.

신문기사에서 소개하는 남성 화장법은 대개 포마드와 샴푸를[62] 사용
하는 머리카락 관리, 면도 뒤에 크림이나 화장수로 '수염터'를 보호하는
방법, 치아 관리, 얼굴과 손을 깨끗하기 등이었다. 일찍 1910년대 광고에
서도 그러한 남성 화장법을 지시했으며 그것을 일컬어 '남성적 화장미'
라고 했다.

---

[62] 오늘날과 달리 이때의 '샴프'는 '가루비누'였다. 1930년 초반에 소개되기 시작한 '샴
프'에 대해서 다음과 같은 기사가 있다. "근래에 머리 감는데 쓰는 덩어리진 가루비
누가 있습니다. '샴푸'라면 영어에 '비빈다'는 뜻인데 머리를 비벼 감는 데서 아주
거기 쓰는 세발료(洗髮料)의 이름이 되고 말았습니다(오숙근, 「요새 화장, 머리 감
는 법」 (1), 『조선일보』 1936.07.02).

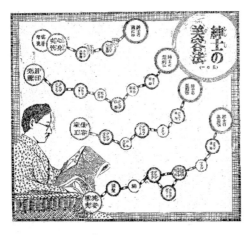

<그림 11> 『매일신보』 1919. 09. 18.

<그림 12> 『경성일보』
1922.01.22. 남성적 화장미.

〈그림 11〉의 광고는 "이를 닦으면 심신이 상쾌하고 건강이 증진되며, 머리를 감으면 외모가 아름다워지고, 세분(洗粉), 크림 등을 얼굴에 바르면 단정해지며 면도 뒤에 화장품을 바르라. 이같이 몸 관리에 신경을 쓰면 당당하고 씩씩해진다."라는 내용이다. '남성적 화장미'를 주장하는 것으로는 〈그림 12〉 하나밖에 찾지 못했다. 그러나 남성미라는 말은 훨씬 쉽게 찾을 수 있다. 비누와 화장품 광고에 나오는 남성미라는 단어는 다음에서 보듯이 스포츠나 위생과 관련지어 등장한다.

〈그림 13〉과 〈그림 14〉는 운동 뒤에 비누로 씻고 면도 뒤에 화장품을 바르면 남성미가 더해진다고 했다. 남성미에서 남성 화장품인 포마드(pomade)를 빠뜨릴 수 없다. 포마드는 "머리에 향기를 주고 머릿결을 기품있게 했다."[63] 요즈음 끈적끈적한 포마드를 쓰는 사람이 없지만, 그때 포마드는 "남성미를 충실하게 하며"[64] 위생에도 좋다고 광고했다. 중일

63) 『동아일보』 1931.02.04.
64) 『동아일보』 1931.03.11.

<그림 13> 『경성일보』
1916.05.22. 남성미의 발로.

<그림 14> 『조선일보』 1938.10.14. 면도한 뒤에
거칠어진 것을 막고 남성미를 발휘한다.

전쟁 뒤에 대학생에게 '삭발령'이 내려져서 "학창에서 포마드 냄새가 사라졌다"라고 했다.[65] 또한, 교원과 경찰 등에게도 삭발을 요구해서 '중머리 활보 시대'[66]가 되었지만, 포마드 광고는 이어졌다. '군국조(軍國調)의 근대적 남성미',[67] '두발의 잔적(殘敵)을 소탕',[68] '홍아정신(興亞情神) 흑발(黑髮)', '두부전선(頭部戰線) 이상 없다.'[69] 등 전쟁과 연관된 광고를 쏟아냈다. 머리를 단정하게 하는 '정발미'(整髮美)와 포마드를 바른 '명랑과 발랄'이 국책에 부응한다는 것이 포마드 광고의 콘셉트였다.[70]

의약품 광고에 나타난 남성미는 화장품 광고와 분명히 다르다. 의약품 광고에서는 남성미라는 단어는 '생식기'나 강장제 등의 광고에서 흔히 활용했다.[71] 이 경우 남근주의가 강하게 작동했다. "생식기는 근간

65) 「하이칼라' 受難期」, 『조선일보』 1937.11.10.
66) 「가두의 진풍경 삭발 선풍!」, 『조선일보』 1938.07.19.
67) 『조선일보』 1938.01.09.
68) 『조선일보』 1937.11.10.
69) 『조선일보』 1937.09.08.
70) 『동아일보』 1938.09.21.
71) 『조선일보』 1934.09.17.

(根幹)이다. 강건발육시켜서 남성미를 만들라"[72]라는 광고 문안이 그 보기다. '강력한 남근'과 근육질의 육체로 표상된 남근주의 이데올로기는 남성들의 잠재적 불안감을 키우는 효과가 있었다. "여성만이 아니라 남성도 남근주의 이데올로기의 피해자였다."[73] 신문이나 잡지에서도 권투 등의 격렬한 운동의 매력을 남성미로 표현하곤 했지만,[74] 여성미에 견주면 빈도수가 매우 적다.

　　근대 광고는 신체를 자본으로, 미를 권력으로 시각화했다. 화장품은 '미인만능'이라고 여자를 설득했다면, 의약품은 힘 만능이라고 남자에게 호소했다. 그 광고 둘을 함께 보면서 화장미와 건강미의 미묘한 갈등을 읽자.

<그림 15>『매일신보』 1920.01.29. <그림 16>『동아일보』 1922.05.15.

---

72)『조선일보』 1932.05.19.
73) 심광현, 「몸의 문화정치학을 위한 시론: 기하학적 육체 대 위상학적 몸」, 『인문학연구』 9, 2002, 93쪽.
74) 「남성미의 최고 표상 전조선 아마 권투대회개막」, 『조선일보』 1935.06.08.

〈그림 15〉 '미인만능' 광고[75]는 "미인만 되면 일신의 영달이 마음대로 된다. 어떠한 사람에게든지 존경받게 되며 사랑받게 되어 일생을 행복하게 살게 된다. 따라서 짧은 시간 안에 피부가 백색으로 아름답게 되는 이 제품을 늘 쓰라"고 했다. 〈그림 16〉 '힘 만능' 광고는 바야흐로 세계는 힘 만능 시대가 되었으므로 강장제를 먹어서 근육을 기르고 기혈(氣血)을 보충하라고 '절규'한다.

3. 미를 둘러싼 화장품과 의약품의 경합(競合)

화장품 광고가 근대의 미를 소개하는 데 앞장섰다. 화장품 광고는 '근대미'란 곧 '화장미'라고 주장했다. '화장미'란 단점을 보완하고 장점을 살리되 조화롭게 하는 것을 일컬었다. 1920년대에는 여성의 '근대미' 가운데 백색미가 가장 중요했다.[76] 그에 따라 얼굴을 희게 하는 백색 분 광고가 줄을 이었다. 여기에 약 광고도 끼어들었다. '문명적 미안(美顔) 신약'[77]이라고 주장하는 〈그림 17〉 약 광고를 보자.

'인체 해부 절단선'의 왼쪽과 오른쪽에 흰 피부와 검은 피부를 배치했다. 깨알같이 쓴 광고 문안 가운데 "남녀를 가릴 것 없이 검은 피부를 한탄한다"라는 구절이 있다. '문화와 육체'의 관계를 다루면서 "우리 유색인종이라도 문화가 발전하면 서구의 선진국처럼 하얗고 아름다운 몸

---

75) 이 광고를 주요한 모티프로 삼은 논문은 김지혜, 「美人萬能, 한국 근대기 화장품 신문 광고로 읽는 미인 이미지」, 『미술사논단』 37, 2013. 이 『매일신보』 광고에 앞서 일본어로 된 똑같은 광고가 『경성일보』에 실렸다(『경성일보』 1920.01.21).
76) 일본의 심미안은 흰 피부에 대한 강박증적인 집착을 보인다(이기리, 「일제시대 광고와 제국주의-1920~1945년까지 주요 일간지와 잡지 광고를 중심으로」, 『미술사논단』 12, 2001, 142쪽).
77) 『동아일보』 1922.12.24.

<그림 17> 『동아일보』 1922.10.27.

이 되지 못할 이유가 없다"라고도 했다. 인종주의적 편견을 밑바탕 삼아 흰 피부 마케팅을 하고 있다.

백색 중심의 화장문화는 출발부터 도전받았다. 1920년대 중반이 되면 화장미보다 건강미를 강조하는 경향이 커졌다. "건강한 사람은 아무 화장을 하지 않아도 아름다워 보이지만 건강하지 못한 사람은 아무리 화장해도 어여쁘게 보이지 않는다. 그러므로 화장하는 가장 큰 비결은 건강한 몸을 갖는 데 있다."[78] "미용미보다 건강미"[79] 같은 기사가 그 사실을 보여준다. 신문 기사를 직접 보자.

옛날부터 동양에서는 포류지질(蒲柳之質)이라 하여 연약해 보이는 것을 아름다움의 필수조건처럼 생각하였다. 이 생각은 지금 우리에게도 있어 미인이라면 바람에도 넘어질 듯한 연연약질을 생각하는 경향이 있다. 그러나 이러한 때는 벌써 지나갔다. …… 옛날의 아름다움은 작은 것, 약한 것, 느린 것이었으나 지금의 아름다움은 큰 것, 힘 있는 것, 팔팔한 것이요, 옛날의 아름다움은 소극적이었으나 오늘의 아름다움은 적극적이다. 지금의 아름다움의 중심되는 요소는 남자에 있어서나 여자에 있어서나 힘이다.[80]

78) 「화장의 비결」, 『동아일보』 1926.01.04.
79) 「미용미보다 건강미」, 『조선일보』 1926.02.09.
80) 「부인과 건강」(2), 『동아일보』 1926.02.28.

의학 쪽에서는 처음부터 건강미를 강조했다. "인공미보다 건강미가 더 좋다는 것은 누구나 인정한다. 화장과 밀접한 관계가 있는 피부의 생리와 영양의 관계도 고려해야 한다. 입으로 섭취된 영양물은 위장에서 소화 흡수되고 임파관을 통해 심장에 모이고 다시 혈액을 통해 몸을 순환한다. 규칙적인 변통이 중요하다"라고 했다.[81] 부인약 광고도 화장미에 반대했다. "건강과 미용을 위한 약"[82]이라고 선언했던 부인약 '중장탕'은 아름다움의 뿌리는 건강에 있다고 광고했다. 그 가운데 1910년대 후반부터 1920년대까지의 건강미 개념을 이해할 수 있게 하는 광고를 골랐다.

<그림 18> 『부산일보』 1917.10.27.

<그림 19> 『동아일보』 1927.04.24.

이 광고에서 보듯이 중장탕은 미인을 광고 모델로 내세우되, 그들의 아름다움은 건강에서 비롯된다는 것을 강조했다. 나체의 여인을 그린 광고는 '에로'를 이용하여 눈길을 끌려는 '광고 상업주의'뿐만 아니라, '육

---

81) 池上純(醫學士), 「化粧美と健康美」, 『경성일보』 1926.08.07.
82) 『경성일보』 1922.01.20.

체미(나체미)'와 건강미의 상관관계를 보여주려는 것으로도 읽힌다. "화장으로는 불가능한 건강미", "혈액 순환을 좋게 하여 진홍(眞紅)의 혈조(血潮)가 전신에 넘치게 하며 발랄한 생기를 기르는 중장탕의 효력은 이에 훌륭한 건강미를 창출하였습니다. 건강미야말로 화장미보다 나은 미의 전형입니다."[83] 중장탕 광고는 그렇게 썼다.

1920년대 화장품 광고는 건강미에 대해서 손을 놓고 있었을까. 그렇지 않다. 화장품 광고에도 건강미에 관련된 내용이 있다. 1920년대 화장품 광고에서 말하는 '건강미'는 주로 피부 건강과 관련이 있다. "미와 위생을 겸하는 화장품"[84]이라는 광고나 "화장품은 위생적 일상생활의 필수품"[85]이라는 광고에서 보듯이, 화장품 광고는 어떻게든 위생·건강과 연결하려 했다.

1930년대에 들어와 '유선형 시대'에 발맞추어 선의 매력을 강조하는 미의식이 유행했다.[86] 유선형 미용법으로 허릿살을 빼라는 등의 글도 매체에 자주 실렸다.[87] 그런 분위기 속에서 화장미보다는 건강미가 더 바람직하다는 인식이 큰 힘을 얻었다. 신문에서는 현대 여성이 아름답게 보이려고 외형적인 얼굴화장에 치중하는 것은 이미 지난 일이며 "진실한 미, 즉 건강미를 추구하게 되었다"라고 적었다.[88] 신문은 "화장미에서 건강미로"라는 표어를 건 해외 단체와 함께 건강미를 위한 건강 체조를 소개하기도 했다.[89] 독일 여성은 교태에서 건강미로 방향을 틀었다

---

83) '미의 전형'을 전면에 내건 다른 중장탕 광고도 꽃에 둘러싸인 나체의 여인을 그렸다(『조선신문』 1924.11.26).
84) 『조선일보』 1924.04.26.
85) 『매일신보』 1924.08.23.
86) 자세한 내용은 한민주, 『해부대 위의 여자들-근대 여성과 과학문화사』, 서강대학교 출판부, 2017, 404~428쪽을 참조.
87) 『동아일보』 1935.05.14.
88) 「여자의 건강미는 운동보다 음식입니다」, 『조선일보』 1932.03.18.

고도 소개했다.[90] 건강미를 미의 표준으로 삼았던 잡지 글을 직접 보자.

> 건강미는 근대미의 대표의 것이다. 옛날에는 햇빛 보지 못한 콩나물
> 같이 핼쑥하고 말랑말랑한 육체미를 일렀지만 금일에 와서는 발육된
> 건강미 자연미를 찬미하게 되었다. 건강은 미의 결점을 보충하여 늠름
> 하고 활기 있는 현대미를 지어낸다. 그러므로 건강하지 못한 미인은 그
> 림 가운데의 미인이 될 수 있으나 산 미인은 될 수 없다. 건강한 미인만
> 이 현대 미인이 대표가 될 수 있다.[91]

1930년대에 건강미를 내건 광고가 늘어났다. 위생용품과 의약품 광고
가 앞장섰다. '화왕미(花王美)는 건강미'라고 선언한 '화왕(가오) 비누' 광
고나 "현대의 여성미는 건강미에 있다."라는 치약 광고가 그 보기다.[92]
치약과 비누 광고에서 건강미를 어떻게 재현했는가. 광고를 보자.

<그림 20> 『신동아』 2권 8호.
1932.08. 찬미하라 건강미!.

<그림 21> 『조선신문』 1932.02.07.
피부를 강하게 해서 건강으로.

---

89) 「건강미 체조」, 『조선일보』 1932.06.18. "화장미에서 건강미라는 표어" 하에서 런던
   에 본부를 둔 '부인건강미협회'가 만든 체조는 "현대인이 갈망하는 건강미"를 획득
   하기 위한 것이었다.
90) 『동아일보』 1935.03.01.
91) 木火生, 「근대 여성미의 해부」, 『신동아』 3권 4호, 1933.04, 93쪽.
92) 『조선일보』 1931.09.24.

치약의 건강미 광고는 1930년대 초반에 유행하기 시작한 하이킹 (Hiking)을 소재로 삼았다. 하이킹이란 "공기 좋은 곳으로 걷는 운동"이 었다.[93] '산보'는 주로 거주지와 가까운 곳이나 도심을 거니는 행위지만, 하이킹은 도심을 벗어나는 "유유자적(悠悠自適)의 스포츠이다."[94] 일본 에서는 '국민보건운동' 차원에서 하이킹을 장려했다. 1930년대 초반에 일본과 거의 동시에 서구의 하이킹 문화가 조선에 들어왔다. 비누의 건 강미 광고는 벗은 몸을 소재로 삼았다. 비누가 목욕과 관계가 깊기 때문 일 것이다.

1930년대에 화장미에서 건강미로 전환하는데 의약품 광고가 적극적 이었다. 특히 장 건강과 피부의 상관관계를 강조했다.[95] 1930년대 의약 품 광고가 건강미를 강조하는 논리는 예전과 똑같다. "인공적으로 베푼 화장은 곧 벗겨지기 쉽지만, 육체 안에서 솟아나는 건강미야말로 가장 힘 있는 매력"이라는 광고 문안이 그 내용을 잘 요약하고 있다.[96]

화장품 광고도 어떻게든 '건강미'에 대응할 필요가 있었다. 1930년대 초의 화장품 광고 문안에 따르면 참 미인이란 정신미, 감정미, 건강미, 표현미를 갖추어야 한다고 했다.[97] "구라부 화장품을 사용한 화장, 즉 '구 라부'식 화장법은 정신미, 건강미, 화장미의 세 가지가 융합일치"한다고 도 했다.[98] 먼저 화장품 광고에서 말하는 '화장미'의 이미지를 보자.

93) 「하이킹하실 때 주의할 몇 가지」, 『조선일보』 1935.05.09.
94) 홍종인, 「하이킹 순례」, 『여성』 제1권 제2호, 1936.05. 44쪽.
95) 「통증 여하로 아는 위장병의 자기 진단」(기사형 광고), 『동아일보』 1934.09.22. "흔히 외면적인 화장에만 신경을 쓰고 정작 바탕의 건강색을 유지하려는 여성은 적다."
96) 부인병약 혜내옥 광고 문안(『신여성』 48호, 1932.06).
97) 『동아일보』 1930.04.09.
98) 「참화장미」(전면광고 가운데 부분), 『동아일보』 1930.04.09.

<그림 22> 『동아일보』 1933.01.21.

"경쾌하게 거리를 걸어가는 신여성의 노블한 백색화장, 스마트한 살색화장, 모던인 분홍화장" 이것이 위의 광고가 제시하는 화장미를 갖춘 여성상이다. 패션에서 유행의 첨단을 걷는 여성이 그러한 화장미와 어울린다. 그렇다면 건강미는 화장미와 어떻게 다를까. 건강미를 내세운 화장품 광고를 보자.

<그림 23> 『신여성』 51호
1932.09(쪽수 없음)

<그림 24> 『조선신문』 1935.08.10

이 광고는 건강미의 근거로 "살결을 튼튼하게 하고 예쁘게 한다.", "피부 속부터 젊고 희게 만든다."라는 것을 제시했다. 그러나 건강미의 모델은 화장미 모델과 똑같게 화려한 '모던' 여성이다. 아직 화장품 업계가 건강미의 여성상을 제대로 제시하지 못했다는 증거다. 그러나 화장품 광고가 건강과 미의 결합 메커니즘에 신경을 쓰지 않았다고 볼 수는 없다. 1930년대 초에 등장한 샴푸[99] 광고에는 세발료(洗髮料)라고 적고 '머리 감는 약'이라고 설명했다.[100] 이것은 화장품 업계가 약과 건강에 대한 이미지를 어떻게든 활용하려 했던 사례 가운데 하나다. 기사형 광고에서 피부를 보호하는 '화장품의 의학적 효과'를 마치 과학 기사처럼 적은 것은 또 다른 보기이다.[101]

중일전쟁이 일어나고 '비상시'라는 말이 생활 속에 깊이 뿌리내렸다. 전시체제기에 '화장미'는 '비국민'의 언어가 되고 말았다. 그동안 '모던한 화장미'를 강조했던 화장품 광고는 어떻게 활로를 찾았을까. 일본에서 구라부(クラブ) 화장품의 경우 1935년에 모던한 여성 일러스트에서 건강미인으로 광고 전략을 바꾸었다. 그 뒤 구라부 화장품은 1936년부터 '건강화장'을 제창했다. 이러한 '건강미인'은 1937년 중일전쟁 뒤부터 '시국'과 화장을 결합하는 역할을 했다. 전쟁에 따라 화장품에 사치품세가 부과되었지만, '비상시' 이미지를 광고에 이용하면서 거꾸로 상품의 인지도를 높이면서 소비 확대에 보탬이 되었다.[102] 일본 화장품의 판매시장이었던 식민지 조선의 화장품 광고도 일본과 같았다. 자세한 내용은 다음 장에서 화장품 광고와 의약품 광고를 비교하며 서술한다.

---

99) 「색다른 선전」, 『동아일보』 1934.06.18.

100) 『조선일보』 1936.05.28.

101) 『동아일보』 1930.04.09.

102) 石田あゆう, 「1931~1945年化粧品広告にみる女性美の變遷」, 『マス・コミュニケイション研究』, 65, 2004, 68~69쪽.

4. 비타민과 호르몬, 피부과학과 '미용의학'[103]

1912년에 풍크(Casimir Funk, 1884~1967)는 각기병을 예방하는 현미에 질소 함유물인 아민(amine)이 들어있는 것을 발견하고 'vital amine' 즉, 'vitamine'이라고 이름 붙였다. 일제강점기에 비타민을 활력소라고 번역한 글도 있지만,[104] 사람들은 '서양 언문(諺文)' 그대로 비타민이라고 했다.[105] 이 땅에서 비타민이 언제부터 사람들 입에 오르내렸는지 분명하지 않다. 1925년 신문 기사에 따르면 "요새 음식 광고에는 '비타민'이란 말이 한참 유행이다. 약에도 비타민, 우유에도, 과자에도 보리차에도 그것이 아니면 안 될 형편"[106]이라고 했다. 생각보다 일찍 비타민이 일상생활 속에 뿌리내렸음을 알 수 있다. 그 무렵의 비타민 약 광고인 〈그림 25〉를 보자.

건장한 남자가 '이연 비타민A' 선전 문구를 펼쳐 들고 있다. 1920년대 광고에서 여성의 노출 일러스트레이션은 흔하지만, 남성의 경우는 드물다. 이 광고의 남성은 옷을 벗어 건강미를 뽐내고 있다. 이 광고에 따르면 비타민A는 정력증진과 결핵 질환, 각기예방, 류마티스 신경통 등 그 약효가 매우 넓다. 매체는 비타민에 관련된 '의학상식'을 자주 실었다.[107] 대개 다음과 엇비슷한 내용이다.

---

103) '마스타 화장품' 회사는 비타민과 호르몬을 넣은 자기 상품이 '미용의학의 驚異'라고 표현했다(『조선일보』 1936.10.21).
104) 「유행기에 들어가는 전염병 예방법」, 『동아일보』 1927.07.08.
105) 임명제(의학박사), 「빈혈과 그 치료」, 『동광』 18호, 1931.02, 90쪽.
106) 「매암이」, 『동아일보』 1925.08.17.
107) 이성용(독일 의학박사), 「삐타민 Vitamins이란 무엇이냐?」, 『현대평론』 1권 1호, 1927.01. 이 글에서는 "A와 B 이외에 있는 모든 다른 비타민을 비타민C라고 칭한다"라고 했다(131쪽). 비타민D의 존재는 아직 알려지지 않았음을 알 수 있다. 「간단하고 알기 쉬운 '비타민'의 지식」, 『매일신보』 1931.12.27. 이 기사에서는 비타민에 "ABCDEFG 여섯 가지가 있다"라고 했다.

<그림 25>
『동아일보』 1925.05.14.

만일 우리가 비타민A를 먹지 못하면 야맹증(夜盲病), 밤눈쟁이가 되고 비타민B를 먹지 못하면 각기(脚氣)가 되고, 비타민C를 먹지 못하면 혈류병(流血病), 피 썩는 병에 걸리고 비타민D를 먹지 못하면 구루병이라 하여 뼈가 굳지 않는 병 다시 말하면 꼽사둥이같은 병에 걸리고, 비타민E를 먹지 못하면 생식(生殖)하는 작용이 준다고 합니다.[108]

또 매체는 음식물 안에 있는 비타민 함량, 미용과 비타민의 관계[109] 등의 기사를 즐겨 실어 오늘날 못지않은 비타민 열정을 보여주었다. 비타민 광고는 의약품 광고에서 꽤 높은 비중을 차지했다. 대부분 비타민이 광범위한 효과가 있다는 내용이었다. 그 가운데는 비타민을 강장제로 선전한 것도 적지 않다. 다음 광고가 그 보기다.

---

108) 임명제(의학박사), 「빈혈과 그 치료」, 『동광』 18호, 1931.02, 90~91쪽.
109) "내면으로부터의 화장을 위해 비타민이 풍부한 채소를 먹어야 한다."(「미용에 큰 관계가 있는 비타민 이야기」, 『매일신보』 1938.11.26). "미용을 분 바르고 크림 바르는 것으로 충분한 시대는 벌써 지나갔습니다. 현대의 화장은 내면으로부터의 화장이라야 비로소 진정한 미용이라 하겠습니다"(「미용에 관계되는 비타민의 활동」, 『동아일보』 1938.11.29). "화장보다는 먹는 음식으로 본바탕을 곱게 하라"(「젊고 곱게 하는 비타민의 효력」, 『조선일보』 1938.11.30).

<그림 26> 『조선일보』 1940.01.18.

이 광고에 따르면 비타민A는 '강장제의 대왕'으로서 비타민 한 알은 달걀 15개, 우유 석 되와 같다고 했다.

화장품에서는 비타민C, 비타민D, 비타민F를 활용한 광고전을 펼쳤다. 차례대로 그 사례를 살펴보자.

<그림 27> 『조선일보』 1939.06.16.

이 광고는 "비타민C가 미용과 영양에 우수한 효력이 있다"라고 카피를 달고 파파야부터 바나나까지 비타민 함유량을 표시했다. 모든 과일 가운데 파파야가 비타민C가 가장 많다. 그 파파야로 만든 '파파인 효소'를 미

용 크림에 넣었다고 선전했다. 같은 상품의 다른 광고에서는 "일본의 생명선인 남양(南洋)에서 나는 '파파인'이야말로 미의 생명선"[110]이라고 했다.

1930년부터 비타민D가 신문 기사 등에 실리기 시작했다.[111] 다음은 '비타민D의 피부효과'를 헤드 카피로 삼은 광고다.

<그림 28> 『조선일보』 1938.03.18.

이 화장품은 "햇볕에 쏘이면 비타민D로 변하는 성분이 들어있다"라고 선전했다.[112] 이 제품 말고도 "피부의 영양과 보호 약으로 학계에 정평이 있는 비타민D를 넣었다"라는 화장품 광고가 있다.[113]

---

110) 『조선일보』 1936.10.07.
111) 「비타민 발견과 연구, 점점 알리인 미묘한 새 사실」, 『매일신보』 1930.06.22.
112) 화장품에서 '과학적인 지식'을 동원하는 다른 사례는 김미선, 「1920~30년대 '신식' 화장담론이 구성한 신여성에 관한 여성주의 연구」, 이화여자대학교 석사학위논문, 2005, 57~60쪽에서 일부 소개했다.
113) 『조선일보』 1939.02.14. 이 광고의 문안은 다음과 같다. "라세랑은 피부의 영양과 보호약으로 학계에 정평이 있는 비타민D가 포함되어 이것을 살결에 바르기만 하면 일광과 자외선의 작용으로 비타민D가 자연 발생하여 피부조직을 자극하므로 피부선의 분비와 흡수작용을 빠르게 하고 피부의 신진대사를 왕성하게 하며 삼투

비타민F는 포마드 광고에서 적극 활용했다. 포마드는 '정발양모료'(整髮養毛料)로 선전하곤 했다.[114] 머리를 단정하게 하고 머리카락을 나게 한다는 뜻이다. '양모'(養毛)와 관련해서 포마드는 비타민F를 활용해서 마치 의약품처럼 광고했다.

<그림 29> 『경성일보』 1938.01

<그림 30> 『조선일보』 1938.06.16.

왼쪽 광고는 비타민F 배합제를 일본에서 비로소 성공해서 만든 포마드이며 대머리가 되기 전에 바르라고 했다. 오른쪽 광고는 비타민F의 효과를 힘있게 내려치는 주먹에 빗댔다. 모발이 강한 자극을 받았다. 그리고 비타민F에 대한 설명을 마치 의학서처럼 꼼꼼하게 적어놓았다.

화장품의 기능성을 강조하는 데 호르몬이 동원되었다. 일반적으로 신체의 내분비기관에서 생성되는 화학물질들을 통틀어 호르몬이라고 한다. 호르몬이라는 용어는 1905년 영국의 생리학자 스타링(Ernest H. Starling)이 처음 도입한 뒤부터 남녀의 생식기에서 분비되는 호르몬을

력이 극히 강하게 하여 살 바탕을 근본적으로 개조합니다."
114) 『조선일보』 1939.06.27.

각각 남성호르몬과 여성호르몬이라고 불렀다. 이것은 성호르몬이 '남성성'과 '여성성'을 만들어내는 화학적 근원이라는 성적 이원론(性的 二元論)으로 이어졌다. 일본에서도 1920~1930년대에 걸쳐 여성호르몬이 여성의 특징과 아름다움을 결정짓는다는 인식이 널리 퍼졌다.[115]

의약품 광고에서는 1920년대 후반부터 호르몬이 생식기 장애, 신경쇠약의 특효약으로 광고에서 선을 보였다.[116] 그 뒤부터 "성력이 왕성해진다."[117]라는 식의 '성(性)호르몬' 광고가 줄을 이었다. "남성호르몬은 체력 우세, 두뇌 현명으로 영웅호걸이 되게 하며, 영웅호걸은 주색을 즐긴다"[118]라는 식의 남근주의와 '에로'를 결합한 광고였다. "정력을 샘솟게 하는 강력적 남성 호르몬",[119] 이것이 성호르몬 광고의 뼈대였다. 아시아-태평양전쟁기에도 성호르몬 광고는 전혀 위세를 잃지 않았다. "호르몬은 전선에 있는 병사에게 불가결한 과단·용기·강건 등등의 남성다운 특징, 여성의 경우에는 유순한 여성다운 특징을 발현시킨다"라고 했다.[120] '호르몬 정치'라고 부를 수 있는 이러한 성 역할 규범은 전쟁을 계기로 더욱 폭력화할 수 있는 '젠더 폭력'[121]을 내장하고 있었다. 또한 "남성주의적 결속을 통해 제국주의를 정당화하는 논리"[122]에 합류한 것

---

115) 박삼헌, 「의료화된 건강과 해피 드러그(happy drug)의 탄생-근대 일본의 Chujoto(中將湯)를 중심으로-」, 『한국학연구』 65, 2018. 23쪽.

116) 『조선신문』 1929.12.04.

117) 『조선일보』 1937.09.24.

118) 『매일신보』 1937.04.16.

119) 『조선일보』 1938.05.21.

120) 『매일신보』 1941.11.08.

121) 젠더폭력(gender-based violence, 젠더에 기반한 폭력)은 성별 불평등의 반영이다. "젠더폭력을 통하여 차별이 존속된다는 점에서, 젠더폭력으로부터 자유로울 권리는 신체를 훼손당하지 않을 권리만이 아닌, 평등권의 문제로 개념화되어야 할 것이다."(김정혜, 「평등권으로서 젠더폭력으로부터 자유로울 권리」, 『이화젠더법학』 12-1, 172쪽) '젠더폭력'의 관점에서 '전시체제의 의약품과 호르몬과 정치'를 다루는 것은 다음 과제로 남겨둔다.

이기도 했다.

"호르몬 할 것 같으면 직감적으로 생각되기를 혹 남녀 생식선에 대한 무엇을 의미하는 것이 아닌가? 이렇게 상상하는 이들도 계실는지 모를 것"[123]이라는 지적에서 '성호르몬' 광고가 대중에게 미친 영향력을 알 수 있다. 다음 광고에는 호르몬이 성만이 아닌 '전신적'(全身的)인 것이고 강력하다고 주장한다.

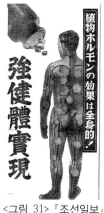

<그림 31> 『조선일보』
1938.06.22. 광고 부분.

<그림 32> 『조선일보』 1934.09.16.

여성호르몬이 들어간 약은 '생식기능의 왕성'뿐만 아니라 여성미를 갖추는 데 꼭 필요하다고 광고했다. "넘치는 건강과 미", 이것이 여성호르몬 광고의 핵심이었다.[124] 광고에 따르면 "여성호르몬은 여성미의 심볼인 미려한 자태, 부드러운 살결, 유순하고 온화한 지적(知的)미 등의 여성 독자

122) 다카시 후지타니 지음 · 이경훈 옮김, 『총력전 제국의 인종주의』, 푸른역사, 2019, 556쪽.
123) 한소제, 「홀몬'의 작용과 일상생활」, 『여성』 2권 9호, 1937년 9월, 84쪽.
124) 『매일신보』 1941.11.19.

의 특징을 발현하게 한다"라고 주장했다.[125] 한방약인 중장탕마저도 호르
몬 붐을 이용했다.[126] 다음은 호르몬의 효과를 내세운 중장탕 광고다.

<그림 33> 『조선일보』 1936.04.11.

<그림 34> 『조선일보』 1936.05.14.

  "여성호르몬은 중장탕으로부터" 마치 호르몬의 원조처럼 보이게 한

---

125) 『동아일보』 1940.08.04. ; 『매일신보』 1940.10.20.
126) 한방에 기초한 여성용 약인 중장탕(中將湯)이 초창기 광고에서 서양 근대 의학의
    저명한 산부인과 의사들로부터 "불가사의한 효능이 있다는 증명서"를 받았다고 반
    복적으로 강조함으로써 그 효능을 증명하려 했다(박삼헌, 「의료화된 건강과 해피
    드러그(happy drug)의 탄생-근대 일본의 Chujoto(中將湯)를 중심으로-」, 『한국학연
    구』 65, 16쪽).

다. '위대한 여성미'라고 적어서 그 어느 화장품보다 이 약이 더 미용에 좋다는 인식을 심어준다. 두 광고 모두 모던 여성을 앞세운 당대의 화장품 광고와 똑같은 화면 구성을 했다.

면도 뒤에 바르는 크림과 포마드 등 남성용 화장품에서도 호르몬을 활용했다.

<그림 35> 『조선일보』 1936.03.24.

<그림 36> 『조광』 제3권 9호, 1937.09(쪽수 없음).

부인이 늘 쓰고 있는 '스킨 호르몬'이 들어간 이 화장품을 면도 뒤에 바르면 "살결에 영양을 주고 미균(黴菌)을 방지한다"라고 했다. "젊은이가 머리가 벗어지면 보기 흉하니까" '모생 호르몬'이 들어간 이 포마드를 아침마다 바르라고 한다.

호르몬 화장품은 진화했다. 종합 호르몬 화장품이 있는가 하면,[127] 비

---

127) 『동아일보』 1936.04.04.

타민과 호르몬을 함께 넣은 약용(藥用) 크림이 있었다. 그런 화장품 광고에서는 다음에서 보듯이 의약품 광고와 똑같은 화면 구성을 했다.

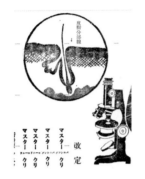

<그림 37> 『조선일보』 1936.07.16.

<그림 37> 『조선일보』 1939.07.23. 광고 부분. 호르몬과 비타민이 피부에 스며든다.

Ⅲ. 전시체제와 건강미의 변주

1. '전시의 교양', [128] 건강미

1937년 중일전쟁 뒤부터 전시체제가 똬리를 틀면서 건강과 체력이 병력의 밑바탕이 된다는 생각이 온 사회를 지배했다. 전쟁을 치르는 모든 나라가 그러했다. 전쟁이라는 비상 상황에서 시민들은 싸우기 위해, 산업현장에서 일하기 위해, 공습에 대처하기 위해, 그리고 식품이나 그 밖의 생필품 부족에서 비롯되는 어려움을 이겨내려면 몸이 건강해야만 했

---

128) 화장품 광고에서 "전승 일본 여성의 교양은 건강미"라는 광고 문안을 썼다(『경성일보』 1938.04.28).

다.129) 식민지 조선에서 스포츠도 전쟁을 위한 체력 기르기로 방향을 틀었고 모든 생활이 전시체제에 맞게 '재편성'되었다. 그런 가운데 건강을 으뜸으로 내세우는 갖가지 정책과 프로파간다가 잇따랐다. 일제도 "인구증식을 위해 국민의 보건위생과 체위 향상에 힘쓰겠다"라고 말했다.130) 그럴싸해 보이는 일제의 이러한 '생명정치'(biopolitics)는 곧 '죽음의 정치'(thanatopolitics)였다.131)

이전에도 건강은 중요했지만, 전시체제기에 건강 제일주의가 전면에 떠올랐다. '건강제일'이라는 헤드 카피를 단 약 광고가 하나둘이 아니었다. "비상시대는 건강이 제일 필요"132) "건강제일, 체력이 모든 것을 말하는 시대가 왔다."133) "신외무물(身外無物), 건강제일"134) "총후부인, 건강제일"135) 등의 약 광고가 그것이다. 전시체제기에 국민건강이 중요한 사회적 관심사가 되면서 의약품 광고는 고기가 물을 만난 듯했다. 건강강화, 건강재건, 건강보국, 체력증진, 체위향상, 보건보국, 직역봉공(職域奉公), 공장건민(工場健民) 등 사자성어처럼 만든 신어136)를 전면에 내걸면서 의약품은 더욱 광고에 열을 올렸다.137) 그토록 많은 건강 의약

---

129) 데이비드 월치 지음 · 이종현 옮김, 『프로파간다 파워』, 공존, 2015, 149~150쪽.

130) 「전시 국민 생활체제를 확립」, 『매일신보』 1940.08.02.

131) 다카시 후지타니 지음 · 이경훈 옮김, 『총력전 제국의 인종주의』, 푸른역사, 2019, 146쪽.

132) 『조선일보』 1937.09.24.

133) 『동아일보』 1940.01.21.

134) 『동아일보』 1938.10.09.

135) 『동아일보』 1937.12.19.

136) 전시체제기에 나온 신어인 '시국어'에서 '한자형 시국어'는 거의 다 네 글자이다. 이 시국어는 모두 '일본제 한어'이다(山本和正, 「신어채집장」(1), 『신시대』 4권 11호, 1944.11, 54쪽).

137) 전시체제기 의약품 광고는 건강미에 관련된 것만이 아닌 정치 경제적인 거대 담론과 일상생활사 전반에 걸친 미시적 내용을 풍부하게 담고 있다. 이와 관련된 저술로는 町田 忍, 『戰時広告図鑑』, WAVE出版, 1997 ; 一ノ瀬俊也, 『宣伝謀略ビラで読よむ, 日中 · 太平洋戰爭』, 栢書房, 2008 ; 渡辺賢二 編, 『広告ビラ · 風刺マンガで

<그림 39> 『동아일보』 1939.09.20.

품 광고 가운데 다음 광고는 화장품 광고의 미의식과 포개진다.

왼쪽 〈그림 39〉는 테니스를 하는 '모던' 여성을 그렸다. "건강미를 갖추려면 위장을 튼튼히 해야 한다"라는 내용은 특별하지 않다. 이전부터 장이 건강해야 미인이 될 수 있다는 기사는 많았다.[138] 변비를 고쳐야 미인이 된다는 변비약은 흔하다. 〈그림 40〉은 아름답게 한복을 차려입은 사진을 실었다. 그리고 광고문안을 다음과 같이 썼다.

<그림 40> 『동아일보』 1940.05.12.

まなぶ日本近現代史』, 地歷社, 2007 ; 若林宣, 『戰う広告』, 小学館, 2008 등이 있다. 식민지 조선에서 전시체제기 의약품 광고에 나타난 신체정치의 모습은 다음 과제로 미룬다. 이글에서는 의약품 광고 속에 재현된 건강미만을 살펴본다.
138) 「위장을 통한 미용법」 『동아일보』 1937.09.24. 변비약 광고도 미인담론에 적극 참여했다.

현대인의 심미(審美) 표준은? 형식에서 내용으로, 화장미에서 건강미로 급각도의 전향을 하고 있습니다. 고래로 미인은 박명하고 재사(才士)는 요절한다는 말이 있으나 이는 건강을 무시한 까닭입니다. 여러분이여! 여성이 된 바에는 풍만한 건강미인이 되고 남성이 된 바에는 완강한 대장부가 되시오. 건강미의 창조방법은? 용모의 화장 의장의 외식보다는 먼저 육체의 보강을 도하 는 것이 첩경입니다. 왜 그런고 하니 육체가 건강하면 음양 양기의 운행이 원활해지고 조직세포의 발육이 충천하여져서 여자면 여자다운 미모가 발휘되고 남자면 남자다운 기상이 표현되는 까닭입니다.

한방약의 특성대로 음양의 기운을 말하고, 성 역할 구분에 따라 여성과 남성을 미인과 대장부로 나누었다. 지금은 화장미에서 건강미로 '전향'했다고 적었다. 일제의 사회주의자 전향정책에 따른 사회적 언어로서 '전향'이라는 말을 광고에 활용했다.

건강미에 관련된 두 의약품 광고에서 지난날의 미의식이 전시체제에서도 남아있음을 알 수 있다. 그러나 그러한 의약품 광고는 좀 특별하다. 전시체제기 의약품 광고는 거의 다 일제의 지배 이데올로기와 직접 연결된 '전투적'인 건강 담론을 담고 있다. 부인약 광고에서도 중대한 변화가 생겼다. "나아라. 불려라."라는 원색적인 표어가 등장했다. 다음 〈그림 41〉을 보자.139)

"나으라 불리라! 나라를 위하

<그림 41> 『조선일보』 1939.05.08.

---

139) 인구증식과 직접 관련된 광고를 더 소개하면 다음과 같다. 『조선일보』 1939.07.23 ; 『동아일보』 1939.10.15.

여!", "건강의 장기건설"이라고 적었다. 이 광고 문안에는 일제의 인구정책과 중일전쟁 뒤의 정세 인식이 담겨있다. 간략하게 그 내용을 살펴보자.

일본이 1938년 1월에 후생성을 설치하면서 출산과 모성 정책에 변화가 생겼다. 이 시기에 '모자보호법'을 시행했다. 그리고 전쟁에 필요한 인적자원을 확보하려고 정부가 나서서 국민의 체위향상, 건강증진, 임신출산 촉진과 모성보호를 통한 인구증가 정책을 강화했다. 그때의 어머니란 병사의 공급원이었다. 그리고 1941년 뒤부터 결혼과 출산을 장려하는 정책을 국가와 지역 각 분야에서 강력하게 추진했다.[140] 식민지 조선에도 그 정책을 그대로 적용했다. 식민지 조선의 매체는 "우량한 자녀를 길러내는 건강한 가정이야말로 국가의 기틀"[141]이라는 식의 프로파간다에 열을 올렸다. 부인약 광고에서도 "아이를 낳아서 여성의 의무를 다하자"라고 했다.[142]

'장기건설'도 중일전쟁이 낳은 사회 역사적 언어였다. 일본은 중일전쟁을 '속전속결' 하려 했지만, 전쟁이 길어졌다. 이때 등장한 '장기건설'이란 "장기전쟁 또는 달리 말하면 일면 전쟁 일면 건설을 의미하는 것이다. 건설의 상대는 곧 탄생할 신지나(新支那) 중앙정권이다."[143] 이러한 장기건설이라는 말뜻을 변용하여 '건강의 장기건설'을 내건 의약품 광고가 나타나기 시작했다. 보기를 들자.

---

140) 와카쿠와 미도리 저·손지연 역,『전쟁이 만들어낸 여성상』, 소명, 2011, 58~59쪽.
141) 「자복가정은 나라의 보배」,『매일신보』 1941.02.13.
142) 『매일신보』 1944.06.07.
143) 문동○, 「요지음의 支那」,『여성』 4권 4호, 1939.04, 42쪽.

　　왼쪽 광고는 '장기건설'에서 '건설'의 대상이 중국이라는 것을 보여준
다. 오른쪽 광고는 중국에서 총을 든 병사와 일본에서 운동하는 사람을
그렸다. '총후'에서 건강을 장기건설하여 병력을 강화하자는 뜻이다. 전
시 모성과 관련된 부인약 광고를 더 보자.

<그림 46> 『국민문학』 4권 12호 1944.12, 93쪽 ; 『신시대』 5권 2호, 1945.02, 2쪽 ; 『매일신보』 1944.12.02.

〈그림 44〉에서 "총후 여성의 무기는 건강이다."라고 했다.[144] 〈그림 45〉 육아보국과 〈그림 46〉 건모건병은 '일본제 한어'이다. 아이를 잘 길러내는 것이 나라에 보답하는 길이며 건강한 어머니가 되어 건강한 병사를 낳아야 한다는 뜻이다. 이렇게 전시의 의약품 광고는 군국주의 모성애를 강조하면서 지배 이데올로기 확산에 발 벗고 나섰다. 그렇지만 다른 편으로는 이 약을 먹으면 "몰라볼 만큼 속으로부터 어여뻐지고 애티 있게 된다"라고 하면서 미적 욕구도 자극했다.[145]

전시체제를 맞이하여 여러 규제를 받았던 화장품은 어떠했을까. "발에 신는 구두도 닦아서 신는 세상인데, 얼굴을 닦는 화장품이 없어질 까닭이 없다"라는 어느 화장품점 주인의 예상은 적중했다.[146] 일본의 경우, 뜻밖에도 1938년부터 1942년까지 화장품 생산실적은 늘었다. 1941년에만 조금 줄었을 따름이다.[147] 식민지 조선이라고 해서 특별히 예전보다 줄어들었다고 예단하기 어렵다. 화장이 몸에 익은 여성들은 그대로 화장했을 것이다. "여성이 얼굴을 아름답게 하려고 하는 것은 결코 잘못

---

144) 이 밖에도 "전형적인 미인은 아니지만, 이 맑고 건강한 미는 총후를 명랑하게 하는 여성의 무기입니다"라는 화장품 광고가 있다(『조선일보』 1939.12.30).
145) 『조선일보』 1939.07.23.
146) 계용묵, 「백화점과 부정사」, 『조광』 6권 10호, 1940.10, 160쪽.
147) 야마무라 히로미 지음·강태웅 옮김, 『화장의 일본사』, 서해문집, 2019, 179쪽.

이 아니다"라는 화장 옹호론도 만만치 않았다.[148)]

그러나 '비상시'라는 정세가 화장품 업계에 불리했다. 사치품이라는 혐의를 받고 있었던 화장품은 '건강미' 광고에서 활로를 찾았다. 화장품 업계는 "건강미가 총후의 표준",[149)] "비상시 모든 여인은 건강미"[150)] "결전하 총후 여성은 건강미"[151)]라고 선언했다. "건강미는 전시 여성의 교양"이라고도 했다.[152)] 건강미를 콘셉트로 잡은 화장품 광고가 줄을 이었다. 주로 살결에 건강미를 넘치게 한다는 광고였다. "살결에 건강미를",[153)] "살을 강하고 아름답게"[154)]와 같은 광고가 그 보기다.

<그림 47> 『경성일보』 1939.03.24.

148) 「신체제하의 화장술」, 『매일신보』 1941.02.24.
149) 『조선일보』 1938.10.23.
150) 『조선일보』 1938.06.25.
151) 『춘추』 3권 4호, 1942.04.
152) 『경성일보』 1938.04.28.
153) 『매일신보』 1943.04.16.
154) 『춘추』 1943.02.

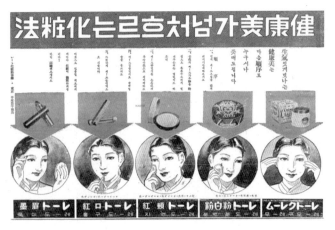

<그림 48> 『조선일보』 1939.04.27.

　앞의 두 광고처럼 '강하고 아름다움'이나 '생기있게 빛나는 피부'를 건
강미라고 하든 다른 광고처럼 '씩씩한 여성미'[155]를 건강미라고 부르든,
전시체제가 초기에 화장품 광고는 어떻게든 아름다움에 초점을 맞추려
고 했다. 다음과 같은 광고 문안을 보아도 그 사실을 알 수 있다.

　　　남양토인(南洋土人)이라면 몰라도 검은 얼굴이나 거친 살결을 내놓
　　고 있을 수만은 없는 일이다. 여성에게는 여성의 건강한 매력이 언제나
　　있어야 할 일이나, 소위 화장을 자숙하면 매력은 없어지고 말리라 하고
　　겁을 내고 계십니까? …… 살결을 본바닥부터 갱생시키도록 하십시
　　오.[156]

　그러나 아시아-태평양 전쟁이 일어나면서 화장품의 건강미 광고는 강
한 여성, 일하는 여성 쪽으로 방향을 틀었다. 다음 광고가 그 보기다.

155) 『경성일보』 1941.11.29.
156) 『조광』 제7권 6호, 1941.06.

<그림 49> 『매일신보』 1942.01.28.

<그림 50> 『매일신보』 1943.06.10.

　왼쪽 그림에서 여성이 활을 쏘는 모습은 군국주의적인 성향을 띨 뿐
만 아니라 적극적이고 전투 의지가 강한 총후 여성상을 보여준다.[157] 광
고 문안에서는 "일본 국민의 자랑일 대동아전의 총후는 힘차게 근로에,
빛나는 건강미를"이라고 적었다. 오른쪽 그림에서는 "몸패 자태에 의기
발랄한 건강미!"라고 적었다. 전시체제기에 일제가 조선 여성에게 강요
했던 '몸뻬'는 방공훈련 때 입으라는 옷이자 노동복이었다. 이제 건강미
와 관련해서 전시체제기 의약품 광고와 화장품 광고의 본보기를 서로
견주어 보자.

---

157) 한민주, 『권력의 도상학-식민지 시기 파시즘과 시각문화』, 소명출판, 2013, 254~256쪽.

<그림 51> 『신시대』 4권 10호 1944.10.

<그림 52> 『동아일보』 1937.10.30.

〈그림 52〉의 광고에서 보듯이 의약품 중장탕 광고에서는 화장미보다는 건강미를 갖추어야 하며 그래야 전쟁에서 승리할 수 있다고 했다. 이에 맞서 화장품 광고에서는 어깨에 '대일본국방부인회' 띠를 두르고 손에는 일장기를 들면서 '건강화장'을 내세운다. 어쨌든 건강과 애국에서 두 상품은 공생했다.

2. 건강색과 일본색

건강미는 혈색미로 드러난다고 했다.[158] 전시체제 이전에도 혈색이 미용에서 매우 중요했다.[159] 보기를 들면 1930년대 초 비누 광고에서는 "분식(粉飾)의 미보다 혈색미를 내는 건강한 피부의 시대"라고 했다.[160] 여성의 혈색을 좋게 한다는 여러 의약품 가운데 다음 광고가 눈길을 끈다.

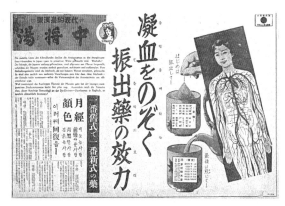

<그림 53> 『매일신보』 1937.11.11.

해부학적 시선으로 여성의 몸에 촘촘하게 핏줄을 그린 이 약 광고에서는 얼굴색이 '청흑(靑黑)한 사람, 검붉은 사람'을 회복하게 하여 혈색이 좋게 한다고 적었다. 그러나 전시체제에서 말하는 혈색미란 이와는 좀 다르다. 이때의 혈색미란 "햇볕에 탄 검붉은 구릿빛 혈색과 피부"[161]였다. "귀부인 태도로는 일할 수 없다. 화려한 미를 버리고 혈색 좋은 얼

---

158) 엄흥섭, 「도회여성의 미와 농촌여성의 미」, 『半島の光』 49호, 1941.12, 14쪽.
159) 「미인이 되려면 강한 혈색이 제일」, 『조선일보』 1930.05.13.
160) 『매일신보』 1932.09.28.
161) 엄흥섭, 「도회여성의 미와 농촌여성의 미」, 『半島の光』 49호, 1941.12, 14쪽.

굴로 원기(元氣)차게 일합시다."라는 광고 문안이 있다.[162] 여기서 화장
미를 거부하고 힘차게 일하는 여성의 미를 표현하는 말이 바로 '혈색미'
였음을 알 수 있다.

건강미를 겉으로 드러내게 하는 또 다른 색이 바로 건강색이다. "현대
미는 자연스러운 건강색에 있다"[163]라는 김활란의 말에서 보듯이, 건강
미와 함께 건강색이란 말이 전시체제기에 많이 나타난다. 그러나 훨씬
전에도 의약품과 화장품 광고에서 이미 '건강색'이라는 말을 썼었다.
1925년 부인약 광고에서 "거울에 비친 내 모습을 보면 건강색을 띠고 있
다"라고 말할 때의 건강색은 혈색과 같은 의미였다.[164] 1935년 화장품
광고에서는 화장품 색깔로 피부색, 건강색, 백색 등이 있다고 했다. 이
광고에서 "건강색은 혈색이 좋지 못한 분이 쓰는 것"이라고 적은 것으로
보아 이때의 건강색도 혈색을 뜻하는 것임을 알 수 있다.[165]

이제 전시체제가 되면서 건강색이 어떠한 의미로 바뀌었는지 살펴보
자. "청백(靑白)한 병적인 미의 시대는 지나갔습니다. 이제 건강미로 나
아갑시다. 뺀들뺀들한 짙은 화장은 무용(無用), 매일 빼지 말고 비누로
닦자"라는 비누 광고가 있다.[166] 전시체제가 되면서 1920년대 백색 미인
과 1930년대의 화장미는 배척의 대상이 되었음을 알려준다. "세상은 백
색 중심에서 건강색 중심으로 바뀌었다"라는 다음 광고가 그 사실을 보
충한다.

---

162) 『매일신보』 1943.04.08.
163) 김활란 談, 「향락퇴치와 신생활의 방향」(3), 『매일신보』 1940.07.24.
164) 『경성일보』 1925.03.14.
165) 『동아일보』 1930.02.27.
166) 『동아일보』 1940.04.11.

<그림 54> 『조선일보』 1939.02.15./ 『경성일보』 1939.02.24.

<그림 55> 『경성일보』 1941.11.27.

"화장 없는 얼굴 바탕을 살립시다. 백색 중심에서 건강색 중심으로 화장은 진보한다." 이 화장품 광고에 따르면 "원래 살결을 살려 맑고 매력 가득한 색"이 바로 건강색이다. 〈그림 55〉는 일본 화장문화를 한꺼번에 시대별로 보여준다. 그 광고에서도 이제는 '素肌美' 곧 맨살미, 화장기 없는 얼굴의 시기가 되었다고 했다. 이것이 곧 건강색이다. 시간이 흐를수록 광고 속의 건강색은 전쟁 분위기와 결합했다. 다음 광고를 더 보자.

<그림 56> 『경성일보』 1941.12.09.

　얼굴을 닦아내는데 쓰는 '세안 크림' 광고에 비행기와 탱크를 그렸다. "전차와 비행기에 위장술이 필요한 이때! 특히 여성의 피부는 위장이 필요 없는 건강한 맨 살결이어야 한다." 전쟁이 치열해진 비상시의 화장은 '건강 색'이어야 한다는 것을 강조한 광고다. 그 밖에도 "화장하지 않은 맨 살갖 이야말로 여성의 무기이다"라는 전쟁 분위기가 짙게 밴 광고도 있다.167)

　건강색을 기본 전략으로 삼았던 립스틱 광고에서는 건강색을 어긴 짙 은 화장은 '탈선화장'이라고 공격했다.168) 그리고 〈그림 57〉에서 보듯이 "옷은 몸뻬, 얼굴은 건강색"이어야 한다고 했다.

　이 립스틱 광고에서 밝히고 있듯이 건강색이란 '점잖은 색'이다. 몸뻬 입고 방공훈련과 일을 열심히 하되 건강색 립스틱만큼은 바르라는 광고 다. 건강색 그 자체로만은 특별히 할 이야기가 없었던 의약품 광고에서 는 건강색과 일본색을 억지로 연결하여 건강색 붐을 활용했다. 〈그림 58〉은 타박상 등에 바르는 피부 관련 약 광고다. 일장기를 든 것 말고는 '일본색'에 대한 어떠한 설명도 없다.

---

167) 『경성일보』 1939.12.08.
168) 『신시대』 4권 3호, 1944.03.

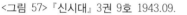

<그림 57> 『신시대』 3권 9호 1943.09.　　<그림 58> 『매일신보』 1943.05.09.

3. 자연미와 간소미(簡素美)

1941년 1월에 대정익찬회(大政翼贊會) 산하의 '신여성미 창정연구회'
가 전쟁 시기에 어울리는 새로운 여성미의 기준을 발표했다. '익찬형 미
인'이라고 부르는 새로운 미인상은 가는 허리의 마른 형 미인이 아니라
"낳아라 늘려라"라는 국책 구호에 걸맞은 다산형의 다부진 여성이었
다.[169] "허리가 굵고 힘 있어 보여야 한다"라는 것이 핵심이었다.[170] 그
러나 이 조건만으로는 부족하다고 느끼고 "좀 더 박력이 있고 동적이며
지적인 미인상"을 제시했다. 결론은 밀로의 비너스상을 닮은 여성이었

---

169) 야마무라 히로미 지음·강태웅 옮김, 『화장의 일본사』, 서해문집, 2019, 180쪽.
170) 『매일신보』 1941.02.01.

다. "밀로의 비너스상이야말로 이상적인 타입이다. 왜냐하면, 배 형상이 발달한 여자는 아이를 잘 낳는다. 율동미를 가지고 배 근육이 발달하여 아이를 많이 낳는 여성의 몸을 본보기로 찾아내어 사진, 마네킹, 영화 등으로 선전할 것이다."[171] 이 '익찬형 미인'이 지켜야 할 규칙 가운데 첫 번째가 자연미였다. 자연미란 화장을 전혀 하지 않는 것이 아니라 옅은 화장을 하는 것을 뜻했다.[172]

그러나 '자연미'란 전시체제기에 비로소 나타난 말이 아니다. 1920년 대에도 비누를 사용하여 '천연의 미'[173]를 유지하라거나, '자연미를 발휘하는 화장술 강연',[174] "봄철 화장은 짙은 화장이 아닌 자연미의 화장이 좋다."[175]라는 기사가 그 보기이다. 아름다워지려고 얼굴과 몸을 변형시키는 '아프리카 토인'의 사진을 제시하며 자연미를 지켜야 한다는 기사도 있다.[176] 그때의 자연미란 "태어난 그대로의 건강미에 화장의 미를 가하여 천품(天稟)의 미질(美質)을 발휘하는 것"이었다.[177] "헛수고하지 말고 참되고 거짓 없게 꾸미는 것"이 곧 자연미였다.[178] 중일전쟁 직후에는 이 자연미 화장법을 '군국조(軍國調)의 화장'이라고도 불렀다. 그러나 뜻은 똑같게 "건강하고 화장한 듯이 보이지 않는 자연대로의 간단한 화장"이었다.[179]

전시체제기에 들어서면서 "화장을 했는지 안 했는지 모를" 자연미의

---

171) 「다산형이 이상, 익찬형 미인의 표준」, 『매일신보』 1941.02.01.
172) 야마무라 히로미 지음·강태웅 옮김, 『화장의 일본사』, 서해문집, 2019. 180쪽.
173) 「비누와 분을 혼합한 세수」, 『매일신보』 1927.02.17.
174) 『조선시보』 1928.07.11.
175) 『경성일보』 1929.01.16.
176) 『매일신보』 1930.08.23.
177) 「눈썹을 그리는 것은 자연미를 업세인다」, 『매일신보』 1930.09.20.
178) 『조선일보』 1935.10.20.
179) 『조선일보』 1937.12.31.

화장을 더욱 강조했다.[180] 일부에서 '화장 전폐'를 주장하기도 했지만,[181] 화장은 여자의 예의 가운데 하나이기 때문에 화장은 하되 단정하게 꾸미는 정도로만 하라는 뜻이었다.[182] 이처럼 자연미의 개념 그 자체는 예전과 크게 달라지지 않았다. 그러나 전시체제기의 자연미는 "가식과 사치를 특징으로 하는 인공미" 또는 '화장미'와 더욱 날카롭게 대립하는 용어였다. 전시체제기에 자연미는 흔히 건강미, 생활미 등과 함께 어우러졌다.[183]

화장품 광고가 '자연미'를 강조하긴 했지만, '화장미'에 대한 수요자 욕망을 어떻게든 반영하려고 했다. 다음 그림을 보자.

<그림 59> 『조선일보』 1938.05.31.

---

180) 「여학교 갓 졸업하고 화장을 시작하려면」, 『매일신보』 1938.03.15.
181) 「화장미와 자연미」, 『매일신보』 1941.06.06.
182) 오엽주, 「시국하의 신미장(3)」, 『매일신보』 1940.09.04.
183) 「화장미와 자연미」, 『매일신보』 1941.06.06. 자연미와 건강미를 함께 쓴 다른 보기를 들자. "여성의 참된 미란 그 자연 그대로의 순미(純美)에 있습니다. 이제 우리도 자기 몸 가진 그대로의 미! 건강의 미를 함양함에 노력합시다"(송금선, 「신체제와 여성의 미」, 『매일신보』 1940.05.06).

이 광고는 절묘하게 '자연미' 개념을 비틀었다. "자연미 발양의 직선로 (直線路)", 광고 문안에 그렇게 자연미라는 말만 적었을 뿐이고 '자연' 속에 누워있는 화려한 여성의 자태를 그려 넣어서 '화장미'의 향수를 은밀하게 부추겼다. 이런 사례는 적지 않다. 그러나 다음 그림에서 보듯이 자연미의 본래 개념은 시간이 흐를수록 체제의 요구에 맞게 자리를 잡아갔다.

<그림 60> 『조선일보』 1939.02.19. 광고 부분.

이 광고는 화려한 화장은 그만두어야 하지만, 총후의 여성에 알맞은 단장은 필요하다고 했다. "화장은 예의"라는 미의식은 전쟁 중에도 작동되고 있었다. 신문에서도 다음과 같이 말했다.

> 질소했던 옛날에도 여자는 몸단장으로 화장만은 했었습니다. 요즈음 화장은 옅게 분을 바르면 피부를 보호하고 여름에는 땀띠 예방도 될 수 있답니다. 따라서 모든 것은 눈에 거슬리지 않게 하면 됩니다. 몸을 단정하게 하는 정도의 화장은 기분이 상쾌하게 되며 주위 사람들에게도 정신적으로 좋은 영향을 끼치는 것입니다.[184]

이러한 자연미보다 좀 더 전시체제에 알맞은 말은 '간소미'였다. 간소미란 무엇인가. 다음 광고를 먼저 보자.

<그림 61> 『경성일보』 1941.02.23

이 화장품 광고는 간소미의 상징으로 화투를 그려 넣었다. 그리고 간소미는 일본의 독특한 미라고 주장했다. 화투에 간소미가 있는지는 잘 모르겠지만, 패전의 길을 걷고 있던 일본에서 소비할 물건이 없었기 때문에 생활양식이 간소해졌음은 분명하다.[185] "신체제하의 '복장미'는 실리에 맞게 간결하고 검소해야 한다."[186] "결전 몸차림에서 분 냄새를 추방하자."[187] 이러한 언술 속에 간소미의 뜻이 담겨있다.

---

184) 「전시 중에 쓰는 화장」, 『매일신보』 1941.09.13. 이태준은 여학생 화장도 '엄금주의'에서 벗어나서 일정하게 허용해야 한다고 했다. 화장은 현대여성의 교양 가운데 하나이기 때문이다(「현대여성의 고민을 말한다」, 『여성』 5권 8호, 1940.08, 62쪽).
185) 후지이 다다토시 지음 · 이종구 옮김, 『갓포기와 몸뻬, 전쟁』, 일조각, 2008, 213쪽.
186) 『신세기』 1939년 11월호, 72쪽 ; 『매일신보』 1941.09.13.
187) 「분 냄새 추방」, 『매일신보』 1944.06.15.

간소미가 생겨난 배경은 물자절약과 사치금지법이다. "방 한 칸에 4~5명이 사는 조선사람의 생활은 최저한도의 생활, 특히 농촌의 경우는 더하다."[188] "땔감을 줄이려고 여러 사람이 비위생적으로 한방에서 자다가 병이 나면 그 돈이 그 돈이다." "비상시이니까 도리어 건강상 잘 먹어야 한다."[189]라는 말이 불쑥불쑥 튀어나온 때도 바로 이때다. 무슨 절약이고 사치금지냐 하는 불만이었다. 잡지는 사치금지와 절약에 대해 "동물원의 공작새는 매우 기분이 좋지 않습니다. 막걸리 두 잔씩 받아서 한잔은 안주로 먹습니다"라는 우스갯소리를 실어 세태를 빗댔다.[190]

총독부는 풍속경찰을 조직하고 풍속경찰취체 방침을 정하여 대대적인 단속에 나서기도 했다. 풍속경찰은 "유흥향락을 축출하고 사치생활을 봉쇄하는" 역할을 맡았다.[191] 금반지도 벗고 말썽 많던 '파마넨트'도 사라져 갔다.[192] "파마넨트는 머리로부터 경쾌하게 하여 무슨 일에나 굽힘 없이 나아가려는 현대 여성의 일대 용단인 동시에 진취성의 발로"[193]라는 옛 미용계의 설명은 이제 설 자리가 없어졌다. '가장 참신한 현대미'였던 파마넨트는 천덕꾸러기 취급을 당했다. "파마는 미국 유행계의 죄"라는 비판이 빗발쳤다.[194] 매체에서는 "냉수에 세수만 하고 나왔어도 보아서 아름다우면 그뿐이고, 약간의 화장을 하여 고와 보이면 더욱 좋은" '신체제 화장'을 권장했다. 잡지에서는 이 신체제 화장법을 어기고

---

188) 「사치와 취미를 말하는 좌담회」, 『여성』 5권 9호, 1940.09. 16쪽.
189) 「가정부인 좌담회」, 『여성』 3권 11호, 1938.11, 34~35쪽.
190) 「거짓말 사전」, 『신시대』 1권 2호, 1941.02, 215쪽.
191) 『매일신보』 1940.08.23.
192) 「가두수첩」, 『박문』 3권 9호, 1940.12, 22쪽. 일본의 경우 1938년 1월 9일에 "퍼머넌트는 일본 미풍양속을 해치는 것"이라며 미용업의 신설이나 이전을 못 하게 했다 (와카쿠와 미도리 지음·손지연 옮김, 『전쟁이 만들어낸 여성상』, 소명, 2011, 59쪽).
193) 오엽주, 「미용 신체는 자연의 건강미를 수립하는 데 있다」, 『신세기』 1939년 11월호, 75쪽.
194) 오숙근, 「시국하의 신미장」(2), 『매일신보』 1940.09.03.

화려한 화장을 한 여성을 '괴물 미인'이라고 공격했다.195)

"파마당(黨), 여러분에게 알립니다." 이 광고는 파마가 금지되더라도 "미용 전선에 이상이 없을 것이다. 비상시대는 형태미보다 건강미입니다"라고 했다. 그리고 파마를 하고 짙은 화장을 한 '괴물 미인'을 그려 넣고 건강미를 위해 "영양이 흠씬 많은" 자신의 제품을 쓰라고 했다.

"간소미는 몸뻬에 있다."196) 간소미의 핵심을 찌른 말이다. 간소미와 관련된 광고에서는 몸뻬가 단골이었다.

<그림 62> 『조선일보』 1939.07.07.

<그림 63>
『경성일보』 1943.01.07.

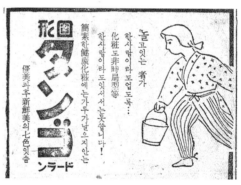

<그림 64>
『매일신보』 1942.06.24.

195) 윤보령, 「연지와 신체제」, 『조광』 5권 11호, 1940, 11, 66쪽.
196) 최영수, 「몸뻬 여성관」, 『신시대』 3권 6호, 1943.06, 98쪽.

앞의 화장품 광고 모두 몸뻬를 입고 물동이를 나르며 방공훈련하는 여성을 그렸다. 왼쪽 광고는 메가폰까지 들었다. 이 광고는 "여성은 갈수록 바빠진다. 차림새도 간소하게"라고 적었다. 오른쪽 광고는 "노는 사람이 한 사람도 없도록 해야 하며 화장도 비상시국형인 간소한 건강 화장을 해야 한다"라고 적었다. 다음 광고도 "간소한 건강미로", "웃음 띤 건강화장을 하고 모두 일하자"라고 썼다.

<그림 65> 『춘추』 1943년 9월호.　　　　<그림 66> 『신시대』 3권 3호 1943.03

간소미는 의약품과는 아무런 연결고리가 없다. 간소미와 관련된 의약품 광고도 찾지 못했다.

4. 긴장한 명랑과 강요된 근로미

본디 '명랑'이라는 어휘는 밝고 환한 날씨를 가리키는 말이었다. 1930년

대가 되어서는 주로 사람의 성격이나 감정을 가리키는 말로 썼다.[197]
1930년대 초반 광고에서 묘사하는 명랑이란 그야말로 명랑한 명랑이었
다. 그때의 광고를 보자.

<그림 67> 『신동아』 2권 9호,
1932.09.

<그림 68> 『동아일보』 1933.08.23.

　파마한 '신여성'과 머리를 쪽진 '구여성'을 모델로 삼아서 비슷한 화면
구성을 했다. 두 광고 모두 명랑을 여성미의 중요한 요소로 삼았다. 이
무렵 의약품 광고에서도 명랑이라는 말을 유쾌하고 활발하다는 뜻으로
썼다. 특히 두통약이 명랑이라는 단어를 즐겨 썼다. 그러나 전시체제의
'사회명랑화 운동'은 그 의도가 달라졌다. "총후의 멸사봉공(滅私奉公),
웃는 얼굴로"[198] 이 말에서 알 수 있듯이, 명랑이란 체제가 요구하는 건
전한 사상을 지니고 즐겁게 일하여 국가에 봉사하라는 속뜻이 있었다.
공장에서 작업 시작하기 전의 '조례(朝禮)'에서 외쳐야만 했던 구호 가운

197) 소래섭, 『불온한 경성은 명랑하라』, 웅진, 2011, 42쪽.
198) 『매일신보』 1943.02.22.

데 하나가 명랑이었다.[199] 마음은 긴장하고 웃는 얼굴로 나아가자. 이것이 총후 국민의 명랑한 생활 태도였다. 전시체제기의 "명랑은 온순하면서도 나약하지 않고 활기 넘치면서 사회에 해롭지 않은 감각이다. '명랑'이란 제국이 지시하는 제국의 감각이다."[200] 이 '제국의 감각'이 광고에 어떻게 투영되었는가. 다음 광고를 보자.

<그림 69> 『동아일보』 1939.08.29.
전면광고.

이 광고는 광야에서 적을 향해 진격하는 '전선(戰線)전사', 밤낮없이 공장에서 노동하는 '산업전사',[201] '만몽(滿蒙)'의 불모의 땅에서 괭이를 든 '개척전사', 그들 모두가 인단을 먹으면 원기(元氣)가 생기고 명랑·활달하게 된다고 했다. 여성과 아이에게는 "인단을 먹고 전시생활을 명랑하게 지내"라고 광고했다.[202]

화장품은 명랑 단어를 어떻게 활용했을까. "화장품은 명랑한 생활을 가져온다"라고 광고했다.[203] 거기서 그치지 않았다. "일하라! 힘차게 일하자. 수염도 깎고 머리도 손질하여 명랑하게 발랄하게"[204] 남성 화장품

---

199) 大平判山, 「산업전사의 수기- 만들자! 보내자! 적 미역이 항복하는 날까지」, 『신시대』 4권 7호, 1944.07, 35쪽.
200) 곽은희, 『유동하는 식민지』, 소명출판, 2018, 213~215쪽.
201) 이에 대해서는 이병례, 「아시아-태평양전쟁 '산업전사'이념의 형상화와 재현」, 『사총』 94, 2018.
202) 『매일신보』 1943.03.21.
203) 『춘추』 1943년 6월호, 43쪽.
204) 『매일신보』 1942.03.10.

광고 문안이다. 여성에게도 "언제나 명랑하고 씩씩하게 일하라"고 했다.[205] 다음 광고를 더 보자.

<그림 71> 『매일신보』 1944.08.22.　　　<그림 70> 『매일신보』 1944.12.11.

두 광고 모두 여성이 전쟁 능력을 높이는 생산 활동을 명랑하게 해야한다고 했다. 생산은 여자 힘으로 하되 직장을 명랑하게 하고 개인의 '정화위생'을 위해 '구라부 미신 크림'을 바르라고 했다. 일본 매체에서는 전시 하의 여성이라면 전투원을 생산하고 기르는 '모성'(母性)을 지녀야 할 것, 보조노동력을 충실하게 제공할 것, 전쟁을 응원하는 치어리더가 되어야 할 것 등을 요구했다.[206] 그런데 이 광고에서는 아예 "생산은 여자의 손으로 하라"고 했다. 본디 상품 판매를 위한 광고와 이데올로기 전파를 위한 프로파간다는 그 목적이 다르다. 그러나 이 광고에서 보듯이 강화된 전시체제 속에서 그 구별이 모호해졌다. 위의 광고는 광고라기보다는 차라리 프로파간다였다.

---

205) 『매일신보』 1944.04.26.
206) バラク・クシュナー, 井形彬訳 『思想戦―大日本帝国のプロパガンダ』, 明石書店, 2016, 324쪽.

패전이 가까워지면서 '명랑'은 비장해졌다. "명랑하게 버티자"라는 다음 광고를 보자.

<그림 72>『매일신보』 1944.04.12.

'영광의 내핍(耐乏)'과 '빛나는 고난'을 필승의 정신으로 명랑하게 버티자고 했다. 초라한 광고 도안과 처절한 광고 문안을 보면 누구나 일본의 패망을 예상할 수 있는 그런 광고다.

조선총독부는 1945년 신년 표어를 '명랑감투(明朗敢鬪)'로 삼았다.[207] 명랑하고 과감하게 싸우자는 뜻이다. 어떠한 곤란과 불편이 있더라도 항상 명랑하게, 또 미영의 반격이 아무리 치열하더라도 최후의 승리는 우리 것이라는 굳은 신념을 갖고 열심히 일하자고 했다.[208] 그 뒤부터 '명랑감투'를 내건 '국책형 광고'가 이어졌다.

명랑과 '근로'가 긴밀하게 연결되었음을 알았으니 이제 근로미를 살펴

---

207) 『매일신보』 1945.01.10.
208) 『매일신보』 1944.12.31.

볼 차례다. "일하는 자태보다 아름다운 것은 없다."[209] 이것은 전시체제기의 화장품 광고다. '근로미'를 한껏 추켜세웠다. 화장미를 주장할 때와 견주면 그야말로 상전벽해다. '근대미'에 대한 욕구가 드높았던 1920년에 K生이 쓴 글을 소개하면서 '근로미'에 대한 실마리를 풀어보자. 그 글에 따르면, 1920대에 여성에게 요구했던 '미'란 돈과 시간의 여유가 있는 유한계급(有閑階級) 부인의 미였다. 무산계급 부인이 10전짜리 분이나 값싼 동백기름 바르는 것은 비웃음의 대상이 되었다. 무산부인이 늘 입는 협수룩한 옷은 적지 않은 흉을 잡혔다. 아름다움에 관한 한 무산계급의 참혹한 패배였다.[210] 그러나 무산계급을 향한 K생의 관점은 낙관적이다. 그는 아름다움을 추구하는 무산계급 여성에 대해 '허영'이 아닌 인간 본능 차원에서 접근할 것을 제안한다. 또한 "무산자가 아름다움을 박탈당한 것은 사회조직이 근본적으로 잘못된 탓이니 혁명을 해야 한다"라고 한들 지금 당장 아름다워지고 싶다는 무산계급의 욕망을 억누를 수 없다고도 했다. 인간 누구나 한 가지라도 미를 가지지 않는 것은 치명상으로 생각하기 때문이었다. 그러면 아름다워지고 싶다는 무산계급의 욕망을 어찌해야 할 것인가. 무산계급 부인은 실용적이고 예술적인 미를 추구해야 한다는 것이 그의 결론이었다.[211]

전시체제가 되었을 때 역전 현상이 벌어졌다. 일제는 '근로미'를 띄우면서 유한계급 부인의 화장미를 추락시켰다. 그들은 인간에게서 아름다움에 대한 욕망을 삭제하면서 총력전 체제에 몰입할 것을 요구했다. "참다운 여성미, 근로를 떠나 없다"[212]라는 말에 나타나듯이, 근로미를 가

209) 『매일신보』 1943.08.06.
210) K生, 「무산부인과 의복」(1), 『조선일보』 1927.04.19. "부르주아지는 근로부인의 생활을 조롱하며 '발 큰 도적년'이라고 부른다."(현동염, 「미적 개념과 장식성, 특히 여성미에 관하여」(3), 『조선일보』 1932.05.10).
211) K生, 「무산부인과 의복」(2), 『조선일보』 1927.04.20.
212) 「참다운 여성미 근로를 떠나 없다」, 『매일신보』 1944.08.12.

장 높은 가치로 끌어올렸다. 사회주의 진영에서 노동의 신성함을 주장하지 않았던가? 이에 대해서 이광수는 다음과 같이 말한다.

> 몸뻬 두건에 물 가득 담은 양동이를 번쩍번쩍 드는 여자라야 남자들의 사랑을 끌 것이다.……좌익예술에서도 근로형의 인물을 찬미하거니와 그에게는 계급적 증오와 반항이 있었다. 그러나 금후의 근로형은 감사와 봉공의 기쁨으로 표현될 것이다. 왜 그런고하면 그는 계급을 초월하여서 국가의 은혜와 이상과 사명을 자각하였기 때문이다.[213]

화장품 광고에 나타난 '근로미'는 열심히 일하는 여성의 모습 말고는 없다. 기껏해야 "일하는 손을 곱게"[214]라는 식의 방어적인 광고가 있을 따름이다. 그런 가운데 다음 광고는 좀 특별하다. 일본의 풍자만화와 견주어 보자.

<그림 73> 大門正克, 『戰爭と戰後を生きる』, 小學館, 2009. 149쪽.

<그림 74> 『경성일보』 1943.06.09.

왼쪽 그림은 일본 풍자만화다. 남자가 병력과 노동력에 동원되면서

---

213) 香山光郎, 「忍苦의 총후문화」, 『매일신보』 1941.07.06.
214) 『여성』 5권 6호, 1940.6, 27쪽.

전시체제기의 여성은 천수관음상(千手觀音像)처럼 손이 많아야 주어진 일을 할 수 있다는 내용이다. 아이를 품에 안은 여성은 애국부인회 띠를 둘렀다. 절약과 저축을 위해 저울과 저금통도 들었다. 손에 총을 든 것은 전쟁과 한 몸이 된다는 뜻이리라. 소방용 물통을 들고 '근로봉사' 팻말을 들었다. 군인에게 보낼 위문대와 군인 환송식 등에 쓸 꽃다발을 들고 '전쟁의 치어리더' 역할까지 한다. 오른쪽 화장품 광고에서도 "여성은 나날이 바빠진다"라고 했다. 화장하는 데 시간을 낭비하지 말라는 메시지다.[215] 그러나 일본 풍자만화보다 훨씬 분위기를 누그러뜨리고 모던하게 화면을 구성했다. 여성의 아름다움을 내세워야 하는 화장품 광고의 특성을 보여준다.

다음 광고도 전체적으로 살벌한 분위기지만, 그 안에 미에 대한 욕구를 자극할 요소를 넣었다.

<그림 75> 『매일신보』
1944.12.26.

<그림 76> 『매일신보』 1944.07.27

---

215) 1930년대 초에도 유선형과 스피드의 시대에 맞추어 스피드 화장을 내세운 광고가 있었다(『조선신문』 1931.05.23). 그러나 전시체제가 되면서 시간 절약을 내세운 광고가 늘었다. "1분 만에 넘쳐나는 건강미"(『조선일보』 1938.03.12), "화장시간 절약 총동원"(『경성일보』 1938.04.21), "이것저것 바르며 품을 들이는 것은 시간과 자재의 낭비이기 때문에 경대(鏡臺)에서 멀어져야 한다."(『경성일보』 1943.05.14).

앞의 두 광고는 '꽃'과 '아름다운 자태'라는 문안을 썼다. 벅찬 노동 속에서도 여전히 '여자다움'을 잃지 않는 모습을 제시하면서 은밀하게 소비 욕구를 자극한다.

근로와 관련된 전시체제기 화장품 광고는 '국책형'이면서 단순하다. 일종의 공익광고 또는 '헌납광고'로서 사치품의 굴레를 벗어나려는 자구책 성격이 짙다. 이와는 달리 근로와 관련된 전시체제기의 의약품 광고

<그림 77>
『조광』 10권 4호. 1944. 04.

는 '국책형'이면서도 다채롭다. 〈그림 77〉은 기계공업에서 일하는 여성 산업전사를 모델로 내세우며 여성용 약을 선전한다.

의약품 광고는 일제가 강요하는 노동에서 비롯되는 과로, 전시체제에서 잘 먹지 못해서 생기는 위장병과 영양부족, 야근과 공해에서 비롯되는 눈병과 피부병, '근로봉사'에서 비롯되는 외상 등을 겨냥해서 그야말로 약의 잔치를 열었다. 병 주고 약 주는 식이다.

IV. 맺음말

미란 독립적인 무엇이 아니라 그 사회의 관념과 문화에 복잡하게 얽혀있는 개념이다. 그런 미(美)에다 건강까지 합친 말이 '건강미'다. 건강미가 시각화하는 방식을 오롯이 알려면 화장품 광고와 의약품 광고를

아울러야 한다는 것이 이 논문의 출발점이었다. 서로 강조하는 것이 조금 달랐을 뿐, 둘 다 건강과 미를 상품화하는 경쟁적 협업 관계였다. 화장품은 "여성을 가장 곤란하게 하는 피부 이변"[216]을 바로잡겠다고 나섰다. 의약품은 남성미와 여성미를 빛나게 해주겠다고 했다. 의약품과 화장품은 광고 기법마저 서로 영향을 주고받았다. 특히 두 광고 모두 젊음을 절대화하면서 "생명과 삶의 과정으로서의 노화"를 절대 악으로 규정한다는 점에서 완벽하게 일치한다. 광고에서는 언제나 건강·젊음은 아름답고 병자/장애인·늙음은 추하다. 또한, 전시체제기 '국책형' 광고에서는 지배 이데올로기를 확산시키는데 함께 나섰다. 그러나 차이가 전혀 없었던 것은 아니다. 전시체제기에 제약 상업주의는 식민정책과 톱니바퀴처럼 맞물렸지만, 화장품 광고에서는 때때로 일정한 균열이 있었다. 보기를 들면 화장미를 배격하고 근로미를 강조할 때조차, 화장품 광고는 은밀하게 미적 욕구를 작동시켰다.

이 논문은 평상시와 전시를 확연히 구별하는 것에서 벗어나려고 했다. 물론 전쟁은 그때 표현대로 '비상시'임에는 틀림없지만, 과거의 일상 위에 새 틀을 짜거나 어떤 것을 변형했을 따름이다. "비늘처럼 겹친다."라는 말은 일상과 '비상시'의 관계에서도 적용된다. 평소 일상에서 눈에 띄지 않게 작동하던 '근대의 폭력'이 전시에 특별한 모습으로 전면에 발현한다는 뜻이다. 이 논문에서는 주로 건강미에 대한 개념사적 접근을 통해 그 사실을 드러내고 싶었다.

미의 관점에서 전시체제를 '건강미의 시대'[217]라고 부르는 것은 맞다. 그러나 전시체제 이전에도 건강미라는 말을 자주 썼다. 전시체제 이전에 건강이란 "얼굴에 화장해서 건강하게 보이는 것"을 일컫기도 했지

---

216) 『조선일보』 1936.08.24.
217) 오엽주, 「시국하의 신미장」(3), 『매일신보』 1940.09.04.

만,[218] 대부분 "얼굴과 조화되고 잘 발달한 체격"을 뜻했다. 그러다가 전시체제가 되면 건강미란 '국가를 위한 신체'의 뜻을 갖게 되었다. 화장의 사회적 의미도 달라졌다. 화장은 문화생활의 하나이자 예절이라고 했던 것이 건강화장, 애국화장 등으로 바뀐 것이 그 보기이다.

그 밖에 이 논문에서는 이전부터 있었던 명랑, 자연미, 건강색 등의 언어가 전시체제기에 쓰임새가 바뀌고 의도가 달라졌음도 밝혔다. 화장미와 건강미는 서로 맞서는 개념이었다는 것도 다시 확인했다. 건강미는 명랑, 자연미, 간소미, 근로미 등과 조합을 이루어 사용되면서 시대의 기호처럼 작동했다.

이 논문은 미인 담론을 분석하고 광고 이미지를 해석하면서 신체에 미치는 의학의 문화적 영향력을 드러내려고 했다. 미인의 기준이 시대에 따라 달라지고 '과학'의 발달과 함께 미인이 되는 새로운 방법도 생겼다. 그때 기사에 따르면, "미인이 되려면 과학적 미인관, 정용외과(整容外科)의 이용, 미용체조, 미용식사, 호르몬의 원만한 활동, 이런 것들을 합리적으로 조화시켜야 한다."[219] 미인이 되려면 '정용외과', 즉 성형수술만이 아니라 피부과학을 적용하고 신체 관리를 해야 한다는 말이다. 이 논문에서는 특히 비타민과 호르몬을 통해서 '피부과학'과 '미용의학'을 설명하려고 했다. 그때 비타민 신화가 생겨났으며 호르몬 광고는 남성주의적 이데올로기와 젠더 폭력을 내장한 것이었다고 주장했다.

본문에서 말했듯이 근대 광고는 신체를 자본으로, 미를 권력으로 시각화했다. 시각 중심사회에서 건강한 신체는 삶의 조건이라기보다는 과시의 수단이 되는 경우가 많았다. 이 논문은 일제강점기 미의 정치학과 관련해서 젠더의 관점을 적용해보려고 했다. 그러나 "누가 무엇을 미라

---

218) 오엽주, 「건강미를 위하려면 얼굴에 연지를 칠하시오」, 『매일신보』 1933.10.26.
219) 이용순(파리미용원), 「어떻게 하면 미인이 될까」, 『신세기』 1939.03, 100쪽.

고 규정하는가?"[220] 이러한 질문에는 제대로 답하지 못했다. 다만 남성미와 여성미의 구분이 아니라 인간미여야 한다고 주장하는 신문 사설 가운데 일부를 소개한다.[221] 그 사설에서는 남성중심적인 근대 사회에서 여성들은 남성이 상상하는 그러한 여성미에 집착하는 '노예적인 노력'을 하고 있다고 했다. 그렇게 하지 않으면 여성이 현실에서 도태되는 것이 근대현상이라고도 했다. "여성의 외모 권력은 남성의 결정권에 달려있다."[222]라는 말과도 통하는 사설이다. 또 사설은 "최근에 각선미니 요선미니 배선미니 하는 것도 모두 여성 모욕적인 퇴폐적 기형미를 부추기는 것에 지나지 않는다"라고 했다. '근대미'의 탄생과 발견에 대한 강렬한 비판이다.

이 논문은 계급적 관점에서 미의 문제를 짚어보고 싶었지만, 이것도 힘에 부쳤다. 그래서 다음 글을 인용하면서 앞으로의 과제로 남겨둔다.

> 현재의 상품화한 여성미의 개념과 그의 장식은 자본주의적 상품경제 조직을 잘 표상하고 있다. 기계공업의 발달에 따라 자본주의가 팽창됨에 오늘날에 여성미는 부르주아지의 특성에 맞추어 주기에 눈이 어두워 인공적 가공술로써 상품화하지 않을 수 없다.…… 현금 자본주의적 여성미는 남성의 예속적 반려로써 성적 욕구와 유희적 기호에 기초를 두고 발원하는 것이다. 이것이 부르주아지의 안일한 생활감정에서 얻은 특성이니까![223]

이 논문은 '건강미'를 다루기는 했지만, 미학 문제보다는 신체의 시각화와 재현 문제에 집중했다. '건강지식'의 유통과 소비뿐만 아니라, 좀

---

220) 김주현, 『외모 꾸미기 미학과 페미니즘』, 책세상, 2016. 60쪽.
221) 「여성과 사치」(사설), 『조선중앙일보』 1935.04.24.
222) 김주현, 『외모 꾸미기 미학과 페미니즘』, 책세상, 2016. 181쪽.
223) 현동염, 「미적 개념과 장식성, 특히 여성미에 관하여」(3), 『조선일보』 1932.05.10.

더 특별하게는 의료와 소비문화의 결합을 이해할 수 있는 주제로서 건강미에 접근했을 따름이다.[224]

224) 의료와 소비문화의 결합에 대해서는 Susan L. Burns, "Marketing 'Women's Medicines:' Gender, PTC Herbal Medicines and Medical Culture in Modern Japan," *Asian Medicine* 5, 2009.

참고문헌

1. 자료

『경성일보』, 『동아일보』, 『매일신보』. 『조선일보』, 『중외일보』

『국민문학』, 『동광』, 『박문』, 『별건곤』, 『삼천리』, 『신동아』, 『신세기』, 『신시대』,
　　『신여성』, 『여성』, 『조광』, 『춘추』

2. 저서

곽은희, 『유동하는 식민지』, 소명출판, 2018.

권창규, 『인조인간 프로젝트-근대 광고의 풍경』, 서해문집, 2020.

김주현, 『외모 꾸미기 미학과 페미니즘』, 책세상, 2016.

다카시 후지타니 지음·이경훈 옮김, 『총력전 제국의 인종주의』, 푸른역사, 2019.

데이비드 월치 지음, 이종현 옮김, 『프로파간다 파워』, 공존, 2015.

마릴린 혼 등 지음·이화연 등 옮김, 『의복 : 제2의 피부』, 까치, 1995.

미술비평연구회 대중시각매체연구분과 엮음, 『상품미학과 문화이론』, 눈빛, 1992.

보드리야르·이상률 옮김, 『소비의 사회』, 문예출판사, 2000.

소래섭, 『불온한 경성은 명랑하라』, 웅진, 2011.

수전 웬델 지음·강진영 김은정 황지성 옮김, 『거부당한 몸』, 그린비, 2018.

스튜어트 유웬 지음·백지숙 옮김, 『이미지는 모든 것을 삼킨다』, 시각과언어,
　　1996.

야마무라 히로미 지음·강태웅 옮김, 『화장의 일본사』, 서해문집, 2019.

와카쿠와 미도리 저·손지연 역, 『전쟁이 만들어낸 여성상』, 소명, 2011.

이영아, 『예쁜 여자 만들기』, 푸른역사, 2011.

전완길, 『한국화장문화사』, 열화당, 1999.

존·버거 지음, 편집부 옮김, 『이미지』, 동문선, 1990.

크리스 셜링 지음·임인숙 옮김, 『몸의 사회학』, 나남, 2011.

피터 브룩스 지음·이봉지·한애경 옮김, 『육체와 예술』, 문학과지성사, 2013.

한민주, 『권력의 도상학-식민지 시기 파시즘과 시각문화』, 소명출판, 2013.
한민주, 『해부대 위의 여자들-근대 여성과 과학문화사』, 서강대학교출판부, 2017.
후지이 다다토시 지음·이종구 옮김, 『갓포기와 몸뻬, 전쟁』, 일조각, 2008.
バラク·クシュナー, 井形彬訳, 『思想戦─大日本帝国のプロパガンダ』, 明石書店, 2016.
大門正克, 『戦争と戦後を生きる』, 小學館, 2009.
北田曉大, 『広告の誕生-近代メディア文化の歴史社會學』, 岩波書店, 2000.
早川タダノリ著, 『神國日本のトンデモ決戦生活』, 合同出版株式會社, 2011.

3. 논문
김경일, 「1920~1930년대 신여성의 신체와 근대성」, 『정신문화연구』 24(3), 2001.
김미선, 「1920~30년대 '신식'화장담론이 구성한 신여성에 관한 여성주의 연구」, 이화여자대학교 석사학위논문, 2005.
김수진, 「한국 근대 여성 육제 이미지 연구-1910~30년대 인쇄미술을 중심으로-」, 이화여자대학교 석사학위논문, 2014.
김예림, 「전시기 오락정책과 '문화'로서의 우생학」, 『역사비평』 73, 2005.
김윤수, 「1930년대 중국에서의 '건강미(健美)' 담론-『玲瓏』(1931-1937)을 중심으로」, 『중국어문논총』 65, 2014.
김종갑, 「근대인의 전근대적 몸-드라큘라의 죽지 않는 몸」, 『19세기 영어권 문학』 13, 2009.
김종갑, 「한국 사회의 타자화된 몸 문화와 주체적 몸 윤리-외모 가꾸기를 중심으로」, 『아시아문화연구』 52, 2020.
김지혜, 「美人萬能, 한국 근대기 화장품 신문 광고로 읽는 미인 이미지」, 『미술사논단』 37, 2013.
김지혜, 「한국 근대 미인 담론과 이미지」, 이화여자대학교 박사학위논문, 2015.
박삼헌, 「의료화된 건강과 해피 드러그(happy drug)의 탄생-근대 일본의 Chujoto(中將湯)를 중심으로-」, 『한국학연구』 65, 2018.
박선영, 「여성지(誌)의 생활문화 담론과 제국이데올로기」- 『여성(女性)』(1936~1940)을 중심으로-」, 『일본학보』 113, 2017.

심광현, 「몸의 문화정치학을 위한 시론: 기하학적 육체 대 위상학적 몸」, 『인문학연구』 9, 2002.

유선영, 「육체의 근대화: 할리우드 모더니티의 각인」, 『문화과학』 24, 2000.

이기리, 「일제시대 광고와 제국주의-1920~1945년까지 주요 일간지와 잡지 광고를 중심으로」, 『미술사논단』 12, 2001.

이병례, 「아시아-태평양전쟁기 '산업전사'이념의 형상화와 재현」, 『사총』 94, 2018.

이영아, 「1900~1920년대 여성의 '몸 가꾸기' 담론의 변천과정 연구」, 『한국문화』 44, 2008.

홍성민, 「질주하는 몸의 욕망과 자아의 재귀-루키즘의 욕망과 동양의 신체미학」, 『철학연구』 44, 2011.

石田あゆう, 「1931~1945年化粧品広告にみる女性美の變遷」. 『マス・コミュニケイション研究』, 65, 2004.

Susan L. Burns, "Marketing 'Women's Medicines:' Gender, PTC Herbal Medicines and Medical Culture in Modern Japan," *Asian Medicine* 5, 2009.

근대일본의 스포츠를 둘러싼 정치학과 식민지 조선

스포츠담론의 행방과 '국민의 신체'

황 익 구

I. 머리말

근대 국민국가의 형성에 있어서 국민의 신체는 노동과 전투라고 하는 국가적 과제를 수행함에 있어서 중요한 관심의 대상이었으며 훈련과 교육은 필수 요소처럼 수반되었다. 그리고 그렇게 훈련되고 교육된 신체는 국가의 관리와 포섭의 대상으로 규정되었다. 이러한 메커니즘은 근대일본의 국민국가 형성에 있어서도 적용된다. 근대일본은 규율화된 국민의 신체를 관리·통제하기 위해 각종 국가적 장치와 제도를 활용하였다. 예를 들면 천황제 국가체제를 공고화하기 위해 제시된 '군인칙유(軍人勅諭)'와 '교육칙어(教育勅語)'를 비롯하여 '학제(学制)'와 '교육령(教育令)'에 의한 체육교육의 도입과 강화 등은 국가적 장치와 제도가 국민의 신체를 관리하고 통제하는 대표적인 예가 아닐 수 없다. 또 미디어의 영역에서 신문과 잡지는 국가의 국민에 대한 신체 규율을 계몽하는데 일조하는 한편 국민국가 건설에 필요한 '국민신체'의 모델을 제시하고 선전하는데도 활용되었다.

특히 이 과정에서 근대일본의 국가주의에 기초한 국민의 신체 만들기는 체육교육과 각종 스포츠 활동이 크게 기여하였다. 운동회를 비롯한 각종 스포츠 행사(체육대회)는 물론 올림픽과 같은 국제 스포츠 이벤트 등에서는 개인의 신체가 국가적 기제와 가치, 그리고 프로파간다 등에 의해 '국민의 신체'와 결부되어 논의되었으며, 개인의 신체에 대한 국가의 제도적 개입이 강화되기도 하였다. 무엇보다 전시체제하에서 개인의 신체의 가치는 전쟁수행의 주체라고 하는 전력적 가치로 평가되었으며 이러한 인식을 뒷받침하기 위한 스포츠의 개념과 목표가 설정되기도 하였다. 그런데 이러한 개인의 신체에 대한 국가적 기제와 가치의 개입은 식민지 조선에서도 예외 없이 진행되었다. 이 때문에 식민지 조선에서는 스포츠를 둘러싼 담론의 갈등과 충돌도 적지 않았다.

본고에서는 근대일본의 스포츠에 대한 인식과 스포츠 활동이 식민지 조선에서 어떻게 기능하였으며, 또 식민지 조선인의 신체가 어떻게 규율화된 '국민의 신체'로 관리되고 포섭되었는지 그 양상과 변용 과정을 동시대의 다양한 스포츠 담론, 특히 스포츠문학을 중심으로 실증적으로 고찰하고자 한다.[1]

1) 근대 스포츠에 대한 논의에서 주로 유희적, 오락적, 경쟁적 신체활동의 총칭으로 사용되는 스포츠와 신체활동을 통한 심신의 발달을 촉진하는 교육의 개념으로 사용되는 체육이라는 용어는 자주 혼용 및 병행되어 사용된다. 본고에서는 자료 원문의 뉘앙스를 고려하여 체육이라는 용어와 스포츠라는 용어를 병행해서 사용하기도 하지만 기본적으로는 포괄적인 의미의 스포츠라는 용어를 사용하고자 한다.

II. 스포츠와 사상선도

1908년 구한말의 지방 사립학교를 중심으로 운동회가 성행하는 가운데 당시 통감이었던 이토 히로부미(伊藤博文)는 사립학교의 연합운동회에 대해 다음과 같이 지적하였다.

> 한국 내에는 학교라고 칭하는 것이 매우 많다. (중략) 지금 해야 할 일은 우선 먹고 입는 게 궁하지 않게 하고 그 후에 다양한 능력을 익히는 교육을 해야 할 것이다. 쓸데없이 독립을 주장해 애국을 외쳐도 무위도식하면 국가를 위해 아무런 이익이 없다. 최근 학교의 운동회라는 것이 각지에서 행해지고 있지만 이러한 천박한 방법으로 애국심의 발동을 재촉하는 것은 지극히 어리석은 일이다. 학교 운동회는 국가를 지키는 데 있어 아무 이익도 없는 것이다. 그러나 이를 장려하여 배일주의를 외치고 다니는 어리석은 행위는 한국의 이익이라고는 전혀 할 수 없고 그저 학교 학생과 일본 병사와의 사이에 충돌을 일으킬 뿐이다. 깊이 반성해야 한다.[2]

이토는 구한말의 학교운동회가 애국심을 조장하고 반일의식을 자극하며 한국과 일본의 충돌을 야기한다고 공개적으로 불만을 토로하였다. 그리고 결국 1908년 9월 1일 정부의 사립학교 훈령 제2호를 발령하여 사립학교 운동회의 자제를 촉구하였으며, 사실상의 금지령으로서 효력을 발휘하였다. 여기에서 주목할 점은 이토는 비록 학교의 운동회라고는 하지만 스포츠 행사가 '애국심'과 '배일주의'를 부추기는 사상적 선동은 물론 국가 간의 충돌을 초래할 수 있는 계기로서 작동할 수 있다는 사실

---

2) 이나마 쯔기오 저, 홍준기 역, 『구한말 교육과 일본인』, 온누리, 2006, 120쪽(市川正明編, 『日韓外交資料集成』제6권, 原書房, 1980, 926~927쪽).

을 충분히 의식하고 있었다는 점이다. 그렇기 때문에 조선인의 스포츠 행사에 대한 노골적인 경계심을 표출한 것이라고 할 수 있다.

그런데 일본의 조선에 대한 강제병합이 이루어진 이후에는 국민국가의 건설이라는 필요에 따라 국가통합과 국민의 재편성을 위한 다양한 국가적 장치가 동원되고 각각의 제도와 정책 등이 적용되면서 체육교육의 보급과 각종 스포츠의 장려도 활발하게 전개되었다. 1911년 8월에 조선교육령의 공포와 함께 학교체육으로서 병식체조(兵式體操)의 도입, 1919년 2월에 조선체육협회의 설립, 1925년 경성운동장의 건설을 비롯하여 1934년까지 전국 13도에 걸쳐 288개의 각종 경기장의 건설 등은 그 대표적인 사례라고 할 수 있다.[3] 다시 말해서 근대일본은 식민지 조선의 국가통합과 국민의 재편성을 위해 스포츠의 사상선도(思想善導)의 기능을 적극적으로 활용한 것이라고 할 수 있다.[4] 특히 1920년대에 들어서 스포츠의 대중화가 가속화 되면서 스포츠의 사상선도 기능은 더욱 강조되었다.

일본의 대표적인 사회주의 사상가인 야마카와 히토시(山川均)는 스포츠의 사상선도 기능에 대해 다음과 같이 기술한 바 있다.

> 체력 경쟁에 의해 작흥(作興)되는 「국민정신」이라는 것이 도대체 어떤 「국민정신」인가는 잠시 별개의 문제로 두기로 하고 오늘날의 스포츠라는 것이 이미 단순한 스포츠가 아니라 청년으로 하여금 일정의 심리를 갖도록 하는 것을 주요한 목적으로 삼고 있다는 것은 분명하다. 그것은 지배계급의 손에 있어서는 단지 청년이 사고하지 않도록 하기 위한 소극적인 역할(사고하지 않도록 하는 것도 사상적 지배의 하나의

---

3) 손환, 「일제하 한국근대스포츠시설에 관한 연구」, 『한국체육학회지』 42권 4호, 2003.07, 34쪽.
4) 근대일본의 스포츠에 의한 사상선도에 대해서는 坂上康博, 『権力装置としてのスポーツ』(講談社, 1998)를 참조한다.

형태이다)을 할 뿐만 아니라 적극적으로 청년의 사상을 어느 일정의 방향으로 유도하고자 하는 사상적 지배의 방법에 다름 아니다.
　　부르주아 반동세력의 결성을 특징으로 하는 오늘날 스포츠 전성의 시기가 출현한 것은 결코 단순히 우연이 아닌 것이다.[5]

　야마카와는 스포츠는 유희와 오락의 차원을 넘어 지배계급에 의한 대중의 심리와 사고, 더 나아가 사상의 유도와 지배를 도모하는 수단으로 활용되고 있다고 지적하며 우려를 나타내고 있다. 실제로 스포츠의 사상선도에 관한 기능은 1924년 메이지신궁 외원경기장의 개장과 함께 개최된 메이지신궁경기대회, 1925년 경성운동장의 개장과 함께 개최된 조선신궁경기대회 등을 통해 대중들에게 전파되었으며 공공연하게 재현되고 있었다.[6] 그리고 스포츠의 사상선도를 주도한 기관의 하나인 문부성은 문부성 내 체육과(課)를 체육국(局)으로 확장하려는 노력도 진행하였다.

　　운동경기를 장려하면 사상 악화는 떨쳐버릴 수 있다. 그 증거로는 운동선수에게는 좌경사상을 가진 자가 없다는 설이 교육자나 운동경기회 사이에 널리 퍼져 있고, 문부성에서도 이 점에 크게 기대하여 올해 요구예산 중에 교육과(인용자 주-체육과의 오기)를 국(局)으로 확장하는 경비를 계상하여 그 실현에 노력하기로 하였다.[7]

　총독부 기관지로서 발행된 『경성일보』의 1928년 7월 4일자 1면 기사의 일부이다. 문부성이 체육과를 체육국으로 확장하기 위한 예산의 증액을 요구한 것에 대해 스포츠의 장려가 사상의 악화, 즉 좌경사상을 척

5) 山川均, 「スポーツ全盛期の出現」, 『改造』, 1927.12. (『山川均全集』 8卷, 1979, 352쪽).
6) 박해남, 「제국과 식민지 간 재현 경쟁의 장, 스포츠: 조선신궁체육대회와 메이지신궁체육대회를 중심으로」, 『한림일본학』 제26집, 2015.04, 111~139쪽.
7) 「体育課を局に拡張 文部省の要求」, 『京城新聞』 1928.07.04.

결하는데 효과적이라는 입장을 취하며 기구의 확장을 위한 요구예산의 증액이 타당하다는 내용을 기술하고 있다. 즉 스포츠의 장려가 사상선도의 실천적 방법이라는 것을 공공연하게 옹호한 것이다. 그 후 문부성은 스포츠의 중요성과 사상선도의 기능을 더욱 강조하기에 이르렀다. 문부대신 쇼다 가즈에(勝田主計)는 체육운동의 중요성과 사상선도의 기능을 다음과 같이 기술하고 있다.

> 국민이 체육을 올바르게 실행하는 것은 국가의 존립 상에 필수불가결한 요소인 것이다. 그 때문에 국가는 국민의 체육을 중점을 두어야 한다.(중략) 우리 문부성이 신궁경기회(神宮競技會)를 개최하여 체육운동을 국민에게 보이는 것은 필경 국민정신에 영향을 미치기 위함이다. (중략) 앞으로는 더욱 더 체육에 중점을 두고 건전한 신체와 건전한 정신을 만드는 일이 필요하다.[8]

쇼다 가즈에는 '국민의 체육이 국가의 존립에 필수불가결한 요소'라고 규정하고 '문부성이 신궁경기대회를 개최하는 것은 체육운동을 통해 국민정신에 영향을 미치기 위한' 것이라며 체육운동의 중요성을 강조하였다. 그리고 이러한 신념은 지방장관회의 훈시에서 '사상선도(思想善導)에 있어서 체육의 장려는 대단히 유력한 수단이라고 판단된다'고 명시함으로써 더욱 공고화되었다.[9] 그 후 문부성이 체육의 보급과 스포츠의 장려에 보다 적극적인 자세를 취한 것은 말할 필요가 없다.[10]

---

8) 文部大臣勝田主計, 「体育奨励」, 『朝鮮公論』 16(12), 1928.12, 69쪽(문부대신 쇼다 가즈에(勝田主計)는 1928년 5월 25일부터 1929년 7월 2일까지 문부대신을 역임하였다).

9) 文部省編, 『勝田文部大臣訓示演説集』, 文部省, 1929.09, 4쪽(「地方長官会議に於ける訓示」, 1928.06.18, 於内務省).

10) 쇼다 가즈에에 이어 문부대신에 취임한 고바시 이치타(小橋一太)도 일본의 체육에 대한 자각의 부족을 지적하며 '체육사상의 향상과 체육실행의 보급'을 강조하였다(小橋一太, 「体育と国運」, 『体育と競技』, 大日本体育学会, 1929.12, 3~6쪽).

Ⅲ. 「일독대항경기」와 식민지 조선

이 시기의 스포츠의 장려와 사상선도의 기능은 문학 영역에서도 관심의 제재였으며 동시에 비판의 대상이 되기도 하였다. 1930년을 전후하여 모더니즘문학을 지향하던 신흥예술파 작가들이 활발히 작품 활동을 하는 가운데 스포츠에 관심을 가지고 문단에 데뷔한 작가가 등장하였다. 1930년 「일독대항경기(日独対抗競技)」라는 단편을 『신쵸(新潮)』 1월호에 발표하여 큰 호응을 얻은 작가가 아베 도모지(阿部知二)이다.[11] 당초 아베 도모지는 『주문(朱門)』, 『청공(青空)』, 『문예도시(文藝都市)』 등의 동인지에 습작 활동을 하던 작가로 잡지사로부터 스포츠 관련 작품의 의뢰를 받고 발표한 작품이 「일독대항경기」이며, 이른바 「스포츠소설」의 출발은 물론 「스포츠소설」이라는 영역을 견인하는 작가로 활약하였다.[12]

아베 도모지의 「일독대항경기」는 1929년 10월 6일부터 7일까지 이틀간에 걸쳐 도쿄 메이지신궁경기장에서 개최된 일본과 독일 간의 육상경기대회를 배경으로 삼고 있으며, 작자는 실제 경기의 출전선수는 물론 경기 결과 등에 대한 내용을 당시의 신문 등을 바탕으로 비교적 정확하고 상세하게 묘사하고 있다. 내용은 법학박사인 남편이 유럽에 간 사이 S교수 부인은 조카인 시바타(紫田)의 구애를 거절해 왔으나 남편이 귀국

---

11) 「일독대항경기(日独対抗競技)」는 1930년 『신쵸(新潮)』 1월호에 발표된 후, 1930년 5월에 단행본 『恋とアフリカ』에 수록되었다.

12) 아베 도모지가 1930년에 발표한 스포츠소설에는 「すちいる・ぺいす」(『新青年』, 4월), 「円盤とレモン」(『文学時代』, 6월), 「フオテイ・ラヴ」(『文芸春秋』, 7월), 「美しい海に殺人」(『文学時代』, 7월), 「ラグビのやうに」(『経済往来』, 10월), 「ハアフ・パック事件」(『新青年』, 12월) 등이 있다.

한 후 시바타의 제안을 받고 일독대항육상경기를 경기장에 가서 관람하게 된다. 그리고 경기장에서 독일선수의 육체미에 매료된 S교수 부인의 남성육체에 대한 욕망과 심리를 그려낸 작품이다.

제목에서도 알 수 있듯이 작품 「일독대항경기」는 다양한 대립구도를 묘출하며 전개된다. 「일장기」가 휘날리는 가운데 황족들이 입장하고 「기미가요(君が代)」와 「독일국가(独逸国歌)」가 연주되는 경기장에서의 개인과 공동체(관중), 경기 시작과 함께 묘사되는 양국 출전 선수들의 치열한 승부전과 관중들의 반응에서 보여지는 일본(열등감)과 서양(우월감), 경기장에서의 관심과 흥미, 출전 선수를 바라보는 시각 등에서 차이를 보이는 남성과 여성 등의 대립구도는 그 대표적인 예라고 할 수 있다. 그런데 이밖에도 「일독대항경기」에는 스포츠의 사상선도의 기능을 의식한 대립구도가 내포되어 있다. 스포츠를 둘러싼 대중 소비와 프로파간다, 자본주의와 사회주의의 사상전을 연상시키는 부르주아와 프롤레타리아, 식민지(혹은 점령지)를 둘러싼 지배와 피지배 등의 구도는 분명히 의식적인 필치로 그려져 있다.

작품 「일독대항경기」의 제재가 된 일독대항육상경기의 기획은 1928년 12월부터 시작되었다. 1928년 암스테르담에서 개최된 하계올림픽에서 일본인 육상선수 오다 미키오(織田幹雄)와 수영선수 쓰루타 요시유키(鶴田義行)가 처음으로 금메달을 획득하고, 여자 육상에서도 히토미 기누에(人見絹枝)가 은메달을 획득하며 좋은 성적을 거두자 일본 내의 스포츠에 대한 대중의 열기는 그 어느 때보다도 고조되어 있었다. 그러한 가운데 당시 유력 신문사의 하나였던 호치신문사(報知新聞社)가 대중의 스포츠에 대한 소비 욕망을 염두에 둔 일독대항육상경기의 개최를 전일본육상경기연맹(全日本陸上競技聯盟)에 타진하였으며, 같은 해 12월 8일과 9일에 개최된 연맹의 경기위원회 및 대의원회에서 정식 제안되어 논의한 결과, 연맹과 공동주최로 1929년 5월에 개최하기로 결정되었다. 그런데 일독대항육상경기는 신문사와 일본의 육상경기를 관장하는 기관의 공동주최라는 조합으로 개최가 결정되었지만 서로의 속내가 반드시 일치한 것은 아니다. 무엇보다 신문사 측은 스포츠에 대한 대중의 소비 욕망을 수용해 줄 스포츠 상품이 필요했을 것이며, 경기 개최의 성공 그 자체보다 스포츠 이벤트의 흥행 정도에 더 큰 관심이 있었을 것이다. 반면에 전일본육상경기연맹 측은 암스테르담 올림픽을 계기로 고조된 국민의 스포츠에 대한 열기와 관심을 지속하게 함으로써 국민통합과 내셔널리즘의 고양, 제국일본의 서양에 대한 열등감 극복과 자신감 부여 등과 같은 효과를 기대할 수 있었을 것이다.

일독대항육상경기의 준비위원회 회의록을 살펴보면, 대회 개최를 위해 신문사와 연맹은 준비위원을 독일에 파견하거나 전보를 보내는 등 독일 측과 긴밀한 교섭을 진행하였으며, 대회의 개최에 관한 세부사항에 대해서도 치밀하고 계획적인 준비를 진행한 것을 엿볼 수 있다.[13] 특히 제4회 회의록에는 만주체육협회로부터 독일선수의 귀국 도중에 펑톈(奉天)에서도 대회를 개최하고 싶다는 제안이 확인된다. 그리고 제5회 회의록에는 오사카, 경성, 펑톈에서 각각 모범(시범)경기를 개최하는 사안에 대해 독일과 전보 교섭이 이루어졌으며, 오사카, 경성, 펑톈에서 각각 시범경기를 개최하기로 결정된 내용도 확인된다. 여기에서 주목할 점은 일독대항육상경기라는 스포츠 이벤트가 도쿄뿐만 아니라 오사카를 비롯한 식민지 조선과 만주에서도 개최됨으로써 공동주최인 신문사의 흥행은 물론 연맹의 기대효과가 식민지 조선과 만주에까지 확산될 수 있었다는 것이다. 물론 일독대항육상경기는 독일 측의 사정으로 최종적으로는 1929년 10월 개최로 연기되었지만 각 신문사는 대회 개최에

---

13) 全日本陸上競技聯盟編, 『日独競技を顧みて』, 三省堂, 1930, 125~137쪽.

즈음하여 독일선수의 입국부터 경기개최와 진행 상황, 결과 등을 사진과 함께 연일 상세하게 보도하였다.[14] 그뿐만 아니라 도쿄시 통계과는 처음으로 스포츠가 어느 정도까지 시민생활 속에 침투해 있는가를 과학적으로 분석하는 스포츠 통계 계획을 세우고 1929년 10월 5일과 6일에 메이지신궁외원경기장에서 개최된 일독대항육상경기대회를 조사하기도 하였다.

　스포츠의 사상선도 기능이 스포츠소설 「일독대항경기」에서 어떻게 재현되고 있는지 살펴보자.

> 　그녀는 목을 움츠렸다. 프록코트를 입은 뚱뚱한 M박사가 지루한 듯이 하품을 하면서 두리번두리번 군중을 둘러보고 있었다. 그녀의 남편의 동료. 국수주의자 대학교수. "저 분이 왜 왔을까?" "저 선생님은 당신의 남편보다는 현명한 것 같아요. 스포츠라는 것의 의미를 알고 있는 것 같아요. 가령 이 힐쉐펠트는 모범군인으로 힌덴부르크에게 표창을 받았다고 적혀 있네요. 즉 스포츠맨은 지배계급의 호위병인 것이죠. 그리고 저 건너편에서 시끄러운 소리가 들리죠? 야구장에서 2, 3만 명의 사람이 야구경기에 정신이 없어요. 여기와 합해서 5만 명이라고 하면, 도쿄 인구의 40분의 1 정도의 사람들이 모든 것을 잊어버리고 있는 거죠. 다시 말해서 취해있는 거죠. 서로서로가 말이죠. 여러 가지 의미에서 말이죠."(중략)
>
> 　"최근에 나는 그런 식의 말을 들었어요. 마르크시즘을 좋아하는 아가씨랑 사귀고 있어서요. 모스크바에는 스파르타키아드라는 것이 있다고 하네요. 프롤레타리아의 올림픽인 셈이죠. 나는 그녀에게서 여러 가지 이야기를 들었어요. 감탄할 따름입니다."(중략)
>
> 　"그래서 저도 생각해 보니 아무래도 M박사는 숙부보다 명석한 것 같아요. 이런 스포츠를 자신의 흥미와는 별개로 이용하면 된다고 생각한 것이죠."[15]

14) 『東京朝日新聞』 1929년 9월 28일자, 석간 1면에는 독일선수의 일본 입국을 '우리 육상경기회의 호적수인 독일 팀 일본에 입국 오늘 쓰루가(敦賀)에 도착, 곧바로 국제열차로 도쿄로 상경'이라는 제목으로 기사화하고 있다.

여기에는 경기장에 도착한 S교수 부인과 시바타가 경기장 내 군중을 둘러보고 있는 국수주의자 대학교수 M박사를 발견하고 나눈 대화 내용이 그려져 있다. S교수 부인이 스포츠에는 관심조차 두려고 하지 않는 오히려 멸시하고 부끄러운 일이라고까지 생각하는 자신의 남편과는 달리 M박사가 경기장에 와 있다는 사실에 놀라워하며 그의 경기장 방문에 의문을 제기하자 시바타는 '스포츠라는 것의 의미'를 지적하며 몇 가지 예를 들어 설명하고 있다. 먼저 독일 측 참가선수인 힐쉐펠트(Emil Hirschfeld)가 모범군인으로 당시의 독일공화국 대통령인 힌덴부르크로부터 표창을 받았다는 사실을 환기시키며 '스포츠맨은 지배계급의 호위병'이라고 언급한다. 이 표현은 시바타의 지극히 개인적인 견해라고 할 수 있지만 당시의 대중이 인식하는 스포츠와 지배계급의 관계의 일면을 단적으로 표현한 것이다. 즉 스포츠는 지배계급의 사상을 수용하고 실천하는 수단이라는 발상이 내재되어 있다는 것을 짐작할 수 있다. 그리고 이러한 발상의 소유자로 '스포츠를 자신의 흥미와는 별개로 이용하면 된다'고 생각하는 '국수주의자 대학교수 M박사'라는 엘리트 지식인 계급의 등장이 모색된 것이다. 대학교수 M박사는 기본적으로 대학이라는 교육의 장에 몸담고 있는 인물로서 스포츠를 통해 사상선도를 도모하고자 한 문부대신 쇼다 가즈에와 오버랩 되고 있다는 점에서도 주목할 만하다.

시바타는 더 나아가 '프롤레탈리아의 올림픽'으로 '스파르타키아드'가 개최되고 있다는 사실을 S교수 부인에게 소개하면서 자신도 감탄하고 있다는 이야기를 전한다. '프롤레탈리아의 올림픽'이라는 용어에서도 알 수 있듯이 시바타는 당시의 스포츠가 프롤레타리아 계급의 스포츠와 '지배계급' 또는 부르주아 계급의 스포츠라는 대립구도를 형성하고 있다는

---

15) 阿部知二, 「日独対抗競技」, 『増補決定版　現代日本文学全集』 73, 筑摩書房, 1975, 79~80쪽.

것을 시사하고 있다. 그런데 실제로 당시에는 사회주의 노선을 표방하는 소련연방가맹국을 중심으로 스파르타키아드(spartakiada)라고 하는 스포츠 행사가 개최되고 있었으며, 대중들 사이에서는 소위 '노동자의 스포츠'로 알려져 있었다. 스파르타키아드(spartakiada)에 대해서는 당시 프롤레타리아 작가로 활동하면서 스포츠에 많은 관심을 가지고 있던 가타오카 텟페(片岡鉄平)가 1928년에 잡지『문학시대(文学時代)』가 마련한 만담회에서 다음과 같이 소개한 바 있다.

> 러시아에서는 노동자의 스포츠가 한창인데 얼마 전 올림픽대회를 하고 있었을 때에 모스크바에서도 스파르타키아드(Spartakiada)라는 것을 하였다. 블루신문은 기사화하지 않았지만. 그때 각 국의 정부는 러시아에 선수를 보내는 것을 방해하거나 거부하였다. 그러나 그럼에도 불구하고 3, 40개국의 대표가 러시아에 모여 암스테르담에서 미국 국가(國歌)나 마르세유를 부르는 등 적의(敵意)를 나타내고 있을 때 러시아에서는 모든 곳의 노동자가 인터내셔널을 불렀다. 그 정도로 다른 것이라고 생각한다.[16]

스파르타키아드는 '노동자의 스포츠'로서 올림픽대회와는 대척을 이루는 스포츠 이벤트라는 것이다. 1928년 암스테르담에서 개최된 올림픽대회가 지배계급과 자본이 결탁한 스포츠 이벤트라고 한다면 스파르타키아드는 사회주의의 성지와도 같은 모스크바에서 개최된 프롤레타리아의 스포츠라는 점을 소개한 것이다. 다시 말해서 지배계급(부르주아)과 프롤레타리아 계급이 스포츠를 둘러싸고 마치 사상전을 전개하고 있는 양상을 지적하고 있다. 이러한 내용은 작품「일독대항경기」가 동시

---

16) 片岡鉄平, 「新時代の趣味 映画・スポーツ漫談会」, 『文学時代』 第一巻 第四号, 1929.08(中村三春, 『コレクション・モダン都市文化 第9巻 競技場』, ゆまに書房, 2005, 78~93쪽 수록).

대의 스포츠를 둘러싼 계급의 문제, 사상의 문제에 일정 부분 의식적이었다는 것을 짐작하게 하는 대목이 아닐 수 없다.

아베 도모지는 자신의 스포츠소설에 대해 '내심 부끄러울 따름이다'는 자기 비판적 술회와 함께 다음과 같이 기술하고 있다.

처음에는 스포츠를 통해서 현대의 생활을 어느 정도라도 비판하려고 생각했으며, 폭로까지는 아니더라도 스포츠맨과 스포츠맨을 둘러싼 생활을 해부해 보고 싶은 생각도 있었다. 혹은 그 영웅주의를 현대의 육체문명을 묘사해 보고 싶은 마음도 있었다. 그러나 그러한 의미에서 스포츠소설은 분명히 현대 저널리즘에서 요구되는 스포츠소설과는 반대이다.[17]

당초 아베 도모지는 스포츠를 통한 '현대의 생활', '영웅주의', '육체문명' 등의 전반에 대한 비판적 입장을 소설로 그려내고자 하였다. 그러나 동시대 저널리즘의 통속적 요구로 자신의 스포츠에 대한 입장과 의지를 충분히 반영할 수 없었다는 반성과 후회를 기술하고 있다. 그렇다고 하더라도 아베 도모지의 반성과 후회 속에는 스포츠를 둘러싼 사상의 문제를 염두에 두고 있었던 것만큼은 분명해 보인다. 그러한 이유 때문이라고 단정하기는 어렵지만 아베 도모지는 「일독대항경기」에 다음과 같은 내용을 삽입하고 있다.

오사카, 경성, 마지막으로 펑텐에서 일본, 독일, 중국(支那) 삼국의 대항경기가 열렸다. 여기서 주목할 만한 것은 중국의 스포츠맨의 대두였다. 단거리, 그 외의 여러 경기에서 그들은 확실히 일본선수를 압도하려고 하였다. 중국인들의 복수(復讐)의 애국심이 이 정도로 만족스러웠던 적은 없을 것이다. 장학량(張學良)의 모든 정책 가운데 스포츠 장

<hr />

17) 阿部知二, 「スポオツ小説のこと」, 『文学風景』 1巻8号, 1930.12, 34~35쪽(早稲田大学 図書館編, 『文学風景マイクロフィッシュ版』, 雄松堂アーカイブズ, 2006).

려만큼 그의 안전을 위해 성공적인 것은 없을 것이다.[18]

아베 도모지는 일독대항육상경기가 오사카를 비롯하여 식민지 조선의 경성과 만주지역의 펑톈에서도 개최된 사실을 작품 속에 그리고 있다. 그런데 여기에서 주의할 점은 스포츠가 식민지 혹은 점령지 등에서도 사상선도에 유효하게 작용하고 있었다는 점일 것이다. 물론 식민지 조선에서의 스포츠를 통한 사상선도의 문제는 작품 속에서는 직접적으로 다루고 있지 않지만, 만주지역 중국인들의 '복수(復讐)의 애국심'은 스포츠를 통해 강하게 재현되고 있었으며, 장학량이라는 지배계급의 스포츠 장려정책이 권력의 안정과 유지에 효과적으로 작용하고 있었다는 지적은 이를 방증한다.

그렇다면 여기에서 식민지 조선의 경성에서 개최된 일독대항육상경기에 대해 살펴보자. 1929년 10월 5일과 6일에 도쿄경기, 13일에 오사카경기를 끝낸 일독대항육상경기는 17일에 조선의 경성운동장에서 개최되었다. 경기를 주최한 단체는 재조일본인을 중심으로 1919년 2월에 창립한 조선체육협회이다. 조선체육협회는 '조선에서의 체육을 장려한다'는 목적으로 발족하였지만 일본 주도의 조선체육계를 총괄하는 단체로서 일본체육협회의 조선지부 역할을 담당한 단체이다. 조선체육협회가 주최하는 일독대항육상경기의 개최가 결정되자 일찍부터 각 신문사는 경기개최 소식을 보도하였다.

> 이번 가을 조선박람회를 기회로 경성운동장(京城運動場)에서 거행될 일독대항육상경기대회는 오는 10일에 독일 측으로부터 일본경기연맹에게 승낙의 타전(打電)이 왔음으로 조선체육회에서도 준비를 진행케 되는바 회기(會期)는 10월 16, 17 양일간이라는데 일독경기조선예선회

18) 阿部知二, 앞의 책, 82~83쪽.

는 8월 25일 또는 9월 8일 중 하루를 택하여 경성에서 행할 터이라더라.[19]

이 기사에 따르면 경성에서 개최될 일독대항육상경기는 당초에는 10월 16일과 17일, 이틀에 걸쳐 개최될 예정이었으며, 같은 해 9월 12일부터 10월 31일까지 조선총독부 주최로 경복궁에서 개최된 조선박람회에 맞춰 개최될 예정이었다. 물론 실제 개최된 경기는 10월 17일 하루였지만 경기 개최 소식은 일찍부터 보도된 것이다. 그리고 일독육상경기대회는 조선에서 최초로 개최되는 국제육상경기라는 점에서도 화제가 되었으며 그만큼 조선체육협회는 대회 준비에 많은 노력을 기울였다. 1929년 7월 4일자 『조선신문(朝鮮新聞)』 기사에 따르면 「독일선수 환영 방법」이 구체적으로 명시되어 있다. '왕로(往路)의 환송', '체재 중의 접대', '환송가, 환영 매스게임', '역 앞 마중, 시내 장식 등'도 사전에 계획되어 있었다는 것을 알 수 있다. 그리고 이러한 사전 계획은 10월 8일의 관계자 협의에서 보다 구체적으로 결정되었다.

> 경성(京城)에서 일독대항육상경기(日獨對抗陸上競技)는 오는 17일에 경성운동장에서 거행(擧行)할 예정인 바 이에 참가할 독일 및 일본 측 선수는 15일 오후 7시 경성 도착 열차로 입경(入京)할 예정으로 환영방법에 관하여는 8일에 관계자 협의 결과 다음과 같이 결정하였다고 한다.
> 선수입경(入京) 시는 관계자 및 조선 측 선수 일동이 일독국기(日獨國旗)를 가지고 역두(驛頭)에 출영(出迎)하고 독일선수의 하차(下車)와 동시에 악대(樂隊)는 독일국가(獨逸國歌)를 취주(吹奏)해서 환영의 의(意)를 표(表)하고 또는 선수 체재 중에는 전차(電車), 버스, 자동차역전

---

19) 「일독경기를 경성에서 개최」, 『조선일보』 1929.04.15 ; 「十月十七日에 京城서 模範競技擧行」, 『매일신보』 1929.07.03 ; 「今秋日独対抗競技」, 『朝鮮新聞』 1929.07.04 등이 있다.

(自働車驛前)의 환영문(歡迎門), 박람회 입구 등에는 일독국기(日獨國旗)를 게양(揭揚)하여 국제적 경기 기분을 농후(濃厚)하게 할 것이라고 한다.[20]

기사의 내용에서도 알 수 있듯이 일독대항육상경기는 조선에서 개최되는 일대 스포츠 이벤트였으며 철저한 사전 준비를 바탕으로 진행되었다는 것을 짐작할 수 있다. 실제로 일독대항육상경기의 풍경을 당시의 『경성일보』 기사를 통해 살펴보자.

> 전국적인 시청(視聽)을 모으고 있는 일독대항육상경기도 드디어 내일로 다가왔으며, 일독선수도 이미 입성하였다. (중략) 새롭게 선발된 조선 대표 18명의 선수도 향토의 명예를 양어깨에 짊어지고 꼭 분투하여 조선경기계를 위해 만장의 기운을 북돋우고자 결승의 기세가 대단하다. 지금의 인기는 고조에 달하여 지정석의 표는 이미 매진되었고, 단체 신청은 5천 3백 명을 넘었다. 불과 일반석 2천 5백 명만 남았다. 또 사정에 따라 오전 9시 개시를 변경하여 오후 12시 4분부터 개시, 맑은 날씨에 비가 옴에도 불구하고 거행하게 되었다.[21]

이 기사에 따르면 일독대항육상경기는 입장권이 거의 매진될 정도로 성황을 이루었다는 것을 알 수 있다. 경기가 진행된 경성운동장의 총 수용인원이 약 25,800명으로 알려져 있는데 일반석 2,500명 정도의 입장권만이 남아있다고 한다면 대략 23,300여 명의 관중이 입장한 것으로 추정할 수 있다.[22] 이러한 풍경은 당시의 『동아일보』의 기사에서도 확인할

---

20) 「일독경기의 선수환영방법」, 『조선일보』 1929.10.13.
21) 「일독대항경기는 내일」, 『경성일보』 1929.10.17.
22) 일독대항육상경기가 개최된 당일의 풍경은 1929.10.18.일자 기사 「전국의 인기를 집중한 일독대항경기대회」, 『경성일보』에서도 확인할 수 있다. 「양국 국기를 선두로 장엄한 선수입장식 공전의 성황을 극한 관중의 갈채리에 전국의 비상한 인기를 집중하고 열광적 환영리에 손꼽아 기다리던 일독대항육상경기대회의 날이 왔다. 공전의 대계획으로 국제적 경기인 만큼 일반 관중은 오전 9시경부터 경성운동장으

수 있다. 기사에는 「정각 2시간 전부터 관중이 쇄도하여 정오경에는 넓은 트랙의 주위는 입추의 여지가 없는 10만에 달하는 대성황을 이루었다」고 보도하고 있다.[23] 주최 측의 관중 동원 여부는 불확실하지만 25,800명을 수용할 수 있는 경성운동장에 약 4배에 달하는 10만 명의 관중이 쇄도하였다는 것은 다소 과장된 표현일 수도 있다. 그러나 당시의 관중이 경기장 내 트랙 주변에도 운집할 만큼 일독대항육상경기는 조선인에게 화제였다는 것만큼은 의심의 여지가 없어 보인다. 이러한 사실은 약 2만 5천 명에서 3만여 명의 관중이 입장했을 것으로 추정되는 도쿄의 메이지신궁외원경기장에서의 관중 수와 비교하더라도 전혀 뒤떨어지지 않으며 오히려 상회하는 정도였다고 할 수 있다. 그리고 아베 도모지의 표현을 빌리자면 경기 관람을 위해 모여든 약 10만여 명의 관중은 '모든 것을 잊어버리고 취해 있었다'고 할 만큼 경기에 열광하고 있었다고 할 수 있을 것이다.

그런데 주목할 점은 일독대항육상경기가 스포츠를 통한 사상선도는 물론 식민지 통치기술의 일환으로 활용되고 있었다는 사실이다. 1929년 일독대항육상경기의 독일선수단 단장이었던 칼 디엠(Carl Diem)은 경기를 마치고 독일로 귀국한 후 독일 최대 신문 『보시쉐 자이퉁(Vossische Zeitung)』지에 다음과 같은 보고기사를 게재하였다.[24]

로 몰려들어 정각 경에는 이미 사방의 스탠드는 그야말로 사람으로 성을 쌓고 문전에는 입장권을 사기 위하여 대중이 장사의 열을 지어 경성운동장 창설 이래의 대성황을 보였다.」

23) 「운동경기 남녀 100미터에 세계신기록」, 『동아일보』 1929.10.18.

24) 칼 디엠(Carl Diem, 1882~1962)은 근대 독일을 대표하는 스포츠 분야의 연구자이자 교육자이다. 1936년 베를린올림픽 조직위원회 사무총장을 지낸 인물로 올림픽 성화 봉송의 전통을 만들었으며 스포츠 역사가로도 알려져 있다(中山厚生, 「カール・ディームの研究(Ⅱ)」, 『天理大学学報』 第158号, 1988.03, 53~69쪽 참조).

조선인에게 스포츠 부문에서도 스포츠맨의 가슴둘레의 멋진 발달의
사실, 성장곡선, 성적통계, 스포츠 장(場)의 모델과 상(像), 특히 암스테
르담 올림픽에서 행진하는 독일학생 선수단을 보여주는 일본의 '위대한
통치기술'의 '교훈적인 증거물건'의 전시인 경성에서의 전국전시회.[25]

칼 디엠은 조선에서 개최된 일독대항육상경기를 식민지 조선에 대한
일본의 '위대한 통치기술'을 보여주는 '교훈적인' 전시회였다고 기술하고
있다. 다시 말해서 일독대항육상경기가 독일에 대해서는 식민지 조선을
통치하는 일본의 통치기술의 우수성을 선전하는 스포츠 이벤트였으며,
동시에 당시의 조선인들에게는 종주국 일본의 신체적 우월성을 효과적
으로 과시할 수 있는 전시무대였다는 것이다.

이상에서 살펴본 바와 같이 식민지 조선에서 일독대항육상경기는 스
포츠의 사상선도와 함께 식민지 지배의 수단으로 활용되고 있었으며,
동시에 식민지지배의 정당성을 선전하는 프로파간다로서 기능하였다고
할 수 있다.

Ⅳ. 베를린올림픽 마라톤
우승을 둘러싼 담론의 상극

식민지 조선에서 스포츠에 대한 관심이 그야말로 열광적이라고 할 만
큼 고조되었던 시기라고 한다면 1936년 제11회 베를린올림픽에서 손기
정 선수가 마라톤경기에서 우승한 무렵을 빼놓을 수 없다. 1932년 제

---

25) 上野卓郎, 「日独スポーツ関係史資料発掘覚書」, 『研究年報』, 一橋大学スポーツ研究
室, 1999.09, 58쪽, 재인용(『Vossische Zeitung』 1929.11.10.).

10회 로스앤젤레스올림픽 마라톤경기에 김은배 선수와 권태하 선수가 참가하여 큰 기대감을 주었지만 두 선수는 각각 6위와 9위에 그치면서 아쉬움을 남긴 만큼 베를린올림픽 마라톤경기에 출전한 손기정 선수와 남승룡 선수에 대한 기대감이 더욱 고조되었을 것이라는 것은 미루어 짐작할 수 있다. 그리고 그 기대감은 손기정 선수의 우승과 남승룡 선수의 3위라는 결과와 부합하여 열광적인 분위기를 연출하였다고 할 수 있다.

이러한 분위기는 당시의 일본과 조선의 신문 기사에서도 쉽게 확인할 수 있다. 먼저 일본의『요미우리신문(読売新聞)』은 마라톤 경기가 끝난 다음 날인 8월 10일자 조간에 손기정이 역주하는 사진과 함께「마라톤 일본' 세계를 정복 이제야 성취한다. 24년의 숙원 손(孫)에게 빛나는 '대회 최대의 패자' 남(南)도 분주(憤走)해서 3등에 입상」이라는 타이틀의 기사와「다시 기미가요의 감격!」이라는 소제목을 게재하였다.26) 또『도쿄아사히신문(東京朝日新聞)』도 8월 10일자 신문에「마라톤 24년의 숙원 이루다 세계에 자랑스러운 손(孫) 선수 훌륭히 1위 일장기가 빛난다 남(南) 선수도 당당히 3위」라는 기사를 게재하였다.27) 기사의 제목에서도 알 수 있듯이 일본의 신문들은 손기정 선수와 남승룡 선수의 경기 결과로 올림픽 마라톤에 참가한 이래 24년 만에 일본의 숙원이 달성된 것이며 전 세계에 일장기와 일본국가(國歌)를 알리는 '감격'을 안겨준 위업으로 다루고 있다.

다음은 조선의 신문에 보도된 기사를 살펴보자. 먼저『동아일보』가 8월

---

26)「"マラソン日本" 世界を征服 今ぞ成就す廿四年の宿願　孫に輝く "大會最大の覇者" 南も憤走して三等に入賞」,「再びす君が代の感激！」,『読売新聞』1936.08.10., 조간 2면.

27)「マラソン廿四年の宿願成る 世界に誇れ！孫選手 見事一着・日章旗輝く 南選手も 堂々三着」,『東京朝日新聞』1936.08.10, 2면. 이밖에도 8월 10일자 호외에도「見よ, 両選手の手に月桂樹　会場に轟く感激の君が代」라는 기사를 확인할 수 있다.

10일에 발행한 호외에 「성전의 최고봉 정복 대망의 올림픽 마라손 세계의 시청중집리(視聽中集裡) 당당 손기정군 우승 남군도 삼착 당당 입상으로」라는 제목의 기사를 게재하였다. 또 『조선일보』도 같은 날 발행된 호외에 「대망의 세계 마라손 제패 완성 조선 남아 의기충천! 손군 일착, 남군 삼착 삼십개국 오십육 명 선수 출전 초인적 신기록 작성」이라는 제목으로 기사를 보도하였다.

그러나 일본과 조선의 각 신문들이 손기정 선수와 남승룡 선수의 마라톤 경기를 앞 다투어 보도하는 양상이었지만 그 보도 내용과 입장에서는 사뭇 다른 차이를 보였다. 잘 알려진 바와 같이 양측의 차이를 극명하게 보여준 사건이 소위 '일장기말소사건'이라고 할 수 있다. 본고에서는 이 사건의 상세한 경위와 결과를 고찰할 여력은 없다. 다만 간단히 개요만을 기술하자면, 일장기말소사건은 8월 13일자 『동아일보』와 『조선중앙일보』, 8월 25일자 『동아일보』의 기사에서 손기정 선수의 베를린 올림픽 마라톤 우승 당시의 사진을 게재하면서 유니폼에 그려진 일장기를 지워버린 사건을 말한다. 이 사건으로 『동아일보』는 8월 29일자로 무기정간 처분을 받았으며 관계자 수 명이 구속되었다. 그리고 『조선중앙일보』는 9월 5일부로 자진 휴간에 들어가게 되었다.[28]

그런데 본고에서 주목하고자 하는 것은 신문이라는 미디어 공간에서 베를린올림픽 마라톤 우승을 둘러싸고 펼쳐진 일본과 조선의 문학 담론의 상극의 양상이다. 앞서 살펴본 바와 같이 일본의 신문들은 손기정의 마라톤 우승 소식을 대서특필로 다루었으며 연일 열띤 보도를 쏟아냈다. 그 가운데서도 『요미우리신문』은 8월 10일에 호외를 발행하고 임시특파원으로 파견한 사이조 야소(西條八十)의 행사시 「우리의 영웅! -탄

---

28) 일장기말소사건에 대한 상세한 내용은 최인진, 『손기정 남승룡 가슴의 일장기를 지우다』(신구문화사, 2006)를 참조하기 바란다.

환같이 달려간 작은 사나이」를 함께 게재하였다.[29]

> 붉은 석양이 장내에 흘러 물들인 오후 다섯 시 반
> 십만의 눈은 지하도 입구에 자석처럼 빨려 들어갔다.
> 그 찰라! 포탄처럼 달려 나온 작은 사나이!
> 손! 손! 지하도를 달려 나와 언덕 위에 타오르는 마라톤 거화(炬火)를
> 올려다본다.
> 작은 그의 신체에서 흘러나온 전 경기장을 압도하는 거대한 그림자!
> 박수, 박수, 환성, 성난 파도와 같은 환성!
> 아, 누가 오늘의 이 승리를 기대했을 것인가.
> 춤춰라! 일어나라! 노래하라! 일본인!
> 일본은 보여줬다.
> 오늘 확실히 보여줬다.
> 이 작은 남자 손(孫)의 모습에서
> 세계를 지휘하는, 약진 일본의 용감한 현재의 모습을[30]

인용 부분은 전체 3연 중 제3연에 해당하는 부분으로 베를린올림픽 마라톤경기의 마지막 장면을 그리고 있으며 결승선을 향해 경기장으로 들어오는 손기정 선수의 모습과 관중들의 환호를 생생하게 전하고 있다. 여기서 사이조 야소는 손기정의 작은 신체를 '경기장을 압도하는 거대한 그림자'로 표현하며 마라톤 우승을 '일본인'의 승리이자 세계 속으로 약진하는 '일본'의 모습으로 묘사하고 있다. 즉 마라톤 우승을 제국 일본의 승리와 발전을 재현하는 무대이자 국가주의에 기반을 둔 내셔널리즘을 고양하는 기회로 활용하고 있다. 그러나 이러한 표현 속에는 마

---

29) 사이조 야소(西條八十)는 일본을 대표하는 시인이자 작사가로서 베를린올림픽을 취재하기 위해 문학자 무샤노코지 사네아쓰(武者小路実篤), 요코미쓰 리이치(横光利一)와 함께 임시특파원으로 베를린올림픽을 직접 관전한 인물이다. 사이조 야소는 『요미우리신문』에는 행사시를, 『아사히신문』에는 관전기를 싣기로 하였다.

30) 西條八十, 『読売新聞』 1936.08.10. 號外.

라톤 우승에 대한 흥분과 함께 기대 밖의 우승으로 인한 당혹감도 엿보인다. 그 당혹감은 다름 아닌 아무도 승리를 기대할 수 없었는데 식민지 출신의 조선인에 의해 만들어진 승리이자 쾌거였다는 것에 기인할 것이다.

다음은 조선의 신문에 등장하는 손기정의 마라톤 우승을 둘러싼 문학 담론을 살펴보자. 조선의 신문에서 손기정의 마라톤 우승을 다룬 문학 담론으로는 8월 11일자 『조선중앙일보』에 실린 작가 심훈의 시(詩)「오오, 조선의 남아여! -마라톤에 우승한 손, 남 양군에게」와 8월 12일자 『동아일보』에 실린 극작가이자 동아일보 학예부장인 서항석의 시(詩)「손, 남 양군 승전사(孫, 南兩君勝戰詞)」를 들 수 있다. 먼저 심훈의 시를 살펴보자.

> 그대들의 첩보를 전하는 호외 뒷등에
> 붓을 달리는 이 손은 형용 못 할 감격에 떨린다.
> 이역의 하늘 아래서 그대들의 심장 속에 용솟음치던 피가
> 2천 3백만의 한 사람인 내 혈관 속을 달리기 때문이다.
> "이겼다"는 소리를 들어 보지 못한 우리의 고막은
> 깊은 밤 전승의 방울소리에 터질 듯 찢어질 듯.
> 침울한 어둠 속에 짓눌렸던 고토(故土)의 하늘도
> 올림픽 거화(炬火)를 켜든 것처럼 화다닥 밝으려 하는구나!
> 오늘밤 그대들은 꿈속에서 조국의 전승을 전하고자
> 마라톤 험한 길을 달리다가 절명한 아테네의 병사를 만나 보리라.
> 그보다도 더 용감하셨던 선조들의 정령이 가호하였음에
> 두 용사 서로 껴안고 느껴 느껴 울었으리라.
> 오오, 나는 외치고 싶다! 마이크를 쥐고
> 전 세계의 인류를 향해서 외치고 싶다!
> "인제도 인제도 너희들은 우리를 약한 족속이라고 부를 터이냐!"[31]

---

31) 심훈, 「오오, 조선의 남아여!-마라톤에 우승한 손, 남 양군에게」, 『조선중앙일보』 1936.08.11.

    손기정의 우승이 흥분되고 경이로운 쾌거였다는 점은 조선에서도 마찬가지였을 것이다. 그런데 여기에서 주의할 점은 손기정의 우승이 '침울한 어둠 속에 짓눌렸던 고토(故土)'에서 살아가는 '2천 3백만' 식민지 조선인의 민족의 승리로 묘사되고 있다는 점이다. 손기정의 우승은 식민지 조선인의 슬픔과 울분을 소거하는 '형용 못 할 감격'이며 '전 세계의 인류를 향해서 외치는' 조선인의 절규와도 같은 민족적 사건으로 표현되고 있다. 그렇기 때문에 손기정의 우승은 개인의 우승이 아니라 '조국의 전승'이며 '선조들의 정령이 가호'하여 만들어 낸 쾌거로 그려지고 있다. 그리고 무엇보다도 '약한 족속'이라는 모욕과 멸시를 주던 상대에 대한 통쾌한 항변은 결국 민족 내셔널리즘의 환기를 자극하는 표현으로 기능하였다고 할 수 있다.

    이어서 서항석의 시를 살펴보자.

> 지화자 조흘시고 이것고나 이것고나
> 兄아 아으아 二千萬 다나와서
> 勝戰鼓 두리둥치며 어깨고 춤추자
>
> 基禎아 昇龍아 너이보내고 죄든가슴
> 이아침 터저나니 한바탕 歡呼로다
> 三千里 자든江山도 함께깨어 울린다
>
> 東海물 白頭山이 길러준 이피 이뼈
> 오늘사 뽐내보니 두려울것 전혀없다.
> 世界도 우리억센줄 알앗은가 하노라
> 지화자 조흘시고 팔걷고 다나오라
> 빛나던 옛朝鮮에 우리아니 그子孫가
> 이후엔 世界舞臺를 활개치며 가리[32]

서항석의 시에는 마라톤 우승에 대한 기쁨을 더욱 흥겹고 직설적으로 표현하고 있다. '이천만' 조선인 모두가 '승전고(勝戰鼓)'를 두드리며 '어깨춤'을 추어도 될 만큼의 쾌거이며 '삼천리 자든강산'도 깨어나 울릴 만큼의 일대 사건이라는 것이다. 그리고 '동해물', '백두산', '옛조선'이라는 민족적 기호를 활용함으로써 마라톤 우승이 한민족의 쾌거임을 공개적으로 표출하고 있다. 또한 한민족의 강인함과 희망적인 미래를 강조하면서 민족 내셔널리즘을 소환하고 고양하고 있다는 점에서 심훈의 시와 궤를 같이하고 있다고 할 수 있다.

이와 같이 베를린올림픽 마라톤 우승을 둘러싼 일본과 조선의 문학 담론은 신문이라는 미디어 공간에서 일본의 국가주의에 기반을 둔 내셔널리즘과 조선의 민족주의에 기반을 둔 내셔널리즘이 첨예하게 대립하는 양상을 노정하고 있었으며, 일장기말소사건의 전초전과도 같은 상극 양상을 연출하고 있었다고 할 수 있다.

V. 식민지 조선의 스포츠 담론의 행방

손기정의 베를린올림픽 마라톤 우승으로 그 어느 때보다 스포츠에 대한 열광적인 분위기가 연출되는 가운데 일본에서는 일찍부터 이러한 분위기의 전환과 활용을 모색하는 움직임도 감지되었다. 8월 11일자『도쿄아사히신문』에는「반도선수의 승리」라는 제목의 다음과 같은 기사가 실렸다.

---

32) 서항석,「孫, 南兩君勝戰詞」,『동아일보』1936.08.12.

올림픽육상경기는 마라톤 우승으로 화려하게 막을 내렸지만 그 일장
기의 게양이 반도선수의 권투로 이루어진 것은 의의 깊은 것이다. 그것
은 20여 년의 역사 속에서 쌓아올린 성적임에 틀림없다. 오랫동안 기대
하고 여러 번이나 놓친 마라톤 일본의 영관이 반도의 신인선수에 의해
「일본」의 머리 위에 놓였다는 것은 뭐라고 해도 특필해도 좋을 일이다.
(중략) 내지인과 외지인이 마음을 합치고 힘을 모아서 그 위대한 기념
탑을 쌓아올려야 한다.[33]

기사에는 손기정의 마라톤 우승을 일본의 오랜 숙원을 달성한 의의
깊은 성과로 인정하면서 마라톤 우승의 주역이 식민지 출신의 조선인이
라는 사실을 환기시키고 있다. 그리고 4년 후에 개최될 도쿄올림픽에서
일본인과 조선인의 협력을 기대하는 논조를 담고 있다. 일본인과 조선
인의 협력을 기대하는 논조는 다름 아닌 당시의 식민지정책의 슬로건이
었던 내선융화의 논조이며 뒤이어 나타나는 내선일체의 논조라고 할 수
있다. 다시 말해서 식민지 출신의 스포츠 영웅의 탄생은 내선융화와 내
선일체의 이상적인 모델이자 결과로 활용할 수 있다는 기대감을 엿볼
수 있는 대목이다. 이와 같은 논조는 다음의 기사에서 더욱 명확히 확인
할 수 있다.

베를린 올림픽대회에서 손 군이 마라톤에서 우승한 것은 20여 년 이
래의 국민의 대망을 이룬 내구제패(耐久制覇)의 원인이 신체의 크고 작
음에 의하지 않고 몸과 정신의 단련에 기인한 것이라는 것을 실제 예로
써 증명한 의의 깊은 일이다. 또 특히 그가 반도출신이라는 것은 내선
융화에 일조할 만한 일로 여러 가지 점으로 보아 진정으로 경하해 마지
않을 따름이다.[34]

33) 「半島選手の勝利」, 『東京朝日新聞』 1936.08.11, 3면(金誠, 「スポーツにみる植民地権
力とナショナリズムの相克」, 『現代韓国朝鮮研究』 第16号, 2016.11, 41쪽, 재인용).
34) 有高巖(동양사학자) 기사 『東京日日新聞』 1936.09.17.(金誠, 위의 글, 42쪽, 재인용).

동양사학자 아리타카 이와오(有高巖)가 같은 해 9월 17일자 『도쿄아사히신문』에 기고한 기사의 일부이다. 아리타카는 손기정의 마라톤 우승이 몸과 정신의 단련으로 '국민의 대망'을 이룬 실증적인 예라고 그 의의를 평가하면서도 식민지 출신의 스포츠 영웅의 탄생이 '내선융화에 일조할 만한 일'이라며 축하의 뜻을 전하고 있다. 즉 스포츠 담론을 내선융화라는 식민지 이데올로기의 이식에 활용하는 것을 옹호하는 논조라고 할 수 있다.

그런데 한편으로는 식민지 출신의 스포츠 영웅을 바라보는 일본 당국의 불편한 시각도 확인된다. 베를린올림픽이 끝난 후 일본의 내무성 경보국은 손기정 선수의 마라톤 우승과 관련하여 '내외의 민족주의운동은 두 선수가 조선으로 돌아오는 것을 계기로 해서 상당히 고조된 듯한 정세이다. 이러한 시점에 조선인만의 별개의 환영회, 위안회 등의 개최를 허락하는 것은 민족적 감정의 추세로 보아 일본인과 조선인의 대립의 기운을 양성할 우려가 있다는 점을 고려하여 경시청에서는 조선인만의 환영회 등은 일절 인정하지 않을 방침을 채택하였다', '일부 편협분자에게는 이것을 가지고 「조선민족의 우수성을 증명한 것이라는 등」으로 삼고, 혹은 「두 선수의 우승은 즉 조선의 우승이다. 두 선수의 제패는 즉 조선의 제패이다」라고 해서 극력 민족의식의 유발과 억양에 힘쓰는 바가 있다. 그 때문에 일시적으로 침체되어 있는 민족주의운동도 최근 대두되는 경향이 아주 농후하게 되었다'고 보고하고 있다.[35] 앞서 살펴본 신문 미디어 공간에서의 내셔널리즘의 상극 양상을 비롯하여 일장기말소사건 등으로 조선인의 민족의식이 고조된 상황을 고려한 결과이겠지만 조선인의 민족주의에 대한 일본 당국의 경계심이 강하게 반영되어 있다는 사실을 알 수 있다.

---

35) 內務省警保局, 「朝鮮人の運動狀況」, 『特高外事月報』 1936.08, 97~99쪽.

실제로 일본 당국의 경계심은 손기정 선수 개인의 활동에 대한 감시와 통제로 이어졌으며 같은 해 10월 8일에 조선으로 귀국하는 장면에서도 단적으로 표출되었다. 양정고등보통학교의 황욱 선생과 함께 여의도 비행장을 통해 조선으로 귀국한 손기정을 위한 환영식은 물론 환영 인파도 없었다는 점은 이러한 사실을 방증한다.

그리고 조선총독부는 이러한 분위기를 의식한 듯 손기정의 우승과 귀국을 계기로 한 민족주의의 확산을 사전에 차단하려는 내용을 기사화하였다. 조선총독부의 기관지인『매일신보』는 1936년 10월 20일자 석간 2면에「손기정군의기헌앙(孫基禎君意氣軒昂)」이라는 기사와 함께 손기정이 조선신궁을 참배하는 사진을 보도하였다. 또 기사에는「세계 일의「마라손」왕도 돌아오면 일개 중학생」,「밀렸던 학업에 정진」이라는 소제목과 함께 '무엇 세상이 떠들 것 있습니까. 이제는 다소곳이 한갓 공부에 전념할 따름'이라는 손기정의 인터뷰 내용을 싣고 있다. 손기정이 조선신궁을 참배하는 사진만으로도 손기정의 마라톤 우승이 조선인 혹은 조선민족의 우승이 아닌 제국일본의 우승이라는 메시지를 줌으로써 민족의식의 고조를 차단하려는 의도를 탐지할 수 있지만 기사 내용은 더 나아가 손기정 개인은 물론 조선인들에게 손기정이 민족주의 활동이 아닌 일개 학생 신분으로 학업에 전념할 것을 종용하는 효과를 거두고 있다.

그 후 식민지 조선에서의 스포츠 담론은 중일전쟁의 개시로 인한 전시체제의 구축과 내선일체라는 식민지 이데올로기가 확산되면서 그 지향하는 바도 보다 명확히 드러났다. 1937년 10월 15일에 개최된 조선신궁봉찬경기대회는 조선총독부가 같은 해 10월 2일에 발표한「황국신민의 서사(誓詞)」의 낭송과 함께 시작되었다.[36]「황국신민의 서사」는 조선

---

36)「신궁경기입장식에 일본정신을 앙양『황국신민의서사』를 낭송할 터 15일 장중히

인으로 하여금 일본 천황의 신민으로서 충성을 다할 것을 서약하는 내용이다.[37] 이와 같은 서약을 당시 조선에서 개최되는 최대 규모의 스포츠 이벤트에서 오프닝 행사로 채택한 사실은 그야말로 식민지 조선에서의 스포츠 담론의 행방을 상징적으로 표출한 것으로 볼 수 있다. 즉 식민지 조선에서의 스포츠 이벤트는 황국신민화의 연장선상에서 진행되었으며 스포츠를 둘러싼 담론도 황국신민화와 내선일체라는 식민지 이데올로기의 선전이라는 프로파간다를 양산하였다. 1938년 10월 12일자 『경성일보』의 사설에는 이러한 추세가 명확히 확인된다.

> 특히 조선신궁봉찬의 취지에서 나온 것이며, 더욱이 전시하에 행해지는 대회인 이상 보통의 일반적인 연차행사와는 자연히 다른 의욕으로 임하고 있다는 것은 쉽게 짐작할 수 있다. (중략) 또한 이 체육대회가 문자 그대로 내선일체의 적나라한 모습으로 전개되는 바 조선신궁봉찬의 의의가 깊은 것이어서 형식적인 반도 젊은이의 총동원에 그치지 않고 정신적으로 자계자숙(自戒自肅)하고, 전선에 있는 황군병사의 노고에 감사를 방불케 한다는 것을 잊어서는 안 된다.[38]

이 사설은 1938년 10월 4일부터 경성운동장에서 개최된 제14회 조선신궁봉찬체육대회의 분위기를 기술하면서 전시체제하에서의 체육대회

거행」, 『매일신보』 1937.10.08, 6면.
37) 「황국신민의 서사」의 상세한 내용은 다음과 같다.
   그 1
   1. 우리는 대일본제국의 신민입니다.
   2. 우리는 마음을 합쳐서 천황폐하께 충의를 다하겠습니다.
   3. 우리는 인고단련(忍苦鍛鍊) 해서 훌륭하고 강한 국민이 되겠습니다.
   그 2
   1. 우리는 황국신민이며 충성으로써 군국에 보답하자.
   2. 우리 황국신민은 서로 신애협력(信愛協力) 하여 단결을 강하게 하자.
   3. 우리 황국신민은 인고단련(忍苦鍛鍊) 힘을 길러서 황도(皇道)를 선양하자.
38) 「사설 조선신궁체육대회 총후국민의 통제를 보여라」, 『경성일보』 1938.10.12.

개최의 의의와 임하는 자세 등을 기술하고 있다. 그 핵심 내용을 간단히 나열하면 '내선일체', '총동원', '정신적 자계자숙', '황군병사의 노고에 감사' 등이라고 할 수 있다. 말 그대로 체육대회를 통한 내선일체의 실현과 황국신민화의 실천을 강조하고 있다.

이와 같은 스포츠 담론의 양상은 교육의 영역에서도 확인할 수 있다. 조선총독부 학무국은 1936년 6월에 문부성이 개정한「제2차학교체조교 수요목」의 주요 목표를 '황국신민으로서의 자각의 철저', '내선일체의 신념 확립', '단련주의 교육의 철저'라고 규정하고 체육교육에서의 실천을 강요하였다.[39] 더욱이 전시체제가 강화됨에 따라 체육의 목표도 보다 노골적으로 현실적인 요구를 표방하였다. 조선총독부 학무국 촉탁 다카 마쓰 마타쓰케(高松又輔)는 총독부 기관지인 잡지『조선』의 1939년 8월 호에서 체육의 목표를 다음과 같이 기술하고 있다.

> 동아신질서 건설의 대사명에 협력해야 할 체육의 목표는 실로「전력 증강」하나에 집중해야 한다. 저 태평한 때에 행해져야 할 법한 체육은 차제에 뒤로 미루고, 우선 우리는 최고의 전력을 획득할 만한 강한 체 육의 방책을 수립하지 않으면 안 된다.[40]

여기에서 체육의 목표는 그야말로「전력증강」, 즉 전투능력의 배양이 자 전투병사의 양성으로 수렴되고 있다. 이 때문에 다카마쓰는 이 글에 서 전력증강의 체육을 '국방체육'이라고도 할 수 있다고 기술하면서 각 학교에서 실시하고 있는 체육방법 중에 시정하고 주의해야 할 점을 구 체적으로 예시를 들고 있다. 그 예시에는「행군력」,「투척력」,「도약력」,

39) 学務局梅澤慶三郎,「体操科教授要旨と学校体操教授要目の改正」,『文教の朝鮮』22, 1938.06, 28~33쪽.
40) 高松又輔,「戦力増強の体育」,『朝鮮』제291호, 1939.08, 34쪽.

「반등력(攀登力)」, 「영력(泳力)」, 「부중력(負重力)」, 「교치력(巧緻力)」 등 병사들의 전투력 향상에 관련된 항목들이 제시되어 있다.[41] 다시 말해서 전시체제하의 식민지 조선에 있어서 체육의 목표는 황국신민화의 실천과 전투력 증강이라는 대전제 하에 설정된 것이다.

이러한 추세는 1940년대에 들어서 더욱 노골적으로 부각되고 있다. 1942년 9월 22일에 조선총독부 학무국은 당시 국민학교(国民学校)에 대하여 「국민학교체련과교수요항(国民学校体錬科教授要項)」을 발표하고 다음과 같은 교수방침을 제시하였다.

> 체련과에서는 신체를 단련하고 정신을 연마하여 활달강건, 인고지구 (忍苦持久)의 심신을 육성하여 헌신봉공의 실천력을 배양함으로써 황국신민으로서 필요한 기초적 능력을 연마육성하고 종합전력의 증강에 기여해야 한다.[42]

이 교수방침은, 1936년 6월에 문부성이 「제2차개정학교체조교수요목 (第2次改正学校体操教授要目)」에서 제시한 '체조과는 신체의 각 부를 균형 있게 발육하게 하여 사지(四肢)의 동작을 기민하게 함으로써 전신의 건강을 보호 증진하고 정신을 쾌활하게 해서 강의(剛毅)하게 하고 아울러 규율을 지키고 협동을 중시하는 습관을 키우는 것을 요지로 한다'고 하는 방침과 비교해 보더라도 체육 과목이 '황국신민으로서 필요한 기초

---

41) 체육의 목표를 전력증강이라는 국방적 관점으로 기술한 예로는 조선총독부사무관 도모토 도시오(堂本敏雄)의 기고문도 주목할 만하다. 도모토는 1939년 8월에 잡지 『조선』에서 「국민체위 향상문제의 대책 중에 「국방적 대책」으로서 생도, 학생, 청년, 장년의 전선에서 병사로서 전투력 내지 내전력(耐戰力)의 증대이며, 행군력, 부담력, 수영력, 투척력, 도약력의 연성」을 제시하면서 체육운동에 있어서의 '국방적 재건'의 필요성을 피력하고 있다.

42) 조선총독부학무국편찬, 『국민학교체육과교수요항 및 실시세목』, 조선공민교육회, 1944.

적 능력의 연마육성'과 '종합전력의 증강에 기여'라고 하는 두 가지 목표를 위해 운영된다는 점을 명확히 하고 있다는 것을 알 수 있다. 즉 이 시기에 식민지 조선의 학교교육에 있어서 체육의 목표는 황국신민화라는 제국일본의 식민정책과 전력증강이라는 전시체제하의 요구를 고스란히 반영한 것이다.

이러한 추세로 스포츠 담론은 군사적으로 유용한 부분에 한정하거나 전시적 색채를 강화시키는 양상으로 전개되었다. 당시의 대표적인 일본어 월간잡지로 식민통치정책에도 많은 영향을 주었던 『조선공론(朝鮮公論)』에는 전시체제하의 스포츠에 대해 다음과 같은 기사가 수록되었다.

> 국방, 전투상 쓸모가 없을 것 같은 경기는 경기로서 자격이 없는 것으로 삼고 경기종목 가운데서 말살해버리는 편이 고도국방국가 건설의 취지에서 볼 때 당연하다고 생각한다.[43]

이 기사에는 전시체제를 의식한 스포츠의 존재가치를 '실전(實戰)이용가치'의 유무와 '국방과학지식 흡수' 여부를 기준으로 판단해서 현대전(戰)이나 미래전(戰)과 같은 실전(實戰)이나 전투기술에 직접적으로 도움이 되는 경기만을 취사선택할 것을 주장하고 있다. 즉 스포츠의 가치가 군사적인 효용가치로 재단되고 있는 것이다. 그리고 이러한 가치판단은 실제로 스포츠 이벤트에도 적용되어 행사장의 풍경에 변화를 가져왔다.

다음은 1942년 9월 24일부터 시작되는 제18회조선신궁봉찬체육대회의 풍경을 보도한 기사의 일부이다.

"청년반도의 의기와 정열을 단결하는 제18회조선신궁봉찬체육대회

---

43) 弧峯, 「新体制とスポーツ」, 『朝鮮公論』 28(11), 1940.11, 43~44쪽.

는 (중략) 과거의 경기에서 체육으로 180도 전환하고 나서 제1회 대회인 만큼 경기, 연기종목에도 집단적, 전시적 색채가 눈에 띄게 분명해졌으며 남녀 학생 11,000명의 이목을 끄는 집단체조, 경기장을 덮는 우렁찬 기합의 1,000명의 총검술 시합, 체신국 직원 2,500명의 직장 체육 등 집단 공개연기와 특수경기가 젊은이의 국가적 자각 속에서 불꽃을 흩날릴 예정이어서 조선체육행사의 최고봉인 "신궁봉찬체육대회"는 반도국민체력의 실력을 여기에 유감없이 발휘할 것으로 기대된다.[44]

당시 조선 최대의 체육행사로 손꼽히는 조선신궁봉찬체육대회는 '과거의 경기에서 체육으로 180도 전환'되어 진행되었다고 기술하고 있다. 이 기사에서 먼저 주목할 부분은 '경기'와 '체육'을 구분하여 기술하고 있다는 점이다. 무엇보다 이 구분의 기준에는 앞서 살펴본 군사적인 효용가치가 적용되었다는 것을 유추할 수 있다. 그리고 경기장에서 연출된 남녀 학생 11,000명의 집단체조, 1,000명의 총검술 시합, 2,500명이 동원된 직장 체육 등의 집단 연기종목은 강한 전시적 색채와 함께 조선 청년들에게 '국가적 자각', 즉 제국일본의 신민이라고 하는 '국민의식'을 조장하는 역할을 하였다는 것을 추찰할 수 있다. 다시 말해서 제국일본이 도모한 식민지 조선에서의 스포츠의 목적은 조선인의 체력향상보다 규율화된 '국민'의 신체 양성을 통한 황국신민화와 전시체제하의 전쟁수행을 위한 수단적 성격으로 수렴되었다는 것을 확인할 수 있다.

---

44) 「近づく朝鮮神宮奉賛の祭典 集ふ全鮮の若人二万 二十四日体育大会の火蓋」, 『경성일보』 1942.09.22, 3면.

VI. 맺음말

근대일본의 스포츠는 교육제도의 정비를 바탕으로 한 학교교육의 도입과 함께 본격적으로 시작되었다고 할 수 있다. 그 후 스포츠는 천황제 이데올로기와 국가주의, 그리고 군국사상에 기인한 사회적 배경과 조건에 의해 '국민의 신체'를 관리하고 통제하며 점차 규율화된 신체의 훈련과 육성을 획책하는 방향으로 전개되었다. 이 과정에서 스포츠는 사상 선도의 수단으로 활용되었으며, 국가주의와 군국사상의 요구를 실천하는 장(場)으로 변용되었다. 특히 그 변용의 양상은 제국일본의 국민통합과 내셔널리즘의 고양이라는 정치적 사상적 과제를 해결해야했던 식민지 조선에서 더욱 뚜렷하게 나타났다.

본고는 이와 같은 관점에서 근대일본의 스포츠에 대한 인식과 스포츠 활동이 식민지 조선에서 어떻게 기능하였으며 어떠한 양상으로 전개되었는지를 고찰하였다. 또 이 과정에서 제국일본이 식민지 조선인의 신체를 규율화된 '국민의 신체'로 양성하는 과정에 스포츠 담론이 어떠한 관여를 하였는지도 살펴보았다.

당초 제국일본의 국민통합과 내셔널리즘의 고양, 그리고 서양에 대한 열등감의 극복과 자신감의 부여라는 목적으로 개최한 일독대항육상경기는 식민지 조선에서는 제국일본의 신체적 우월성과 식민통치의 정당성을 선전하는 프로파간다의 목적이 수반되었다. 그리고 손기정 선수의 베를린올림픽 마라톤 우승을 계기로 고조되었던 식민지 조선의 민족주의에 기반을 둔 스포츠 내셔널리즘은 제국일본의 국가주의에 기반을 둔 내셔널리즘과 첨예한 대립의 양상을 연출하였지만 식민권력의 억압과 통제의 자장이라는 한계를 수긍해야 했다. 특히 식민지 조선에서의 스포츠는 내선일체라는 식민통치 이데올로기의 등장과 전시체제의 심화로 황국신민화와 전투력 증강이라는 목적을 전제함으로써 제국일본의 정치적 요구를 수행하는 수단으로 변용되었다. 결국 제국일본이 식민지 조선에서 추진하고 지향한 스포츠는 개인의 신체를 '국민의 신체'로 규율화하는 장치로서 기능하였으며, 개인의 가치를 전투력 증강을 통한 국가적 가치로 전환하는 기제로 활용되었다.

참고문헌

1. 단행본

이나마 쯔기오 저, 홍준기 역, 『구한말 교육과 일본인』, 온누리, 2006.

조선총독부학무국편찬, 『국민학교체육과교수요항 및 실시세목』, 조선공민교육회, 1944.

최인진, 『손기정 남승룡 가슴의 일장기를 지우다』, 신구문화사, 2006.

阿部知二, 『增補決定版 現代日本文学全集』73, 筑摩書房, 1975.

坂上康博, 『權力装置としてのスポーツ』, 講談社, 1998.

全日本陸上競技聯盟編, 『日独競技を顧みて』, 三省堂, 1930.

中村三春, 『コレクション・モダン都市文化 第9巻競技場』, ゆまに書房, 2005.

文部省編, 『勝田文部大臣訓示演説集』, 文部省, 1929.

山川均, 『山川均全集』8巻, 勁草書房, 1979.

2. 논문

박해남, 「제국과 식민지 간 재현 경쟁의 장, 스포츠:조선신궁체육대회와 메이지신 궁체육대회를 중심으로」, 『한림일본학』 제26집, 2015.

손환, 「일제하 한국근대스포츠시설에 관한 연구」, 『한국체육학회지』 42권 4호, 2003.

阿部知二, 「スポオツ小説のこと」, 『文学風景』 1巻 8号, 1930.

上野卓郎, 「日独スポーツ関係史資料発掘覚書」, 『研究年報』, 一橋大学スポーツ研 究室, 1999.

学務局梅澤慶三郎, 「体操科教授要旨と学校体操教授要目の改正」, 『文教の朝鮮』 22, 1938.

金誠, 「スポーツにみる植民地権力とナショナリズムの相克」, 『現代韓国朝鮮研究』 第16号, 2016.

小橋一太, 「体育と国運」, 『体育と競技』, 大日本体育学会, 1929.

弧峯, 「新体制とスポーツ」, 『朝鮮公論』28(11), 1940.

内務省警保局, 「朝鮮人の運動状況」, 『特高外事月報』, 1936.08.

中山厚生, 「カール・ディームの研究(Ⅱ)」, 『天理大学学報』第158号, 1988.

3. 기타

「사설 조선신궁체육대회 총후국민의 통제를 보여라」, 『경성일보』, 1938.10.12.

서항석, 「孫, 南兩君勝戰詞」, 『동아일보』, 1936.08.12.

「신궁경기입장식에 일본정신을 앙양 『황국신민의서사』를 낭송할 터 15일 장중히
    거행」, 『매일신보』 1937.10.08.

심훈, 「오오, 조선의 남아여!-마라톤에 우승한 손, 남 양군에게」, 『조선중앙일보』,
    1936.08.11.

「운동경기 남녀 100미터에 세계신기록」, 『동아일보』 1929.10.18.

「일독경기를 경성에서 개최」, 『조선일보』 1929.04.15.

「일독경기의 선수환영방법」, 『조선일보』 1929.10.13.

「일독대항경기는 내일」, 『경성일보』 1929.10.17.

「전국의 인기를 집중한 일독대항경기대회」, 『경성일보』 1929.10.18.

「体育課を局に拡張　文部省の要求」, 『京城新聞』 1928.07.04.

「十月十七日に 京城서 模範競技擧行」, 『매일신보』 1929.07.03.

「今秋日独対抗競技」, 『朝鮮新聞』 1929.07.04.

「"マラソン日本" 世界を征服 今ぞ成就す廿四年の宿願　孫に輝く "大會最大の覇者"
    南も憤走して三等に入賞」, 「再びす君が代の感激!」, 『読売新聞』1936.08.10.

「マラソン廿四年の宿願成る 世界に誇れ!孫選手 見事一着・日章旗輝く 南選手も
    堂々三着」, 『東京朝日新聞』 1936.08.10.

「近づく朝鮮神宮奉賛の祭典　集ふ全鮮の若人二万 二十四日体育大会の火蓋」, 『경
    성일보』 1942.09.22.

高松又輔, 「戦力増強の体育」, 『朝鮮』 291, 1939.08.

文部大臣勝田主計, 「体育奨励」, 『朝鮮公論』16(12), 1928.12.

2부

보건 · 사회 정책의 역사성

일제강점기 간호학의 보급과 간호사 양성 정책

Ⅰ. 머리말

개인이 경험한 과거는 가치관과 신념체계에 큰 영향력을 미칠 뿐 아니라 변화와 성장에도 깊이 관련되어 있다.[1] 한 개인의 과거에 대한 통합된 사건은 역사로 기록되며[2] 이러한 역사에 관하여 현 시점에서는 단순한 해석이 중요한 것이 아니라 역사가 갖는 다양한 사건들을 재구성하여 현재 어떠한 의미로 다가오고 있는지 파악할 뿐 아니라 미래를 전망하고 대안적 방향을 제시해 줄 수 있도록 해야 한다.

과거와 현재는 서로 공존하면서 과거는 문화와 제도를 기억하고 있는 또 다른 현재로 존재하게 된다.[3] 즉 과거 간호의 역사를 돌아보는 것은

---

1) 이윤주, 「우리나라 근대간호의 도입과 정책」, 연세대학교 석사학위논문, 2006.
2) Austin, A. L. (1958),The Historical Method in Nursing. *Nursing Research,* 7(1), 4-9.
3) 정은영, 「근대(1876-1945) 한국사회의 전염병 인식과 간호사의 융합적 역할」, 『The Journal of the Convergence on Culture Technology』 6(3), 2020, 19-26쪽.

일제강점기 간호학의 보급과 간호사 양성 정책 **243**

오늘날 국민의 건강을 책임지고 있는 간호사들이 현 위치에서 무엇을 해야 하는지에 관한 해답을 제시해줄 수 있다. 뿐만 아니라 급격하게 변화되는 사회에서 다양한 국민의 기대와 요구에 부응할 수 있는 간호사의 역할을 이행하기 위해 미래 간호사의 역할을 전망하고 대안적 방향을 제시하기 위한 기본틀을 제공할 수 있기 때문에 필요하다.

간호의 역사는 독립된 개념이 아니라 인류의 역사와 공존하며 존재하였고 역사 속에 기록되어진 다양한 사건들의 영향을 받았다는 것을 부정할 수 없다.[4] 즉 간호는 동시대 사람들의 문화, 사회적 사건, 정치, 경제와 종교 등 많은 사건들로부터 독립될 수 없으며 서로 영향을 받으며 존재하였다. 따라서 역사 속에서 발생한 다양한 사건들 속에서 간호가 어떠한 의미로 기록되며 그 당시 어떤 영향력을 나타내었는지를 살펴보면서 이해하는 것은 현재 발생되고 있는 변화에 능동적으로 대처할 수 있다. 뿐만 아니라 과거 사건에 대한 연구를 통한 해석은 미래에 발생할 수 있는 현상들을 예견할 수 있고 그에 대한 대안적 정책을 제시할 수 있기 때문에 중요하다.[5] 간호역사 연구의 중요성이 강조되면서 국외에서는 1970년대부터 활발한 연구를 시작하였다. 국내에서는 1990년대 초반부터 본격적인 간호역사 연구가 시작되었지만 다른 연구에 비해 많이 부족한 상황이다. 전문직의 과거에 대한 연구는 현재의 학문을 발전시킬 뿐 아니라 이전의 과거에 발생한 실수를 되풀이 하지 않도록 해준다고 하였다. 이러한 의미에서 전문 분야에 대한 역사적 연구는 다각적 시점에서 다양하게 이루어져야 할 필요가 있다.

시대적 상황에 따라 건강에 대한 개념이 조금씩 다를 수 있으나 건강은 인간의 기본적 욕구이며 이러한 건강을 유지 증진하기 위해서는 간

---

4) 이윤주, 앞의 글, 20쪽.
5) 정은영, 앞의 글, 20쪽.

호가 필수 요소인 것은 변함이 없다.6) 우리나라 역사 속에서 처음 간호가 도입되는 초장기에는 단순히 여자들이 하는 직업으로 인지하면서 사회적으로 무시되거나 토속적 전통 방식에서 이루어진 미신이라는 이미지 때문에 거부당하였다.7) 어렵고 힘든 시간이 지나고 현재 한국 간호 역사 117년을 맞이하여 새로운 100년 대계를 준비하고 있는 현 시점에서 간호의 역사적 흐름을 살펴 볼 필요가 있다. 특히 처음 간호가 도입된 근대 시대를 지나 급진적 변화를 이룬 일제강점기 간호의 역사를 살펴보는 것이 중요하다. 왜냐하면 간호역사에 있어 일제강점기는 급진적 변화와 성장과 좌절을 동시에 경험하면서 현재 간호 발전의 초석이 되었기 때문이다.

간호사라는 부정적 선입견은 서구 선교 의료 도입으로 인해 새로운 이미지로 변화되기 시작하였다.8) 한국에서 간호는 1903년 보구녀관에서 시작되어 구녀관, 세브란스병원, 대한의원 등에서 시행되었으나 1910년 한일합방 이전까지 모두 4명의 간호사만을 배출하였다. 처음 시작은 이렇게 미비하였으나 일제강점기에 들어서면서 전국적으로 간호교육기관이 세워질 뿐 아니라 관련 법령과 구체적인 교육과정이 만들어졌고 간호사 배출 및 간호 교육과정의 급진적 발전이 이루어졌다.9) 즉 본격적인 근대적 간호의 시작은 일제강점기에 외국 간호선교사들에 의해 시작되었다고 볼 수 있기 때문에10) 일제강점기 간호에 대한 연구는 한국 간

---

6) 정은영, 「개화기 긴소설을 통한 건강 표상-위생과 질병, 의료인에 대한 인식, 자가간호의 개념을 통해-」, 『역사연구』 36, 2019, 99-122쪽.

7) 이종찬, 「인문학의 지평으로 간호담론과 행위를 바라보다」, 『간호학탐구』 9(2), 2000, 9-17쪽.

8) 위의 글.

9) 이꽃메·박정호, 「일제시대 관공립 간호교육에 관한 역사적 연구」, 『간호행정학회』 5(2), 1999, 317-336쪽.

10) 이꽃메, 「우리나라 근대간호사의 도입과 정착」, 『간호학탐구』 9(2), 2000, 105-106쪽.

호역사에 중요한 시점이라고 할 수 있다.

II. 연구 방법

본 연구에는 간호사 양성을 위한 본격적인 교육이 이루어진 일제강점기에 나타난 간호 관련 다양한 역사적 사건들을 살펴보기 위해 역사적인 접근법(historical method)을 사용하였다. 일반적으로 역사적 접근법의 연구과정에서 고려할 사항은 다음과 같다. 첫째, 자료수집 과정에서 역사적 연구에서 사용되는 자료를 일차자료와 이차자료로 구분한다. 일차자료는 그 상황을 직접 목격했거나 그 사건에 참여했던 사람의 기록 또는 사진을 통해 묘사한 자료를 의미한다. 이차자료는 사건이나 시대적 상황을 일차적 자료를 토대로 요약하고 해석한 선행연구나 책을 의미한다. 둘째, 다양한 역사적 자료에 대한 외적평가와 내적평가를 실시한 후 자료를 선택해야 한다. 선별된 역사적 자료의 외적평가를 위해서는 기록들의 정확성과 명확성이 확실히 제시되어야 할 뿐 아니라 귀중본으로 평가받고 있는 자료 중에 선택해야 한다. 내적평가를 위해서는 과거에 발생한 동일한 사건에 대해 두 개 이상의 기록의 일치성 정도를 확인하는 것과 당시에 간행된 자료를 토대로 분석하면서 특히 사건 발생 시기와 가장 가까운 자료를 선택하는 것이 중요하다. 마지막으로 고려해야 할 사항은 역사적 자료의 분석에서 주관적 개입이 들어가지 않도록 주의하면서 해석을 하는 것이다. 뿐만 아니라 통합적 관점에서 시대적으로 특징 지어지는 간호 역사를 규명하는 것이 중요하다.[11]

---

11) 이윤주, 앞의 글.

이러한 역사적인 접근법에 대한 유의 사항을 숙지한 후 이 시기에 해당 되는 주요 일차자료로 조선총독부 관보, 대한매일신보 등의 일간지와 선교사들의 공식 보고서를 인용하였고 이차자료는 추후 일차자료를 토대로 발행된 다양한 선행연구과 책을 인용하여 연구하였다. 또한 수집된 자료를 토대로 서술하고자 하는 시대를 구분하였다. 의료·보건과 관련된 역사적 시대를 구분하는 방법은 연구자에 따라 다양하게 구성되면서 약간의 차이가 있지만, 본 연구에서는 조선총독부 관보와 기타 여러 정부의 공식 문헌, 간호교육기관에서 펴낸 자체 자료를 토대로 일제강점기 간호의 역사를 정착과 변화의 시기별 특징에 따라 근대 간호의 태동기(1910년-1919년), 근대 간호의 발전기(1920년-1937년), 근대 간호의 정체기(1938년-1945년)로 나누어 구분하였다. 일제강점기 간호의 역사를 3단계로 나누면서 기존 선행 연구를 토대로 객관적 분석을 실시한 후 그 시대에 특징 되어 지는 간호 중점 역사를 규명할 수 있도록 하였다.

Ⅲ. 근대 간호의 태동기 : 1910년~1919년

1. 간호교육 기관

조선말 시대에 실학자들은 서양 의학을 긍정적으로 평가하였고 그 후 우두법과 같은 근대 의학 지식을 조선에 보급하기 시작하면서 근대 의학이 시작되었다.[12] 이러한 근대의학의 역사와 함께 간호학도 조선말인 1903년 서양 선교사들에 의해 보구녀관에서 간호교육이 시작되면서 간

---

12) 정은영, 앞의 글.

호 지식이 보급되기 시작하였다.[13] 보구녀관을 토대로 1906년에 미국 감리교 간호 선교사인 쉴즈가 세브란스병원 간호원 양성소를 설립하여 간호교육을 시작하면서 간호교육 기관의 체계적 확립이 이루어졌다.[14] 선교사 중심으로 조선말에 설립된 간호교육기관은 일제강점기에도 지속적으로 운영되면서 더 활발해지기 시작하였다. 특히 일제강점기에 간호교육기관에서 배출된 졸업생들은 신여성이라는 이름으로 현재의 직장여성처럼 사회에서 활동하게 되었고 이러한 변화는 한국여성해방에 하나의 전환점을 제공하게 되었다.[15] 이렇게 사회적 변화를 제공하게 된 간호교육기관이 일제강점기에 사회적으로 크게 환영 받지는 못했다. 왜냐하면 조선시대 간호를 담당했던 의녀는 시대적으로 천민 신분의 관기였기 때문에[16] 천민을 양성하는 교육기관을 인정하기 어려웠다. 이러한 사회적 선입견이 일제강점기에도 간호사를 천시하는 사회적 풍토가 여전히 남아 있어서 여성에게 간호교육을 시작하려고 시도하는 것 자체가 험난한 과정이었다.[17] 하지만, 사회적 진출을 시작하려는 여성에게 있어서 교육과 직업은 필수 수단이기 때문에 이러한 시대적 흐름에 발맞추어 간호교육과 간호사 양성 교육기관이 일제강점기에 꾸준히 운영되었다.[18] 일제강점기에 간호교육은 크게 3기관에서 이루어졌다. 가장 먼저 간호교육은 선교사 중심의 교육기관에서 시작되었다. 세브란스 간호원양성소는 1910년에 처음으로 간호학 교과서를 집필하였고 이론 뿐

---

13) 이꽃메 · 박정호, 앞의 글.

14) 윤매옥, 「한국간호의 선구자 엘리자베스 쉐핑의 간호선교」, 『The Journal of the Convergence on Culture Technology』 3(4), 2017, 107-115쪽.

15) 위의 글.

16) 옥성득, 「초기 개신교 간호와 간호교육의 정체성」, 『한국기독교역사학회』 36, 2012, 185-227쪽.

17) 이정렬 · 조윤희 · 고지숙 · 김정애, 「연세간호를 태동 시킨 외국 선교사들」, 『한국간호교육학회』 17(1), 2011, 44-51쪽.

18) 이윤주, 앞의 글.

아니라 기본간호술은 실습을 통해 직접 체험하게 함으로써 실제 임상 현장에서 필요한 인재를 교육하기 위해 노력하였다.[19] 일제강점기에 선교사에 의한 간호교육기관이 가장 먼저 시작되면서 활발하게 이루어진 이유는 그 당시 여성 환자를 돌볼 수 있는 전문인력이 필요했기 때문이다. 1904년 9월 3일 세브란스병원 봉헌식을 시작으로 병원을 이용하는 환자수가 꾸준히 증가하게 되었고 그 중 여자 환자가 25%를 차지하게 되면서 여성을 돌볼 수 있는 간호사의 필요성이 강조되었다.[20] 따라서 세브란스병원에서는 취약계층인 여성을 돌볼 수 있는 간호사를 배출하기 위해 의료사업보다 교육사업이 먼저 활발하게 이루어졌다. 그 예로 세브란스병원은 연합의학교육기관 설립과 그 기관을 운영할 수 있는 교육위원회를 구성하였고 교육위원회 구성 안에는 간호교육위원회를 포함시켜 간호교육을 위한 초석을 마련했다. 간호교육위원회는 간호사의 자격 조건, 교육과정 기준 등을 확립하면서 1913년부터 간호원 양성소가 활발하게 운영되기 시작하였다.[21]

또 다른 간호교육을 실시한 교육기관은 관공립 교육기관이다. 그 중 대한의원의 교육 기능을 이어 받아 만들어진 경성의 조선총독부의원이 대표적인 교육기관이다.[22] 이곳에서 이루어진 간호교육의 수업은 3학기 과정으로 1년 6개월 동안 이루어졌으며 주로 일본어와 간호학을 배웠다. 주된 간호학 교육과정은 해부생리학, 붕대학, 소독법과 기계 취급법, 수술개보법, 위생학, 구급법 등으로 이루어졌다. 학생의 정원은 각 학기 20명이었다. 입학 자격은 17세 이상 25세 이하의 한국인 여성으로 신체가 건

---

19) 위의 글.
20) 이정렬·조윤희·고지숙·김정애, 앞의 글.
21) 위의 글.
22) 이꽃메·황상익, 「우리나라 근대 병원에서의 간호: 1885-1910」, 『大韓醫史學會』 6(1), 1997, 55-72쪽.

강하고 품행이 방정해야 한다는 입학 조건이 있었다.[23] 1907년 조선독부의원이 개원한 시기에 간호인력은 산파 3명과 간호사 10명으로 시작하였으나 1910년 이후 간호사 수는 증가하게 되면서 간호사만 거의 60명에 이르면서 전체 직원의 69%를 차지하게 되었다.[24] 이렇게 점차적으로 간호교육기관이 발전하면서 좀 더 많은 관공립 중심의 교육기관이 개설되었고 학생들은 이곳에서 일본어와 간호학을 배우게 되었다. 이후 전국 13개소의 자혜의원(수원, 청주, 공주, 전주, 광주, 대구, 해주, 진주, 평양, 의주, 춘천, 함흥, 경성)에서 간호인력을 양성하게 되었다.[25] 자혜의원에서도 교육과정은 1년 6개월 동안 이루어졌으며 학생 정원은 12명이었고 입학제한의 나이는 만 17세 이상 30세 이하의 여성이었다. 간호교육기관이 전국적으로 보급되면서 서울에서는 조선총독부의원을 중심으로 지방에서는 자혜의원을 중심으로 관공립교육기관에서 간호교육이 이루어졌다.[26]

마지막으로 일제강점기에 간호교육은 애국문화계몽 운동가들을 중심으로 형성된 사립교육기관인 사립 조산부양성소에서 실시되기도 하였다.[27] 개화기 시대부터 건강을 위한 위생을 중요하게 생각했던 애국문화계몽 운동가들은 나라의 국권 회복을 위해 무엇보다 미래 나라를 책임질 어린이들의 건강을 강조하였다.[28] 특히 임신과 해산, 모유수유 등의 중요성을 강조하게 되었고[29] 이러한 관심이 자연스럽게 모자보건의

23) 이꽃메 · 박정호, 앞의 글.
24) 이충호, 「日帝侵略下 醫師敎育 活動에 관한 硏究 : 1900년대 초에서 1945년까지를 중심으로」, 성신여자대학교 박사학위논문, 1997.
25) 이꽃메, 「일제시대 우리나라 간호제도에 관한 보건사적 연구」, 서울대학교 박사학위논문, 1999.
26) 이꽃메 · 박정호, 앞의 글.
27) 이윤주, 앞의 글.
28) 위의 글.

중요성이 부각되면서 산파에 대한 관심으로 자연스럽게 이어졌다.[30) 황성신문 뉴스에는 1910년 1월 9일에 발기회를 열어 임원을 선출 하였고 이곳에서 일반 부인을 대상으로 계몽독립운동과 모자보건이 시작되었다는 뉴스를 접할 수 있다. 이후 1912년 덕수궁에서 옹주가 태어날 때 조산부양성소에서 산전관리와 조산을 담당하면서 더 활발하게 운영되었다.[31) 사립 조산부양성소는 자발적으로 운영되었으며 설립 이후 약 10년간 약 20명의 한국인 조산사를 배출 하였다.[32)

2. 간호제도의 시작

간호사는 일제강점기 이전부터 환자 돌봄에 있어서 올바른 지식과 그에 맞는 과학적 기술을 토대로 환자 치료에 중요한 역할을 하였음에도 불구하고 의사와 달리 전문인으로 인지되지 못하였다. 전문직으로 인정 해주기 위해서는 많은 선행 조건들이 필요하지만 그 중 간호사가 되기 위한 필수 교육과정과 조건 및 업무의 범위를 정하는 규칙을 제도화 하는 것은 필수 요소이다.[33) 이렇게 간호사를 전문직으로 발돋움 할 수 있도록 1914년에 간호인력의 자격과 면허를 규정한 우리나라 최초의 간호 단독 규칙인 간호부규칙이 제정되었다.[34) 간호부규칙은 간호와 관련된

---

29) 이꽃메 · 김화중, 「일제시대 선교회의 보건간호사업에 대한 역사적 연구」, 『지역사회간호학회』 10(2), 1999, 455-456쪽.
30) 이윤주, 앞의 글.
31) 위의 글.
32) 이꽃메 · 김화중, 앞의 글.
33) 위의 글.
34) 이꽃메 · 김화중, 「일제강점기 간호부규칙에 관한 연구」, 『지역사회간호학회』 9(2), 1998, 291-302쪽.

일제강점기 간호학의 보급과 간호사 양성 정책 **251**

우리나라 최초의 간호 관련 규칙으로 간호사의 자격, 면허, 시험, 신고, 법 위반 시 제재 등을 규명하였다.[35] 1914년 간호부규칙에 의하면 간호사 면허증을 받을 수 있는 사람은 18세 이상의 여성으로 조선총독부가 지정하는 간호 교육기관을 졸업하는 사람에게 면허를 부여하였다.[36] 1914년에 발표된 간호부규칙은 현재 시점에서 다양한 해석이 내려진다. 부정적 해석으로는 조선총독부부 통계연보에 의하면 간호부규칙 시행 이후인 1914년 등록된 간호사 수는 법령 시행 이전보다 60%나 감소되면서 간호인력이 부족하게 된 사건에 책임을 잘못 설정된 간호부규칙의 악영향으로 평가하고 있다. 또한 간호부규칙의 대부분의 내용이 간호사의 역할보다는 간호사를 관리와 규제의 대상으로 보았던 부분이 컸고 간호사를 담당하는 주체가 경찰직으로 정해져 있으면서 지배의 의미가 강하였기 때문에 누구를 위한 간호부규칙 이라는 부정적 의문을 제기하였다.[37] 하지만, 최초로 만들어진 간호부규칙에 의하면 간호사의 단독 개업과 운영이 가능 하다고 명시되어 있다는 것은 간호사의 개업을 허락하지 않는 현재보다 앞선 제도라는 긍정적 해석을 받고 있다.[38] 최초의 간호부규칙의 의미에 대해 다양하게 해석하고 있지만 최초의 간호 관련 규칙이라는 점에서 의의가 있고 처음 만들어진 만큼 부족한 부분이 많았기 때문에 개정이 불가피하였다.[39]

우리나라는 간호부 규칙에 이어 1914년 15개의 조항이 포함된 최초의 산파규칙을 공포하였다. 간호부규칙과 함께 무엇보다 산파규칙이 공포된 배경에는 조선 식민지 지배를 원활 하게 하기 위해 일본인의 조선 정

---

35) 이윤주, 앞의 글.
36) 이꽃메·김화중, 앞의 글.
37) 위의 글.
38) 위의 글.
39) 이윤주, 앞의 글.

책을 장려하려 했던 일제의 의도가 있었다.[40] 조선총독부령 제 108호에 의하면 산파면허를 받을 수 있는 사람은 나이 20세 이상의 여성으로 조선총독부의원 또는 도자혜의원의 조산부과를 졸업하여 시험에 합격한 여성이었다. 자격시험 과목은 정규임신 분만 및 그 취급법, 정규 산욕의 경과 및 욕부와 생아의 간호법, 이상 임신과 분만의 취급법, 임부·산부·욕부·생아의 질병과 소독법 및 조산원의 교양 등으로 이러한 교과목은 그 이후 30년 동안 지속 되었다.

일제강점기에 대표적인 여성전문직인 간호사는 시대적 상황에서 근대적인 변화를 주도하는 위치에 있었고[41] 여성전문직 교육을 시작한 간호학문은 일제강점기에 수준 높은 여성만이 지원할 수 있는 전문분야였다.[42] 이러한 상황 속에서 제정된 간호부규칙과 산파규칙은 면허제도의 법적 기반을 마련해주는 계기가 되었다.

IV. 근대 간호의 발전기 : 1920년~1937년

1. 간호 영역 확대

간호사의 역할이 병원 내에서 의사의 진료 보조적인 역할에만 국한되었던 초기와 달리 1920년부터는 보건간호라는 이름으로 간호사의 활동 영역이 확장되었다. 보건간호는 선교회 간호사를 중심으로 시작되었으

---

40) 위의 글.
41) 김려화·김미영,「일제 강점기 여성 간호인의 독립운동에 관한 역사연구」,『간호행정학회』20(4), 2014, 455-457쪽.
42) 옥성득, 앞의 글.

며 그 당시 주된 역할은 퇴원한 환자의 후유증 관리, 저소득 노인 가정 방문, 가정에서의 보건교육, 구조 사업을 중심으로 이루어졌다.[43] 이러한 보건간호는 1920년대 태화여자관의 로벤저거, 공주의 보딩, 인청의 코스트럽을 중심으로 선교회에서 본격적인 보건간호사업을 실시하였다.[44]

　보건간호뿐 아니라 동시대에 아동보건에서도 간호사는 많은 역할을 담당하게 되었다. 조선간호부회보에 의하면 태화여자관의 보건간호사업이 본격적으로 운영되면서 1929년 경성의 세브란스병원, 동대문 부인병원, 태화여자관 등 3개 선교회 기관이 합동으로 경성연합아동건강회를 조직하였다. 경성아동건강회는 각 병원이 인근 지역을 담당하는 중심 역할을 하고 서울시 전체에 하부 조직을 건설하여 역할을 전국적으로 확대하려고 하였다. 또한 아동을 대상으로 1차 예방을 하기 위해 다양한 활동을 제공하고자 하였다. 따라서 경성아동건강회에서 수행하고 있는 대표적인 10개의 사업은 건아클리닉, 산전 사업, 가정 방문, 학교에서의 건강진단 및 건강강연, 어머니 모임, 목욕소, 두유 보급, 보건 회의, 1년에 1번 육아 주간 만들기이다. 1932년에는 사업이 점차 확대되면서 전염병 예방, 외래산부인과, 치과 등이 추가되었다. 1933년에는 대상자를 연령에 따라 나누어 만 3세까지는 아동건강부에서 담당하고 만 3세 이상은 일반보건부에서 담당하였다.[45]

43) 이꽃메 · 김화중, 앞의 글.
44) 위의 글.
45) 홍신영, 「한국 간호교육행정의 발전적 고찰」, 『한국간호과학회』 3(2), 1973, 1-14쪽.

2. 관련 법령 개정

1914년 처음으로 만들어진 간호부규칙이 1920년대에 들어서면서 개정이 불가피하게 되었다. 첫 번째 이유는 교육적인 측면에서 1920년대에는 많은 변화가 발생한 시기이기 때문이다. 그 중 기존의 교육체계와 다르게 처음으로 대학의 교육과정 성격을 갖추기 시작한 것이 가장 큰 변화 중 하나이다.46) 하지만 간호교육은 학문연구 차원에서의 교육과정이라기보다는 의료기관의 인력양성으로만 고려하였기 때문에 교육제도의 발전이 더뎠다.47) 이러한 사회적 부조화된 현상을 바로잡기 위해서는 관련 법령 개정이 시급한 문제였다. 두 번째 이유는 간호사의 절대적 부족으로 인해 간호인력이 턱없이 부족하였고 그로 인해 의료기관에서도 환자를 치료하는 데 많은 어려움이 발생했기 때문이다. 이러한 문제점을 해결하기 위해 간호부규칙에 명시되어 있는 간호사 양성 관련 기준 및 교육과정에 대한 전반적 수정이 필요했다.48) 마지막 이유는 일본이 문화통치라는 이름하에 식민지 정책을 새롭게 시작하였는데 그 중 간호사의 면허를 담당하는 부서가 도지사로 변화되게 되면서 간호부규칙의 개정이 불가피하게 이루어졌다.49) 1920년대 변경된 간호부규칙은 간호사 양성을 위하여 사립 간호교육기관이 조선총독으로부터 지정을 받음으로써 시험을 보지 않고도 면허증을 취득할 수 있었으며 그 결과 1933년 조선총독부 통계연보에 의하면 규칙 개정 후 6년 동안 간호사 수가 646명에서 1,119명으로 2배 정도 증가하였다.50)

46) 이소우, 「한국간호교육 100년 발달사적 연구(1900-2000)」, 『한국간호교육학회』 6(2), 1973, 303-326쪽.
47) 홍신영, 앞의 글.
48) 이윤주, 앞의 글.
49) 이꽃메·김화중, 앞의 글.

3. 간호협회 조직

우리나라에서의 간호사는 먼저 선교사에 의해 보급되면서 순결 또는
봉사의 이미지가 자연스럽게 연관되어 있었고 이러한 이미지에서 벗어
나 전문직으로 인식되기 위해서는 대내외적 성장과 발전을 위한 노력이
필요했다. 전문직이란 자율성, 권한, 책임감의 특징을 갖추고 사회에 봉
사하기 위해 높은 수준의 교육과 지식 및 기술적 차원의 능력을 그들이
속해 있는 전문직 단체의 합리적 근거하여 업무를 수행하는 공인된 직
업을 의미한다.[51] 간호사라는 직업 역시 그 당시의 시대적 선입견에서
벗어나고 전문직으로 이미지 전환 및 성장을 위해서 간호사를 하나로
연결해줄 수 있는 조직 설립이 필요했다. 이러한 필요성에 의해 1923년
에 결성된 조선간호부회와 1924년에 결성된 조선간호부협회가 가장 대
표적인 간호조직이다.[52] 이 두 조직은 한국인 중심으로 형성된 전문 단
체이기 때문에 당시 한국 간호의 모습을 이해하는 데 중요한 역할을 한
다. 특히 조선간호부회는 일제강점기에 간호사의 위상을 높이기 위해
다양한 역할을 하면서 현재까지 긍정적 평가를 받고 있다. 대표적인 활
동 내용으로는 지속적인 총회를 실시하여 간호사의 활동 영역을 확장하
였으며 조선간호부회보를 꾸준히 발견하여 간호사에 대한 홍보에도 큰
역할을 하였다. 이렇게 내부적인 활동뿐 아니라 간호교육수준 개선을
위하여 입학자격과 수업연한을 통일 및 교재 편찬을 통해 미래의 간호
사에 대한 지원도 꾸준히 지속하였다.[53]

---

50) 이꽃메, 앞의 글.
51) 최은영, 「종합병원 간호사의 생명의료윤리의식과 전문직업성」, 『The Journal of the
    Convergence on Culture Technology』 4(4), 2018, 249-259쪽.
52) 이꽃메, 「일제시대 두 간호단체에 관한 고찰: 조선간호부회의 간호수준 향상 노력
    과 조선간호부협회의 사회 활동」, 『간호행정학회』 6(3), 2000, 421-429쪽.
53) 이꽃메(2000), 앞의 글.

V. 근대 간호의 정체기 : 1938년~1945년

1. 관공립과 지정 간호교육기관을 중심으로
전쟁 인력 동원을 위한 간호사 양성

1930년 들어서면서 전쟁이 점차 확대되고 장기화되기 시작하였고 그 결과 간호사의 역할은 더 중요하게 인식되기 시작할 뿐 아니라 많은 간호사들이 필요하기 시작하였다.[54] 전쟁 현장에서 환자를 돌볼 수 있는 간호사를 배출하기 위하여 공립 간호교육이 확대되기 시작하였다. 조선총독부에서는 간호부의 공급을 늘리고자 1939년 도립의원 규정을 개정하여 조선총독의 인가를 받으면 도립의원에 조산부간호양성소를 설치할 수 있도록 하였다. 그 결과 혜주, 공주, 춘천 등에서 조산부간호부양성소를 개소하여 1940년에는 간호교육을 실시하는 도립의원이 17개로 증가하였다.[55]

1944년 12월 1일 조선총독부령에 의하면 간호사를 양성할 수 있는 기관은 관공립 기관뿐 아니라 지정 간호교육기관이 있었다. 지정 간호교육기관이란 입학 자격과 수업 연한에 있어 조선간호부규칙에서 정한 조건을 충족한 상태에서 실습병원이 있는 교육기관을 의미한다. 지정 간호교육기관은 1914년에 시작되었으며 정부에서 엄격한 관리를 실시하면서 25년 동안 총 10개로만 운영되었지만, 1940년부터 1944년까지인 4년 동안의 짧은 기간에는 9개가 더 증가 되었다.[56] 이 시기에 정부의 주도

---

54) 이꽃메 · 박정호, 앞의 글.
55) 위의 글.
56) 위의 글.

하에 간호사의 중요성이 인식되면서 자연스럽게 간호교육 기관 개설이 많아지고 그 결과 기존보다 많은 간호사들을 배출하게 됨으로써 여성의 사회적 진출을 도모할 수 있는 하나의 계기가 되었다고 긍정적으로 해석 하는 경우도 있다.[57] 하지만 이 시점에서 잊어서는 안 되는 항목은 이 시대 간호사는 임상 현장에서 돌봄을 필요로 하는 환자를 위한 간호사가 아닌 전쟁터에서 필요한 인력으로써 간호사를 양성하기 위함이라는 것이다. 특수 현장에서 필요한 간호사인 만큼 실제 현장에서 활용할 수 있는 기술적인 면을 강조하게 되면서 강의보다는 단순 반복 실습 관련 시간 비중이 증가하게 되었고 그 결과 참된 간호의 의미를 되새기며 올바른 간호사 양성의 교육이 이루어졌다고는 할 수 없다.[58] 뿐만 아니라 전쟁이 일본에 불리하게 전개됨에 따라 교육 여건은 더욱 열악해질 수밖에 없었기 때문에 간호교육의 질적 수준을 향상시켰다는 절대적 평가를 받기는 어렵다.[59]

2. 간호 관련 규칙의 변화

내선일체, 황민화 정책을 위한 일본제국주의가 심해지면서 일본제국의 일부로서의 조선에 통용 되는 법률을 만들기 위해 기존의 간호부규칙과 산파규칙을 「조선간호부규칙」과 「조선산파규칙」으로 변경하였다.[60] 변경된 간호 관련 규칙의 가장 큰 변화 내용은 1940년대 대동아전쟁과 태평양 전쟁에서 일본이 점점 불리해지면서 언제든 필요할 때 간

57) 이윤주, 앞의 글.
58) 이꽃메·박정호, 앞의 글.
59) 이꽃메(2000), 앞의 글.
60) 이윤주, 앞의 글.

호 인력 배치가 가능 하도록 새로운 조항을 만들었다. 1942년 조선관독부 기록에 의하면 조선간호부규칙을 개정하여 간호사가 될 수 있는 입학 연령을 15세로 낮추었고, 1944년에는 다시 13세로 낮추면서 간호 입학의 조건을 완화 시켰다. 이러한 개정 내용은 수준 높은 간호사를 양성하기 위한 변화 보다는 전쟁을 위하여 동원 가능 인력을 양성하겠다는 시대적 현상에 따라 나타난 현상이다.[61] 또한 간호교육을 실시할 수 있는 교육 기관을 확대하기 위해 2년 이상의 일반교육기관에서도 간호교육을 실시할 수 있도록 지정하였다. 그 결과 간호교육이 간호의 질적 수준의 향상이 아닌 간호사를 배출하기 위한 양적 증가만을 목적으로 실시되면서, 간호교육은 자연스럽게 퇴보되어 갔다.[62]

전쟁이 점점 확대되면서 전쟁을 위한 간호인력 확충은 필수 요소가 되었고 이를 위하여 일본은 「의료관계자 징용령」과 「의료관계자 징용령 시행규칙」을 개정하였다. 이 시행령에 의하면 징용 영장을 받은 간호사는 국가에서 주관하는 다양한 사업에 의무적으로 참여하도록 하였다.[63]

3. 조선간호부회의 쇠퇴

1923년에 결성된 조선간호부회는 꾸준한 활동을 하면서 조직의 정비와 교육 수준을 향상 시킨 후 국제간호협의회(ICN International Council of Nurses)에 가입하기 위해 노력하였다. 하지만 조선간호부회의 이름으로는 ICN에 가입할 수 없다는 시대적 현실에 좌절하게 되었다. 열악한

---

61) 이꽃메 · 박정호, 앞의 글.
62) 이꽃메(2000), 앞의 글.
63) 이꽃메 · 김화중, 앞의 글.

조선의 간호수준을 향상시킬 수 있는 가장 좋은 방법이 국제적 인정과 협조를 받는 것으로 생각한 회원들에게 이러한 결과는 큰 충격으로 다가왔다. ICN 가입을 위해 조선간호부회와 일본간호부협회가 논의한 결과 일본제국간호부협회를 결성하여 1933년에 ICN 회원 자격을 승인 받았지만 추후 조선간호부회는 일본제국간호부협회의 산하단체가 되면서 조선간호부회는 쇠퇴의 길에 들어서게 되었다. 뿐만 아니라 일제강점기 시대에 전쟁으로 인해 사회적 분위기가 불안해지면서 조선간호부회를 지도하면 주된 역할을 하였던 선교사들이 떠나게 되면서 상황은 더 힘들어졌다.[64]

VI. 맺음말

기존 전통 한의학 중심으로 치료가 이루어진 시대에 간호사의 역할은 크게 부각 되지 않았다. 하지만 서양 선교사들에 의해 서양의학이 도입되기 시작하였고 그 이후 간호교육이 전문적으로 실시되면서 간호학은 일제강점기에 더욱 급진적으로 발전을 이루었다.[65] 우리나라 국민은 일제강점기라는 단어 자체만으로도 시대적 아픔과 분노를 동시에 느끼고 있다. 이러한 시대적 암흑기에서 간호는 소외계층에게 보여주었던 희망과 복지였고 여성에게 사회적 진출을 도모할 수 있는 새로운 통로였다. 일제강점기라는 시대적 악조건 속에서도 수준 높은 교육을 통한 간호의 보급과 양성 정책의 노력은 미루지 않았고 그 결과 현재의 간호 교육은

---

64) 이꽃메(2000), 앞의 글.
65) 윤매옥, 앞의 글.

세계적으로 위상을 높이고 있다.

우리나라 간호의 역사는 선교사나 일본에 의해 그들의 목적에 의해서 정책이나 교육과정이 변경되면서 이루어졌다. 이러한 역사적 사건이 현 시대에서 다양한 의미로 해석될 수 있지만 간호 발전에 긍정적 영향력 이 되었다는 것을 부정할 수 없다. 외국 선교사들에 의해 만들어진 많은 의료기관에서 소외계층을 위한 정책적 지원을 하게 되면서 그들의 건강 유지 증진에 많은 기여를 했을 뿐 아니라 당시에 정립한 간호제도는 현 재까지 간호 관련 법률의 기반이 되고 있다.

사람들의 아픔과 상처를 치유하기 위해 노력했던 간호의 과거 역사는 현재의 전문직 발전과 진보의 잠재적 근원이 되었다. 현재 간호학은 학 문적 독자적 이론과 체계가 구축되었고 간호사 이미지는 봉사 및 전문 직으로 확립되었다. 이러한 사회적 책임을 효율적으로 수행하기 위해 과거부터 시작된 전문직에 대한 명확한 가치관을 토대로 추후 지속적으 로 발전할 수 있는 방향을 모색해야 할 것이다. 또한 간호사는 현재 여 성의 대표적 전문직이면서 타학문과의 협력적 관계 속에서 고유한 힘을 키워나가며 역할을 확대할 뿐 아니라 세분화 되어가고 있는 중요한 시 점이다. 과거의 역사적 흐름 속에서 맞이한 현재 시점에서 간호사의 새 로운 역할이 제시되고 추후 미래 사회에서 학문적 단독의 역할이 아닌 타학문과의 협업과 팀별 공동 책임과 관련된 다양한 숙제를 해결해야하 는 새로운 과제가 남아 있다. 이러한 역사적 변화 속에서 간호사는 간호 의 본질적 개념을 잊지 않고 총체적으로 무엇을 해야 하는지 지속적인 연구가 필요할 것이다.

본 연구는 일제강점기 시대적 사건을 통해 간호의 역사적 변화를 살 펴보면서 미래의 간호 발전 방향에 대한 초석을 제공하였다는 것에 의 의가 있지만 동시대 간호교육에 영향을 주었던 타학문에 대한 연구가 함께 이루어지지 못했다는 한계가 있다. 따라서 추후 일제강점기에 간호 영역뿐 아니라 사학, 의학, 종교학 등 타학문에 의한 변화도 확인할 수 있는 반복 연구가 필요할 것으로 제언한다.

참고문헌

김려화 & 김미영, 「일제 강점기 여성 간호인의 독립운동에- 관한 역사연구」, 『간호 행정학회』 20(4), 2014, 455-457쪽.

옥성득, 「초기 개신교 간호와 간호교육의 정체성」, 『한국기독교역사학회』 36, 2012, 185-227쪽.

윤매옥, 「한국간호의 선구자 엘리자베스 쉐핑의 간호선교」, 『The Journal of the Convergence on Culture Technology』 3(4), 2017, 107-115쪽.

이꽃메, 「일제시대 우리나라 간호제도에 관한 보건사적 연구」, 서울대학교 박사학 위논문, 1999.

이꽃메, 「우리나라 근대간호사의 도입과 정착」, 『간호학탐구』 9(2), 2000, 105-106 쪽.

이꽃메, 「일제시대 두 간호단체에 관한 고찰: 조선간호부회의 간호수준 향상 노력 과 조선간호부협회의 사회 활동」, 『간호행정학회』 6(3), 2000, 421-429.

이꽃메 & 김화중, 「일제강점기 간호부규칙에 관한 연구」, 『지역사회간호학회』 9(2), 1998, 291-302쪽.

이꽃메 & 김화중, 「일제시대 선교회의 보건간호사업에 대한 역사적 연구」, 『지역 사회간호학회』 10(2), 1999, 455-456쪽.

이꽃메 & 박정호, 「일제시대 관공립 간호교육에 관한 역사적 연구」, 『간호행정학 회』 5(2), 1999, 317-336쪽.

이꽃메 & 황상익, 「우리나라 근대 병원에서의 간호: 1885-1910」, 『大韓醫史學會』 6(1), 1997, 55-72쪽.

이소우, 「한국간호교육 100년 발달사적 연구(1900-2000)」, 『한국간호교육학회』 6(2), 1973, 303-326쪽.

이윤주, 「우리나라 근대간호의 도입과 정책」, 연세대학교 석사학위논문, 2006.

이정렬, 조윤희, 고지숙, 김정애, 「연세간호를 태동 시킨 외국 선교사들」, 『한국간 호교육학회』 17(1), 2011, 44-51쪽.

이종찬, 「인문학의 지평으로 간호담론과 행위를 바라보다」, 『간호학탐구』 9(2),

2000, 9-17쪽.

이충호, 「日帝侵略下 醫師敎育 活動에 관한 硏究 : 1900년대 초에서 1945년까지를 중심으로」, 성신여자대학교 박사학위논문, 1997.

정은영, 「근대(1876-1945) 한국사회의 전염병 인식과 간호사의 융합적 역할」, 『The Journal of the Convergence on Culture Technology』 6(3), 2020, 19-26쪽.

정은영, 「개화기 긴소설을 통한 건강 표상-위생과 질병, 의료인에 대한 인식, 자가 간호의 개념을 통해-」, 『역사연구』 36, 2019, 99-122쪽.

최은영, 「종합병원 간호사의 생명의료윤리의식과 전문직업성」, 『The Journal of the Convergence on Culture Technology』 4(4), 2018, 249-259쪽.

홍신영, 「한국 간호교육행정의 발전적 고찰」, 『한국간호과학회』 3(2), 1973, 1-14쪽.

Austin, A. L. (1958),The Historical Method in Nursing. Nursing Research, 7(1), 4-9.

1946년 서울 지역 콜레라 발병세와 일국적 · 지역적 중심부/주변부/변경성(性)

임 종 명

I. 머리말: 1946년 콜레라 사태와 중심부/주변부/변경성

1946년 5월 부산에서 시작된 콜레라는 전(全)한반도적 사태였다. 1946년 5월 초 "콜레라 환자들이 탄 세 척의 배가 중국과 인도차이나로부터 부산에 도착해 그곳[부산]에서 전염병은 시작"되었다. 그렇게 시작된 콜레라 전염 · 감염사(事)는 곧 한반도 전체를 휩쓸면서, 한반도 북위 38도선 이남 지역에서 대유행이 "종식"되었다고 평가된 11월 30일 현재 15,615여 명의 환자, 그중 약 65%에 달하는 10,191명의 사망자를 낳았다. 또 남한의 콜레라가 6월에 '육로와 해상을 통해 38도선 이북 지역으로 전파되고, 이에 더하여 7월의 수재(水災)가 겹쳐지면서 북조선 지역에서도 콜레라는 급속히 확산'하였다. 그 결과 '그 지역에서도 환자 1,235명과 사망자 576명이 있었지만, 북조선 콜레라 감염사도 10월 말에 종식되어 11월에는 여행 제한 조치가 해제'되었다. 이처럼 남한과 북조선 지역에서 발병세 차이가 있기는 했지만, 1946년 콜레라 감염사는 전한반도적 사태로서 10월 30일 현재 16,850명 환자와 그중 10,767명의 사망자를 낳았다.[1]

대규모 인명 피해를 낳은 콜레라 사태가 5월 초 중국발 송한민으로부터 시작되었다는 점에서, 그것은 당대 국제정치적 성격을 띤 것이었다. 즉, 송환(repatriation) 정책이 아시아-태평양 전쟁 종전 직후 일본 제국의 해체와 미국의 동아시아 패권 확립이라는 정치적 목표에 따라 미국에 의해 추진된 것이라면, 1946년 콜레라 발병 사태는 전후 동아시아 국제 정치의 일(一) 표현이라 할 수 있다. 뿐만 아니라 중국발 한국인 송환선에서 발병한 콜레라가 미국의 한국인 송환 작업은 물론이고 일본인 송환 작업에도 영향을 미치면서 미국의 전후 동아시아 재편 정책 수행에 차질을 초래하였다는 점에서, 콜레라 사태는 당대 동아시아 국제 정치 과정에 영향을 미친 하나의 국제적 사건이었다.[2]

또한, 1946년 콜레라 사태는 미군의 남한 군사 통치와 관련해서 남한 내 정치적 함의를 지닌 것이기도 했다. 종전/해방 직후 한국 등 구(舊)식민지에서 고조된 민족주의에 정면으로 배치되는 미국 점령군의 남한 통치 상황에서 미군정은 생명 유지와 관련된 보건·위생 사업을 매개·계

---

1) US Armed Forces in Korea(USAFIK), XXIV Corps, G-2, Historical Section, 1948, "Repatriation of Japanese Civilians and Other Foreign Nationals," pp. 43-44, *History of US Armed Forces in Korea* PART Ⅰ(복각판), 456쪽 ; General Headquarters(GHQ), US Armed Forces, Pacific(USAFPAC), *Summation of U.S. Military Government Activities in Korea*, 『미군정활동보고서』, 원주문화사 영인본, [이하 GHQ, USAFPAC, *Summation*] No 14 (1946.11.) p. 74 ; 『水産經濟新聞』 1946.11.22. 「虎疫患者累計一萬五千」 ; 여인석, 「미군정기와 정부수립기: 1945~1949」, 대한감염학회, 『한국전염병사』Ⅱ, 군자출판사, 2018(2019), 13쪽 ; 김진혁, 「북한의 위생방역제도 구축과 인민의식의 형성의 형성(1946~1950)」, 『한국사연구』 167, 2014, 258-59, 263쪽 각주 55번. 덧붙이면 11월에 20명의 환자와 1명의 사망자가 발생한 경상북도를 제외하고 나머지 남한 지역에서는 신규 환자가 발생치 않으면서, 미군은 남한에서 콜레라가 "종식"되었다고 평가·표현하였다.

2) 임종명, 「1946년 경기 지역의 콜레라 사태와 종전/해방 직후 국제·일국·지역 정치」, 『동방학지』 193, 2020.

기로 하여 한국인들에게 '이민족'의 군사 점령·통치를 정당화하고 나아가 한국인들의 군정 수용을 촉진하고자 하였다.[3] 이러한 상황에서, 환자 중 적어도 반(半) 이상이 죽을 정도로 높은 치명률을 보여주었던 콜레라가 남한에서 만연하였다.

콜레라의 만연 속에서, 부산과 대구 등지에서 '쌀 소동'이 발생했다. 당시 미군정은 콜레라 방역 조치의 일환으로 발병 지역 봉쇄와 교통통제를 실행하면서, 춘궁기(春窮期)의 식량 문제를 악화시켰다. 이에 따라, 예컨대, 대구에서는 7월 1일 "쌀을다오", "交通을解禁하라"고 외치며 "數千市民"이 "[대구]府廳에殺到"하였다. 7월 1일 대구의 쌀 소동은 정확하게 3개월 후인 10월 1일 장소도 똑 같은 대구부청 앞에서 '10월 항쟁'으로 재현되어 '역사'를 만들었다.[4] 이것은 1946년 전국적으로 진행된 콜레라가 당대 사회에 끼친 영향을 시사하는 것이라 할 수 있다. 동시에, 대구·부산 등지의 '쌀 소동'은 미군의 남한 점령을 정당화하는 헤게모니 이념인 인본·인도주의(humanism)를 부인하는, 그리하여 미군의 군사 지배·통치에 정당성 위기를 초래하였다.[5]

1946년 콜레라 사태가 내장한 일국적, 국제적 차원에서의 문제성에도 불구하고, 기존의 연구는 그것을 전면적으로 검토하지 않았다. 기존 연구는 해방 직후 전염병 발병사 연구의 일부로 1946년 남한의 콜레라 사

---

3) 위의 글.

4) 「쌀을다오交通을解禁하라: 數千市民府廳에殺到」, 『大邱時報』 1946.07.02 ; 김상숙, 『10월항쟁: 1946년 10월 대구 봉인된 시간 속으로』, 돌베개, 2016, 특히 70쪽. 콜레라 발병기 대구의 상황 전개는 1946년의 10월 항쟁이 그해 5월부터 시작된 콜레라 사태의 와중(渦中)에서 발생·진행된 '역사적 사건'(historical event)-스월(W. Swell Jr.) 이 '우연적(contingent) 사건이 연쇄적으로 발생하고 대중의 비(非)이성적 심리 상태가 고조되는 속에서 시간적으로 진행되고 공간적으로 확대되는 등의 특징을 가졌다' 고 하는-이었음을 시사한다. Swell Jr., William H., "Historical Event as Transformations of Structure: Inventing Revolution at Bastille," *Theory and Society* 25(6), 1996.

5) 임종명, 앞의 글.

태를 검토하였다.[6] 콜레라 사태의 부분화는 미군정 시기 전염병 관련 연구들에서도 확인된다. 그 연구들은 남한의 경우 미군정의 보건의료정책을 논하면서 "46년 콜레라 유행"을 언급하거나, 북조선의 경우 북조선 당국의 위생방역 제도 구축과 주체 생산 작업에 관한 연구의 일환으로 1946년 남한의 콜레라 사태를 검토하였다.[7]

1946년 콜레라 사태의 부분화는 그것과 관련된 당대사(事), 예컨대 '대구·경북 지역의 1946년 10월 항쟁' 연구에서도 목격된다. 기존 연구는 '항쟁'의 전개 과정을 실제적으로 재구성하면서 그것의 당대 정치·사회적 의미를 논구하여 그것을 역사적으로 의미화하였다. 그렇지만, 관련 연구는 10월 항쟁 연구에서 콜레라 문제를 치지도외(置之度外) 하거나, 항쟁의 배경 정도로 위치시키면서 항쟁의 전개 과정 설명에서 콜레라 만연 상태가 영향을 끼친 지역민의 의식이나 행동 양식을 논외(論外)로 하였다.[8] 이처럼 기존 연구에서는 콜레라가 전국적으로 '가장' 만연했던, 그것도 그것이 종식되지 않은 시점에 발생해서 진행된 10월 항쟁에 끼친 콜레라 사태의 영향·효과가 검토되지 않았다.

그런데 1946년 콜레라 사태는 10월 항쟁의 시작과 전개 과정에 적지 않은 영향을 주었다. 콜레라 방역 조치였던 교통 통제로 인해 일층 심각해진 식량 부족 상태는 7월 1일 대구 지역의 '쌀 소동'을 낳았다. 그날 아침 지역 주민이 대구 부청(府廳)으로 쇄도하여 쌀을 요구하던 모습은 '10월 항쟁'의 전조(前兆)라 할 수 있을 만큼 10월 1일 오전 대구 풍경과 유사, 아니 거의 똑같았다. 더군다나, 콜레라가 인간의 심리·의식과 행

---

6) 여인석, 앞의 글, 특히 11~14쪽; Kim, Yang Soo, "Cholera Outbreaks in Korea after the Liberation in 1945: Clinical and Epidemiological Characteristics," *Infection & Chemotherapy* 51(4), 2019, p. 429.

7) 신좌섭, 「군정기의 보건의료정책」, 『醫史學』 9(2), 2000, 특히 229쪽 ; 김진혁, 앞의 글, 특히 258~59쪽.

8) 정해구, 『10월인민항쟁 연구』, 열음사, 1988 ; 김상숙, 앞의 책, 55~59, 70쪽.

동 양식에 적지 않은 영향을 끼치는 전염병 유행기에 '10월 항쟁'은 진행되었다.[9] 그렇지만, 기존의 10월 항쟁 연구에서는 앞에서처럼 콜레라의 영향·효과가 제한적으로 다루어졌다.

이에 유의하여, 본 논문은 1946년 콜레라 사태의 전체적·전면적 재구성이라는 목적하에서 서울 지역 콜레라 발병·확산 과정과 그 양상 및 특성을 검토한다. 이에 있어서, 특히 서울 지역의 콜레라 발병 시기와 구(區)·정(町)·동(洞) 단위 지역에로의 콜레라 확산 양상과 여기에서 나타나는 지역적 특징, 그리고 서울 지역 전체의 발병세에 보이는 특성 등의 이해에 주의가 기울여진다. 이는 1946년 서울 지역의 콜레라 발병·확산 과정이 세균학적이거나 미생물학적인 자연적 사태일 뿐만 아니라 정치적이고 사회적인 사건이기도 했음을 보여줄 것이다.

콜레라 사태의 성격을 이해함에 있어, 본 논문은 콜레라 사태의 중심부/주변부/변경성(性)에 유의한다. 일찍이 월러스타인(I. Wallerstain)과 프랑크(A. Frank)는 자신의 작업을 통해 중심부/주변부론과 세계체제론을 구성하고 그것을 통해 근대 세계와 역사를 바라보는 견지(見地)를 구축하였다. 하지만 그 이후 코헨(P. Cohen)이나 모리스-스즈키(T. Morris-Suzuki) 등은 세계체제론과 중심부/주변부론이 가진 문제점, 즉 "서양중심주의," 또 '오지(奧地; hinterland)의 소(小)사회에 대한 시야 상실'을 지

---

9) 「쌀을다오交通을解禁하라: 數千市民府廳에殺到」;「쌀달라는群衆 軍政廳廣場압헤서示威行列」,『自由新聞』1946.10.04. 전염병 유행 시기 사람들의 의식과 행동 양식에 관해서는 윌리엄 맥닐 지음, 허정 옮김,『전염병과 인류의 역사』(Plagues and Peoples), 한울, 1992(1995), 196, 300쪽 참고. 전염병 유행기 인간형과 관련해서, 예컨대, 다음 자료에서 보이는 10월 항쟁의 모습은 시사적이다.「燒殺直前에警官救出 蜂起된嶺南一帶의騷動經緯」,『東亞日報』1946.10.06;「慘! 人間獄의繪圖 右翼系五十名을燒殺」,『漢城日報』1946.10.12;「戰慄! 郡守其他를燒殺 아- 戰慄할 永川쁨의 襲擊事件」,『東亞日報』1946.10.15;『朝鮮日報』1946.11.03. 김지목(金之牧)「嶺南騷擾現地踏査記」. 덧붙이면, 1946년 콜레라 사태가 10월 항쟁에 끼친 영향은 필자의「1946년 대구·경북 지역의 콜레라 만연과 그것의 사회·정치적 영향」(가제)에서 검토된다.

적·비판하였다. 특히 모리스-스즈키는 대안 모색의 노력으로 '비중심, 변경'이라는 시좌(視座)를 제기하였다. 필자는 그들의 비판적 문제 제기에 동의하면서도, 중심부/주변부론이 국가나 국제적 체제와 같이 "대규모 집권화된 사회"의 동향을 이해하는 데는 유용한 틀이라고 판단한다.[10]

근대 산업 자본주의의 발달과 국민 국가의 발전, 그리고 세계 경제 체제의 발달 속에서 지구적·권역적(regional) 세계와 국가, 또 지역(locality)은 '중심부와 주변부의 관계로 상호 위계적으로 편성'되었다. 그런데 여기에서 유의할 것은 주변부의 중심부가 중심부와의 위계적 관계에서 하위에 편성되지만 자신의 주변부에 대해서는 상위에 편성된다는, 달리 표현하면, 특정한 하나의 장소(place)에 중심부성과 주변부성이 중첩되어 있다는 점이다. (이 점에서 중심부와 주변부의 관계는 '중심부-주변부'로만이 아니라 '중심부/주변부'로도 표현될 수 있다) '중심부와 주변부의 중첩적 위계적 편성도'에서 근대 시기 서울 지역은 미국과 일본에 대해서는 주변부이지만 한국의 여타 지역에 대해서는 중심부이고, 또 서울 지역 내부도 중심부와 주변부로 편성되어 있다.[11] 즉, 근대 식민지 시기 "경성의 사회공간구조"는, 도시사회사적 연구에 따르면, '식민지 도시 공간의 특징적 현상'인 "민족별 거주공간의 분리"와 함께 '식민주의 권력 관계가 반영'된 '계층별 지역 구성'에 의한 "도시 공간의 '중심-주변의 이중구조'의 형성"이라는 특징을 보여준다.[12]

---

10) 임종명, 「종전/해방 직후(1945.8~1950.5) 남한 담론 공간과 변경의 미학적 재현」, 『역사연구』 33, 2017, 15~16쪽.

11) 임종명, 「해방 공간의 소설과 '서울/비(非)서울'의 표상 체제」, 임종명 외, 『역사 속의 중앙과 지방』, 엔터, 2011, 특히 224~237쪽. 중심부와 주변부의 위계성과 중첩성은 종전/해방 직후 한국의 담론 공간에서도 재현·표상되고 있었는데, 이것에 관해서는 위 논문 참고.

12) 김영근, 「일제하 경성 지역의 사회·공간구조의 변화와 도시경험: 중심-주변의 지역

중심부/주변부의 위계적 중첩성은 공중위생·보건 시설의 측면에서도 표현된다. 예컨대 식민지 시기, 경성은 "위생적 근대성"의 측면에서 "[일본] 제국의 건강한 도시들과 비교"한다면 "병든 도시"였다.[13] 하지만 경성은 "제국의 전시장이었던 [식민지] 수도"로서 "지방"에 비해 더 '근대적으로 위생화'되어 있었다.[14] 동시에, 경성 내부의 중심/주변을 구성하는 "일본인 중심의 남촌과 조선인의 북촌"에 있어, 보건·위생 상황은 천양지차(天壤之差)였다.[15] 즉, "공공자원의 불평등한 분배"에 따라 "민족에 따른 위생시설의 차이"가 발생하면서, 조선인 지역은 '변소시설이나 오물·쓰레기 수거 서비스, 상·하수도 시설' 등 공중 보건·위생 시설에 있어 "비위생적"인 데 반해 "일본인 거주지"는 "더 '위생적'이었다.[16] 이러한 속에서, "중심부-주변부 간의 극심한 불균형한 현상이 경성부의 새로운 사회적 문제로 대두"되어, 보건·위생 시설의 부내(府內) 불균형 현상이 1930년대 중반 이후 "극단적인 사회문제로 대두"할 정도가 되었다.[17] 이처럼 식민주의 권력 관계가 반영되어 경성 내부의 중심부와 주변부 지역의 위생 상황은 차별적이라 할 정도로 불균형 상태에 있었다. 이에 유의하여 본 논문은 근대 식민지기에 형성된 '중심부/주변부성'에 유의하여 서울 지역 콜레라 발병상을 추적한다.

동시에 본 논문은 '변경성'에도 유의하고자 한다. 국경선으로 구획된 영토 국가의 성격을 가진 근대 국민 국가와 그들 국가 간(間)의 체제에서 "국경선에 연접(連接)한 지대인 변경"은 "국가 수호라는 점에서는 닫

분화를 중심으로」, 『서울학연구』 20, 2003, 특히 139, 141, 151, 166쪽.
13) 토드 A. 헨리 지음, 김백영·정준영·이향아·이연경 옮김, 『서울, 권력 도시: 일본 식민 지배와 공공 공간의 생활 정치』, 산처럼, 2020, 277쪽.
14) 위의 책, 293쪽.
15) 김영근, 앞의 글, 141, 170쪽.
16) 토드 A. 헨리, 앞의 책, 267, 269, 272~273, 275쪽.
17) 김백영, 『지배와 공간: 식민지도시 경성과 제국 일본』, 문학과지성사, 2009, 464쪽.

힌 공간이지만 타국과의 교통이라는 점에서는 열린 공간"이라는 "모순
성"을 가지고 있다. 이로 말미암아 "국가와 그 엘리트들"은 변경을 "국가
적으로, 또 민족적으로 '위험스러운 문제적 공간'으로 상상"하고, 또 그와
같이 재현·표상해 그것을 '통제'하고자 한다. 그렇지만 변경의 문제성
은 역설적으로 변경 연구의 잠재력을 낳는다. 즉 특정 지역의 변경화와
변경 지역에 관한 연구는 국경선으로 영토화된 공간에 기반한 근대 국
가와 그들 국가 간 체제의 형성과 유지·작동의 동학을 성찰할 수 있는
계기를 제공한다.[18] 이에 유의하여, 본 논문은 서울의 내연(內延)과 외
포(外包)를 경계 지운다는 의미에서의 변경 지대로서 식민지 시기 1936
년 '부역(府域) 확대' 조치에 따라 경성부에 새로 포함된 영등포와 마포
지역 등에 주목한다.[19] 지금까지 이야기한 것처럼 본 논문은 중심부/주
변부성과 함께 변경성에도 주목해 서울 지역 콜레라 발병의 특성과 의
미를 파악한다.

서울 지역 콜레라 사태를 이해함에 있어 당대 한국 신문 및 미군정
생산 문건 등이 연구 자료로 이용된다. 미군정 생산 자료는 1946년 콜레
라의 전반적인 통계적 발병세, 또 군정 당국의 방역 정책이나 조치 등에
관한 유용한 정보를 제공하고 있다. 하지만 시·도의 군(郡)·구(區) 단
위 이하 지역의 발병세나 방역 조치 등의 구체적 정보는 한국 자료에서
제공된다. 이에 유의하여, 서울 내 지역별 발병세와 변화, 그리고 그 양
상과 특징 등을 이해하고자 하는 본 연구에서는 한국 신문 자료가 주요
하게 이용된다.

하지만, 통계적 자료는 본 논문에서 지역의 콜레라 발병 경향성을 이
해하는 자료로 이용된다. 당시 콜레라 발병 관련 통계 작성에 있어서 때

---

18) 임종명, 앞의 글, 2017, 16~17쪽.
19) 영등포 등의 지역에 관해서는 김영근, 앞의 글, 144~145, 163~164쪽 참고.

때로 통계 항목 구성이 기관별로 서로 달랐을 뿐만 아니라, 통계 항목 구성의 용어조차 상이했다. 심지어, 동일 시점에 동일 지역을 대상으로 한 통계치조차 때로는 자료별로 상충하기까지 했다. 이로 말미암아, 때로는 지역 발병세의 상호 비교ㆍ분석도 용이하지 않다. 이에 유의하여, 통계 수치는 본 논문에서 주로는 발병 경향성을 이해하는 자료로 이용된다. 이에 유의하면서, 먼저 최초 서울 지역 콜레라 발병 상황을 살펴보도록 하자.

II. 지연된 서울 지역 콜레라 발병

5월 초순 부산에서 발병한 콜레라는 그것의 전국적 확산 초기였던 5월 말 서울에서도 감염 환자를 낳았다. 즉, 5월 28일 서울에서도 콜레라 관련 환자들이 발생해, 이들 3명 중 2명은 '의사(疑似) 환자'(unconfirmed case)로 판정되고 1명은 '진성(眞性) 환자'(confirmed case)로 확진되었다.[20] 당시는 콜레라 병증(病症) 현상이 있는 환자가 발견될 때, 그러한 병증을 낳은 병원체(病原體)의 콜레라균 여부를 판정할 목적의 '검변(檢便)' 등의 '검병(檢病)'이 이어지고, 그 결과에 따라 환자의 콜레라 진성(眞性) 여부가 판정되는 절차가 진행되었다. 이러한 절차가 앞의 환자들에 대해서도 이루어져, 5월 31일자 신문은 전남 목포에서 서울에 와 "시내남산정(南山町)"에 "체류" 중이던 한 청년이 "三십일에 진성 호열재환자인 것이 판명"되었다고 보도하였다. 이로써, "호열자"는 5월 30일 "서

---

20) 「虎疫은遂終熄: 서울서死亡한患者總計八七名」, 『自由新聞』 1946.10.26 ; 「患者發生累計」, 『서울신문』 1946.06.01.

울까지드러왔"고, 그 목포 청년은 서울 지역에서 소위 '1번 환자' 또는 '지표 환자'가 되었다.[21]

5월 30일 서울 지역 콜레라 발병은 당시 남한 10개 시·도 단위 지역에서의 최초 발병 시점과 비교할 때 늦은 것이었다. 당시, 전라남도 지역에서는 5월 16일 여수에서, 또 서울을 제외한 경기도 지역에서는 5월 19일 인천에서, 그리고 충청남도 지역에서는 5월 20일 대전에서, 경상북도 지역에서는 5월 25일 청도에서, 그리고 마지막으로 강원도에서는 6월 4일 울진에서 1번 환자가 발생하였다.[22] 이외에 충청북도 지역과 전라북도 지역의 경우, 현재 자료상으로 그 지역의 최초 콜레라 발병일이 특정되지 않고 있다. 하지만 두 지역의 발병 상황에 유의할 때, 전북의 경우 6월 이전에, 그리고 충북의 경우 6월 이후에 최초로 콜레라가 발병했던 것으로 보인다.[23] 이에 비추어 볼 때, 5월 30일에 발병 환자가 확인되는 서울 지역 사례의 발병 시기는 전체적으로 볼 때 여타 지역에 비해 늦은 편에 속한다고 할 수 있다.

또한, 서울 지역 최초 발병자는 신상이 확인되는 여타 지역 1번 환자와는 달리 송환민(repatriate)이 아니었다. 당시 최초 발병일이 확인되는 각 지역의 1번 환자들은 그들의 신상이 자료에서 특정되는 경우도 있고, 그렇지 않은 경우도 있다. 예컨대 경북과 강원도, 그리고 전북과 충북 지역의 경우, 1번 환자의 신상이 '전연' 소개되지 않는다. 반면에, 1946년

---

21) 「虎列剌京城에侵入: 木浦에서온旅客患者眞性으로判明」, 『서울신문』 1946.05.31.

22) 「麗水에 고레라(これら; 콜레라)]發生」, 『光州民報』 1946.05.19 ; 「仁川에侵入한 虎列剌의徑路」, 『中外新聞』 1946.05.25 ; 「호열자로二名死亡: 大田에서患者發生」, 『東亞日報』 1946.05.22 ; 「慶北에虎疫遂侵入: 淸道에 患者二名發生; 飮食物에注意코防疫에協力하라」, 『嶺南日報』 1946.05.28 ; 「虎疫의魔手는점점蔓延: 새患者쏘釜山에 十一, 江原道에一名」, 『서울신문』 1946.06.07.

23) 전북과 충북 지역의 콜레라 발병기 추정과 관련해서 각각 「虎疫이猛威! 全國에波及: 64名死亡 患者二百名; 三日現在」, 『東亞日報』 1946.06.04 ; 「忠北陰城에도二名」, 『서울신문』 1946.06.07 참고.

콜레라 사태가 시작되는 부산 지역 최초 발병자는 중국 상하이(上海)발 송환민으로 특정된다.[24] 마찬가지로, 전남 여수 지역의 1번 환자는, 자료에서, '5월 16일 여수에 도착한 부산발 선박, 대성환(大成丸)의 300여 승객 중 경남 통영 출생자'로 소개된다.[25] 그리고 인천 지역의 지표 환자는 중국 중부 지역발(發) 송환선으로 부산에 와서 국내 여행 중 인천 지역에서 발병한 황해도 옹진 출신 '귀환 동포' 청년으로, 또 대전 지역의 1번 환자는 중국 상하이발(發) 송환선으로 부산에 돌아온 후 철도로 귀향 도중 대전역에서 발병한 '전북 출신 일본군 징병 해제자'로 소개된다.[26]

최초 발병자의 신상 소개는 1946년 콜레라 발병 사태와 관련해서 시사적이다. 먼저, 그것은 1946년 한국에서 만연된 콜레라의 병원지(病源地; the center of epidemic)가 중국이었고, 그 전염병이 송환자에 의해 한국으로 옮겨왔음을 보여준다. 또한, 그것은 전국적인 콜레라 확산 초기에 부산이 남한 내 중심 병원지로, 또 목포가 주요 병원지의 하나로 기능하고 있음을 보여준다. 그리고 현재 논의에서 중요한 것은 서울의 발병자가 여타 많은 지역의 최초 발병자들과는 달리 송환민이 아니었다는

---

24) 기존 연구에서는 부산 지역에서의 최초 발병이 중국 광저우(廣東)발 송환선에서 발생하였던 것으로 설명하고 있다(여인석, 앞의 글, 11쪽). 하지만, 실은 세균 검사 결과 그 배에서 발병한 환자는 의사(疑似) 환자였고, 최초 발병자는 상하이에서 송환선을 타고 온 송환민이었다(「虎疫菌은 發見안됏다: 美軍醫가 方今歸還船調査中」, 『釜山新聞』 1946.05.17). ; USAFIK, ⅩⅩⅣ Corps, G-2, Historical Section, 1947, "The Cholera Epidemic of 1946," p. 30,
http://archive.history.go.kr/catalog/view.do?arrangement_cd=ARRANGEMENT-0-A&arrangement_subcode=HOLD_NATION-0-US&provenanace_ids=000000000034&displaySort=&displaySize=50&currentNumber=1&system_id=000000102402&catalog_level=&catalog_position=-1&search_position=0&lowYn=.) (검색일: 2020.10.12.)
25) 「麗水에 고레라發生」.
26) 「仁川에侵入한 虎列刺의徑路」; 『自由新聞』 1946.05.23. 「歸還同胞船에虎疫侵入: 今後各地로波及의危險: 釜山, 大田, 仁川서 四十四名發見」.

점이다. 이것은 우리에게 '왜, 어떻게 서울의 콜레라 발병 시점이 다른 지역에 비해 늦어졌고, 또 1번 환자가 송환민이 아니었던가?'라는 의문을 불러일으킨다.

그러한 의문은 당시 다수 송환민이 서울로 향해 가고 있었다는 것을 상기하면 더욱 커지는 것이다. '경북통계 포털'에 따르면, 1946년 8월 20일 (일부 시·도는 9월) 현재 38도선 이남의 한국인 총인구는 2년 전 인구 15,879천 명에 비해 3,490천 명(22.0%)이 증가한 19,369천 명이었다. 당시 수위(首位)의 인구 증가를 보인 곳은, 1946년 8월 현재 1,142천 명으로 2년 전에 비해 316천 명(38.2%) 증가하였던 서울이었고, 그 다음 지역이 경남과 경북이었다.[27] 그와 같은 증가 규모와 비율이 인구의 자연 증가 정도-1946년 남한 인구의 전년(前年) 대비(對比) 인구 자연 증가율은 9.3%였다-를 크게 넘어서는 것이었다.[28] 또한, 종전/해방 후 남한으로 이동한 북조선 주민의 규모는 송환민의 그것에 비해 '훨씬 적은' 것이었 다.[29] 그렇다고 한다면, 서울 지역의 1946년 인구 급증은 종전/해방 직후 사회적 이동, 특히 일본 열도와 중국 대륙 등 한반도 바깥에 거류(居留)하던 한국인들의 한반도 송환이라는 동아시아 권역 내 인구 이동의 결과라 할 수 있다.

---

27) 본문의 인구 통계는 미군정청 보건후생부 생정국(Bureau of Vital Statistics, Department of Public Health and Welfare)의 1946년 8월 20일부 '남조선(38도이남) 지역 및 성별 현주 인구' 조사 등에 기초해 '경북통계 포탈'이 추계한 것이다.
http://www.gb.go.kr/open_content/stat/page.jsp?LARGE_CODE=870&MEDIUM_CODE=40&SMALL_CODE=30&URL=/open_content/stat/pages/sub4_1_s2_2.jsp (검색일: 2020.11.12.)

28) '대한민국의 인구' https://ko.wikipedia.org/wiki/%EB%8C%80%ED%95%9C%EB%AF%BC%EA%B5%AD%EC%9D%98_%EC%9D%B8%EA%B5%AC (검색일: 2020.11.19.)

29) '월남민'과 송환민의 상대적 규모와 관련해서, 이연식은 "한국전쟁 이전 남한에 유입된 「초기월남민」 규모는 해외귀환자의 약 1/5에 불과"하다고 설명한다(이연식, 「해방 직후 남한 귀환자의 해외 재이주 현상에 관한 연구-만주 '재이민'과 일본 '재밀항' 실태의 원인과 전개과정을 중심으로, 1946~1947-」, 『한일민족문제연구』 34, 2018a, 84쪽).

더군다나 서울에는 경기도와 함께, 당시 콜레라 등 전염병의 동아시아 병원지였던 중국으로부터 온 송환민의 비율이 일본발 송환민의 그것보다 높았다. (반면에 1946년에 전국적으로 주요 콜레라 발병지였던 경상도 지역은 송환민의 출발 국가별 구성비에서 서울·경기의 그것과는 반대였다)[30] 이것은 해방 후 서울을 목적지로 하는 송환민, 특히 중국발 송환민의 서울 이동과 그곳 정착이 상대적으로 많았음을 이야기하는 것이다. 그럼에도 불구하고, 서울 지역에서 콜레라 발병이 비송환민에게서, 그것도 다른 지역에 비해 뒤늦게 발생했던 이유는 무엇일까?

그 의문에 대한 답의 실마리는 당시 취해졌던 방역 조치에서 찾을 수 있다. 5월 5일 부산항에서의 콜레라 발생이 전해지고, 특히 5월 19일 인천 지역에서의 콜레라 환자 발생은 서울 지역민의 '불안감'을 고조시켰다. 이와 관련해서 1946년 05월 25일자 『中外新聞』의 다음 기사 「仁川에 侵入한 虎列剌의 徑路」는 시사적이다. 즉,[31]

中支[중국 중부 지역]에서 귀환동포와함께 五月十日釜山에入港한배로 고국에도라와검역관계로 十五日에 상륙한후 十六日입경하야 [경성역] 역전三興여관에 일박한후 開城과황해도延安을거처 十八日[충남 아산白石浦로가 하숙에서일박한후 十九日새벽白石浦에서仁川에운항하는 정기선水原丸(승원약百名)을타고 十一시경에 仁川에상륙하였는데 船上에선 口*嘔吐설사가심하야 괴로워하였으므로 동승자가간호하야 동일一시경에仁川德生院에 입원시켯으나 二十日 下午四시경사망하였다.

여기에서 당시 신문 지상에서는 이례적일 정도로 상세하게 일(一) 환

30) 이연식에 따르면, 해방 후 서울·경기에는 중국발 송환민의 41.7%, 일본발 송환민의 19.5%가 전입한 반면 경상도에는 일본발 송환민의 58.7%, 중국발 송환민의 31.6%가 전입하였다. 이연식, 앞의 글(2018a), 102쪽.
31) 「仁川에 侵入한 虎列剌의 徑路」.

자의 일자별 동선과 그의 19일 발병 상황이 소개되고 있다. 그와 같은 상세 역학(疫學) 보고서가 앞 기사에서만 나타났던 것은 아니었다. 당시 여타 신문 지상에서도 23세 황해도 청년의 편력기(遍歷紀)와 발병기(發病記)는, 기사 크기에 차이가 있기는 했어도, 어렵지 않게 발견된다.[32] 여기에서 보이는 높은 관심은 인천이 서울의 '문호'였기에 인천에서의 콜레라 발병이 서울 지역에로의 발병으로 이어질 것에 대한 '120만 서울 시민의 불안감'에 기인한 것이었다.[33] 서울 시민의 불안감과 긴장은 그 '인천 1번 환자'의 서울 동선, 즉 "서울역전 三興[*興]여관에 투숙하였다"는 "소식을듯고 즉시 출동하여 동여관을 소독"하고 그 후 그 '귀환 청년'에게서 감염된 콜레라 환자의 발생 여부에 주의를 기울였던 서울시 보건후생부의 모습에서도 확인된다.[34]

또한, '지척(咫尺)인 인천'에서 콜레라가 발병한 후 서울시 보건 당국의 긴장은 6월 상순에 "인천(仁川)지방을왕복하는사람이나 또인천에살고잇는사람은 특히주의하야 하나도빠짐없이 이[*예방]주사를맞도록하여 달라"고 "주의를환기"하는 것에서도 확인된다.[35] 여기에서 보이는 서울 시민의 '불안감'과 서울시 당국의 '긴장'은, 그리고 '서울의 문호인 인천을 지킨다'는 의식은 서울에서 방역 인력들이 인천으로 신속하게 파견되어

32) 예컨대「虎疫朝鮮內侵入!: 釜山, 大田, 仁川에患者發生」, 『中央新聞』 1946.05.23 ;「仁川에眞性虎列剌發生」, 『自由新聞』 1946.05.21 ;「仁川에虎疫患者: 上海에서온戰災民」, 『中央新聞』 1946.05.21 ;「仁川에眞性虎列剌: 患者는上海에서온戰災民」, 『漢城日報』 1946.05.21 ;「호열자調査XX[판독 불능] 仁川으로派遣」;「歸還同胞船에虎疫侵入」, 『東亞日報』 1946.05.21 ;「虎疫! 保健에SOS: 벌서死亡者十六名; 病菌은戰災民따라潛入」, 『漢城日報』 1946.05.24 ;「全서울市民에게豫防注射」『漢城日報』 1946.05.24 참고.
33)「仁川에侵入한 虎列剌의徑路」.
34)「全市民에게豫防注射」.
35)「咫尺京城에虎疫蔓延」, 『大衆日報』 1946.06.09. 참고로, 앞 기사를 게재한 『大衆日報』가 인천 지역 신문이었기 때문에, 앞 기사의 제목은 인천의 관점에서 서울을 "咫尺"이라고 표현하였다.

그 지역에 대한 예방적 방역 조치를 실행토록 하였던 것의 맥락을 이루었다.[36]

또한, 그와 같은 긴장과 불안감 하에서 5월 하순 서울시에는 시 관련 조직부터 정회(町會)와 같은 '말단의 자치 조직'까지 그것들을 망라하는 방역체계를 구축하고 각종 '예방적 방역 조치'를 취하였다. "코레래*콜레라"가 "歸還同胞와함께十五日釜山에상육[*상륙]"한 이후, "각처에서 전재민[*송환민]이 모여들고있음으로 언제이 악역[(惡疫)]의침입을바들넌지도 몰으는형편"에서 5월 24일 남한 전체에서 40여 명의 환자와 사망자 23명이 발생하자, "각항구(港口)를비롯하야 각지에만연하는 호열자"로 인해 "국민은전율에싸"였다.[37] 이러한 상황에서 서울시에서는 방역본부와 각 구청, 그리고 각 정회(町會)의 방역 조직으로 이어지는 "철벽의 방역진"을 구축해 방역 관련 조직을 체계화하였다.[38]

그리고 미군정 당국에서는 방역을 위한 "必死의 노력"과 "맹활동을 개시"하였다.[39] 먼저 당국은 서울 시민 전체를 대상으로 한 예방 주사 실시 계획을 입안하고 그것을 실천하였다. 즉, 경기도 보건후생부에서는 "五百만경기도민에게 호열자예방주사를 실시하고저" 하는 계획을 추진해, 서울시에는 24, 5일에 "시민에게 주사를실시"하기로 계획하였다.[40]

---

36) 인천 지역에서의 '예방적 방역 조치'에 대해서는 임종명, 앞의 글, 2020 참고.
37) 『東亞日報』 1946.05.25. 「各地로蔓延하는『虎列刺』!: 現在卅*二十名死亡, 48名이發生」; 「全市民에게豫防注射」; 『中外新聞』 1946.05.24. 「虎列刺防疫에必死的: 緊急會議열고對策講究」. 본문의 '전재민', '전재 동포'는 '귀환민' 또는 '송환민'을 의미하는데, 해방 직후 사용된 '전재민·동포'의 용례적 의미와, 그것의 당대 정치적 함의에 대해서는 이연식, 「해방직후 조선인 귀환연구에 대한 회고와 전망」, 『한일민족문제연구』 6, 2018b, 135~36쪽 ; 이연식, 앞의 글, 2018a, 95쪽 참고.
38) 「全市民에게豫防注射」; 「虎列刺防疫에必死的: 緊急會議열고對策講究」; 「十七名은絕命: 虎列刺各地서더蔓延; 서울防疫陣」, 『自由新聞』 1946.05.24.
39) 「虎列刺防疫에必死的: 緊急會議열고對策講究」.
40) 『東亞日報』 1946.05.24. 「호열자豫防에總動員: 卅*二十二日에實施; 호열자豫防注射」; 「全市民에게豫防注射」.

이어서 서울시 보건위생부에서는 "방역에만전을 기하고자" 경기도 보건 후생소와 서울 시내 각 구청 및 경찰서와 함께 "긴급방역회의를 개최하고 방역활동에관한구체적방책을협의"하고, "예방주사는느저도 六月초순에는 전시민에게 一제히실시할" 것을 결정하였다.[41] 그리고 결정된 '방책'은, 뒤에서 보듯이, 6월 들어서자마자 실행되기 시작했는데, 바로 그 직전에 서울의 1번 환자가 발생했던 것이다.[42]

서울 방어와 관련해 보다 중요한 것은 '수부(首府) 방어'라는 관점에서 비(非) 서울 지역에서 실행된 '예방적 방역 조치'였다.[43] 이와 관련해서 당시 실시된 서울행 열차에 대한 방역 조치는 시사적이다. 미군정 보건 당국은 5월 28일부터 경부선·호남선 철도를 이용해 서울로 여행하는 여객 전원에게 경부선과 호남선이 합류하는 대전역에서 콜레라 예방 주사를 시술하였다.[44] 이것은 균을 가지고 있지만, 검역 과정이나 뭍에 내린 이후 아직 '발견'되지 않은 광저우나 상하이 등 중국발 송환민이 각지에서, 특히 서울 지역에서 지역 주민들에게 콜레라를 감염시킬 가능성을 예방해 그 지역에서의 콜레라 만연을 방지하고자 하는 사전 예방 조처였다.[45] 이처럼 콜레라의 전국적 확산 방지뿐만 아니라 서울 방어의 목적으로 당시 유일한 전국 교통망이었던 철도에 대한 예방적 방역 조

---

41) 『東亞日報』 1946.05.25. 「虎疫市內侵入警戒: 서울市에緊急防疫會議」.
42) 6월의 집중적 방역 조치는 뒤에서 논의된다. 그 이유는 현재 논의가 '왜 다른 지역과 달리 서울에서는 최초 발병이 5월 말에 발생했는가?'에 관한 것이기 때문이다.
43) '비(非)서울'은 기왕의 용례에서는 '지방'을 의미한다. 하지만 '지방'이 '수도'나 '도시' 등의 '중심부'를 중심으로 하여 위계적으로 배치된 '지정학적(geopolitical) 호명'이기 때문에, '지방'의 사용은 회피될 필요가 있다고 생각한다. 그러한 필요성에 유의하여, 본문에서는 '잠정적으로' '비서울'이 사용된다.
44) 「大田서旅客豫防注射」, 『서울신문』 1946.05.31.
45) 「歸還同胞船에虎疫侵入」; 「大田서旅客豫防注射」. 서울 방어 조치로서의 성격이 명시적으로 나타난 조치는, 뒤에서 이야기되듯이, 7월에 취해지는 미군정의 '서울 여행 금지'였다.

치가 5월 하순부터 대전 지역에서 취해졌다. 바로 지금까지 이야기한 노력들이 서울에서 송환민에게서 콜레라 발병이 일어날 가능성을 약화시키면서 또 콜레라의 서울 발병 시기를 늦추었던 것이라고 판단된다.

Ⅲ. 발병 직후 콜레라의 강변 지역 확산

하지만 늦어지기는 했어도, 서울에서도 콜레라는 발병했다. 뒤늦게 5월 말 서울 지역에서 발병한 콜레라는 6월에 들어서자마자 계속해서 서울 시민들 사이에서 퍼져 나갔다. 즉 그달 1일에 사망자 1명, 그 다음 날 종로 누하정(樓下町)에 음성 환자 1명 발생으로 환자 총 3명, 다시 4일에는 사망자 1명 발생으로 환자 총 2명, 또 6일 현재 누계 환자 5명에 2명 사망이라는 서울 지역 내 콜레라 전염·발병 초기의 기록이 나타났다.[46]

서울 지역 콜레라 발병·전염 초기의 환자들은 대개 서울 외곽 거주민들이었다. 당시 신문 지상에 소개된 콜레라 환자·사망자들은 대개, 예컨대 청계천에 연한 왕십리(往十里) 위의 상왕십리, 또 한강에 연해

---

46) 「서울에患者三名: 疑似患者二名도眞性」, 『서울신문』 1946.06.02 ; 「虎疫眞性: 서울에도一名」, 『現代新聞』 1946.06.07 ; 「虎疫患者 樓下町에도發生」, 『東亞日報』 1946.06.03 ; 「虎列刺防疫에必死的: 一般은當局밋고流言에動搖말라; "컬렌"保健厚生部長談」, 『서울신문』 1946.06.05. 그런데 당시 신문 지상의 통계는 불안정한 것이었다. 예컨대 「虎疫患者날로增價: 三日까지總數九名」, 『朝鮮日報』 1946.06.04는 환자 9명과 사망자 4명 발생을 보도한다. 그렇지만 그 통계에는 의사 환자도 포함된 것이었기 때문에 세균 검사를 통해 확진된 '진성 환자'의 누계는 계속해서 수정·변경된다. 즉, 진성 환자나 의사 환자가 구별되지 않고 양자가 '환자'라는 단일 항목으로 통계 처리될 경우, '검균'(檢菌) 후 환자 규모가 오히려 축소되는 경우도 목격된다. (이것은 사망자의 경우도 마찬가지였다) 그와 같은 당대 통계 처리 관행(practice) 때문에, 신문 기사에 제공되는 콜레라 환자·사망자 수치의 독해에는 주의가 요망된다.

있는 용산구 동빙고정(東氷庫町), 마찬가지로 당시 서울의 포구(浦口)였던 마포에 접해 있는 서대문구 염리정(鹽里町), 또 청계천에 인접한 동대문구 신설정(新設町) 등에 거주하고 있었다.47) (물론 인왕산으로 연결되는 서촌(西村)의 누하정의 발병 사례에서처럼 서울 도심 외곽 지역에서 발생하는 경우도 있었다) 이처럼 서울 1번 환자 발생 직후 미군정 당국이 '세브란스의전 학생 30명을 경성역에 파견하여 그곳에서 외래 여행객 등에 대해서 예방 주사를 처치'하는 동안 한강과 청계천 등에 연(沿)해 있거나 근접한, 서울 외곽 지역들에서 환자가 발생하고 있었다.48)

서울에서의 연이은 콜레라 발병에서 주목되는 것은 당시 '병원지(病源地)'에 관한 당시 논의이다. 앞의 6월 6일 현재 통계에서 보여진 콜레라 환자 발생은 그 이후에도 계속 이어져, 예컨대 11일 현재 서울 시내에는 7명의 환자가 발생해 그 중에 3명이 사망하고, 또 14일 현재 환자 9명에 사망자 3명이 누적되었다.49) 이처럼 누적적으로 환자가 증가하던 중에 6월 9일 서울에서는 서대문구 북아현정과 용산구 동빙고정, 또 오늘날 용산구 청파동의 일부인 청엽정(靑葉町) 등지에서 콜레라 환자가 발생하였다.50) 그런데 그들, 특히 앞의 두 지역 환자의 경우, "전혀 [부산과 같은 지역에] 여행한 적이 없"던 사람들이었기 때문에, 방역 당국은 "서울근교에 병원지(病源地)가 있지 않은가 하야 맹렬히 조사"하였다.51) 물

---

47) 「市內에陰性患者 五名또發生」, 『東亞日報』 1946.06.04 ; 「虎疫二名患者」, 『朝鮮日報』 1946.06.04 ; 『自由新聞』 1946.06.04. 「虎列刺 南朝鮮에 猖獗, 各處에 眞性患者 續發: 서울 眞性患者 1名 뿐」; 『自由新聞』 1946.06.04. 「三日도發生」; 『서울신문』 1946.06.06. 「市內에虎疫: 眞性이二名; 發生附近 交通遮斷」; 『서울신문』 1946.06.07. 「眞性쏘二名: 六日서울에發生」.

48) 「三日도發生」.

49) 『東亞日報』 1946.06.12. 「虎列刺患者: 市內또二名增加」; 『東亞日報』 1946.06.15. 「虎疫에百七十死亡」.

50) 『東亞日報』 1946.06.11. 「市內또二名發生」; 『漢城日報』 1946.06.13. 「市內에또二名」.

51) 『漢城日報』 1946.06.13. 「서울에病源地 있다」.

론 조사 결과는 현재 자료상 확인되지 않는다.

그렇지만 흥미로운 것은 한강에 연해 있던 동·서빙고정 지역이 콜레라 발생과 관련해서 빈번하게 등장한다는 점이다. 우리는 앞에서 서울 지역 지표 환자의 발생 직후 발병 상황을 검토하면서 동빙고정에서 환자가 발생했던 것을 목격했다. 또 지금 9일 환자의 발생 지역 중 하나가 동빙고정인 것을 알게 되었다. 더군다나 콜레라 환자로 판명되어 11일에 병원에 수용된 한 환자와 관련해서, 그가 전날 "서빙고에서불량한음식을먹"었다는, 달리 표현하면 '서빙고 지역에 출입하였다'는 환자 동선이 신문 지상에서 제공되고 있다.[52] 이처럼 서울 지역 발병 초기 서울 외곽 지역, 그중에서도 "한강을등지고잇"는 동·서빙고정 지역과 같이 한강에 연해 있거나 그것에 가까운 지역에서 "[콜레라가]번식을시작"해 적지 않은 콜레라 환자가 발생하면서, '동·서빙고 양정(兩町)이 경성 부내(府內)에서 가장 심한 발병세의 위험지대'로 비정(比定)되고 있었다.[53]

한강 강변 지역에서의 콜레라 집중 발병은 한강 연안이 당시 서울 지역에서 병원지로 기능하고 있었음을 시사한다. 당시 상수도가 서울 전 지역에 보급되지 못한 상황에서, 더군다나 상수도 시설이 갖추어져 있더라도 수돗물 공급이 원활하지 못했던 한강 연안 주민이나 식당 관련 업종 종사자들은 "[한강] 강변에[서]야채를 씻거나 강물에 음식물을씻"고 있었다.[54] 이와 같은 한강 연변 지역 주민들의 생활 문화와 식당 관련 업종의 업태(業態; business practice) 하에서 한강에 연한 지역에서 수인성(水因性; waterborne) 전염병인 콜레라가 계속해서 발병하고 있었다.

서울에서 콜레라 전염병은 6월 초순까지 "한참동안 창궐"하다 중순에

---

52) 『東亞日報』 1946.06.13. 「虎列刺患者: 靑葉町에또發生」.
53) 『中央新聞』 1946.06.18. 「京城은漢江沿岸이 危險地帶로判明」; 『中央新聞』 1946.06.23. 자 「漢江물에虎列子菌잇다: 市民의注意더욱緊要」.
54) 『朝鮮日報』 1946.06.17. 「강물은危險: 水泳, 蔬菜洗濯을禁止」.

일시 "씀하"다 6월 하순 "쏘다시 환자가속속출하기시작"해 "맹열한기세로 속속시민의생명을따고 있"었다.55) 이러한 시기에도, 보다 정확하게 표현하면, "十三일부터열흘동안동빙고서빙고에서四명이연거퍼사망"하는 일이 발생하였다.56) 더군다나 경기도 강화(江華) 지역에서 "[6월] 十一일 범선으로 서울 마포(麻浦)에가서 생선을파러가지고 十四일에귀가하야 十七일에 사망하엿고 그의가족도 모조리전염"되는 사례가 보고되었다.57) 여기에서 "[강화] 호열자환자의 리병경로(罹病經路)"는 동·서빙고 지역이나 마포 지역과 같이 한강에 연한 지역들에서 콜레라가 발병하고 있음을, 따라서 한강 연안 지역이 "危險地帶"로서, 뒤에서 보듯이, 경기 지역에서, 또 서울 지역에서도 일종의 병원지 또는 발원지 역할을 하고 있음을 보여주었다.

이를 전제로 이야기를 계속하면, 당시 마포는 한강 강변 지역 중에서도 주요 병원지였다. 당시 마포는 그것이 길게 한강에 연(沿)해 있다는 자연 지리적 이점 등으로 인해 역사적으로 각종 어물과 물산의 집산지였다. 이것은 근대에 들어와서, 따라서 해방 이후에도 마찬가지여서, 경성부와 경기도, 그리고 어업조합연합회 등이 그 지역 어(魚)시장 관리권을, 보다 정확하게는 '다량의 수산물의 집산(集散)처리' 권한을 두고 경쟁하였다.58) 이처럼 마포는 그것의 지리적 이점으로 말미암아 어물 등

---

55) 『서울신문』 1946.06.23. 「注意!虎列刺漸次蔓延: 서울市內에患者十四名」; 『朝鮮日報』 1946.06.24. 「京城市內虎疫患者: 벌서二十六名; 十一名이死亡」. 예컨대 17일 현재까지 서울에서는 진성 환자 12명이 확인되어 그중 8명이 사망하였는데, 6월 21일 현재에는 진성 환자 40명에 사망 11명이 보고되었다(『朝鮮日報』 1946.06.21. 『百九十萬名에免疫注射』; 「注意!虎列刺漸次蔓延」).

56) 「京城市內虎疫患者」; 『서울신문』 1946.06.16. 「蔓延一路의虎疫: 十五日現在로患者六百十九名」.

57) 『大衆日報』 1946.06.25. 「江華虎疫은眞性」.

58) 『朝鮮日報』 1946.08.02. 「一府에 一魚市場: 漁業組合聯合會進出을抑制; 麻浦市場에 實權附與」.

의 집산지였다. 그리고 이를 배경으로 해서, 앞의 '강화 콜레라 환자의 동선'에서처럼, 마포는 병원지로 기능하였다.

병원지로서의 마포의 모습은 어렵지 않게, 예컨대 인천 앞바다의 삼목도(三木島)에서의 6월 26일 발병 사례에서도 확인된다. 그때 한 반어반농(半漁半農) 업자가 "서울마포(麻浦)에가서 생선을파러가지고도라오든 지난달二十六일부터 구토와설사를 계속" 하였다.[59] 나아가, '100여 척이 선박한 마포에서 일(一) 선원이 27일 진성 콜레라 환자로 판명'되었다.[60] 이들 사례가 보여주듯이 경기 지역의 주요 병원지였던 인천 연근해 지역과 연결되는 한강에 연해 있던 마포는 당시 서울 지역에서 병원지로 기능하고 있었다.[61]

그런데 마포 지역이 콜레라 발원지로서 기능했던 것이 단순히 그것의 자연 지리적 위치의 결과만은 아니었다. 마포 지역은 서대문 지역과 함께 "元來" 서울의 상수도 체계상(上) "末단(端)I給水地"로서 홍수 이전에도 수돗물 공급이 "不安全"했고, 그래서 지역 주민들은 "밤이면 조금식 나오든 물"로 "不衛生的生活"을 하였다.[62] 이것은 홍수 이전에도 마포 지역이 서울의 주요 콜레라 발생지였던 이유의 일단(一端)을 보여주는 것이다. 즉, 그 지역들이 서울에서 주요 발병지였던 것은 그 지역의 빈약한 상수도 설비로 말미암은 '비위생적인 생활'과 연관 있던 것이다.

나아가 주요 콜레라 발병지로서의 마포 지역상(相)은 종전/해방 직후 동아시아 지역과 한반도의 모습을 보여주는 것이기도 했다. 1946년 현재 마포에는 남한 지역 산물(産物)만이 아니라 "남북선[(南·北鮮)]물가의 차가 만흠을 기화"로 "한강수로를 이용"해 거래되는 "북선사과와 남선일

---

59) 『大衆日報』1946.07.02. 「病源은塩石魚: 永宗島虎疫群報倒着」.
60) 『自由新聞』1946.07.01. 「麻浦에虎疫: 새우젓배에서發病」.
61) 인천 지역 및 그 연근해 지역의 경기 지역 병원지 역할은 임종명, 앞의 글(2020) 참고.
62) 『水産經濟新聞』1946.07.02. 「水禍뒤에給水難: 飲水不足인西大門, 麻浦區」.

용품" 등의 남북 밀교역품, 심지어 중국과의 밀무역품 또한 집산되고 있었다.[63] 특히 마포는 '1946년 여름 이래 중국 화북 지방의 다롄(大連)과 톈진(天津), 또 칭다오(靑島)와 옌타이(煙台)'로부터 "인천부근에있는 여러섬"을 통해 중국 밀무역품이 들어오는 곳이었다.[64] 그런데, 당시 톈진 등의 화북 지역이 콜레라 발병지이고 인천이 경기 지역의 주요 발병지였다면, 앞의 밀무역 경로는 중국과 인천 지역에서 발병한 콜레라가 마포로 전해지는 통로였을 것이다.[65]

여기에서 보이는 밀(密)교역과 밀무역은 종전 직후 동아시아와 한반도 상황을 반영하는 것이다. 즉 그것은 1937년 중·일 전쟁 이후 중국 화북·화중 지역 점령을 통해 서해에 대한 독점적 지배·통제권을 행사하던 일본 제국의 패전과 해체 이후 '황해'와 '황해 연안의 지역 네트워크'의 상황을 표현하는 것이다.[66] 그런데 일본 제국의 종전 후 해체 이후 국가가 전일적(專一的) 지배력을 행사하지 못한 곳은 서해만이 아니었다. 해방 후 마포의 대중(對中) 밀무역로였던 한강에도, 심지어 한강 연안의 마포에서까지도, "海賊船[이]出沒"해 "실엇든"쌀"數十石을强奪逃走"해 "요지음[46년 3월] 쌀실은 배가 마포연안에 들어오기를 끄리고있서[*꺼리고 있어] 마포서에는 해적선을 엄중경계중"일 정도로 한강과 그 연

63) 『朝鮮日報』 1946.05.03. 「暴利하다被檢」; 『大東新聞』 1946.08.22. 「[황해도 옹진]巡威島近海에海賊: 商船襲擊掠奪; 靑年一名까지拉致」; 『自由新聞』 1946.09.02. 「漢江岸海賊團一網打盡」; 『自由新聞』 1946.09.05. 「江岸海賊團續々[*續綻露被害甚大」.

64) 『朝鮮日報』 1946.10.30. 「孤島서物物交換: 痛嘆할密貿易內幕」.

65) 중국 화북과 동북 지역의 콜레라, 장티푸스 등 전염병 발병상은 General Headquarters/Supreme Commander for Allied Powers G-Ⅲ, 1947, "Report on Mass Repatriation in the Western Pacific," p. 48. https://dl.ndl.go.jp/infor:ndljp/pid/11223003 (검색일: 2020.10.29.); 황선익, 「동북아정세와 중국지역 한인의 귀환」, 『한국독립운동사연구』 46, 2013, 299쪽; 김춘선, 「중국 연변지역 전염병 확산과 한인의 미귀환」, 『한국근현대사연구』 43, 2007, 특히 105, 119~120쪽 참고.

66) 밀교역·밀무역을 통해 표현되고 있던 종전/해방 직후 동아시아 국제정치와 '황해 연안의 지역 네트워크'의 모습은 임종명, 앞의 글(2020) 참고.

안 마포 지역에는 국가의 전일적 지배·통제력이 행사되지 못하고 있었다.[67] 바로 이와 같은 종전/해방 직후 동아시아와 한반도 상황에 의해 촉진되면서, 마포는 "호역상항"(虎疫商港)이라고 불릴 정도로 주요 콜레라 병원지의 하나가 되었다.[68]

그런데 한강 연안 지역의 콜레라 빈발과 마포 등의 콜레라 병원지로서의 역할은 콜레라 전염병의 지역 내 발병을 표현하는 것이기도 했다. 앞에서 보았던 서울 지역에서의 콜레라 발병 상황으로 말미암아, 당시 사람들은 "이콜레라균(菌)은 한강 하류와인천항의 연안지역에 모다퍼져있을것이 생각"하고, "漢江·仁川沿岸은汚染地域"으로, 그리고 "서울은虎疫蔓延地"라고 표현하게 되었다.[69] 이는 "호열자균이 바닷물로인하야 얼마나빨리전염"되는가를 "실증(實證)"하였을 뿐만 아니라, "漢江물에虎列子菌잇다"고 생각되면서 한강 연안 지역이 경기도와 서울의 '병원지' 또는 "전염원지"로 감정(勘定)되고 있었음을 뜻한다.[70] 한강 연안의 '전염원지' 비정은 당시 서울 지역 내 콜레라 감염이 발생하고 있음을 보여준다. 이처럼, 서울에서는 6월 들어 한강 강변 등의 시 외곽 지역에서 지역 감염이 발생하고 있었다.

---

67) 『東亞日報』 1946.03.05. 「漢江沿岸에海賊船出沒: 실엇든"쌀"數十石을强奪逃走」.
68) 『自由新聞』 1946.07.08. 「遮斷地에食糧도안주고 罹病者를그대로放置: 虎疫處置에麻浦區民非難」.
69) 『朝鮮日報』 1946.06.18. 「서울은虎疫蔓延地: 漢江·仁川沿岸은汚染地域; 十六日十六名發生」.
70) 「江華虎疫은眞性」; 「서울은虎疫蔓延地」.

IV. 홍수 이후 콜레라의 천변 지역 만연

서울 지역 내 콜레라 감염이 이루어지고 있던 상황에서, 6월 중·하순의 대홍수는 "호열자 류행에도 큰영향을주"면서, 7월에 서울 지역 전체의 발병 상황을 일층 악화시켰다.[71] 서울 지역 홍수가 끝나가고 있었던 6월 27일 현재 환자 28명, 사망자 11명이었던 서울 지역 발병세는 홍수가 끝난 7월에 들어 급격히 악화한다.[72] 예컨대, 7월 5일 하루에 8명의 환자가 발생하는데, 이는 "서울에드러온 호열자는 [6월 26일까지도] 매일 한두명식의새환자를 내이고잇"던 이전 발병 상황과도 대비되는 것이었다.[73] 이에 "炎暑期"의 더위까지 겹치면서 "나날이" "虎列刺가더욱창궐蔓延"해, 7월 말 누계 "[콜레라]發生者" 103명 중 "約六○%"인 64명이 그달에 발병하였다.[74] 비록 서울 지역 발병세가 여타 지역의 그것과는 비교될 바 아니긴 했어도, 홍수 이후 서울에서는 콜레라 만연세가 급격하게 악화하였다.

그렇다 하더라도, 콜레라 만연이 단순히 '순전히' 대홍수의 결과는 아니었다. 이와 관련해서 6월 25일 2명의 환자가 발생했던 서대문 지역의 현저정(峴底町) 사례는 시사적이다.[75] 그런데 현저정에서 25일 처음으로 콜레라가 발병했던 것은 아니었다. 그 지역에서는 이미 그달 21일과

---

71) 『自由新聞』 1946.06.27. 「장마속에氣勢어더 虎疫患者날로增加」; 『現代日報』 1946.06.27. 「虎疫患者: 京畿道에만72名」.

72) 『大東新聞』 1946.06.29. 「虎疫 市內蔓延」.

73) 『水産經濟新聞』 1946.07.06. 「虎疫서울에또八名」; 『自由新聞』 1946.06.27. 「京城에도新患者續出」.

74) 『大東新聞』 1946.07.04. 「市內에虎疫漸益蔓延: 十一日부터防疫淸掃强調週間」; 『水産經濟新聞』 1946.08.02. 「甕津延白이尤甚」.

75) 『現代日報』 1946.06.27. 「虎疫患者: 京畿道에만72名」.

22일 부부 포함 3명의 환자가 발생했었다.[76] 한강 지천(支川)인 욱천(旭川)의 발원지인 현저정의 사례는 이미 시 외곽 지역과 함께 도심지 인근 빈민 지역에서 발생해 진행되고 있던 콜레라 감염 현상이 홍수를 계기로 급속히 악화하고 있던 서울 지역 발병 상황을 암시한다.

특히, 홍수를 계기로 악화하던 발병세에는 상수도와 같은 도시 기반 시설 빈약이라는 문제가 또한 개재된 것이기도 했다. 이와 관련해서, 수인성 전염병인 콜레라의 발병과 식수원(食水源)의 상관성을 설명한 여인석의 지적은 시사적이다. 그는 '1946년 콜레라 유행기에 홍수가 겹치면서 서울 시민 대다수가 식수원으로 사용되던 우물이 콜레라균에 오염되어 콜레라 피해가 컸다'고 지적한다.[77] 이는 상수도 공급 문제가 평소에는 '비위생적 생활'의 문제와 연결된 것이고, 또 수용성 전염병인 콜레라의 유행 시기에는 콜레라 발병과 확산과 연결된 문제였음을 이야기해 준다. 그런데 식민지 시기와 마찬가지로 해방 직후에도 '서울 시민'은, '인천 등 여타 도시민'과 마찬가지로, '수도 문제'로 "물기근에 괴로움"을 겪고 있었다.[78] 이러한 상황에 콜레라 유행과 홍수까지 겹치면서, '물 기근'을 겪던 지역에서 콜레라 발병 가능성은 상존하게 되었다.

더군다나, 홍수 이전에도 서울 지역 주요 콜레라 발병지였던 마포와 서대문 지역은 홍수 이후에도 "給水難"을 겪는다. 당시 서대문과 마포

---

76) 「京城市內虎疫患者」; 『東亞日報』 1946.06.25. 「市內에도 全家族感染」.

77) 여인석, 앞의 글, 13쪽. "일제 시기를 통틀어 우물은 조선인 70퍼센트가 이용하는 음용수의 주된 원천"이었다 한다면, 해방 직후 다수의 서울 시민들 역시 우물을 식수로 사용했을 것이다(김백영, 앞의 책, 449, 455쪽).

78) 『朝鮮日報』 1946.08.02. 「물飢饉解消된다: 二千六百萬圓으로水道修利」. 식민지 시기에 수도 시설이 갖추어진 서울 시민들조차도 "만성적인 급수량 부족으로 인한 여름철의 잦은 단수 및 겨울철의 혹한기 동파 사고, 그리고 설비의 미비와 노후화로 인한 수질 저하"의 문제를 겪었는데 특히 그들에게 "여름철의 단수는 연례 행사와 같이 이루어졌"다(김백영, 앞의 책, 460쪽). 상수도 문제는, 본문 자료에서 보이듯, 해방 직후에도 마찬가지로 발생하고 있었다.

지역에 수돗물을 공급하던 '급수관에 폭우 이후 쓰레기 침전물 등이 쌓이고, 더군다나 폭우로 혼탁해진 한강물을 정수 처리할 약품을 입수하는데 어려움이 생기면서 수돗물 공급에 문제가 발생해 서대문구와 마포구 주민들이 빗물을 받아 음식을 조리하는 일'까지 있었다. 이러한 문제는 "同地帶住民들"이 "當局에 應急對策을要望"할 정도로 "府民衛生으로 보아 또猛威로蔓延되고있는 虎疫現狀에비추워 到底히放置할 수 없는 喫急事의하나"였다. 더군다나 그 문제는 수도 공급 문제가, "一週日內로 回復"될 것이라고 이야기하는 "京城府配水係" 담당자의 호언장담과는 달리, 단시간 내에 해결되는 것도 아니었다.79) 이처럼 홍수로 더욱 나빠진 도시 기반 시설 문제로 말미암아 홍수 이후에도 계속해서 마포와 서대문 지역은 서울 지역의 주요 콜레라 발병지로 자리 잡았다.

<표 1> 7월 2일 현재 서울의 정(町)별 콜레라 환자 발생 상황

용산	마포항	신설	동빙고	북아현	경성역	본동	서빙고	염리	대흥	아현	봉래
1	1	2	3	1	1	1	1	1	1	1	1

출전: 『大韓獨立新聞』 1946.07.03. 「虎疫서울서猛威: 二日現在死亡者九名」; 『水産經濟新聞』 1946.07.04. 「서울의虎疫: 二日現在死亡者九名」

이에 유념하면서, 지금부터는 대홍수 직후 시내 발병 상황의 지역적 변화를 살펴보도록 하자. 앞에서 우리는 6월 중·하순 대홍수 이전 시기 주로 서울 외곽 지역, 특히 한강에 연한 지역과 빈민 지역에서 콜레라 환자가 발생하였음을 보았다. 이러한 상황에서 홍수는 이후 주요 콜레라 발병지의 변화를 낳는다. 이와 관련해서 다음의 표는 시사적이다. 즉, 이 표에서 제시된 지역들은 경성역과 본동정, 대흥정, 아현정과 봉래정

---

79) 「水禍뒤에給水難」.

을 제외하고 이미 앞에서 검토된 지역이다. 이것은 대홍수 이후에도 그 이전의 지역적 발병 경향이 지속되고 있음을 보여준다. 이를 전제로 이 야기를 한다면, 새로이 발병 지역으로 추가된 지역 중 영등포구 본동정 (本洞町) 지역은 한강에 연한 곳이다. 또한 대흥정(大興町) 지역과 아현 정(阿峴町) 지역은 행정적으로 마포구에 소속된 지역이었다. 그리고 용 산구 경성역 지역과 중구 봉래정(蓬萊町) 지역은 동일 지구라 해도 무방 할 정도로 상접(相接)한 지역이다. 이러한 것들은, 대체적으로 이야기할 때, 한강에 연한 지역이거나 대홍수 이전의 주요 발병 지역에 연해 있던 지역들에서 대홍수 이후 콜레라가 발병하고 있음을 보여준다. 이것은 7월 3일의 콜레라 발생 지역을 보여주는 7월 5일자 신문 기사들에서도 확인 된다. 그 기사들은 '3일에 흑석정(黑石町) 2명, 아현동 2명, 신공덕정 1명 의 환자가 발생해 그 중 1명이 사망했다'고 보도한다.[80] 여기에서 새롭 게 등재된 흑석정은 본동정과 마찬가지로 영등포구에 소속된 지역으로 한강에 연해있고, 또 신공덕정은 흑석정과 마찬가지로 한강에 연한 마 포구의 일(一) 지역이다. 이처럼 홍수 이후에도 6월 하순 "大量의降雨量" 으로 "南漢江 北漢江上流에서는 雨量이만음으로 第一危險"해 "江邊一帶" 에 대해 "極히警戒"가 요청되는, 그래서 "(용산경찰서 등)소관경찰당국은 방역에힘을쓰고 있"었던 한강에 연한 지역에서 콜레라가 일층 만연하였 다.[81]

7월 초 새로이 서울의 주요 발병지로 등재된 지역들의 이해에 있어 6월 중·하순의 홍수는 유용한 실마리이다. 먼저 6월 26일 현재 서울의 구별 (區別) 강수량을 보여주는 다음 표를 함께 보도록 하자.

---

80) 『中外新報』 1946.07.05. 「府內에서하로五名이發生」; 「서울市內도二十九名」.
81) 『水産經濟新聞』 1946.06.27. 「漢江又復增水形勢: 江邊一帶警戒必要」; 『大東新聞』 1946.06.27.자 「龍山方面水害狀況: 구호, 방역에 경찰대활동」.

<표 2> 6월 28일 현재 서울의 구별(區別) 강우량(단위 밀리미터)

구(區)	성북	성동	서대문	용산	동대문	영등포
강우량	198	179	21	231	(미상)	473

출전: 『서울신문』 1946.06.27. 「南朝鮮一帶·豪雨로水害甚大」

위 표는 홍수 이전에도 주요 발병지였던 용산 지역에서 상대적으로 다량의 비가 내렸지만, 홍수 이후 새롭게 주요 발병지로 등재된 영등포 지역에서는 여타 지역보다 '훨씬' 많은 비가 내렸음을 보여준다. 이것은 7월 이전의 발병 경향이 7월 초에도 계속되는 한편, 홍수기에 호우가 있었던 지역이 새로이 서울 지역 내 집중 발병지가 되었음을 말해준다. 이와 함께 주목되는 것은 영등포 지역이 1936년의 '부역(府域) 확대'에 따라 새로이 경성부로 편입된 '변경 지역'이라는 점이다. 그렇다 한다면, 변경 지역에서의 콜레라 발병이 홍수 직후의 특징적 현상이라 할 수 있다.

이와 함께, 7월 초 전후에 새롭게 청계천에 연하거나 그것에 근접한 지역에서도 콜레라가 집중적으로 발병했다. 청계천은 식민지 시기 북촌과 남촌의 경계 지역으로서 1930년대 중반 "오염원[이] 극심한 지경에 이르러 악취가 코를 찌르고 각종 '전염악질(傳染惡疾)의 저균장(貯菌場)'"이라고 이야기될 정도가 되었다.[82] 이러한 상황에 처해 있던 청계천은 6월 말 서울 지역 홍수 시기 "淸溪川氾濫을警備코저本町警察署[오늘날 중부 경찰서]에서는各派出所를總動員하야警備에努力"해야 할 정도로 범람 우려 지역이 되었다.[83] 이러한 상황을 배경으로 해서, 앞의 7월 2일 현재 통계는 도심 외곽 지역으로서 청계천에서 가까운 신설동에서 콜레라 환자가 발생했음을 보여준다. 여기에 더하여 또 다른 청계천 천변 지

---

82) 김백영, 앞의 책, 454쪽.
83) 『水産經濟新聞』 1946.06.27. 「淸溪川에도警戒」.

역에서의 발병 사례가 보고된다. 즉 경기도 연천에 귀성하였다가 귀가한 성동구 신당정(新堂町) 거주 중년 남성에게 7월 9일 콜레라가 발병해 3일 후인 12일에 병원에서 확진되었다.[84] 그런데, 이들 지역 모두가 당시 서울 도심의 외곽 지대라 한다면, 7월 초까지 주로 도심 주변·외곽 지역, 그중에도 청계천에 접하거나 그것에 가까운 지역에서 콜레라가 발병하고 있었다고 할 수 있다.

이에 더하여, 7월 이후 서울 도심 일부 지역에서도 콜레라가 발병한다. 7월에 '기온이 상승함에 따라 콜레라 발병자가 나날이 급격하게 증가'하였다.[85] 이를 배경으로 하여, 7월 6일 처음으로 "都心" 내지는 "장안 심장부"이었던, 오늘날 중구 명동인 명치정(明治町)에서의 콜레라 발병 사실이 전해지면서 "일반"은 "전전긍긍"하게 되었다.[86] 또한 "날음식과 생과실의 뒤를따라드는 호열자가 극성"을 보이는 여름에 "시내 중앙지대"인 종로구 가회정(嘉會町)에서 16일 콜레라 환자가 발생하였다.[87] 그렇지만 이들 사례는 문자 그대로 '드문' 경우였다. 즉, 서울에서 누적 환자 91명과 그 중 누적 사망자 80명을 기록하였던 7월 26일 현재에도 '콜레라의 도심지 침입'에 경악하는 비명 소리를 들려주는 자료는 보이지 않는다.[88] 주로는 서울 도심 외곽, 예컨대 7월 24일 각각 1명의 "악역(惡

84) 『自由新聞』 1946.07.14. 「新堂町에 虎疫: 十二日에또發生」.

85) 『漢城日報』 1946.07.25. 「伏中에虎烈*列剌는蠢動: 벌서死亡四千六百餘」.

86) 『漢城日報』 1946.07.08. 「虎疫, 都心에蔓延: 攝生에要注意」; 『東亞日報』 1946.07. 08. 「中華料理店에 虎疫患者」; 『中外新報』 1946.07.08. 「明治町慶增樓에 類似患者가發生」. 물론 7월 이전에도 서울 도심지에서 콜레라가 발생했다고 해서 생긴 해프닝 (happening)이 있긴 했다. 즉, 6월 6일 밤, "미군여자"에게 콜레라가 발병해 서울 시민들이 "불안"하게 되었지만, 그녀에게 발병한 것은 콜레라가 아니라 페스트였다. 이것에 대해서는 뒤에서 논의된다.

87) 『自由新聞』 1946.07.19. 「嘉會町에虎疫」.

88) 『東亞日報』 1946.07. 27. 「市内호열자: 患者九十一名中 死亡者는八十名」; 『現代日報』 1946.07.27. 「虎疫一萬台에肉迫: 서울의患者數는九六名」; 『獨立新報』 1946.08.22. 「虎疫都心地에蔓延: 死亡者總數六千四百名」. 그런데, 동일한 발간 일자의 『東亞日

疫)호열자에 걸린] 신환자가 판명"된 서촌(西村) 통의정(通義町)이나 성북정(城北町)과 같은 도심 외곽 지역이나, 한강변과 청계천변 지역에서의 콜레라 발병 사실이 전해지고 있었다.[89]

청계천 천변 및 인근 지역에서의 발병 소식은 8월 중순 무렵에도 이어진다. 콜레라는 8월 초순 서울에서 "한동안 고개를 숙으"렸다.[90] 그러나 그달 12일 성동구 신당동 217번지에서 "한꺼번에 九名"에게 콜레라가 발병했다. 즉, "호열자균이 淸溪川까지 퍼진것을 몰으고 그곳주부들이 세탁을하고 아해들은 미역을 감다가한꺼번에 아래우집 식구가전염"되면서 "동번지[(同番地) 내]"에서 "아홉명의 호열자 환자가" 발병하였다.[91] 그리고 다시 그곳을 중심으로 "부내[(府內)]의호열자는 점점퍼"져 13일 10명, 14일 5명 등 "전례업시 맹렬한속도로 환자가 발생"하였는데, 그것 역시 "淸溪川물에세탁등을하고 아해들은 미역을 감는 까달[*까닭]"에 발생한 것이었다.[92] 이들 사례는 8월 중순에 콜레라가 청계천 천변 지역에서 확산되고 있음을 보여준다. 동시에 그것은 그 지역 주민들의 콜레라 감염이 상수도 시설과, 아동 놀이 또는 여가 시설의 미비로 인한 천변 세탁과 아동의 미역 감기 등의 결과였음을 보여준다. 이처럼 콜레라 발병은 도시 지역의 사회 기반 시설이나 위락 시설 구비 여부, 또 도시 빈민 지역의 여름철 생활·여가 문화와 긴밀히 연결되어 있었다.

報』과 『現代日報』 기사가, 제목에서 나타나듯이, 환자수를 다르게 제시하고 있다. 이는 앞의 2개 기사 중 하나, 또는 둘 다 오보일 수 있다. 그렇지만 당시에는 환자나 사망자 추계법이 관련 기관들 사이에서도 통일되어 있지 않았다. 그래서, 동일한 소스(source)에 의거해 작성된 기사라 하더라고, 동일 사안에 대해서 상충되는 정보가 제공되는 경우가 적지 않았다.

89) 『漢城日報』 1946.07.26. 「虎列剌死亡率高調: 서울市內新患者二名發生卽日死亡; 힘쓰자!防疫은우리의힘」.
90) 『自由新聞』 1946.08.21. 「서울만百餘名: 虎疫의恐怖繼續」.
91) 「新堂町에虎疫」.
92) 『自由新聞』 1946.08.17. 「新堂町에卅[*三十]名: 虎列剌急速度로蔓延」.

8월 중순 청계천 천변 지역에서 집단적으로 발병한 콜레라는 서울 지역 콜레라 발병도(圖)에 변화를 낳는다. 8월 21일자 『自由新聞』 기사는 콜레라가 "경성부내각처[(各處)]에 맹렬한기세로 퍼"져 "신환자가각처에서발생"했음을 보여주면서, 특히 당시 "서울의한복판"으로 오늘날 을지로인 황금정의 한 여관에서 "신환자가 발생"했음을 알려준다.[93] 이처럼 기사는 당시 도심이라고 이해될 수 있는 중구 등에서도 콜레라가 발병하였음을 독자들에게 전한다. 그렇지만 그 자료는 동시에 "新堂町을 위시하야 현저 아현정등지에서 百여명의 새환자를 내엇다"고 하는 정보를 독자에게 제공한다. 콜레라 환자가 대규모로 발생했던, 육천 발원지 현저정과 아현정은 서대문구 지역이고, 더군다나 자료에서 신규 환자 발생 지역들을 선도하는 성동구 신당정 역시 청계천 인근 지역이었다.[94] 이처럼 8월에 들어서서 서울 도심에서도 콜레라가 발병하였지만, 주로는 한강과 청계천 연안 내지는 그 인접 지역에서 환자들이 발생하면서, 도심 외곽이나 시 외곽 지역은 계속해서 서울 지역에서 발병 중심지로 존재했었다.

<표 3> 8월 19일 현재 경성부(京城府) 구별(區別) 콜레라 발병 상황

	중	종로	동대문	서대문	성동	용산	마포	영등포
환자	11	8	6	24	33	4	28	6
사망자	1	4	3	9	7	1	12	1

출전: 『自由新聞』 1946.08.21일자 「서울만百餘名: 虎疫의恐怖繼續」

---

93) 「서울만百餘名」.
94) 식민지 시기였던 1943년 구(區)제도가 실시되었을 때 신당정은 성동구에 속했고, 해방 후인 1946년 10월 신당동으로 개칭되었다가 1975년 10월에는 소속구가 중구로 변경되어 오늘에 이르고 있다.
   https://100.daum.net/encyclopedia/view/72XXXXXX3743 (검색일: 2020.11.12.)

8월에도 서울 외곽 지역이 콜레라 발병 중심지였음은 그 당시 구별(區別) 발병 통계에서도 확인된다. 앞의 『自由新聞』 8월 21일자 기사는 다음과 같은 정보를 제공한다. 즉,

이 표는 당시 도심이라고 이해될 수 있는 중구와 종로구 지역의 콜레라 발병 사례를 보여준다. 이 점에서 서울 도심 지역에서도 콜레라 환자 발생이 확인된다. 하지만 그 비중은 전체 환자 110명 중의 19명, 그리고 총 사망자 38명 중 5명에 불과하였다. 이처럼 8월에는 전에 비해 상대적으로 많은 환자가 서울 도심지에서 나타났지만, 도심지 발병 사례가 압도적이거나 주요한 것은 아니었다. 오히려 발병·사망 규모의 측면에서 당시 서울 도심 외곽 지역, 내지는 그 주변 지역이라 할 수 있는 마포구와 서대문구, 용산구 지역은 계속해서 서울 지역 콜레라 발병의 중심지였다.

그런데 8월 중순의 경성부 구별 콜레라 발병 상황은 서울에서의 주요 발병지의 변동을 보여준다는 점에서 흥미롭다. 7월 상순까지 서울의 병원지는 "서울의浦口"로서 '7일 현재 총 11명에게 콜레라가 발병'하면서 "서울시내 호열자환자총수의 三分지一을 점"하였던 마포구였다.[95] 그런데, 앞에서 보았듯이, 7월 초 전후에 새롭게 청계천에 바로 접해 있거나 그것에 인접한 성동구 지역들에서 콜레라가 발병하였다. 성동구 지역에서 발병 상황이 누적되면서, 앞의 표에서처럼, 8월 중순에는 마포구를 대신해 성동구가 서울 지역에서 제일의 콜레라 발병 규모를 기록하였다. 이처럼 7월 초 이후 행정적으로 성동구에 속한 청계천 천변 지역에서 콜레라 발병이 강세를 보이면서, 8월에는 서울 지역의 중심 발병지가 변화하였다. 물론, 상대적인 발병 규모의 '순위' 변화에도 불구하고, 마포

---

95) 『東亞日報』 1946.07.11. 「서울의浦口"麻浦": 奸商輩一掃에水産分場을設置」; 「遮斷地에食糧도안주고 罹病者를그대로放置」.

구 지역은 심지어 9월 중순에 그 지역의 일(一) 지역이었던 공덕정의 마포형무소 죄수들에게 콜레라가 발병할 정도로 계속해서 서울 지역의 주요 콜레라 지역으로 존재했다.[96]

서울의 지역적 콜레라 발병 경향은 9월에도 계속되었다. '9월 가을 찬바람이 불면서 콜레라의 위세가 꺾이자', 군정청 공보부의 통계에 따르면, 9월 5일 현재 서울 지역 누계 환자가 151명으로 그중 52명이 사망하기는 했어도, "[새로운]환자보고가一명도없"었다.[97] 그런데 "환절기를 마지"하여 "고비를 넘은 듯한", 심지어 "전멸상태"에 있던 콜레라 전염병이 11일에 "충남 공주에 여행을 갔다 돌아오자 곧 발병"한 사람으로 말미암아 그 날과 다음날 중구 봉래정과 중림정에서 콜레라가 18명에게 발병해, 4명이 사망하였다. "주민들을놀래게하"였던 9월 중순 초 발병에서 봉래정은 앞에서 본 적이 있는 지역인 반면에 중림정은 그렇지 않은 지역이다.[98] 하지만 경성역 뒤편의 중림정 역시 그 역을 사이에 두고 봉래정과 앞뒤를 이루면서, 용산구와 이어져 있던 지역이다. 이러한 점에서 중림정이 봉래정과 마찬가지로 행정적으로 중구에 소속되어 있다 하더라도 도심지는 아니었고, 이러한 의미에서 서울 도심 외곽 지역이라고 할 수 있다. 이처럼 콜레라는 9월에도 주로 서울 도심의 주변 지역에서 발병하였다.

이와 같은 발병 경향은 이어지는 10월에도 마찬가지였다. 즉, "서울에

---

96) 『自由新聞』 1946.09.17. 「麻浦刑務所罪囚 虎疫에二名死亡」. 덧붙이면 형무소 노역에 종사하던 "罪囚" 2명이, 앞의 기사에 따르면, "桃花町[현재의 도화동] 배추밧을 가꾸다가 호열자균을가진 糞便에서 전염"되어 사망한 것으로 전해진다.

97) 『朝鮮日報』 1946.09.10. 「秋涼과함께虎疫萎縮: 慶北外엔南朝鮮서完全退治」; 『獨立新報』 1946.09.10. 「서울의虎疫根絕: 全國的으로도漸減傾向」; 『自由新聞』 1946.09.11. 「서울의虎疫激減: 全國的이던威勢減退」.

98) 『朝鮮日報』 1946.09.14. 「虎疫·서울을連襲: 十一日에十八名이發生」; 『中外新報』 1946.09.14. 「虎疫市內에또發生: 中林 蓬萊兩町에十八名!」; 『漢城日報』 1946.09.14. 「虎疫新患十八名: 醫師의隱蔽로蓬萊町에蔓延」.

서 콜레래가] 거의 근절"되어 "遂[드디어終熄"될 것이라 예상되던 10월에도 시 외곽 지역에서 콜레라는 계속해 발병하였다.[99] 그렇지만 "날이 차거워지면서" 외곽 지역에서도 콜레라 발병이 종식됨에 따라, 10월 말 이후, 경북 지역을 제외한 여타 지역에서와 마찬가지로, 서울 지역에서도 콜레라는 '완전 근멸(根滅)되어 퇴치'되었다.[100] 이와 같은 1946년 콜레라 발병사를 가진 서울 지역은 "5월 27일부터 10월 16일까지 환자 총수 2백 58명에서 87명의 사망자"라는 발병 규모를 기록하게 되었다.[101]

서울 지역의 콜레라 발병세는 발병 규모나 치명률에 있어서 상대적으로 약세(弱勢)의 것이었다. 이와 관련해서 콜레라가 남한 지역에서 '근멸'되었다고 생각되었던 10월의 28일 현재 다음의 남한 지역 도별(道別) 발병자 및 사망자 통계는 주목된다.[102]

<표 4> 10월 28일 현재 도별(道別) 환자·사망자 누계 및 발병률·치명률

시·도	경북	경남	전북	충남	경기도	전남	제주도	강원	충북	서울	합계
인구	3,178,750	3,185,832	2,016,428	1,909,405	2,486,369	2,944,842	276,148	1,116,836	1,112,894	1,141,766	19,369,270
환자	5,153	3,060	2,432	1,438	1,232	777	741	354	296	258	15,451
발병률	0.16	0.10	0.12	0.08	0.05	0.03	0.27	0.032	0.027	0.022	0.08*
사망자	4,173	1,535	1,645	651	775	442	390	186	134	87	10,019
치명률	81.0	50.2	67.6	45.3	62.9	56.9	52.5	52.9	45.3	33.7	54.8*

1. 출전: 『自由新聞』1946.11.01. 「虎疫死亡者累計萬名」; 조선상공회의소, 1949, 『朝鮮經濟統計要覽』, 여강출판사 복각판(1986)
2. 통계상 환자 "총계(15,451명)는 10개 시·도 지역 환자 합계(15,741명)와 상이함
3. 발병률·율 및 그것의 평균: 통계상 수치에 의거해 필자 작성(단위, 백분율)
4. *: 발병률·치명율 평균

여기에서 우리는 10월 28일 현재 서울 지역의 발병 규모가 10개 시·도 중에서 '꼴찌'였을 정도로 상대적으로 크지 않은, 또는 "어데보다도

99) 「虎疫은遂終熄」.
100) 「秋涼과함께虎疫萎縮」; 『朝鮮日報』1946.10.05. 「虎疫·六道서完全根滅」; 『朝鮮日報』1946.11.01. 「虎疫·八道서退治」.
101) 『서울신문』1946.10.20. 「서울에서 콜레라 거의 근절」.
102) 『自由新聞』1946.11.01. 「虎疫死亡者累計萬名」.

적"었음을 알 수 있다.[103] 특히 인구 114만 명을 가진 서울 지역의 환자 규모는 당시 서울과 비슷한 규모의 인구를 가진 충북의 환자 규모에 비해 근소하게나마 작았으나, 사망자 규모에서는 충북의 그것이 서울의 그것보다 1.5배에 달하였다. 사망자 규모에 있어 충북과 서울 지역의 비교는 다시 서울의 치명률이 충북의 것보다 낮음을 암시하고, 실제로 앞의 표에서처럼 그러하였다. 서울 지역의 치명률은 당시 시·도 단위 치명률 평균 54.8%보다 현저하게 낮은 33.7%였다. 이처럼, 서울 지역의 콜레라 발병자는 생존 가능성이 다른 지역의 환자보다 높았다. 작은 발병 규모와 낮은 치명률, 역으로 높은 생존율, 바로 이것이 1946년 콜레라 사태가 전개되는 동안의 서울 지역 콜레라 발병세의 상대적 특성이라고 할 수 있다.

V. 맺음말: 콜레라 사태의 사회·역사적 사건성(性)

지금까지 우리는 1946년 5월 말 서울 지역에서 발병해 그해 가을에 소멸되는 콜레라의 지역 내 확산과 만연 과정과 그 모습을 살펴보았다. 여기에서는 먼저 본문의 내용을 요약하고, 다음으로 서울 지역의 발병 특성을 낳은 사회·정치적 맥락을 검토하고, 끝으로 서울 지역 콜레라 사태의 사건성(性)을 살펴보도록 한다.

5월 초순 부산에서 콜레라가 발병한 이후 서울 방어 목적으로 실행된 방역 조치는 콜레라의 서울 발병을 늦추었다. 이를 배경으로 다른 지역에 비해서 뒤늦게 5월 말 서울에서 콜레라가 발병하였다. 뒤늦게 발병한

---

103) 「虎疫은遂終熄」.

콜레라는 6월 들어 서울 지역민들 사이에서 퍼져 나갔다. 콜레라 발병·확산 초기, 서울 외곽 지역, 그중에서도 한강에 연해 있거나 그것에 가까운 지역에서 적지 않은 콜레라 환자가 발생하였다. 이는 인천과 그 연근해 지역과 연결되는 한강의 연안 지역이 당시 서울 지역에서 '병원지'(病源地)로 기능하고 있음을 보여주었다. 특히 한강에 연해 있던 마포 지역은 그것의 자연 지리적 위치와 함께 종전/해방 직후 동아시아 지역과 한반도의 국제정치와 일국 정치의 상황을 표현하면서 당시 병원지로 기능하고 있었다. 이러한 속에서 6월 들어 한강 강변 등의 시 외곽 지역에서 지역 감염이 발생하고 있었다.

이러한 상황에서, 6월 중·하순의 대홍수는 당시 호우가 있었던 지역을 콜레라 집중 발병지로 만들면서 서울 지역 전체의 발병 상황을 일층 악화시켰다. 그런데 콜레라 만연이 단순히 대홍수의 영향만은 아니었다. 그것은 상수도라는 도시 기반 시설 빈약이라는 문제와 연결된 것이기도 했다. 이를 배경으로, 7월 초 전후부터 콜레라 집중 발병지의 변화가 있었다. 즉, 도시 기반 시설이나 위락 시설 구비 여부, 또 도시 빈민 지역의 여름철 생활·여가 문화와 긴밀히 연결되면서 도심지 주변 지역, 그중에도 청계천 천변 지역이나 그것에 가까운 지역이 콜레라 집중 발병지로 되었고, 이러한 현상은 이후 10월까지도 계속해서 나타났다. 그렇지만 서울 지역 콜레라 발병상(相)은 상대적으로 작은 발병 규모나 낮은 치명률, 역으로 높은 생존율이라는 지역적 특성을 보여주었다.

그렇다면, 소규모 발병과 저치명률/고생존률은 어떻게 가능했던가? 물론, 그것은, 쉽게 예상될 수 있고 당시에도 인정되고 있었듯이, 여타 남한 지역과 비교될 수 없을 정도였던 서울 지역의 보건·의료 자원에 있었다. 즉, 소규모 발병과 저치명율은 "의료시설"이 "충분"해 "다른곳의 추종을허락치안는곳"에 그 "원인"이 있었다.[104] 이와 함께 소규모 발병과 저치명율의 원인으로 지적해야 할 것은 '잘 갖추진 도시 기반 시설, 그리고 풍부한 위생·방역 시설과 인력 및 체계화된 관련 조직' 등이다. 그런데 단순히 이것에 의해서만 서울 지역 발병상의 특성이 만들어졌던 것은 아니었다.

서울 지역 발병세의 특징은 기반 시설과 인력의 신속한 동원과 체계화, 그리고 방역 조치의 신속한 실시 등으로 말미암은 것이기도 했다. 앞에서 보았듯이, 콜레라가 서울 지역에서 발병하기 이전인 5월 중·하순에 이미 미군정 보건 당국은 방역 시설과 인력을 신속하게 동원하고 그것을 체계화하고 또 방역 조치를 계획하였다. 그리고 5월 말 콜레라가 발생하자 실제 방역 조치를 실시하였다. 즉, 경기도 경찰부에서는 "호열자방역본부를 설치하고 관계XX[역량? 인력?]을 총동원하야 물샐틈업는 방역진"을 구축하고, 6월 1일부터 8일까지 주요 역과 버스정류장 8개소에 검역소를 설치하고 검역과 예방 주사 시술 작업 등의 방역 활동을 전개하였다.[105] 나아가 경찰은 그달에 "警察官을總動員하여 各戶에臨하여 檢病戶口調査를實施하는一便 新患者發生時에는 該家에警察官을配置하여 交通遮斷을 斷行"하였다.[106] 이처럼 경기도와 서울시, 또 경기도 경찰부 등 관계 당국은 서울 전주민을 대상으로 한 각종 방역 작업을 진행하였다.

이와 함께, 비(非)서울 지역으로부터 전염을 막기 위한 방역 조치 또한 실시되었다. 5월 하순 인천에서 콜레라 환자가 발생하고, 그달 말에는 "무서운 호열자(虎列刺)가서울에 침범"하고, 더군다나 6월 초순에는 서울 중심지에서 "미군여자"에게 콜레라가 발병했다는 해프닝(happening)

104) 「虎疫은逐終熄」.
105) 『서울신문』 1946.06.02. 「8個處의檢疫所: 市內에設置코防疫活動」.
106) 수도관구경찰청, 『解放以後 首都警察發達史』, 수도관구경찰청, 1947, 163쪽.

까지 있었다. 즉, 6월 6일 밤, "서울의한복판"인 황금정-오늘 날의 을지로 -에 있는 "경전(京電) 미군인 합숙소"에서, 게다가 "위생관념과 방역에 철저한 미군인"에게 콜레라가 발병했다는 소식이 전해졌다. 그렇지만 그것은 "엄밀한검병[(檢病)" 끝에 그 "미군여자"에게 발병한 것은 콜레라가 아니라 페스트(pest)였다고 하는 해프닝으로 마무리되었다. 그렇다 하더라도, 그것은 "[당시 콜레라 발병에 대해] 태평한태도를 가지고잇든 一百二十만시민"을 "불안"케 하고, 나아가 "크다란공포를느끼게하"였다.[107]

5월 말 콜레라의 서울 발병을 전후로 한 상황은 콜레라 감염으로부터 서울을 지키고자 하는 군정 당국의 노력을 촉진하였다. 즉 6월 상순에 서울시 보건 당국은, 앞에서 보았던 바와 같이, 인천 왕복자들이나 인천 거주자에게 "특히주의하야 하나도빠짐없이" 예방 주사를 맞을 것을 요구하는 한편 "이무서운 병균을 방지하기위하야" "세부란스전문학생二十여명"을 3교대로 편성해 24시간 계속해서 경성역에서 "오르고 나리는여객하로에 만명서 一만五천명의 예방주사"를 처치(處置)토록 하였다.[108] 이것은, 인천 왕복자나 거주자에게 특별한 주의를 요청하는 것에서 보이듯, '지척인 인천'에서의 콜레라 발병이 서울 지역민과 서울 소재의 통치 당국(자)-미군을 포함해서-에게 야기한 긴장과 "커다란공포"를 보여주는 한편 그러한 상황에서 서울의 철도 관문인 경성역에서 '무서운 콜레라 병균'으로부터 서울을 지키고자 하는 모습을 보여준다. 이러한 속에서 '6월 말까지 서울 지역에서는 인구 114만여 명 중 1백만 명'에 대해서 예방 접종이 이루어졌다.[109]

---

107) 『서울신문』 1946.06.08. 「막자·一致協力으로虎列刺의病魔: 드듸어都心地侵入; 京電宿泊美軍人罹病附近交通遮斷」; 『東亞日報』 1946.06.08. 「虎疫또發生?: 京電附近交通遮斷」; 『서울신문』 1946.06.09. 「美兵의罹患者: 嚴密히檢病中」; 「咫尺京城에虎疫蔓延」.

108) 「咫尺京城에虎疫蔓延」.

109) GHQ, USAFPAC, Summation No 9(1946.06.), p. 71.

철도 교통 여객과 철도 교통 시설뿐만 아니라 수상 교통로인 한강에 대해서도 서울 방어 노력은 이루어졌다. 한강과 그 연안 지역이 병원지로 기능하는 것을 방지하고자 한 초기 노력은 서울 지역의 한강 유역에 대해서 이루어졌다. 예컨대 경기도를 담당하고 있는 제1관구 경찰청은 6월 중순에 '한강에서의 채소 세탁과 수영을 엄금'하였고, 동빙고정이나 청엽정 등의 "소관(所管)(용산서(龍山署)"는 앞의 엄금 정책을 "업자에게 통달(通達)하는동시에 감시계원을 배치"하였다.[110] 그렇지만 7월에 들어서 그 대상 지역·물자는 확대된다. 즉 7월 초순에 "漢江沿岸의防여[*疫]을徹底히하기爲하야　入船々[*船客]에對해서는檢역[*疫]을實施"하였고, 또 마포에는 도(道)위생과검역본부출장소라는 이름으로 검역소가 설치되어 "(마포항에)上陸하는生鮮은　一切檢查하여 [콜레라균]附着의危險性이있는"지를 확인하고 관련 조치를 실행하는 등 해산·수산물에 대해서도 검역 조치를 실행하였다.[111] 나아가 경기 지역의 주요 발병지인 인천과 서해 연안 지역이 서울로 연결되는 통로인 한강의 서해 초입(初入)에 대해서부터 한강 방어 노력이 이루어진다. 즉, 7월 6일 경기도 후생부는 주요 해상 교통 차단 대상 지역으로 '강화도와 김포군 및 그 주변 지역'과 함께 "江華島와 金浦郡사이의해[*海峽]"을 제시하고, 그 해협의 교통을 차단하였다. 이처럼, 미군정 당국은 서해와 한강이 만나는, 다시 말해서 한강 입구의 해상·수상 교통까지 방역 목적으로 차단하는 조치를 통해 한강을 통해 서울로 들어오는 콜레라균을 방어하고자 하였다.

　나아가 서울 방어 노력은 '비(非)서울 사람들'의 서울 여행을 차단하는 조치로까지 이어진다. 6월 중·하순의 홍수 이후 전국적으로 콜레라 발

---

110) 「강물은危險」; 『서울신문』 1946.06.18. 「漢江서水泳禁止: 江沿邊의虎疫發生으로」.

111) 『嶺南日報』 1946.07.06. 「勿驚虎疫發生地71個所: 患者總數二千三百名」; 『水産經濟新聞』 1946.07.07. 「生鮮上陸禁止令穩和: 仁川, 麻浦에檢疫所를實施; 生鮮은虎열[列刺]의媒介物이안이다」.

병세가 악화하는 상황에서 전라남도 피크(Raymond Peek) 군정관은 7월 16일에 "虎列剌蔓延을防止하기爲하여當分間" "學生을비롯하여一般旅客 全部에適用"되는 "서울旅行禁止"를 발표하였다.[112] 여기에서 금지되는 행선지가 서울이었던 것에서 보이듯, 금지 조치는 서울 지역에로의 콜 레라 전염을 방지하기 위한 방역책이었다. 이와 같이 미군정 당국은 '수 부(首府) 서울 방어'라는 관점에서 비(非)서울 지역발(發) 콜레라 감염으 로부터 서울을 지키기 위해 경성역에서 전(全)여객 대상의 예방 주사를 처치하였을 뿐만 아니라 일반 비서울 주민의 서울 여행을 금지하는 등 의 방역 대책을 실행하였다. 이러한 방역책은 군정 당국의 체계적인 방 역 조직과 각종 방역 대책 실시와 함께, "재빠른방역과 병균의박멸"을 가 능하게 하면서 서울 지역에서의 발병 규모를 소규모에 그치게 하였 다.[113]

하지만 그와 같은 방역 대책은 물론 만인(萬人)을 행복하게 한 것은 아니었다. 예컨대, 앞의 서울 여행 금지 조치에 따라 학생들의 학업이나 일반인들의 용무조차 제한되게 되었다. 그렇다고 한다면, 비(非)서울 사 람들의 '희생' 위에서 서울 지역에서의 소규모 발병 규모와 저치명률/고 생존률은 성취되었다고 할 수 있다. 그런데 희생자가 비서울 사람만이 아니었다. 서울 주민 또한 희생자였다. 예컨대, 미군정 당국에서는 6월 중·하순에 "요지음 호열자에이병[(罹病)]하는경로를 조사하여보니 대부 분이 불결한 노점음식점으로부터 생선같은것을먹는때문"이라고 판단하 고 "그날그날의생활을위하야 하고잇"는 "露店을團束"하였다.[114] 하지만

---

112) 『東光新聞』 1946.07.19. 「서울旅行禁止: 「피-그」軍政官言明」.

113) 「虎疫은遂終熄」.

114) 『釜山新聞』 1946.06.19. 「病菌溫床露店을團束: 十五區署서嚴重處罰한다警告」. 노
점상 음식 취식으로 인한 콜레라 발병 사례는 5월 20일 부산 초량정에서 확인되는
데 이것에 관해서는 『自由新聞』 1946.05.29. 「戰慄할虎疫禍漸次擴大: 釜山九十二
名發生全市遮斷準備」; 『서울신문』 1946.05.30. 「患者百三十五名: 釜山에必死의防

"매일가치" 경찰서 보안계에 "붓들녀와 물건을압수당다고잇는" 노점상인 "대부분이 해외에서 도라온 전재민과 기타세궁민들"로서 "생활고로인하야 먹을것이업는사람들"이었기 때문에 신문 지상에서 "그들에게 적당한 직장을주어 생활보장을 시켜주"는 "根本對策이必要"하다고 주장할 정도로, 노점 단속은 사회적으로 문제가 되었다.[115] 이처럼 콜레라 방역 대책은 '먹고 살 방도가 없는 송환민과 세궁민(細窮民)'을 사경(死境)에 몰아넣었다. 그런데 사경으로 내 몰린 사람이 노점상만이 아니었다. 일반 시민 역시 그러한 처지에 놓였었다.

서울의 일반민들 역시 방역 대책의 하나로 광범위하게 시행된 교통 차단책으로 인해 식량 부족 문제에 직면해야 했다. 미군정 실시 이후 식량 정책 실패로 인해 특히 도시민들은 1946년 들어 심각한 식량 부족 문제에 고통받았다. 이런 상황에서 5월 말 대구부의 고위 당국자들이 전라도로 "쌀동냥"을 다닐 정도로, 도시민들은 '전라도쌀'의 "搬入" 등을 통해 식량 문제를 타개하고자 하고 있었다.[116] 이에 군정청 운수부에서도 5월 초 서울 사람들의 호남미(湖南米) 반입 노력에 "便宜"를 제공하고자 '경성역과 목포 간의 호남선 직통 열차를 증편'할 정도로 전라도 지역에서의 미곡구입과 그것의 서울 반입은 도시민들에게 있어 '사활적인' 것이었다.[117] 이런 상황에서 콜레라가 전라도 지역에서 확산되자, 미군정 당국은 5월 말과 6월에 방역 대책의 일환으로 호남선 일부 구간 열차 운행

疫活動」 참고.

115) 『自由新聞』 1946.06.20. 「어듸로가나露店商人: 取締도不得已나根本對策必要」.

116) 『大邱時報』 1946.06.04. 「全羅道서四千石確保: 『쌀동냥』간農商部長과一行歸邱」.

117) 『朝鮮日報』 1946.05.05. 「쌀搬入便宜圖謀에 湖南線增發每週土曜運行」. 당시 전라도쌀 구입과 반입이 서울 지역민만이 아니라 적지 않은 비(非)전라도 사람들에게는 문자 그대로 '사활적 모험'이었는데, 이것은 경남 안의(安義)의 한 가장이 "全羅道에서쌀을가지고오든途中列車속"에서 콜레라가 발병해 대구에서 사망하는 사례에서 극적으로 확인된다(『嶺南日報』 1946.06.13. 「虎列刺威勢더욱猛烈: 大邱各地에四名死亡; 道內各地에患者續々[*續發生]」).

의 휴지(休止)와, 기차표 발매 중단 등을 통해 서울 지역민 등 '외지인'의 전라도 여행을 가능하지 않게 했는데, 이것은 도시민들의 양도(糧道)를 차단하는 결과를 낳았다.[118]

더욱이, 6월 중·하순의 홍수는 서울 지역민들의 식량 문제를 더욱 악화시켰다. 즉 당시 "四十년래히유[*희유(希有)의] 폭우로 말미아마 [철도] 교통이 두절"되고 또한 "각지의 호열자발생으로 당국에서는 도외[(道外)] 여행을 극력제한"해 "식량문제에 있어서의 서울은거의고립상태"이어서, 7월 중순에 식량 문제는 서울 시민이 "도저히견디지못할 지경"이었다.[119] '수해로 인한 교통 두절과 콜레라 방역책의 하나였던 교통 차단으로 인한 극심해진 식량 문제'는 8월에도 계속되었다. 8월 초 『朝鮮日報』는 "수해와 호열자만연관계로 서울과 지방사이에교통이 원활치못하게 되자 한홉배급쌀이나마 고루 돌지못하게된틈을타서 쌀값은어느사이에 五백원대를 부르게되어 어데를가나 『이래서는못살겠다』는소리로 꽉찾"다고 전한다.[120] "어데를가나" "못살겠다"는 위기 상황이 콜레라 발병으로 봉쇄된 지역에서는 더욱 심각하였다. 예컨대 "서울시내 호열자환자총수의 三분지一을 점"할 정도였던 마포 지역의 경우, "호열자환자가 발생한집근처는 교통차단을하고 잇슴으로 환자아닌사람들이 식량이 업서서 긔아[*기아(饑餓)]상태에 빠저 잇"음에도 불구하고 "당국에서는 아즉이에아무런 조치"도, 또 "아모런指示도對策도없"었다.[121]

118) 『朝鮮日報』 1946.06.11. 「羅州陰城車票發賣中止: 防疫關係로當分間施行」.
119) 『東亞日報』 1946.07.13. 「交通遮斷과食糧에우는市民들」.
120) 『朝鮮日報』 1946.08.04. 「闇'의米價粉碎에 日·每人二合配給: 十六日부터實施決定」.
121) 「遮斷地에食糧도안주고 罹病者를그대로放置」; 『現代新聞』 1946.07.06. 「麻浦區에 虎疫蔓延!: 至急防疫對策要望」. 덧붙이면, 앞의 기사 중 '당국의 무대책'을 비판하는 기사 내용은 "上記三紙『現代新聞』, 『自由新聞』, 『朝鮮人民報』가九日附로 麻浦區孔德町內에서發生한 虎疫문제에X[*판독 불능]하여 虛위[*僞]보도를하였다고하여 월슨市場이 告訴'해 7월 9일 "突然新聞界에檢擧旋風이불어" 자유신문사 사장, 조선인민보사 사장과 발행인, 대한독립신문사 편집국장 등이 미군에 의해 "被檢"

이러한 상황에서 기아 상태의 고통은 특히 빈한(貧寒)한 도심 주변이나 시 외곽의 거주민들에게 심각하였다. 서울의 주요 콜레라 발병지는, 앞에서 보았듯이, 한강변이나 청계천변 등 서울의 빈한한 주변부였다. 그렇기 때문에 그 지역 주민들은, 대구나 부산 등 여타 지역의 주민들과 마찬가지로, 콜레라 발병이라는 '생사의 문제' 외에도 방역 대책의 일환으로 취해진 교통 차단 등 봉쇄 조치로 말미암은 기아라는 또 다른 '사생(死生)의 문제'에 직면해야 했다. 이처럼, 서울 지역에서 소규모 발병과 고(高)생존율은, 역설적으로, 서울 주민, 특히 송환민이나 세궁민, 그리고 빈민 지역민들의 희생 위에서 얻어진 것이었다. 이 점에서 그들의 희생이 서울 지역 발병의 상대적 특성을 가능하게 하였다고까지 이야기할 수 있다. 바로 이것이 서울 지역에서 만연한 콜레라에 대한 방역 대책의 의의, 또 이것이 낳은 소규모 발병 규모와 낮은 치명률이라는 서울 지역 발병세의 사회·정치적 함의였다.

그런데 서울 지역 콜레라 발병세의 함의가 주변인들의 희생에서만 확인되는 것은 아니었다. 서울 지역의 콜레라 발병세는, 앞에서 보았듯이, 한강 연안 지역이라는 자연지리적 위치나 대홍수라는 자연재해에 영향을 받았다. 하지만 그와 같은 자연적 요소가 콜레라 만연으로 현상화되는 데에는 상수도와 같은 사회 기반 시설이나 위락 시설의 불비(不備), 또 도시 빈민 지역의 여름철 생활·여가 문화라는 요소가 작용하였다. 이 점에서, 콜레라 발생과 만연은 사회적인 성격을 가진 것이기도 했다. 나아가 우리는 앞에서 한강에 연해 있던 마포가 자연 지리적 위치와 함

되는 '사건'을 낳았다(『現代新聞』 1946.07.10. 「新聞界에黑旋風: 自由·人民·大韓 等幹部被檢: 理由는虎疫記事關係」). 이는 당시 콜레라 문제의 정치적 민감성을 보여주는 것이라고 판단된다. 즉 '콜레라 발병과 다수의 사망'은 미군의 통치성 (governmentality)을 위기에 처하게 하였을 뿐만 아니라 미군의 군사적인 남한 점령과 지배를 정당화하는 휴머니즘을 부인하는, 그리하여 미군의 지배와 통치에 정당성 위기를 초래하는 것이었다. 임종명, 앞의 글(2020).

께 종전/해방 직후 동아시아 지역과 한반도의 국제정치와 일국 정치의 상황을 표현하면서 당시 병원지로 기능하고 있었음을 보았다. 이는 콜레라 만연의 중심에 아시아-태평양 전쟁의 종식 이후 동아시아와 한반도에서 제국의 시대가 종식되고 근대 민족 국가(ethnic nation-state)의 시대가 시작되는 과정의 역사가 자리 잡고 있음을 보여준다.

동시에, 서울의 콜레라 발병세와 발병상은 일국적, 지역적 수준에서 중심부와 주변부의 관계 또한 표현하고 있었다. 당시 한국에서 중심부는 1946년 9월 '수부(首府)'에서 '특별시로 신(新)발족'했던 서울이었고, 비서울 지역은 일국적, 내지 전국적 수준에서 주변부였다.[122] 서울 지역 내 방역 대책은 물론이고 비서울 지역의 방역 대책 역시, 단적으로 서울 여행 금지 조치에서 보이듯, '수부 방어'라는 관점에서 실행된, 서울 중심의 방역 조치였다. 서울 중심의 방역 대책은 그 지역의 콜레라 발병 시기를 여타 도(道) 단위 지역의 그것보다 늦추도록 했을 뿐만 아니라 서울 지역 콜레라의 상대적 약세(弱勢)를 낳았다. 이처럼 중심부-주변부의 관계는 1946년 서울과 전국의 콜레라 발병상과 발병세에서 표현되었다.

전국적 수준에서 표현된 중심부-주변부 관계는 서울 내부에서도 목격된다. 1946년 서울에서 콜레라가 발병한 이래 늦게까지 시내 주요 콜레라 병원지로 기능하면서 주요 발병지로 자리 잡은 지역은 마포와 용산 등 한강 연안과 신당정과 현저정 등 청계천, 욱천의 천변 지역 등 도심지 외곽이나 시 외곽 지역의 주변부 지역이었다. 주변부 지역의 발병상은 그 지역들이 자연 지리적으로 수인성 전염병인 콜레라 전염에 노출되기 쉬운 강변이나 천변에 위치해 있다는 것의 표현일 수 있다. 하지만 강변이나 천변 지역이라는 자연 지리적 입지가 콜레라 만연으로 결과한

---

122) 「虎列剌防疫에 必死的: 緊急會議열고對策講究」;『東亞日報』1946.09.21.「서울特別市로 新發足: 府廳은 서울市廳으로」.

것은 직접적으로는 그 지역의 빈약한 도시 기반 시설 등의 문제로 말미암은 것이었다.

이와 관련해서 주목되는 것은 마포와 영등포 지역이다. 두 지역 모두 식민지 시기였던 1936년 부역(府域) 확대 조치로 경기도에서 경성부로 편입되어 1943년 구제(區制) 실시 이후 구(區)로 편성되어 서울과 비서울 지역의 경계를 이루는 변경 지역이다.[123] 새로이 부내(府內)로 편입된 두 지역이 경성부 상수도 체계에 있어서도 '말단(末端) 급수지역'에 위치하면서, 수돗물의 안정적인 공급은 그 지역에서 특히 심각한 문제였다. 바로 이러한 일상적 문제 상황에서, 홍수 이후 마포 지역에 더하여 영등포 지역에서 콜레라가 집중적으로 발병하였다.[124] 이점에 유의할 때, 우리는 중심부 서울 내부의 중심부와 주변부 관계, 나아가 새로이 경성부로 편입·편성된 변경의 존재가 발병세의 지역적 차이로 표현되었다고 할 수 있다. 이처럼 서울의 콜레라 발병상과 발병세에는 당대의 전국적, 지역적 차원의 '중심부/주변부' 관계와 변경의 문제가 표현되고 있었다.

바로 이 점에서 우리는 1946년 서울 지역의 콜레라 발병·확산 양상과 발병세가 근대에 형성되어 가동되고 있던 전국적·지역적 차원의 중심부/주변부 관계에 지역 내 변경의 문제가 더해지면서 발생한 역사적 사건이라 할 수 있다.[125]

---

123) https://100.daum.net/encyclopedia/view/14XXE0066988 ;
https://100.daum.net/encyclopedia/view/14XXE0067013. (검색일: 2020.12.28.)

124) 「水禍뒤에給水難」.

125) 전국적 차원에서 중심부/주변부 문제에 변경의 그것이 중첩되어 악성(惡性) 콜레라가 만연했던 사례는 식민지 시기 황해도 소속 군부(郡部) 지역이었다가 해방 후 경기도 소속 군(郡)으로 편성되면서 38선 접경 지역으로 변경화된 연백과 옹진 및 그 소속 도서에서 목격된다. 그 지역은 7월 이후 인천 지역을 대신해 경기 지역 내 주요 발병지가 되는데, 그 지역의 콜레라 발병세와 그것의 정치적 함의에 관해서는 임종명, 앞의 글(2020) 참고.

참고문헌

1. 자료

General Headquarters, US Armed Forces, Pacific, Summation of U.S. Military Government Activities in Korea, 『미군정활동보고서』, 원주문화사 영인본.

US Armed Forces in Korea(USAFIK), ⅩⅩⅣ Corps, G-2, Historical Section, 1948, "Repatriation of Japanese Civilians and Other Foreign Nationals," History of US Armed Forces in Korea PART Ⅰ(복각판).

USAFIK, ⅩⅩⅣ Corps, G-2, Historical Section, "The Cholera Epidemic of 1946," 1947.

General Headquarters/Supreme Commander for Allied Powers G-Ⅲ, "Report on Mass Repatriation in the Western Pacific," 1947.

『光州民報』, 『大邱時報』, 『大東新聞』, 『大衆日報』, 『大韓獨立新聞』, 『獨立新報』, 『東光新聞』, 『東亞日報』, 『서울신문』, 『水産經濟新聞』, 『嶺南日報』, 『自由新聞』, 『朝鮮日報』, 『中央新聞』, 『中外新聞』, 『漢城日報』, 『現代新聞』

경상북도 통계 포탈(https://www.gb.go.kr/open_content/stat/index.jsp)
국사편찬위원회 전자사료관(http://archive.history.go.kr)
다음 백과(https://100.daum.net/)
위키백과(https://ko.wikipedia.org/wiki/)
일본 국회 도서관 디지털 컬렉션(https://dl.ndl.go.jp)

조선상공회의소, 『朝鮮經濟統計要覽』, 여강출판사 복각판(1986), 1949.
수도관구경찰청, 『解放以後 首都警察發達史』, 수도관구경찰청, 1947.

2. 단행본

김백영, 『지배와 공간: 식민지도시 경성과 제국 일본』, 문학과지성사, 2009.

김상숙, 『10월항쟁: 1946년 10월 대구 봉인된 시간 속으로』, 돌베개, 2016.

정해구, 『10월인민항쟁 연구』, 열음사, 1988.

김백영 · 정준영 · 이향아 · 이연경 옮김, 『서울, 권력 도시: 일본 식민 지배와 공공
　　　공간의 생활 정치』, 산처럼, 2020.

윌리엄 맥닉, 허정 옮김, 『전염병과 인류의 역사』, 한울, 1992(1995).

3. 연구논문

김영근, 「일제하 경성 지역의 사회 · 공간구조의 변화와 도시경험: 중심-주변의 지
　　　역분화를 중심으로」, 『서울학연구』 20, 2003.

김진혁, 「북한의 위생방역제도 구축과 인민의식의 형성의 형성(1946~1950)」, 『한
　　　국사연구』 167, 2014.

김춘선, 「중국 연변지역 전염병 확산과 한인의 미귀환」, 『한국근현대사연구』 43,
　　　2007.

신좌섭, 「군정기의 보건의료정책」, 『醫史學』 9(2), 2000.

여인석, 「미군정기와 정부수립기: 1945~1949」, 대한감염학회, 『한국전염병사』 Ⅱ,
　　　군자출판사, 2018(2019).

이연식, 「해방직후 조선인 귀환연구에 대한 회고와 전망」, 『한일민족문제연구』
　　　6집; 2018, 「해방 직후 남한 귀환자의 해외 재이주 현상에 관한 연구-만
　　　주 '재이민'과 일본 '재밀항' 실태의 원인과 전개과정을 중심으로,
　　　1946~1947-」, 『한일민족문제연구』 34집, 2018.

임종명, 「1946년 경기 지역의 콜레라 사태와 종전/해방 직후 국제 · 일국 · 지역 정
　　　치」, 『동방학지』193; 2017, 「종전/해방 직후(1945.8~1950.5) 남한 담론 공
　　　간과 변경의 미학적 재현」, 『역사연구』 33, 2020.

임종명, 「해방 공간의 소설과 '서울/비(非)서울'의 표상 체제」, 임종명 외, 『역사 속
　　　의 중앙과 지방』, 엔터, 2011.

황선익, 「동북아정세와 중국지역 한인의 귀환」, 『한국독립운동사연구』 46, 2013.

Kim, Yang Soo, "Cholera Outbreaks in Korea after the Liberation in 1945: Clinical and

Epidemiological Characteristics," *Infection & Chemotherapy* 51(4), 2019.

Swell Jr., William H., "Historical Event as Transformations of Structure: Inventing Revolution at Bastille," *Theory and Society* 25(6), 1996.

역사 속 의료와 복지를 넘어
살아야 한 재일조선인의 삶

현재의 코로나19 속 1920년대
전반 오사카 방면위원회의 존재적 한계를 통해

김 인 덕

　　엘리자베스 퀴블러로스의 이론으로부터 우리가 코로나바이러스 감염병에 어떻게 대응해야 하는가에 대해 무엇인가를 배울 수 있겠다. 저자는『죽음과 죽어감 On Death and Dying』에서 우리가 불치병에 걸렸다는 사실을 알았을 때 어떻게 대응하는지를 두고 유명한 다섯 단계의 도식을 제안했다. (1) 부인. 사실 인정을 그냥 거부하는 단계: "이런 일은 나에게 생길 수 없어." (2) 분노. 더 이상 사실을 부정할 수 없을 때 폭발하는 단계: "어떻게 나에게 이런 일이 생길 수 있지?" (3) 타협.
　　사실을 어떻게든 중요하지 않은 것으로 치부하거나 축소하기를 희망하는 단계: "애들이 졸업하는 거 볼 때까지만 살면 좋겠다." (4) 우울.
　　리비도 투자가 철회되는 단계: "곧 죽을 건데 신경쓸 일이 뭐가 있겠어?" (5) 수용. 마지막 단계: "싸울 수 없으니, 갈 준비를 하는 게 낫겠어." 훗날 퀴블러로스는 이 단계들을 개인적 상실-실직, 사랑하는 사람의 죽음, 이혼, 약물중독의 모든 파국적 형태에 해당하는 것으로 적용 범위를 넓혔고, 이 단계들이 반드시 똑같은 순서로 진행되지는 않으며 모든 환자가 다섯 단계를 전부 거치는 것도 아니라고 강조했다.(슬라보예 지젝 지음, 강우성 옮김,『팬데믹 페닉』, 북하우스, 2020, 67쪽.)

Ⅰ. 머리말

인간은 여유를 통해 행복을 느낀다. 그리고 이 행복은 건강과 복지를 통해 기본적인 요건이 마련된다고 할 수 있다. 현재 우리는 코로나19 팬데믹 속에 있다. 산업혁명 이후 인류는 만성질환의 시대에 살고 있다.[1] 인간의 일상은 다른 질병으로부터 자유롭지 않다. 역사적으로 보아 산업혁명 이후 노동자들의 생활은 형편없었고 이로 인해 많은 질환이 초래되었다. 과학의 발전은 전염병의 유행을 줄이지 못하고 있다. 이것이 현실이다. 여기에는 환경의 오염을 주요한 요소라고 한다. 정치가 인간의 삶을 결정하지 않고 최근에는 전염병이 인간의 삶에 특히 일상에 결정적인 작용 장치가 되어 있다.

일상에 주목한 이탈리아 역사가인 카를로 긴즈부르그는 자신의 나라를 사랑하는 것이 아니라 부끄러워하는 것이 그 나라에 소속됨을 나타내는 진짜 증표일 수 있다고 주장했다.[2] 오늘날의 고도 소비 사회는 1960년대 이후 대중사회로 진입했고 그 연결 선상에서 현재는 존재하고 있다.[3] 이런 가운데 일상의 모습은 대중사회를 보는 장치였으나 우리는 이를 보지 못했다. 이런 모습은 재일조선인의 사회에도 해당된다고 생각해 본다.

재일(在日)이란 재일조선인 사이에서 채용되는 개념으로 근대 일본의 침략행위가 가져온 결과로서 발생한 현상을 의미한다고 할 수 있다.[4]

---

1) 홍윤철, 『질병의 종식』, 사이, 2017, 11쪽.
2) 슬라보예 지젝 지음, 강우성 옮김, 『팬데믹 패닉』, 북하우스, 2020, 79쪽.
3) 다케다 세이지 저, 김원구 역, 『현대사상의 모험』, 우석, 1995, 28쪽.
4) 다케다 세이지 저, 재일조선인문화연구회 역, 『재일이라는 근거』, 소명출판, 2016, 258쪽.

그들의 아이덴티티는 '생활 가운데 저 너머로부터 저절로 찾아온다'[5]고 보기도 하나 현재를 사는 그들의 존재는 식민주의적 잔재와 아직도 무관하지 않은 것은 분명하다. 일본 사회는 이를 전면적으로 인식하지 않으려고 한다.

현실적으로 많은 사람에게는 시간의 흐름과 상관없이 계속해서 유지해 왔던 일상적인 생활의 조건이 중요하다. 변하지 않고 남아 있는 사람의 일상은 좀 더 주목거리이다. 정치사의 격변은 바다 표면의 물거품 같은 것이고 지리나 기후와 같은 조건들이 바다의 저류를 형성하는 것[6]을 상기할 필요가 있다.

지난 150년 동안 인류의 평균수명은 거의 2-3배 가까이 증가했다. 특히 한국의 경우 지난 60년 동안에 본격적으로 수명 증가가 이루어졌는데 거의 '해마다 6개월씩 수명'이 증가하는 놀라운 현상을 보여주었다. 이렇게 짧은 기간 안에 몇 배의 수명 증가가 관찰된 경우는 생물종 중에서 인류가 거의 유일하다. 인류의 이 같은 수명 증가는 기본적으로 질병으로 인한 사망률이 감소되었기 때문이다. 그런데 과학과 의학 기술이 더욱 발전해 질병이 거의 종식되고 인간이 생물학적 수명의 한계를 넘어서까지 생존하거나 수명 자체를 조절할 수 있는 시대로 들어서면 인류는 꿈에 그리던 유토피아 시대로 들어설 수 있을까?[7] 그런데 새로 늘어날 질환들로는 '알츠하이머병'이나 '파킨슨병'과 같은 신경퇴행성질환들과 면역 기능이 교란되어 생기는 아토피나 크론병과 같은 면역교란질환, 그리고 경쟁과 스트레스와 같은 정신적인 자극이 증가되면서 생기는 '정신질환' 등을 들 수 있다. 이들 질환은 '노령화', '장내 세균의 변화',

---

5) 위의 책, 267쪽.
6) 조한욱, 『문화로 보면 역사가 달라진다』. 책세상, 2001, 40쪽.
7) 홍윤철, 앞의 책, 18쪽.

'경쟁적인 사회 구조' 등 지금까지 질병의 원인으로 생각되지 않던 새로운 요인들이 더해져서 발생된다는 특징이 있다.[8] 그러나 대부분의 감염병이나 만성질환 혹은 후기만성질환을 치료할 수 있는 기술을 갖는다고해서 곧바로 인류의 질병이 종식되고 유토피아가 도래하는 것은 아니다. '소득 불평등의 심화', '과학 기술의 불균형 발전', '의료 접근성의 차이' 등이 유지되거나 더욱 심화되면 의료 기술 발전의 혜택을 보지 못하고 여전히 질병의 고통을 받는 집단이 존재할 것이기 때문이다. 반대로 과학 기술의 발전이 가져오는 성과를 비대칭적으로 풍요롭게 누리게 되는 일부 집단이 존재하게 될 것이고, 결국에는 그 집단만이 생물학적 기능 강화를 통해 뛰어난 능력을 소유하게 될 수도 있다. 이렇게 '생물학적 불평등'이 현실화되는 순간 미래 사회는 돌아올 수 없는 길, 즉 화해할 수 없는 '갈등과 대립의 시대'에 들어서 있다.[9]

인간은 인간의 역사에 주목해 왔다. 잠바티스타 비코는 본질적으로 순환적인 사회와 역사의 이론을 세워, 역사는 "신의 시대"에서 "영웅의 시대"를 거쳐 "인간의 시대"로 진행하고 그것은 다시 불가피하게 "신의 시대"로 되돌아간다고 했다. 계급투쟁과 유사한 이런 과정에 대한 이해의 실마리는 언어에서 찾을 수 있다는데 그 이유는 각 시대는 그에 상응하는 언어를 지니고 있어, 신의 시대에는 상형문자 즉 신성한 문자가, 영웅의 시대에는 영웅들의 언어가 그러하듯 은유로 이루어지는 상징의 문자가, 인간의 시대에는 일상생활에서 사용되는 표현으로 이루어지는 서간체 혹은 대중적 언어가 주류를 이루기 때문이라고 했다. 그에게는 '언어적 전환', '담론 분석', '상징적 해석', '심층 구조 분석' 등등 현금의 인문학계에서 주류를 이루는 방법론의 선례를 찾는 것이 어렵지 않다. 이러

---

8) 위의 책, 117-118쪽.
9) 위의 책, 117-280쪽.

한 관점에서 언어적 요소와 담론의 민족성 등을 통한 재일조선인 역사의 유의미함을 파악할 수 있다.[10]

재일조선인은 도항과 함께 일본 사회의 최하층민으로 자리하게 된다. 문제는 일본 사회의 복지시스템이 작동함에도 재일조선인은 사회복지, 사회사업의 사각지대에 존재하게 된다.[11] 의식주의 문제와 각종 질병, 트라우마에 시달린 존재라고 할 수 있다. 이런 차원에서 일제 강점기 재일조선인 사회는 사회복지의 대상이다. 본 연구는 사회복지 관련 오사카방면위원회 속 재일조선인의 모습 보기를 시도한다.

오사카방면위원회 관련 본 연구의 중심 자료는 이미 정리되어 있다.[12] 이 가운데『大阪府方面委員事業年報』는 오사카부(大阪府)가 1923, 1924년 시기 오사카방면위원회 관련하여 발행한 것으로 재일조선인에 대해 자세히 보이는 자료이다. 이와 관련해서는 '하층민'으로 재일조선인을 보는 연구는 사사키노부아기, 스기하라도오루, 하명생 등의 연구가 주목된다.[13] 이와 함께 방면위원회와 지역 방면위원회 관련해서는 이와모토 하나코, 허광무, 신영홍 등의 연구가 있다.[14] 여기에서 알 수 있듯

---

10) 잠바티스타 비코 저, 조한욱 역,『새로운 학문』, 아카넷, 2019 참조.

11) 본고는 사회복지와 사회사업을 혼용한다.

12) 大版府社會課,『大阪府方面委員事業年報』(1923, 24年度版)(日本 上智大学圖書館 所藏);社會福祉調査研究會 編,『戰前日本社會事業調査資料集成』(全10卷), 勁草書房, 1986-95;社會福祉調査研究會 編,『戰前期社會事業資料集成』(全20卷), 日本圖書센터, 1985,『戰前期社會事業基本文獻集』(全60卷), 日本圖書센터, 1995.

13) 佐佐木信彰,「1920年代における在阪朝鮮人の勞動」, 杉原薫 外編,『大正. 大阪. スラム(増補版)』, 新評論, 1996, 河明生,『韓人日本移民社會經濟史-戰前篇』, 明石書店, 1997.

14) 岩本華子,「大正期における大版府方面委員の醫療問題への對應: 援助關係および處遇理念に着目して」,『社會問題研究』58, 2009;허광무,「전후 일본공적부조체제의 재편과 재일조선인:「생활보호법」-민생위원」체제의 성립을 중심으로」,『패전 전후 일본의 마이너리티와 냉전』, 제이앤씨, 2006;허광무,『일본제국주의 구빈정책사 연구-조선인 보호·구제를 중심으로』, 선인, 2011;慎英弘,『近代朝鮮社會事業史研究－京城における方面委員制度の歴史的展開―』, 緑蔭書房, 1984;遠藤興,「植民地支配期の朝鮮社會事業」(1)~(5),『明治学院論叢(社会学·社会福祉学研究)』82, 89,

이 방면위원회와 사회복지, 사회사업사 속에서 논의의 진행했고, 식민지 조선의 방면위원회로 서울과 부산의 케이스에 대한 연구가 있다.

본 연구는 코로나19 속에서 1920년대 오사카방면위원회와 재일조선인의 문제를 재일조선인에 대한 빈민층으로 보는 연구와 제국의 구조 속 왜곡된 일본 정부의 복지의 한계 등을 접점으로 논의해 보고자 한다. 이를 위해 첫째, 재일조선인이 복지 사각지대에 존재하는 과정, 즉 도항의 과정과 오사카에서의 존재 상황과 이들에 대한 지역에서의 인식, 둘째, 1920년대 전반 오사카방면위원회와 재일조선인의 상태, 셋째, 조선총독부의 제국의료 구조 속 식민지 조선을 넘어 일본으로 간 재일조선인의 식민주의를 넘지 못한 현실 속 존재의 한계를 파악해 보고자 한다. 이를 통해 의료와 복지를 넘어 살아야 했던 역사 속의 존재로 재일조선인의 1920년대 단상을 새롭게 고찰하고자 한다.

II. 도항과 1920년대 오사카
재일조선인의 삶과 지역에서의 인식

1. 재일조선인의 도항 과정과 오사카에서의 존재 양태

'조선인이 왜 일본으로 건너 갔는가'에 대해 그 원인은 대개의 경우 조

93, 94, 95, 1989~1994 ; 尹晸郁, 『植民地朝鮮における社会事業政策研究』, 大阪経済法科大学出版部, 1996 ; 大友昌子, 『帝国日本の植民地社会事業政策研究──台湾·朝鮮──』, ミネルヴァ書房, 2007 ; 永岡正巳, 「植民地社会事業史研究の意義と課題」, 近代資料刊行会編, 『植民地社会事業関係資料集: 朝鮮編別册－解説』, 近現代資料刊行会, 1999.

선에서의 생활이 궁핍했기 때문이다고 한다. 실제로 재일조선인의 도항 이유를 들자면, 「생활고」「구직」「돈벌이」「노동」이 도일 이유의 대부분이다. 특히 면학, 즉 상급 학교에 입학하기 위한 목적으로 도일한 사람도 존재했다. 도쿄시(東京市)의 경우는 면학을 목적으로 한 사람들이 독신자 중에 1할 정도를 차지하여 무시할 수 없는 비율을 점하였다. 1939년 이후 강제동원의 경우 도항자는 단순히 생활고를 이유로 도일했다기보다 일본 국가권력을 배경으로 한 강제명령에 의한 것인 경우가 적잖이 존재하고 있었다. 전직에 대해서는 농업이 대다수를 점하고 있었다. 이 경우 시기와 지역에 따른 편차는 특별히 보이지 않는다고 한다. 1920년대는 시모노세키에 도착한 사람은 남자 청년층이 대다수였다, 교육 정도에 대해서는 도쿄에 재주하는 사람의 사례를 재일조선인 전체로 일반화할 수 없다는 점을 고려하지 않았기 때문에 결론이 타당한가는 보다 신중하게 검토할 필요가 있지만 중학교 졸업 이상의 학력을 가진 사람이 재일조선인 중에 존재했다는 것에 주목할 필요가 있다. 당시 중학교 졸업 이상의 학력을 갖고 있다는 의미는 근대적 지식을 익혔다는 것을 의미하고 당시에는 엘리트라고 할 수 있는 존재였다. 하지만 재일조선인의 교육 정도가 조선 내의 조선인에 비해서 낮은 경향이 있었다고도 할 수 없다. 재일조선인과 조선 내의 조선인과의 교육 정도를 비교해서 전자가 후자보다 높았다는 결론은 조심스럽다.[15]

이런 재일조선인이 1945년 8월 15일 이전에 도항한 이유는 다음과 같이 나눌 수 있다. 첫째, 생계를 해결하기 위한 '구직 도항,' 둘째, 구직자의 가족으로서 구직자와 '동반 도항'하거나 구직자가 취업을 한 후에 초청하여 도항하는 '가족 동거 도항,' 셋째, 일본에서 진학 또는 면학을 목

---

15) 도노무라 마사루 지음, 신유원, 김인덕 옮김, 『재일조선인 사회의 역사학적 연구』, 논형, 2010, 제2장 제1절, 참조.

적으로 한 '유학 도항,' 넷째, 뚜렷한 목적 없이 경험삼아 도일하는 '만연 도항,' 다섯째, 국가총동원정책으로 일본의 전쟁에 동원된 '집단 도항' 등 이다. 이렇게 첫째부터 넷째까지의 도항 형태에는 당시 일제와 조선총 독부의 치안 당국이 실시한 도항 제한의 규제에 기인하여 반드시 정규 항로에 의한 것만이 아니라, 개인적인 수단을 택한 도항, 즉 비정규적인 방법에 의한 것도 포함되어 있다. 일제의 치안 당국은 식민지 출신자의 일본 상륙을 엄하게 규제하고 있었는데, 그 중에서도 가장 중점을 두고 있었던 것이 한반도에서 도항하는 조선인에 대한 규제였다. 이 조선인 의 도항에 대한 규제는 당시 조선과 일본의 관계뿐만 아니라, 일본 내에 서 재일조선인 정주자가 형성되는 배경에도 관련이 있다.[16)

1920년대 중반까지 일본 경찰은 일본 거주 재일조선인에 대해 대부분 이 생활난 해결을 위해 구직차 도항한 것이므로 고향과의 유대가 강하 고 귀향의 가능성이 높다고 인식하고 있었다. 그러나 1920년대 말경이 되면 재일조선인의 도항 및 귀환의 형태에 변화가 생겨 경찰 당국의 판 단은 달라진다. 먼저, 1927년 4월에 야마구치(山口)현 경찰부 특별고등 과가 시모노세키항에서 일본에서 귀환하는 재일조선인에 대한 조사에 따르면, 전체를 '일시 귀환자'와 '영구 귀환자'로 나눌 수 있고, 그 중에서 도 전자가 52%를 차지하고 있었다.[17)

1928년에는 도항 억제를 위한 새로운 방식이 도입되었다. 같은 해 5월 15일, 조선총독부 정무총감 이케가미 시로(池上四郎)는 도쿄에서 복귀하 는 도중에 기자 회견을 열고, 종래에는 부산항에서 도항 수속을 하였지 만 앞으로는 '면사무소에서 경찰주재소와 연락하여 조사한 후에 도항허 가증을 발부'할 것이라고 했다. 도항 희망자는 거주지에서 행정 기관 및

---

16) 김광열, 『한인의 일본이주사』, 논형, 2010, 72쪽.
17) 김광열, 『한인의 일본이주사』, 85쪽.

경찰 기관에게 허가를 받도록 한다는 것인데, 물론 이케가미 시로는 이에 대해 내무성 당국과 협의를 마쳤을 것이다. 이후 1928년 7월부터 모든 도항 희망자는 거주지에서 경찰 기관의 심사를 받아야 했으며, 허가를 받은 사람은 호적등본의 뒷면에 거주지 경찰서장이 작성한 증명을 받았다. 이는 당사자의 도항 가능 여부를 판단하는 책임을 거주지의 행정과 경찰이 연대로 지게 함으로 거주지와 출발항 양측에서 도항 희망자에 대한 저지를 한층 효과적으로 하기 위한 조치였다. 이중으로 도항을 억제하는 방식이었다.[18]

도항한 재일조선인은 1920년대 초부터 오사카지역을 중심으로 다수가 거주하게 되었다. 1920년대 오사카에는 항상 전국 1위의 재일조선인 거주 비율이 확인된다.[19] 그 내용은 다음의 〈표 1〉에서 확인 가능하다.

<표 1> 1920년대 중반 30년대 초 오사카지역 재일조선인의 일본 내 인구 현황[20]

1925년	1928년	1930년
大阪 34,311	大阪 55,290	大阪 96,343
福岡 14,245	東京 28,320	東京 38,355
東京 9,989	福岡 21,042	愛知 35,301

이런 오사카시의 대표적인 조선인 집거지역은 히가시나리구(東成區) 히가시오바세쵸(東小橋町)의 조선촌이었다.[21] 일제강점기 일본 당국은

18) 김광열, 『한인의 일본이주사』, 82쪽.
19) 『大阪每日新聞』 192304.24.
20) 『朝鮮人槪況』, 「大正十四年中二於ケル在留朝鮮人ノ狀況」, 「大正十五年中二於ケル 在留朝鮮人ノ狀況」, 「昭和四年社會運動の狀況」, 「昭和五年社會運動の狀況」, 「昭和 六年社會運動の狀況」, 「在京朝鮮人勞動者の現狀」(1929), 참조.
21) 이하의 내용은 필자의 다음의 글을 참조한다.(김인덕, 「반일과 친일의 시점에서 본 1930년대 중반 大阪 재일조선인의 일상적 삶」(『역사 속의 디아스포라와 경계인』(한 국역사연구회, 2020.05.23.)(htt ps://www.youtube.com/watch?v=sigT_t9Jxd0), 참조.)

이곳을 '조선정'(朝鮮町)이라고 했는데, 조선촌 형성의 역사를 1907년부터 시작되었다. 1907년 히가시오바세쵸 157번지에 조선정이 건설되어, 점차 메리야스공장 부근 보다 발전했다.

이른바 이쿠노(生野)지역 재일코리안 가운데 절대 다수를 차지하는 사람이 제주인이었다. 이들 제주인은 공장을 통해 공동체를 형성하며 생활을 함께 했다. 따라서 이들의 도일은 일제시대 끊임없이 이루어졌다. 특히 1934년 정점에 달할 때 도항자수는 제주도 인구의 26%를 차지하기도 했다.

이쿠노지역 조선인의 집거지역으로는 또한 이카이노(猪飼野)의 조선시장 지역이 있었다. 알려져 있듯이 조선시장이 있는 이카이노쵸(猪飼野町)의 조선촌도 역사적 공간이라고 필자는 생각한다. 이곳은 1920년대에 새롭게 형성된 조선인 밀집지역이었다. 이 지역에 조선인이 밀집하게 된 데에는 히라노가와(平野川) 개수공사에 조선인 참가한데서 시작되었다.

이가이노에 조선인이 정주하게 된 이유를 지금까지의 연구를 바탕으로 정리해 보면, 첫째, 중소영세기업이 많았기 때문에 일본어를 구사하지 못하는 조선인이라 해도 건강한 육체만 갖고 있으면 일자리를 찾기 쉬웠다. 둘째, 조선인이 거주할 수 있었던 주택이 있었다는 점이다. 당시 조선인에게 집을 빌려주는 일본인은 거의 없었다. 이 지역의 주택은 저습지대로 밭을 메워 지어졌기 때문에 비가 오면 도로가 진흙탕이 되고, 비가 많이 내리면 침수하는 등 악조건이었다. 이 때문에 일본인이 집을 빌리는 경우는 거의 없었다. 그래서 집 주인들은 할 수없이 조선인에게 집을 빌려주었던 것이다. 마지막으로 일할 장소와 잠자리가 확보되고 나면 먹거리에 대한 해결이 시급한 문제가 된다. 의복과 주거는 금방 적응한다 하더라도, 적응하기 힘든 가장 보수적인 것은 역시 음식이었다. 어렸을 때부터 몸에 베인 식생활을 바꾸기가 어렵기 때문이다. 이에 따라 조선시장은 이카이노에 존재했던 것이다.

일제강점기인 1920년대 오사카부 재일조선인 사회를 아는 것은 다수의 조선인이 존재했던 재일조선인 사회의 한 가운데를 보는 것이다. 일상의 삶을 아는 것은 현재 재일조선인의 실체 파악의 중요한 전제이다. 실제한 재일조선인은 도시 하층 사회에 편입되었고 이들은 부락민과 동등한 수준이거나 이를 밑도는 빈곤층으로 평가되었다.[22]

2. 도항한 재일조선인에 대한 인식

실제로 도항한 재일조선인은 종착한 지역에서 어떻게 보았을지 숙제이다. 이를 전체적으로 아는 것은 향후의 숙제로 하고 일단 츠루하시(鶴橋)의 경우의 살펴보자. 기본적으로 도항하는 조선인은 대부분이 여비만 갖고 있거나 약간의 현금을 지녀서 일본으로 가는 길이 큰일이었다. 그래도 돈을 구할 수 있는 사람임은 분명하다.[23]

단적으로 말해서 재일조선인의 모습은 그리 녹녹하지 않았다.

선인 도래자의 대부분은 대담한 무전여행자이다.---회중무일푼, 처자

---

22) 그런가 하면 재일조선인의 실업은 일본의 노동자와 달랐다. 일본의 각 도시에서 실시된 실업자 수는 실업구제 등록을 중심으로 한 것이었다. 일본 내 각 도시의 조선인 실업자 수는 나오지 않는다. 예를 들면 오사카시의 조사에서 1개월 이상 실업인자를 실업자로 조사했더니 해당자가 한 사람도 없었다고 한다. 1931년 말의 오사카시 구제 토목사업의 유효 등록 수 10,737명 중 조선인은 6,615명으로 62.5%이며 이듬해 1932년 말 현재도 총 등록 수 7,475명 중 3,698명인 49.6%는 조선이었다(박재일 지음, 이지영, 박양신 옮김, 『재일조선인에 관한 종합조사 연구』, 보고사, 2020, 91쪽).

23) 선행 연구는 일본으로의 도항자를 절대 빈곤층이라고 구분하지 않는다.

를 동반했음에도 유유자적한 태도는 과연 유교국가의 국민답고 아주 놀라울 따름이다. 아무튼 내지에 발을 들여놓은 선인한테서 경기를 갖고 있는 사람을 찾는 것은 네잎클로버를 찾는 것보다 어렵다고 한다.[24]

1925년 10월 실시된 도항저지정책 아래에서는 소지금 10엔 이하의 자는 일본으로 갈 수 없었다. 그러나 이것이 현실적이었는지는 별도의 문제이다.

기모토 젠지로(紀本善治郎)[25]는 자금 없이 도항하는 조선인에 대해 이렇게 피력했다.

> 마침 우메다역에 하차한 선인의 모습을 보면 보따리를 양 옆구리에 끼고 있습니다만 그 보따리가 재산의 전부라고 보아야 할 것이라고 생각합니다.[26]

오사카에서의 일상생활의 모습을 오사카시 사회부 조사과는 다음과 같이 기록하고 있다.

> 특히 음식에 관해 보면 참으로 저런 것으로 생존에 필요한 영양소를 섭취할 수 있을 것인가 의심하지 않을 수 없다. 그들은 밥과 소금, 야채로 연명하고 있다. 먹는 양은 많지만 부식물로는 아침에 간장, 소금으로 허기를 채우고, 점심은 야채절임, 밤에는 튀김과 야채국, 말린 생선 정도이다.[27]

이 기록으로 보면, 당시 재일조선인의 생활은 죄수보다 열악했다. 따

---

24) 神戶市社會課, 『在神半島民族の現狀』,(1927), 朴慶植 編, 『在日朝鮮人關係資料集成』 1卷, 三一書房, 1975, 593쪽.
25) 쓰루하시 제2방면 방면위원이었다.
26) 大阪府社會課, 『大阪府方面委員事業年報』, 1923, 197-198쪽.
27) 大阪市社會部調査課, 『朝鮮人勞動者問題』, 1924, 84쪽.

라서 다수의 재일조선인에게는 생존이 그 무엇보다 중요했다. 이들에게 하루하루 살게 하는 것이 당시 제국 일본의 사명이 아니었는지 모르겠다. 실제로 재일조선인은 집을 빌려 사는 것이 거의 불가능했다. 임대료 체납과 불결한 사용, 집단거주 등을 들어 집을 빌리지 못하는 이류라고 하나 이는 그야말로 핑계였다. 물론 재일조선인이 여기에 저촉되지 않는 것은 아니었다.

그런가 하면 1923년 4월 오사카에서는 조선인협회 관련 흥미로운 기사가 보인다. 『大阪每日新聞』 1923년 4월 24일자에는 다음과 같은 내용이 보인다.

> 대판부에 거주하는 조선인의 총수는 1만 8천 명이라고 계산되어 있으나, 사실은 적어도 4만명 이상에 달하고 있습니다. 이들 다수의 조선인 중 대부분은 무직자여서 그날그날 살기가 힘든데, 우리가 아무리 내지 쪽에 구제책을 의뢰해도 여러 이유를 들어 구제해 주지 않고 경찰 쪽은 단속에 아주 엄하지만 조선인의 구제에 거의 아무 생각도 없습니다. 결국 우리는 우리의 힘으로 자신의 운명을 개척해 나가는 것밖에 살 길이 없다는 것을 깨달았습니다. 그러려면 우선 단결을 확고히 할 필요가 있기 때문에 사설 자치촌을 세우기로 한 것입니다.[28]

당시 이선홍을 중심으로 한 조선인협회는 조선인 마을을 설립하여 각각 회장위원, 촌의회원 등을 뽑아 마을의 사무를 처리하고 통일된 자치단체로서 상호부조, 인격 향상, 기타 적당한 사업을 시행하고자 했다. 이후 최근 이선홍은 대표적인 친일세력으로 보기도 한다.

도항한 후 최하층민이 된 재일조선인의 삶은 시작부터 트라우마였다. 일상에서 이들이 거주공간을 갖는 것은 쉽지 않았다. 그래서 조선인만의 공간인 조선촌이 생겨났고, 이곳은 별도의 일본 속 삶의 공간이 되어

---

28) 『大阪每日新聞』 1923.04.24.

갔다. 일본의 사회복지는 이들 재일조선인을 대상으로 하는 것이 당연한 일이었다. 단순히 기록으로 보이는 재일조선인과 현실이 달랐는지는 모르나 존재가 곧 트라우마였다는 사실만으로도 재일하는 조선인은 사회복지의 영역 속에 존재해야 한다. 그러나 현실은 반대였다

III. 오사카방면위원회의 재일조선인과
식민주의의 본질 : 사회복지와 의료의 경우

1. 1920년대 전반 오사카방면위원회와 재일조선인 통제

1918년 일본의 '쌀소동'은 사회복지 관련 제도의 발생에 직접적인 계기를 제공했다. 미곡의 염가판매를 요구하는 일본 민중의 분노를 경험한 일본정부는 군대를 동원해 혼란을 수습하고 당근책을 내놓았다. 특히 관서지방 하층민과 피차별부락민의 움직임은 그들의 주목거리였음은 분명하다.[29]

일제 강점기 관청이 주도하는 사회사업 관련 제도인 방면위원제도와 그 행정 조직인 방면위원회는 일본에서 먼저 시행되었다. 1918년 10월 창설되어 소학교 통학구역을 담당구역으로 하여 구역 내의 주민의 생활 상태를 조사했다. 그 정보에 기초하여 요수호자(要援護者)에 대한 구제를 하는 제도라고 할 수 있다.[30] 오사카부의 경우 1918년 10월 7일 오사카부방면위원규정(大阪府方面委員規程)을 공포하고 창설된 것이다. 이

---

29) 허광무, 『일본제국주의 구빈정책사 연구-조선인 보호 · 구제를 중심으로』, 43쪽.
30) 北場勉, 「大正期における方面委員制度誕生の社會的背景と意味に關する一考察」, 4쪽.

것이 방면위원제도의 시작이었다. 당시 조선에서는 경성이 1927년, 이어서 부산도 1933년부터 실시하게 되었다. 조선총독부는 방면위원회가 빈민의 생활 개선 및 향상을 위한 빈민 조사 기관이라고 선전하였다.[31]

오사카부방면위원제도는 하야시 이치조(林市蔵)가 오사카부 지사로 취임한 이후 자신의 경험을 기초로 구상하여 탄생한 것이다. 직접 계기는 미곡 염가판매의 경험, 즉 염가판매 매장에 몰려든 빈곤자들이었다고 한다. 그 모델은 엘버펠트 시스템을 모델로 하였다.[32]

당시 한 개 방면의 범위는 소학교의 통학구역을 단위로 하여 한 방면당 방면위원수는 약 10-15명이었다. 방면위원의 직무는 다음과 같았다.

1. 관계구역의 일반적인 생활 상태를 조사하고 이를 개선 향상시키는 방법을 연구할 것.
2. 요구호자의 각각의 상황을 조사하여 이에 대한 구제방법의 적부를 연구하고 그에 철저를 기할 것.
3. 현존하는 구제기관의 적부를 조사하여 그 직역에 신설이 필요한 구제기관을 연구할 것.
4. 일용품의 수급상태를 조사하여 생활안정의 방법을 연구할 것.
5. 기타 특별히 조사실행을 위촉한 사항[33]

일본 내 전국적 규모에서 볼 때에도 방면위원의 역할은 중요하다.[34] 방면위원은 형식적으로 명예직으로, 명망가가 아니고 여유 있는 지역의 사람으로, 상인이 많고 빈민층 파악에 절대적인 역할을 했다. 내부에서

---

31) 부산역사문화대전(http://busan.grandculture.net), 참조.
32) 엘버펠트(Elberfeld)시에서 시행된 사회사업이었다. 하야시 이치조의 사회문제에 대한 관심과 小河滋次郎, 山口正, 志賀志那人 등이 있어서였다(허광무, 『일본제국주의 구빈정책사 연구-조선인 보호・구제를 중심으로』, 81-91쪽).
33) 허광무, 『일본제국주의 구빈정책사 연구-조선인 보호・구제를 중심으로』, 283-284쪽.
34) 岩本華子, 「大正期における大版府方面委員の醫療問題への對應:援助關係および處遇理念に着目して」, 『社會問題研究』 58, 2009, 122쪽.

는 재일조선인 명망가를 쓰자는 의견도 있었으나 실제로 방면위원이 된 재일조선인은 없었다고 한다.[35]

방면위원의 업무 중 가장 중요한 것은 조사였다. 빈곤자를 구제하려면 우선 담당 방면에 어떤 사람들이 어떤 처지에 놓여 있는지 그 실태를 파악하는 것이 사회사업의 전제가 되었기 때문이었다. 이들 방면위원의 활동은 여러 가지였다. 심지어 작은 문제로는 부부싸움 중재에서 시작하여 호적 정리, 양자 알선, 장례, 임대차 분쟁, 지도 상담 등 다양했다. 실제로 재일조선인에 대한 일본 정부, 일본 사회의 대처는 차별, 나아가서는 이중기준[36]에 의한 구조적 모순 덩어리였다. 여기에는 일제 통치의 본질적 식민주의적 한계와 사회복지적 한계가 이중적으로 작용했다.

오사카부방면위원제도에서 조선인문제가 의제로 되기 시작한 것은 1923년 경으로 본다. 구체적으로는 1923년 5월 정례회인 연합회였다. 그 내용을 정리하면 다음과 같다.[37]

5월 정례회에서는 조선인 문제를 주택, 직업, 교육, 위생 등 다방면에 걸쳐 논의하면서 궁극적으로는 조선인에 대한 일반 세간의 차별로 귀결하였다. 의장역을 담당한 사회과장(中村忠充)은 내지인을 우선하고 조선인을 나중으로 돌리는 세간의 차별적인 편견을 언급하면서, 그러나 당분간은 조선인이 사람들의 양해를 구하며 이를 잘 대처해 가는 방안=융화를 강조하였다.(「速記錄」 5月, 大阪府社會課, 『大阪府方面委員事業年報』, 1923, 199-202쪽.) 아울러 조선인 문제를 의제로 제기한 기모토 젠지로의 의견과 마찬가지로 어떡하든 조선인을 보호, 구제해야

---

35) 허광무선생님인터뷰(2020, 09, 07, 오전 10:00)
36) 허광무는 자신의 선행 연구에서 신일본인을 지향하는 일제의 통치정책을 비판하고 재일조선인 보호와 구제의 실태를 논의했다. 특히 1923, 24년의 경우를 구체적으로 제시하는데 기모토센지로의 사례에 주목한다(허광무, 『일본제국주의 구빈정책사 연구-조선인 보호·구제를 중심으로』, 177-185쪽). 이중기준은 민족적 차별 장치만은 아니라는 것이다.
37) 허광무, 『일본제국주의 구빈정책사 연구-조선인 보호·구제를 중심으로』, 178-179쪽.

한다는 의견을 피력하면서 방면위원제도에서도 조선이라 할지라도 이를 평등하게 처리하도록 유념해 줄 것을 당부하였다.

2개월 뒤인 1923년 7월 연합회 석상에서 오사카부 내무부장 히라가야 마네(平賀周)는 재일조선인의 보호, 구제의 필요성을 역설했다. 일본 정부에 반항할 것을 예상하고도 있다.

> 오늘날까지 간혹 독립운동이 발발하였고 매우 흉악한 각종 운동도 있어 와서 통치 상 적잖게 고심되는 일이 있었습니다. 그러나 대개 현재는 극히 평온한 상태를 가져오고 있습니다. 그렇지만 오늘날의 조선 평온이라고 해도 전적으로 일본경찰이나 병력의 대비에 의한 것으로, 힘으로 제압하고 있습니다. 일단 병력을 줄인다든가 경찰력을 완화시킨다든가 하면 언제 어떤 형태로 독립운동이라든지 일본에 대한 반항운동이 일어날지 모릅니다.[38]

이런 그의 인식에는 3·1운동에 대한 경험이 있었다. 여기에서 나아가 재일조선인 유학생과 노동자를 통제의 대상으로 인식했다.

> 조선 통치는---곤란한 문제입니다.---내지에 와 본 유학생 등이 조선에 돌아가서 과격한 반항적 독립운동 같은 것을 왕성하게 선전하고 해서 그것이 중심이 되어 문제가 생기는 경향도 있습니다.---이런 것들은 학생들에 대한 것입니다만 오늘날 내지에 들어오는 많은 노동자에 대해서도 또한 장래 그런 일이 생기지는 않을까.---"[39]

오사카에서는 1923년 관동대지진 조선인학살이 일어나자 조선인에 대책으로 보호, 구제기관적 성격의 오사카부내선협화회를 일본 전국 최

---

38) 「速記錄」 7月, 大版府社會課, 『大阪府方面委員事業年報』, 1923, 287쪽.
39) 「速記錄」 7月, 大版府社會課, 『大阪府方面委員事業年報』, 1923, 287-290쪽.

초로 1923년 11월 설립했다.[40] 이와 별도로 존재한 오사카부방면위원회는 본 조직의 본질이 드러나는 일이 발생했다. 방면위원제도의 창시자인 하야시 이치조가 망언에 가까운 발언을 했다. 7월 8일 쓰루하시 제1방면 '월번회'에서는 다음과 같이 거론했다.

조선인을 돌보는 일은 방면위원 업무 외의 업무[41]

이에 대해 오카모토 야조우(岡本彌藏), 이와이 이와요시(岩井岩吉), 기모토 젠지로(紀本善治郎)의 발언은 흥미롭다.

岡本彌藏(鶴橋 제1방면 상무) : 그것은 방면위원은 절대로 조선인을 대상으로 해서는 안 된다는 의미는 아니라고 저는 생각하고 있습니다. 다시 말해 방면위원은 조선이라 할지라도 카드계급에 속한 사람은 내지인과 동일하게 취급해도 상관없다고 저는 믿고 있습니다.[42]
岩井岩吉(惠美 상무) : 즉 방면위원 이외의 조선인 문제라든지 방면위원이 당연히 해야 하는 업무 이외의 업무를 한다고 하면, 부지불식간에 본연의 업무를 망각해 버리고 만다는 의미에서 말씀하신 것으로 저는 생각하고 있습니다.---결코 조선인과 내지인을 차별대우하지 않습니다. 조선인이라 하더라도 내지인과 동등하게 취급한다는 것이 제 지론입니다.[43]
紀本善治郎(鶴橋 제1방면 상무) : 하야시 고문은 제가 조선인 문제를 논급하던 당초부터 반대였다는 것을 분명히 들었습니다. 그 점에서 조선인 문제에 반대의견이 있었던 것으로 생각합니다.[44]

---

40) 재단법인 허가는 1924년 5월 5일이었다.
41) 「速記錄」 7月, 大阪府社會課, 『大阪府方面委員事業年報』, 1923, 290쪽.
42) 大阪府社會課, 『大阪府方面委員事業年報』, 1924, 293쪽.
43) 大阪府社會課, 『大阪府方面委員事業年報』, 1924, 293-294쪽.
44) 大阪府社會課, 『大阪府方面委員事業年報』, 1924, 294쪽.

그리고 사회과장 야마자키 이와오(山崎嚴)는 다음과 같이 말했다.

이 조선인 문제에 대한 사회과의 의견 내지는 방침을 말씀드립니다. ---지금 문제가 되고 있는 조선인 구제문제입니다만 제 생각으로는 조선인 문제는 각 방면에 관한 것으로 그 방면의 거주자로 많이 어려운 사람이 있으면 혹시 일시적인 거주자라도 이를 구제하는 것이 하등 방면위원 사업에 저촉되지 않는다고 생각합니다. ---사회과는 조선인 문제를 절대 방면위원 사업과 저촉되지 않는다고 생각합니다.45)

소극적인 의견의 개진으로도 볼 수 있으나46) 내용적으로는 소외의 발언이다. 본질적 사회복지의 업무를 방기하는 내용이라고 할 수 있다.

이상과 같이 재일조선인은 일제에 의해 전면적인 배제는 아니라 해도 일관되게 사회복지의 대상이 아니었다.47) 다음의 1926년 4월 쓰루하시 제1방면 보고는 재일조선인 상태 관련해서 주목된다.

【事例2】大正15年 4月鶴橋第一方面報告 : 호주인 아들과 엄마 등 6명이 생활하는 세대이다. 부친이 생존한 때는 상당히 잘 살았는데, 아버지가 죽은 이후 재산을 생활비로 쓰면서 전부 없어져 버리게 되었다.

호주인 아들은 인쇄공장에 다니면서 원수 50円을 벌었는데, 작년 6월에 호흡기병으로 일할 수 없게 되었다. 방면위원회는 그 상황을 알고 가정방문하여 진료받기를 권유했다. 엄마는 사람들과 거의 말을 하지 않고 단절되어 생활하고 있다. 그러나 점점 아들의 병이 진전되어 이후에 엄마가 방면위원에게 의뢰를 했다.

곧바로 아들은 진료소에서 검사를 받고 작년 여름부터는 도네야마(刀根山)병원에 입원하였는데 입원 중에 사망한다. 호주인 아들이 입원 중일 때는 동생의 아들의 수입밖에 없었기 ·때문에 방면위원한테 쌀과

---

45) 「速記錄」 7月, 大版府社會課, 『大阪府方面委員事業年報』, 1924, 295쪽.
46) 허광무, 『일본제국주의 구빈정책사 연구-조선인 보호 · 구제를 중심으로』, 184쪽.
47) 岩本華子, 「大正期における大版府方面委員の醫療問題への對應:援助關係および處遇理念に着目して」, 『社會問題研究』 58, 2009, 123쪽, 재인용.

돈 등의 구호를 받았다. 형이 입원하고 곧바로 여동생이 가래를 토해냈기 때문에 적십자병원에서 수진을 받았다. 결핵이라고 진단되어 도네야마병원에 입원했다. 여동생도 입원 중에 사망한다. 집에서 두 사람이나 사망했기 때문에 주변 사람들로부터 기부금이 들어와 생활하게 되었다. 신문에 보도가 되어서 기부금과 의류식품이 이것으로 생활할 수 있게 되었다. 그러나 이 시기에 엄마가 감염되어 병상에 눕게 되었고 동생, 자매가 감염되었다. 방면위원은 뭐라고 말할 수 없는데 진전으로 비참한 상태로 빨리 아들도 치료해야 한다고 했다.[48]

이렇게 재일조선인은 최하층민으로 최하의 일상을 살았다. 제국일본은 온본 땅에서도 식민지 조선 출신인 재일조선인을 구조적, 본질적으로 차별했다. 사회복지라는 이름은 말뿐이었다.

2. 식민주의를 넘지 못한 사회복지 그리고 식민지 의료

오사카방면위원회 가운데 재일조선인은 제국주의 일본의 식민주의가 낳은 존재라고밖에 말 할 수 없다. 이런 모습은 일제강점기 조선 내에서도 마찬가지였다. 일제의 식민지 지배는 제국주의적 모습 그대로였다. 이런 일제가 조선총독부를 통해 1920년까지 조선에서 의료 상 주목한 질병 특히 다수의 사람이 걸리는 전염병은 두창과 콜레라였다. 이들 전염병은 단기간에 대규모의 피해를 준 점에서 사회의 안정을 해치는 질병이었기 때문이다. 두창에 대해서는 우두법이 이미 19세기 말부터 한국사회에 보급되기 시작했고, 일제는 식민지배의 안정화를 위해 우두법 실시를 강제했다. 강제접종이 의무화되었고, 경찰이 선두에 서서 접종을 확대시켜 나갔다. 콜레라에 대해서는 항구 검역을 중심으로 한 방역

---

48) 大阪府社會課, 『大阪府方面委員事業年報』, 1927, 176-8.

체계가 만들어졌다. 콜레라가 침입한 경우 백신 접종이 대규모로 이루어졌고, 보균자와 환자를 강제로 격리시켰다. 일제는 관심을 1920년대 접어들면서 두창과 콜레라의 피해가 줄자 한센병과 결핵 등의 만성전염병으로 옮겼다. 그리고 그 산물이 소록도 자혜의원이다. 일제는 자국이 모방하고자 했던 서양국가들에서는 부랑하는 환자를 찾아보기 힘든 방면에 일본에서는 환자들이 거리를 방황했다. 식민지 조선에서도 이런 모습은 일제 자신의 체면을 깎는 일로 생각했다. 그리고 수용인원을 늘려 병원을 증축했다. 그리고 한센병 환자를 수용하고자 했다.[49]

요즘에는 일반적으로 알려져 있지만 한센병 환자를 격리 치료할 이유는 없다. 그럼에도 불구하고 일제는 이를 유지했다. 여기에서 주목되는 인물이 시가 기요시(志賀潔)였다.[50] 그는 한센병 환자의 격리 방침이 잘못되었음을 알고 있었다. 그는 1920년대 후반경에 한센병 환자를 인류사회와 격리시켜 일생을 마치게 하는 것은 올바른 일이 아니라고 했다. 그러나 그는 조선총독부의 정책을 지지하고 다른 방법이 없다는 구차함으로 격리정책을 유지하는 데 동의했다.

잘 알려진 대로 인도에 반하는 죄는 시효가 없다. 731부대[51]의 죄악을

---

49) 여인석 외 지음, 『한국의학사』, KMA의료정책연구소, 2012, 288-289쪽.

50) 김현덕, 『인문사회 치의학개론』, 서울대학교출판문화원, 2020, 131쪽. 시가 기요시 (1871년 2월 7일-1951년 1월 25일)은 일본의 내과의사이자 세균학자이다. 미야기현 센다이시에서 태어났다. 그의 원래 성은 사토이다. 1896년 도쿄 제국대학 의학과를 졸업하고 감염병 연구소에서 기타자토 시바사부로 박사 아래에서 일했다. 1897년 이질균(Shigella)을 발견해서 유명해졌다. 이질균은 이질(dysentery)을 일으키는 균으로 이 균은 시가 톡신(shiga toxin)을 만든다. 이질균의 발견 후 1901년에서 1905년까지 독일의 파울 에얼리히(Paul Ehrlich)와 함께 일했다. 일본으로 돌아간 이후 기타 사토 시바사부로 박사와 함께 감염병 연구를 재개했다. 1920년 게이오기주쿠대학 의학 교수가 되었다. 1929년에서 1931년까지 경성제국대학 총장을 지냈으며 조선총독의 의학 수석고문 일을 수행했다. 1944년 일본의 문화훈장을 받았다.(위키백과 (https://ko.wikipedia.org/wiki/, 참조)

51) 15년전쟁과 일본의 의학의료연구회 엮음, 하세가와 사오리, 최규진 옮김, 『누구나 알지만 아무도 모르는 731부대』, 건강미디어협동조합, 2020, 290-304쪽.

넘어 일제는 의료가 아닌 각종 제도를 통해 제국의 통치 구조 속 재일조선인을 통제했다. 재일조선인은 제도 밖의 존재라고 함은 인도에 반하는 죄를 일제는 일상 속에서 저질렀다.

코로나19 바이러스 집단감염[52]이 가하는 위협에 대처하는 과정에서 이스라엘 총리 베냐민 네타냐후는 팔레스타인 당국에 긴급 원조를 하며 협조를 구했다. 선의와 인간적 도리 때문이 아니라 거기서 유대인과 팔레스타인인을 분리하는 것이 불가능하다는 단순한 사실 때문이었다. 한 집단이 감염된다면 다른 집단도 불가피하게 고통받게 되기 때문이다. 우리가 정치학으로 번역해야 할 현실이 여기 있다. 지금이야말로 "미국(또는 다른 누구든) 먼저!"라는 모토를 버려야 할 때다. 마틴 루서 킹 목사가 반세기도 전에 설파했듯이 "모두 다른 배를 타고 왔을 수는 있겠지만, 우리는 지금 같은 배에 타고 있다."[53]라는 말이 있다. 이 말은 제국 일본에게는 해당되지 않았다.

일제는 절대주의 에도막부(江戶幕府)의 봉건제에 토대하여 메이지정부(明治政府) 시기 자본주의적 생상양식을 선택했다. 그리고 제국주의화를 통해 군국의 길을 갔다. 절대주의에서 일본은 제국주의로 나아갔다. 역사 속에서 보면, 절대주의 국가에서는 상호 대립하고 있었던 다양한 세력이 억압되고 전제적 주권자의 신민으로서 동일화되었다. 이 과

---

52) 산업혁명 이후 지구는 과학 기술의 발달이 인간의 일상에서 중심에 있어 왔다고 할 수 있다. 특히 세계화는 이를 선도했고, 동시에 전염병과 환경질환을 유행하게 만든 또 다른 계기였음은 분명하다.(홍윤철, 『질병의 종식』, 258-259쪽.) 최근의 경우, 1999년 8월 뉴욕 시에서 까마귀의 시체들이 발견된 것과 함께 근력 약화가 동반된 뇌염환자들이 보고된 일, 2009년 세계적으로 유행한 신종플루의 경우 돼지를 숙주동물로 하던 바이러스가 사람에게 독감을 일으킨 일, 2002년 11월 중국의 광둥성에서 고열과 함께 폐렴과 같은 호흡기 질환 증상을 나타내는 질환이 발생한 일, 2015년 한국의 경우 메르스가 중동의 낙타로부터 옮겨온 코로나 바이러스에 의해 발생한 일, 그리고 2020년 코로나19 펜더믹이 발생했다.
53) 슬라보예 지젝 지음, 강우성 옮김, 『팬데믹 패닉』, 북하우스, 2020, 31쪽.

정에서 국가권력의 폭력성이 분명해졌다. 단순하게 말하면, 절대주의 국가질서는 새로운 경찰기구에 의해 유지되었던 것이다.[54] 이후 국민국가는 자본주의 경제를 발전시킨다. 그리고 그것을 담당한 것은 관료기구다. 이런 변화를 계급지배의 관점에서 보고 국가의 변질이라고 보는 마르크스주의자가 있다. 그러나 예를 들어 국가가 복지정책을 취하는 것은 현대국가 고유의 것이 아니며 계급지배의 은폐도 아니다. 예를 들어, 거기서 베버는 '가부장적 가산제'(아시아적 국가)와 봉건제의 차이 중 하나를 발견하고 있다. 즉 봉건제가 행정기능을 왜소화시키고 자기 자신의 경제적 존립에 불가결한 범위 안에서만 예속민의 경우를 생각하는 데 반해, 가부장적 가산제에서는 행정적 관심이 극대화된다.[55] 따라서 가부장제적 가산제(家産制)는 자기 자신에 대해 또 신민에 대해 스스로를 신민의 '복지' 보육자로서 정당화되어야 했다. '복지국가'야말로 가산제의 신화이며, 그것은 맹약된 성실이라는 자유로운 전우관계에서 나온 것이 아니라 아버지와 아들 사이의 권위주의적 관계에 기초하고 있다. '국부'라는 것이 가산제국가의 이상인 것이다. 따라서 가부장제는 특수한 '사회정책'의 담당자일 수 있으며, 또 대중의 호의를 확보해야 하는 충분한 이유가 있을 때는 사실 항상 사회정책의 담당자가 되었다. 예를 들어 영국의 스튜어트조(朝)가 청교도적 시민층이나 반봉건적 명망가층과 투쟁상태에 있었던 시대인 근세에 영국에서 그렇다고 할 수 있다. 소위 로드의 기독교적 사회정책은 반은 교회적인 반은 가산제적인 동기에서 나온 것이다.[56] 이런 관점에서 볼 때 재일조선인은 절대 일본 속에서 비차별적 존재가 될 수 없었다. '복지국가' 아니 사회복지가 가산제의 신

---

54) 가라타니 고진 지음, 조영일 옮김, 『세계공화국으로』, 도서출판b, 2012, 129쪽.
55) 가라타니 고진 지음, 조영일 옮김, 『세계공화국으로』, 132쪽.
56) 베버 지음, 금종우, 전남석 옮김, 『지배의 사회학』, 한길사, 1981, 210-211쪽.

화라고 해도 일제는 이를 선택했기 때문이다. 그것은 포장된 모습으로 제한된 장치일 뿐이었다. 특히 계급적 민족적 차별을 받던 재일조선인에게 이는 부정할 수 없는 사실이다.

IV. 맺음말

인간은 현재 코로나19의 팬데믹 속에 살고 있다. 멋진 경구는 아니어도 자신의 존재를 이해하고 시점을 죽음의 문제에서 출발하는 것은 인간의 존엄성을 훼손하지는 않는 한 가지 방법이다.[57]

우리는 지금 위기 속에 있다. 이런 위기는 본질적으로 우리 삶의 현상적 측면에 대한 부분적, 임시적, 외면적 수습책으로는 절대 극복될 수 없다는 사실을 인지해야 한다. 공해와 오염, 자연의 파괴, 그리고 전염병의 창궐로 이어지는 현상은 우리 사회가 갖고 있는 본질적 한계의 또 다른 양태라고 할 수 있다. 이런 문제는 개인의 차원이 아니라 사회적, 나아가 지구적 차원의 일로 역사적, 특히 철학적 논의가 절실하다고 할 수 있다.

칸트는 『세계공민적 견지에서의 일반사의 구상』(1784년)에서 세계공화국의 형성을 인류사가 도달해야 할 이념으로 거론하고 있다.[58] "인류

---

57) "우리는 다음과 같은 것을 추구한다. "상당한 기간에 걸쳐서 전개되는 계획과 관계에 참여하기, 인생 항로가 전개되는 방식에 영향을 미치는 자신의 죽음에 대하여 인식하기, 음식, 주거, 수면같은 생물학적 필요를 충족시키기, 자신의 주위를 배려하고 애착을 느끼는 기본적인 심리적 필요를 충족시키기."-- 비록 우리가 철저한 이타주의자의 삶을 살지는 못하지만, 우리의 세상을 우리와 같은 방식으로 살아가고 있는 사람들과 공유하고 있다는 사실을--"(토드 메이 저, 이종인 역, 『품위있는 삶을 위한 철학』, 김영사, 2020, 209-209쪽).

의 역사를 전체로서 고찰하면, 자연이 그 은밀한 계획을 수행하는 과정으로 간주할 수 있다. 그런데 이 경우엔 자연의 계획이란 – 바로 각 국가로 하여금 국내적으로 완전할 뿐만 아니라, 이 목적을 위해 대외적으로도 완전한 국가조직을 설정한다는 것이다. 이와 같은 조직이야말로 자연이 인류에 내재하는 모든 자연적 소질을 남김없이 전개할 수 있는 유일한 상태이기 때문이다.(제8명제) 자연의 계획이 뜻하는 것은 전 인류 안에 완전한 공민적 연합을 형성시키는 데 있다. 이런 계획에 따라 일반 세계사를 편찬하려는 시도는 가능한 것으로, 또 이런 자연의 의도가 실현되도록 촉진하는 것으로서 간주되어야 한다.(제9명제)"[59]

칸트가 말하는 '자연의 은밀한 계획'은 결코 아름다운 것이 아니다. 그것은 인간의 선의에 의해서라기보다 오히려 악의나 공격성을 통해서 실현되기 때문이다. 실제로 인류는 지금 긴급히 해결하지 않으면 안 되는 과제에 직면하고 있다. 전쟁, 환경파괴, 경제적 격차, 그리고 전염병이다. 이들은 분리할 수 없는 문제이다. 여기에 인간과 자연과의 관계, 인간과 인간의 관계가 집약되어 있기 때문임은 잘 알고 있다.[60]

전염병과 사회복지는 국가와 자본의 문제로 귀착되지는 않는다. 재일조선인에게 사회복지는 외상적 존재였다고 보인다. 역사적으로 볼 때 국가와 자본을 통제하지 않으면, 파국의 길을 걷고 말았다. 군국주의 일본이 이를 보여준다고 할 수 있다.

삶은 죽음을 전제할 때 본원적 의미가 강화된다고 할 수 있다. 이런 인간은 구조 속 일상을 산다. 재일조선인에게 그 세계는 단순 구조가 아닌 집단적 통제 속 공동체 구성원으로 살아갔던 것이다. 이들에게 일상

---

58) 가라타니 고진 지음, 조영일 옮김, 『세계공화국으로』, 223쪽.
59) 칸트, 「세계시민적 관점에서 본 보편사의 이념」, 이한구 편역, 『칸트의 역사철학』, 서광사, 1992, 38-40쪽.
60) 가라타니 고진 지음, 조영일 옮김, 『세계공화국으로』, 224쪽.

은 트라우마가 아니라 죄악으로 생각될 수 있었을지도 모른다. 꿈을 갖고 간 일본은 복지의 존재로도 의료의 혜택도 보이지 않았던 것이다.

이상과 같이 제국의 구조 속 식민주의를 피압박 식민지 사람에게 강제한 일제는 일본 사회 속 재일조선인을 복지 이외의 공간에 위치 지운다. 오사카방면위원회는 바로 그 실체였다. 재일조선인은 대상화되는 가운데 통제의 대상으로 존재했다. 본 연구는 일상의 의료와 복지의 식민지적 한계와 통제구조의 반인륜성과 위험성에 대한 지적을 위한 시도이다.

참고문헌

1. 자료

大版府社會課, 『大阪府方面委員事業年報』(1923, 24年度版)(日本 上智大學圖書館
　　所藏).

社會福祉調查研究會 編, 『戰前日本社會事業調查資料集成』(全10卷), 勁草書房, 1986-
　　95.

社會福祉調查研究會 編, 『戰前期社會事業資料集成』(全20卷), 日本圖書센터, 1985.

2. 저서

가라타니 고진 지음, 조영일 옮김, 『세계공화국으로』, 도서출판b, 2012.

김광열, 『한인의 일본이주사』, 논형, 2010.

김현덕, 『인문사회 치의학개론』, 서울대학교출판문화원, 2020.

다케다 세이지 저, 재일조선인문화연구회 역, 『재일이라는 근거』, 소명출판, 2016.

도노무라 마사루 지음, 신유원, 김인덕 옮김, 『재일조선인 사회의 역사학적 연구』,
　　논형, 2010.

슬라보예 지젝 지음, 강우성 옮김, 『팬데믹 페닉』, 북하우스, 2020.

여인석 외 지음, 『한국의학사』, KMA의료정책연구소, 2012.

조한욱, 『문화로 보면 역사가 달라진다』. 책세상, 2001.

최규진 옮김, 『누구나 알지만 아무도 모르는 731부대』, 건강미디어협동조합, 2020.

토드 메이 저, 이종인 역, 『품위있는 삶을 위한 철학』, 김영사, 2020

河明生, 『韓人日本移民社會經濟史-戰前篇』, 明石書店, 1997.

허광무, 『일본제국주의 구빈정책사 연구-조선인 보호ㆍ구제를 중심으로』, 선인,
　　2011.

홍윤철, 『질병의 종식』, 사이, 2017.

3. 논문

김인덕, 「반일과 친일의 시점에서 본 1930년대 중반 大阪 재일조선인의 일상적 삶」
(『역사 속의 디아스포라와 경계인』(한국역사연구회, 2020.05.23.)
(https://www.youtube.com/watch?v=sigT_t9Jxd0).

佐佐木信彰, 「1920年代における在阪朝鮮人の勞動」, 彬原薫 外編, 『大正. 大阪. スラ
ム(增補版)』, 新評論, 1996.

칸트, 「세계시민적 관점에서 본 보편사의 이념」, 이한구 편역, 『칸트의 역사철학』,
서광사, 1992.

허광무, 「전후 일본공적부조체제의 재편과 재일조선인: 「생활보호법」-민생위원」
체제의 성립을 중심으로」, 『패전 전후 일본의 마이너리티와 냉전』, 제이
앤씨, 2006.

제국일본의 생명정치와 '일본주의' 우생학

고야 요시오의 '민족과학'론을 중심으로

서 동 주

I. 머리말

"악질적인 유전성 질환의 소질을 가진 자의 증가를 방알(防遏)함과
함께 건전한 소질을 가진 자의 증가를 도모함으로써 국민소질의 향상
을 추구하는 것…"

이것은 1941년 '인구 관리'를 위해 성립되었던 '국민우생법'이 밝히고
있는 제정의 목적이다. '국민우생법'은 1938년 '국가총동원법' 성립을 계
기로 본격화된 총력전체제 속에서 국가가 제정한 생명관리를 위한 법률
적 조치였다.[1] 달리 말하면 그 명칭에서 알 수 있듯이 '국민우생법'은 소

---

[1] 이 글에서 사용하는 '생명관리' 혹은 '생명정치'의 개념은 푸코가 『성의 역사 1권—
앎의 의지』에서 서술하고 있는 내용에 따르고 있다. 그에 따라면 생명정치란 '번식,
출산 및 사망률, 건강수준, 생존기간과 이와 관련된 조건들에 영향을 미치는 모든
영역을 포괄하며 나아가 이를 대상으로 개입하기 위한 조치들과 이를 규율할 수 있
는 제반의 조건들'로 정의된다. 그는 18세기 중반 부르주아 계급을 통제하기 위한
새로운 권력기술로 등장한 우생학, 인종위생, 인구정책 등을 사례로 들고 있다. 미
쉘 푸코, 이규현 옮김, 『성의 역사1 앎의 의지』, 나남, 1996, 148~150쪽.

위 '우생학'의 주장을 법률이라는 방식으로 표현한 것이다. 잘 알려진 바와 같이 근대일본의 우생론자들은 인구에서 '악질의 소질을 가진 자'의 수를 억제하기 위해 줄곧 '단종법'의 실시를 주장했고, '건전한 소질을 가진 자'의 수를 늘리기 위해 '건전한 소질을 가진 자'들 간의 결혼, 즉 '우생결혼'을 권장했다. 그런데 현실에서 실시된 우생학적 실천은 전자보다 후자가 대세를 이뤘다. '단종'의 실시는 우생론자들의 숙원 과제였지만 1941년 '국민우생법'의 성립되면서 겨우 법률로서 보장된 반면, '우생결혼'을 장려하는 실천은 이미 1920년대 후반부터 '위생박람회' 개최나 '결혼상담소' 설치 등의 방식으로 전개되었다.[2)]

'국민우생법'의 제정이 이렇게 지연된 배경에는 당시 넓게 퍼져있었던 단종법에 대한 거부감이 영향을 미쳤다. 예를 들어 정신의학자들은 '국민우생법'에서 단종의 대상을 규정되고 있는 '정신병'의 유전학적 근거를 둘러싸고 의견의 일치를 보지 못하고 있었다. 뿐만 아니라 귀족원의 일부 인사들은 자손을 근절하는 단종법이 '만세일계의 천황가'를 정점으로 하는 일본의 가족주의와 맞지 않다는 이유로 반발하기도 했다.[3)] 또한 1938년 1월에 설치된 후생성은 '국민우생법'이 제정되자 '가급적 다수 실시하도록 노력할 것'이라는 통첩을 냈지만, 법률이 제정된 1941년에 남녀를 합쳐 94건만이 실시되었고, 패전 때까지 전체 수술해당자의 겨우 2.6%만이 단종시술을 받았다.[4)] 법률의 실효성이라는 관점에서 볼 때 '국

---

2) 이에 관해서는 다음을 참조할 것. 가토 슈이치(加藤秀一) 저·서호철 역, 『연애결혼'은 무엇을 가져왔는가—성도덕과 우생결혼의 100년간』, 小花, 2013; 藤野豊, 『日本ファシズムと優生思想』, かもがわ出版, 1998; 田中聡, 『衛生展覧会の欲望』, 青弓社, 1994; 서동주, 「근대일본의 우생사상과 '파국'의 상상력」, 『일본문화연구』 제75집, 동아시아일본학회, 2020.

3) 松原洋子, 「〈文化国家〉の優生法—優生保護法と国民優生法の断層」, 『現代思想』, 1997.4

4) 荻野美穂, 『「家族計画」への道』, 岩波書店, 2008, 115~116쪽.

민우생법'이 상정하는 '이상'과 '현실' 사이에는 메우기 힘든 격차가 존재했다고 할 수 있다.[5]

이런 결과는 총력전 시기 우생학의 영향력이 '국민우생법'을 통해 단종의 법제화를 이루어냈음에도 불구하고 실제로는 '제한적'인 것에 불과한 것은 아니었는지 의문을 갖게 한다. 분명 단종법은 우생론자들의 중요한 목표였다. 하지만 동시에 그것은 여러 가지 목표 가운데 하나에 지나지 않았다. '국민우생법'의 목적에서 보는 것처럼 우생학적 시선은 인구의 '양적' 증가와 함께 유전적으로 '우수한' 자의 증가를 향하고 있었다. 그래서 우생론자들은 인구증가를 위해 '산아제한'을 비판했고, 유전적 '우수자'를 늘리기 위해 '우생결혼'의 이념을 주창했다. 나아가 그 연장선상에서 타민족과의 '혼혈'은 물론, 타민족의 일본유입에 대해서는 극히 부정적인 견해를 갖고 있었다.[6] 그것들에 비한다면 단종은 유전적 '열악자'의 증가를 억제하기 위한 방법에 불과했다. 따라서 단종의 법제화와 단종의 실시 건수만을 들어 전시기 우생학의 '전체적인' 영향력을 판단하는 것은 지나친 일반화라는 오류에 빠질 수 있다. 우생학과 전시

5) 후생성이 추진한 우생정책은 단종시술 건수의 저조함에 단적으로 드러나고 있듯이 관료들의 기대와는 달리 뚜렷한 성과를 거두지 못했다. 그 이유로는 다음과 같은 것들이 거론되고 있다. 첫째, 천황을 정점으로 하는 가족국가주의와 '이에(家)'제도를 기축으로 하는 당시의 국체주의가 '인류유전학'이나 '민족생물학'에 근거한 '과학적' 인구관리를 지향한 관료들의 방침과 맞지 않았다는 점을 들 수 있다. 둘째, 국민우생법에서 단종의 강제시술이 허용되지 않았고, 주요 단종대상자로 간주되었던 정신병자의 병원수용률이 매우 낮았던 점이 거론된다. 그리고 마지막으로 우생정책이 본격적으로 실시되려 할 때 일본의 전황이 악화되기 시작했다는 점도 빼놓을 수 없다. 이상의 내용에 관해서는 다음을 참조하였음. 米本昌平他,『優生学と人間社会ー生命科学の世紀はどこへ向かうのか』, 講談社, 2000, 179쪽.
6) 대부분의 우생론자들은 '혼혈'에 부정적이었지만, 혼혈이 '열성자'의 출생으로 이어진다는 과학적 근거가 없다거나 혼혈이 인구의 '질' 향상에 기여할 수 있다는 등의 이유를 들어 타민족과의 혼혈을 용인하는 입장도 일부 존재했다. 일본 우생학의 혼혈 인식에 관해서는 다음의 연구를 참고할 것. 강태웅,「우생학과 일본인의 표상—1920~40년대 일본 우생학의 전개와 특성」,『일본학연구』제38집, 단국대일본연구소, 2012, 37~43쪽.

체제의 결합 양상은 단종의 법제화만으로 판단할 수 없다. 오히려 그것은 1938년 후생성의 설치를 계기로 본격화된 전시 인구정책을 위한 일련의 법제화 과정 전체를 시야에 넣고, 우생학의 권역에 몸담고 있었던 인물들이 정책 수립과 법률 제정 등에 끼친 영향과 결과에 근거해 분석되어야 한다.[7]

총력전 시기 일본의 인구정책에 대한 우생학의 개입과 영향을 생각할 때, 1938년 1월에 이루어진 후생성의 설치는 근대일본 우생학의 역사에서 중요한 분기점을 이룬다.[8] 왜냐하면 신설된 후생성에는 우생학을 지지하는 관료들과 우생학 관련 연구와 계몽활동 등에 관여했던 우생론자들이 '동원'되었기 때문이다. 후생성 산하 예방국 안에는 '우생과'가 설치되었는데, 우생과는 다수의 우생학자들을 '동원'해 우생정책 수립을 위한 조사연구를 실시했고, 1938년 11월에는 '민족위생연구회'를 조직해 우생정책의 입안과 대중계몽을 위한 활동을 전개했다.[9] 그리고 우생학자의 국책동원은 1940년 7월에 제2차 고노에 내각의 출범을 계기로 한층 심화된다. 이때 고노에 내각은 총력전체제의 새로운 이념인 '고도국방국가'를 내세우며 '인구정책'을 그런 국가전략을 실현하기 위한 '기본정책'의 하나로 규정했다. 그에 따라 후생성이 중심이 되어 우생관료와 우생

---

7) 후지노(藤野)도 총력적시기(파시즘시기) 우생정책이 '악질자'에 대한 단종만이 아니라 '우수한 국민'을 증식시키는 것도 시야에 넣고 있었다는 점을 거론하며 그런 점에서 우생정책을 단순히 '단종법'의 제정에 한정해서 생각할 수 없다고 지적하고 있다. 藤野豊, 위의 책, 264쪽. 한편 요코야마 다카시는 근대일본에서 우생학 언설의 생산과 확산의 과정을 다양한 성격의 '미디어'에 초점을 맞춰 분석하고 있다. 요코야마의 연구는 '단종법'과 '후생성'이라는 제도의 성립에 집중하고 있는 기존 연구와 달리 대중잡지를 비롯해 우생단체 및 관련 학회가 발행한 잡지를 일종의 지식사회학적 관점에서 분석함으로써 근대일본의 우생학사에 대한 연구의 지평을 확대시키고 있다. 요코야마 다카시, 안상현·신영전 옮김, 『일본이 우생사회가 될 때까지—과학계몽, 미디어, 생식의 정치』, 한울아카데미, 2019.
8) 이에 관해서는 다음을 참조할 것. 米本昌平他, 위의 책, 175~183쪽.
9) 米本昌平他, 위의 책, 176~179쪽.

학자들로 구성된 다양한 형태의 기구들이 설치되어 운영되었다. 그렇게 해서 나온 것이 바로 1941년의 '인구정책확립요강'과 '국민우생법'이었다.

1930년대 후반 이후 두드러진 양상을 보인 우생학과 총력전체제의 결합에 초점을 둔다면 고야 요시오(古屋芳雄, 1890-1974)의 존재감을 무시하는 것을 불가능하다. 고야는 1930년대 중반까지 대학에서 '민족위생학'을 가르치는 학자였지만, 1939년 5월 후생성의 칙임기사(勅任技師)로서 입성했다. 그는 체력국과 위생국 그리고 예방국의 기사를 겸임했고, 예방국에 진행 중이던 단종법(후일 국민우생법으로 성립)의 작성 과정에서 핵심적인 역할을 맡았다. 이처럼 고야는 우생학계와 후생성을 매개하면서 '국민우생법'을 비롯한 일련의 인구정책 관련 법제화 과정에 깊숙이 개입했다. 특히 1941년 1월에 확정된 '인구정책확립요강'(이하 '인구요강')에 미친 고야의 영향력은 특별한 것이었다. 그는 이 '인구요강'의 각의결정이 이루어지기 전에 '인구정책확립요강 고야 사안(私案)'(이하 '고야 사안')을 작성했는데, 실제로 '고야 사안' 내용의 상당 부분이 그대로 '인구요강'에 반영되었다. 요컨대 고야는 총력전시기 인구정책의 '막후 실력자'였다.[10]

그렇다고 고야 요시오를 다만 총력전 시기 인구정책의 수립에 깊숙이 관여한 한 명의 우생론자로만 봐서는 안 된다. 그는 당시 '민족위생'으로 불렸던 우생학과 제국일본의 인구정책을 매개하는 역할에 머물지 않다. 고야는 일본민족위생학회의 창설을 주도한 학자의 한 명이었고, 후생성에 입성하기 이전에 '민족과학'의 관점에 입각한 자신만의 우생학 이론을 확립하고 있었다. 달리 말하면 그는 재야와 학계에 있던 우생론자의 '대변자'라기보다 직접 전시의 인구정책에 자신의 학문적 관점을 관철시

---

10) 고야의 후생성에서의 '활약'에 관해서는 다음을 참고할 것. 松村寬之, 「「国防国家」の優生学―古屋芳雄を中心に―」, 『史林』 83(2), 史学研究会, 2000, 121~124쪽.

키려 한 '실행가'에 가까웠다. 따라서 고야 요시오라는 위생학자가 근대 일본의 우생학사에 남긴 활동의 전체상을 파악하기 위해서는 그가 총력전 시기의 인구정책의 수립 과정에서 수행했던 역할에만 주목해서는 안 된다. 그가 창안한 새로운 '민족과학'인 '민족생물학'의 내용을 비롯해 확대되어 가는 전쟁의 상황에 따라 미세하게 변모했던 그의 전시 인구론의 동향도 시야에 넣지 않으면 안 된다.[11] 이 글은 이와 같은 문제의식 위에서 '생물학(유전학)'의 지식과 '민족문제'에 대한 깊은 관심 위에서 구축된 고야의 우생학적 '인구론'을 분석하고 그가 근대일본의 우생학사에 남긴 사상적 흔적을 비판적으로 비평하는 것을 목적으로 한다.

Ⅱ. 고야 요시오의 '전향'
-'생명의 예술'에서 '민족의 생명'으로

고야 요시오는 1890년 오이타 현(大分県)에서 태어났다. 1916년 도쿄 제국대학 의과대학을 졸업하고, 바로 대학원에 진학해 도쿄제국대학 위생학교실에 적을 두는 한편, 도쿄의전의 교수를 겸임했다. 1925년에 치

---

11) 고야 요시오에 관한 연구는 주로 그의 '혼혈' 내지 '혼합민족론'에 대한 비판론에 집중되어 있다. 대표적인 것으로 다음과 같은 것을 들 수 있다. 오구마 에이지, 조현설 역, 『일본 단일민족신화의 기원』, 소명출판, 2003; 박이진, 「일본의 혼혈 담론」, 『대동문화연구』 제103집, 성균관대학교 대동문화연구원, 2018. 이와 달리 고야 요시오의 우생사상의 전체상을 다룬 것은 각주10)에 소개한 마쓰무라(松村寬之)의 연구가 유일하다. 이 글은 마쓰무라의 연구에 크게 시사를 받았다. 하지만 이 글은 고야의 '일본민족의 정신형질'에 관한 논의가 전쟁의 확대에 따라 변화하는 양상과 함께 고야의 민족위생학이 '과학'과 맺고 있었던 '착종적' 관계를 분석했다는 점에서 마쓰무라의 연구와 차별되고 있다.

바의과대학에 부임했고, 1927년부터 2년간 독일에서 유학생활을 마치고 돌아온 뒤에는 1932년부터 가나자와의과대학의 교수가 되어 '민족위생학'을 가르쳤다. 훗날 고야는 '민족위생'이라는 학문의 길에 접어든 이유를 "이 길에는 나가이 (히소무) 선생님이 있지만, 그분은 시종 계몽가였던 사람이다. 나는 좀 더 소박한 기초 이론부터 시작하고 싶다"고 밝힌 바 있다.[12] 나가이 히소무는 근대일본의 우생학사를 대표하는 인물로서 서양의 우생학을 도입해 그것을 '민족위생'이라는 이름 아래 하나의 독립적인 분야로 성립시킨 장본인이었다. 나가이가 '일본민족위생학회'(1930)의 창립에 강력한 리더십을 발휘한 것은 잘 알려진 사실인데, 이와 동시에 그는 소위 '부인잡지' 등에 우생학에 관한 글을 발표하는 등 대중계몽에서도 두드러진 활동을 보였다.[13] 반면 고야의 저술활동은 연구자들을 대상으로 하는 전문적 성격의 글이 대부분을 차지했다.[14]

이렇게 보면 고야의 인생은 도쿄제국대학에 입학 이래 위생학자를 향

---

12) 古屋芳雄,『老学究の手帳から』, 社団法人日本家族計画協会, 1970, 26쪽(요코야마 다카시, 앞의 책, 2019, 204쪽에서 재인용).

13) 나가이는 도쿄제국대학 의학부 생리학교실의 교수로서 일본민족위생학회 창립 당시 이사장으로 취임했다. 특히 그는『부인지우』,『부인세계』,『부녀신문』과 같은 여성을 주요 독자층으로 삼고 있던 미디어에 '우생결혼'과 일본인의 '인종개량' 등에 관한 계몽적 성격의 글을 다수 발표했다. 이에 관해서는 다음을 참조할 것. 요코야마 다키시, 위의 책, 129~190쪽. 나가이 히소무의 대중적 저술가로서의 면모는 그가 1939년에 출판한『결혼독본』이 출판 이후 1년도 되기 전에 8쇄를 거듭하여 2만부 이상 팔린 사례에서 단적으로 확인할 수 있다. 가토 슈이치는 이 책이 대중적으로 성공할 수 있었던 이유에 대해 '우생결혼'을 '인생의 샘을 깨끗이 하는 것'으로 표현하는 등 책 전체에 흐르는 '부드러운 문체'가 '국가의 공사(公事)'나 '국민의 의미'와 같은 거칠고 무거운 어휘로 표현했던 다른 글과 달리 대중들의 감성을 자극했다고 분석하고 있다. 가토 슈이치, 앞의 책, 2013, 204~207쪽.

14) 요코야마 다카시는 일본이 패전하기 전까지 일본민족위생학회의 기관지였던『민족위생』의 주요 집필자에 대해 분석하면서「민족위생의 사명」과 같은 '선언적'이고 '계몽적'인 성격의 글을 썼던 나가이와 달리 고야 요시오는「우리나라의 양성 출생 비율에 관한 사회생물학적 연구」,「이론인과 '아이누' 민족에서의 양성 출생률 연구」 등에서 보는 것처럼 통계 데이터를 구사한 '학술적' 성격의 글을 주로 발표했음을 지적하고 있다. 요코야마 다카시, 위의 책, 204~205쪽.

한 일관된 도정처럼 보인다. 그러나 흥미로운 사실은 고야가 의학자로서의 이력을 쌓아가는 동안에 '예술상의 천재'를 꿈꾸는 '예술가'이기도 했다는 점이다. 예를 들어 그는 1917년 벨기에의 시인 에밀 베르하렌(Émile Verhaeren)의 글을 잡지 『시라카바(白樺)』에 번역·게재하면서 '천재'의 '생명'이 예술을 통해 '영겁'의 '인류'를 표현한고 있다고 극찬한 바 있다.[15] 이처럼 위생학자로서의 정체성을 확립하기 이전의 고야는 다이쇼 시기의 예술운동을 대표하는 '시라카바파(白樺派)'의 동인으로서 잡지 『시라카바』에 글을 투고했을 뿐만 아니라 스스로 1917년에는 『시라카바』의 자매지 『생명의 강(生命の川)』을 창간해 거기에 희곡과 소설 등을 발표했다. 잘 알려진 것처럼 시라카바파는 인간의 '자아', '자기' 속에 보편적인 '인류의 의지', '우주의 의식'을 '실감'하면서 소위 '코스모폴리탄'적인 '자아'의 '생명'에서 무한한 창조력을 발견하려 했다. 따라서 그들은 '예술'을 모든 제약을 뛰어넘어 순수한 '자아'와 '자기'를 표현하고 나아가 '인류'의 '생명'을 표현하는 것으로 간주했다.[16] 그리고 '시라카바파'의 동인이었던 고야도 자연스럽게 시라카바파의 영향권 아래서 자신만의 예술론을 전개했다. 고야는 잡지 『생명의 강』의 특징을 '생명을 둘러싼 종교적이고 예술적인 색채가 현저하다'[17]고 표현했는데, 이것이 예컨대 '시라카바파'를 대표하는 야나기 무네요시가 「생명의 문제」(1913)라는 글의 말미에서 '모든 예술은 학설에서 나오지 않으며, 그것(예술)은 생명의 직관에서 출발한다. 학설은 결코 살아있는 생명을 낳을 수 없다'[18]고 말한 것과 공명하고 있음은 두말할 나위도 없다.

---

15) 松村寬之, 앞의 글, 2000, 107쪽.
16) 시라카바파에 관한 내용은 다음을 참조해 기술한 것임. 日本文学研究資料刊行会編, 『日本文学研究資料叢書 白樺文学』, 有精堂出版, 1971; 久野収·鶴見俊輔, 『現代日本の思想』, 岩波書店, 1956.
17) 『생명의 강』의 성격에 관해서는 일본문학연구자 후지모토 도시히코(藤本寿彦)의 해설을 참고하였음. 鈴木貞美編, 『大正生命主義と現代』, 河出書房新社, 1995, 244쪽.

한편 다이쇼 시기 고야 요시오의 이력에서 흥미로운 대목은 그가 당대의 '아나키즘'의 사조에 접근해 있었다는 점이다. 이와 관련된 단서는 1925년 고야 요시오가 하야카와 다카유키(早川孝之)와 함께 출간한『천사의 날개(天使の翼)』(1925)라는 책에서 찾아볼 수 있다.『천사의 날개』는 에드워드 카펜터의 저서 Angels wings를 일본어로 번역한 것이다. 에드워드 카펜터(Edward Carpenter, 1844~1929)는 영국의 사회주의 사상가이자 평론가로 알려져 있는데, 그의 사회주의는 윌리엄 모리스의 영향을 강하게 받은 것으로 지금의 관점에서 보자면 '아나키즘'에 가까운 것이었다. 그는 케임브리지대학을 졸업하고 성직자로 서임되었지만 1871년 3월부터 5월 사이에 '파리코뮌'을 경험한 뒤 사회주의 사상에 경도되었다. 이후 성직자를 사직한 후 쉐필드 근교의 농지를 구입해 손수 농장을 운영하면서 초기사회주의 운동을 펼쳤다.[19) 아마도 고야의 카펜터에 대한 관심은 아나키즘보다는 '예술은 생명의 표현이다'와 같은 생명주의의 영향에 따른 것이겠지만, 후일 고야가 '농촌'을 일본민족의 정신적 기반으로 강조했던 것[20)을 생각해 볼 때 '자연'과 '농촌'에 대한 아나키즘의 인식에 공감했을 가능성을 배제할 수는 없다.

---

18) 柳宗悦,「生命の問題」,『柳宗悦全集 第一巻』, 筑摩書房, 1981, 323쪽.

19) 佐藤光,『柳宗悦とウィリアム・ブレイク 還流する「肯定の思想」』, 東京大学出版会, 2015, 111~112쪽.

20) 예를 들어 1935년에 출간한『민족문제를 둘러싸고』라는 저서에서 고야는 도시의 상층계급에 비해 하층계급의 출생률이 높은 현상이 계속되면 '역도태'가 일어날 수 있다고 경고하면서 그 이유를 '지식계급'과 '상층의 문화생활자'들 사이에 서구의 '개인주의와 자유주의'가 침투했기 때문이라고 말하고 있다. 그는 이런 '역도태'를 막기 위한 대안으로 '농촌'의 '대가족주의'에 주목했다. 그는 도시에 인구를 공급하고 있는 농촌의 '대가족주의'야말로 '본래의 민족정신'이 표현되어 있으며, 따라서 개인주의와 자유주의에 대한 '민족위생적으로 볼 때 가장 효과적'인 대안이라고 역설했다. 이처럼 고야의 민족위생학에서 '농촌'은 서구화된 일본은 회귀해야 할 절대적 '이상'이자 '고향'으로 간주되고 있다. 이점에 관해서는 다음의 글을 참조할 것. 松村寛之, 앞의 글, 2000, 119~120쪽.

에드워드 카펜터의 사상을 일본에 소개한 사람 중에는 당시 일본의 저명한 아나키스트였던 이시카와 산시로(石川三四郎, 1876-1956)가 있다. 이시카와는 1909년부터 카펜터와 서신을 교환했고, 1912년 2월에 『철인 카펜터(哲人カアペンター)』를 출판했다. 『철인 카펜터』라는 저서는 이시카와가 카펜터의 사상이 깊이 공감하고 있었음을 잘 보여주고 있는데, 이 책에서 이시카와는 카펜터가 '크로포트킨, 톨스토이와 윌리엄 모리스, 월트 휘트먼과 같이 서로 떨어져있는 사라들을 하나로 합친' 것 같은 성격의 인물이라고 평한 바 있다.[21] 그리고 이런 교류와 공감이 계기가 되어 이시카와는 1913년부터 1920년까지 해외에서 망명생활을 보내는 동안 직접 카펜터를 방문해 함께 생활하기도 했다.

그런데 흥미로운 사실은 이시카와 사부로가 에드워드 카펜터라는 사상가를 묘사하면서 거론하고 있는 인물들이 예외 없이 야나기 무네요시를 비롯해 '시라카바파'의 동인들이 관심을 쏟았던 사상사이기도 했다는 점이다.[22] 이런 사정을 감안할 때 시라카바파의 일원이었던 고야가 1910년대에 이미 카펜터의 존재를 인지하고 있었을 가능성은 충분히 예상할 수 있다. 달리 말하면 고야는 『천사의 날개』를 출간하기 이전에 시라카바파의 일원으로서 시라카바파의 지식인들의 비판적 사유에 영감을 주었던 카펜터의 아나키즘을 그의 사상적 원천의 하나로 받아들였다고 짐작해 볼 수 있다.

다시 『천사의 날개』로 돌아오자. 이 책은 번역서이지만 다이쇼 시기 고야의 사유를 파악할 수 있는 실마리를 제공하고 있기도 하다. 이 책의 서문은 공역자인 하야카와 다카유키가 썼는데, 그는 서문에서 책의 전반부는 자신이 맡았고 고야가 책의 후반부의 번역을 담당했다고 쓰고

---

21) 中見真理, 『柳宗悦 時代と思想』, 東京大学出版会, 2003, 75~76쪽.
22) 中見真理, 위의 책, 75~77쪽.

있다. 『천사의 날개』의 후반부를 이루는 내용은 베토벤에 관한 연구와 부록처럼 삽입되어 있는 「생명의 예술」이라는 제목의 평론이다. 「생명의 예술」의 핵심적 주장은 '생명은 표현'이며 '그것은 내부에서 외부로의 움직임'이라는 말에 집약되어 있다. 카펜터는 '인류사의 일대 정점에 다다른' 인간은 '생존경쟁'이 지배하는 사회에서 '물질의 노예'가 되었지만 이제는 생명의 표현을 위해 '물질을 사용하지 않으면 안 된다'고 주장하고 있다.[23] 「생명의 예술」의 내용이 주목을 끄는 이유는 고야가 다이쇼의 사상공간을 규정했던 소위 '생명주의'에 깊이 심취해 있었음을 보여주기 때문이다.

스즈키 사다미는 다이쇼 시기 일본의 철학과 사상에는 '자연정복을 넘어 자연의 일원인 인간이 물질생활과 정신생활을 풍부하게 만드는 것이 〈문화〉이며 그 근본에는 〈생명〉의 자유로운 발현을 요구하는 〈생명주의〉'가 있다는 발상이 광범위하게 나타나고 있다는 점을 들어 그것을 '다이쇼 생명주의'라고 명명했다.[24] 여기서 생명을 위해 물질을 사용해야 한다는 「생명의 예술」 속의 주장이 스즈키 사다미가 정의한 '생명주의'의 논리와 상동적임을 확인하기란 그다지 어려운 일이 아니다. 스즈키는 이런 '생명주의'의 사조 안에 '시라카바파'와 '아나키스트'도 포함시키고 있는데, 이런 점에서 생각하면 고야는 '사라카바파'를 동경한 한 명의 '예술가'이자 동시에 야나기 무네요시와 같은 '시라카바파'의 동인이 한때 깊이 동경했던 에드워드 카펜터를 통해 아나키즘의 세계에까지 사유의 촉수를 뻗고 있었던 '생명의 사상가'였다고 할 수 있다.

그렇다면 다분히 관념적 성격이 강한 다이쇼 생명주의에 깊이 빠져

---

23) 古屋芳雄・早川孝之訳, 『カアペンター芸術論 天使の翼』, 表現の生活研究会, 1925, 294~295쪽.
24) 鈴木貞美, 『「生命」で読む日本近代』, NHKBooks, 1996, 6~7쪽.

있었던 고야 요시오는 어떤 계기로 '과학적 위생학자'로 변모했던 것일까? 이러한 변모는 1927년부터 시작된 유학생활 동안 일어난 것으로 보인다. 고야는 자신의 인생을 회고하는 가운데 독일의 '카이저 빌헬름 대학'25)에서 유학하던 시기에 있어났던 지적 변화를 다음과 같이 말하고 있다. 즉 그에 따르면 문학과 의학 중 어떤 쪽을 선택할지 고민을 안고 유학길에 올랐는데, 유학 중 톨스토이의『전쟁과 평화』를 접하고 그의 위대함에 압도되어 자신이 갖고 있는 '예술가'로서의 재능이란 톨스토이에 비하면 보잘 것 없는 것이라는 생각에 이르렀고, 그 이후로 의학자의 길에 본격적으로 들어서게 됐다는 것이다. 그는 그때의 충격을 '비로소 눈이 뜨였다'고 적고 있는데, 실제로 그 이후 고야는 예술의 세계를 뒤로하고 '민족위생학'이라는 학문에 매진하게 된다.26)

독일에서 돌아온 고야는 '민족위생학'계의 주목받는 연구자로서 자신의 입지를 구축해간다. 그는 1930년 일본민족위생학회가 만들어질 때 창설에 깊이 관여했고, 1932년부터 가나자와(金沢)대학 의학부에 부임해 당시 일본에서 '우생학'을 의미했던 '민족위생학'을 가르쳤다. 1930년대 고야의 이력에서 과거 그가 시라카바파의 일원으로 '영겁의 인류'와 '예술의 생명'을 논한 예술가의 흔적은 찾아보기 어렵다. 이런 단절은 두드러져 보이지만 그렇다고 한 번에 일어난 것은 아니었다. 적어도 1930년대 초반 고야의 글을 보면 '생명'과 '영원'에 몰두했던 시라카바파 시절의 흔적을 확인할 수 있기 때문이다. 예를 들어 1931년에 출간한『우생학원리와 인류유전학(優生学原理と人類遺伝学)』을 보면 개인은 '민족으로서

---

25) '카이저 빌헬름 대학'은 1911년 독일의 '카이저 빌헬름 학술진흥협회(Kaiser-Wilhelm -Gesellschaft zur Förderung der Wissenschaften)'가 설립한 연구기관을 가리키는데, 고야 요시오가 자신이 유학한 곳을 '카이저 빌헬름 대학'이라고 말했던 까닭에 일본의 선행연구에서도 '카이저 빌헬름 대학'으로 기재되어 있다. 고야의 언급은 다음을 참조할 것. 「古屋芳雄先生に聞く」,『公衆衛生』27巻1号, 医学書院, 1963.1, 26쪽.
26) 「古屋芳雄先生に聞く」,『公衆衛生』, 1963.1 참조.

의 생명' 안에서 '불사'의 존재가 된다는 표현이 보인다. 고야는 민족위생학자의 입장에서 글을 썼지만, 과거에 갖고 있었던 생명에 대한 '낭만주의'를 완전히 불식시키지 못했음을 알 수 있다. 이렇게 과거 '예술가'였을 때의 사유는 독일에서 돌아온 뒤로도 한 동안 그의 학문적 담론 속에 드문드문 모습을 드러내고 있었다. 뒤에서 보겠지만, 고야가 이런 생명에 대한 낭만주의에서 완전히 벗어난 것은 1930년대 후반의 일이었다. 달리말하면 전쟁의 시간 속에서 고야는 관념적인 '보편적 생명'에서 벗어나유전을 통해 영속되는 '민족의 혈액'으로의 '전향'을 완료했던 것이다.

III. 민족생물학에서 '민족'과 '문화'

고야 요시오는 1928년 독일 유학을 마치고 일본으로 귀국한다. 그는 귀국 이후 가나자와대학에서 위생학을 가르치면서 의학교육에 매진하는 한편, 당대의 우생학계에도 적극적으로 참여했다. 1930년 '일본민족위생학회'가 결성될 때, 그는 당대의 가장 저명한 우생학자인 나가이 히소무와 함께 학회의 '본부 상임이사'로서 이름을 올렸다. 뿐만 아니라 1939년 후생성에 입성해 직접 인구정책의 수립과 실행에 관여하기 전까지 우생학, 즉 민족위생학의 전문가로서 정력적인 집필활동을 펼쳤다. 특히 그는 세계적으로 '민족 간 대립'이 격화되고 그 영향으로 '인터내셔널리즘'을 표방한 국제연맹이 무력화되는 상황을 거론하며 우생학과 생물학의 지식을 통해 부상하는 '민족문제'에 대응해야 한다고 생각했다. 고야가 1935년에 출간한 『민족문제를 둘러싸고(民族問題をめぐりて)』는 이후 전쟁기까지 이어지는 '일본민족을 위한 과학'의 수립이라는 구

상이 체계적인 형태로 제시된 그의 첫 번째 저작이다.

당시 민족위생학으로 불렸던 우생학의 학문 장에서 고야 요시오는 1930년대를 통해 자신만의 학문체계를 세우고 그것을 따로 '민족생물학'이라고 명명하는 등 독자적인 영역을 개척했다. 1938년 11월에 출간한 『민족생물학』은 그가 추구했던 '민족을 위한 과학'의 결정판이라고 할 수 있다. 무엇보다 이 저서는 후일 총력전체제 인구정책의 밑바탕을 이루는 내용이 거의 망라되고 있다는 점에서 고야 개인만이 아니라 근대 일본의 우생학사에서도 간과할 수 없는 중요성을 갖는다. 다만 『민족생물학』이 우생학사에서 차지하는 중요성과는 별도로 이 책의 상당 부분이 1935에 출간된 『민족문제를 둘러싸고』와 중복되고 있음은 지적해 둘 필요가 있을 것 같다. 두 저서의 주요 '목차'를 비교하고 있는 다음의 〈표 1〉에서 알 수 있는 것처럼 구성과 배열의 변화는 있지만 전체적으로 『민족문제를 둘러싸고』의 내용이 거의 대부분 『민족생물학』에도 이어지고 있음을 알 수 있다.

민족문제를 둘러싸고	민족생물학
一, 민족문제요 어디로 가는가 一, 진화유전학과 그 선구자들 一, 민족소질로서의 정신력 一, 재능의 유전 一, 사회현상으로서의 남녀출생비 一, 단종법과 민족우생학적 배경 一, 농촌의 거세 一, 민족과 표현 一, 고대희랍인을 되돌아보다 一, 여성미과 희랍민족의 이상 一, 신변잡기	서론 민족생물학이란 무엇인가 제1장 일본민족의 장래 제2장 민족의 정신소질 제3장 혼혈의 생물학적 원리 제4장 성의 성립과 사회현상 제5장 민족위생학의 기초학으로서의 인류유전학 제6장 우생학의 한 계기로서의 재능의 유전 제7장 단종법의 문제 제8장 민족생물학의 시련-고대희랍인을 되돌아보다 부록 계몽기 생물학 상극사

하지만 이런 전체적인 유사성을 인정하더라도 두 저작 사이에는 무시할 수 없는 차이가 놓여있다. 우선 '민족문제'를 다루는 방식이 다르다. 그것은『민족문제를 둘러싸고』가 '민족문제'에 대한 분석에서 시작하고 있는 반면,『민족생물학』이 맨 앞에 '민족생물학'이라는 새로운 학문을 설명하는 데 다수의 지면을 할애하고 있는 점에서 알 수 있다. 실제로 『민족생물학』의 서론을 보면 민족문제에 관한 내용은 소략해졌고, 대신 '민족생물학'이라는 명칭의 유래를 비롯해 민족에 대한 생물학적 이해, 민족과 인종의 차이 등 다분히 개념사적 서술이 많은 부분을 차지하고 있다. 두 저서 간의 내용의 유사성을 감안하더라도『민족생물학』의 집필에는 '민족문제'에 대응할 수 있는 과학의 필요성보다는 '민족생물학'이라는 새로운 과학의 제창이라는 의도가 강하게 작용했다고 할 수 있다.

두 저서 사이의 '연속성' 이상으로 '단절'의 측면에 주목해야 하는 이유는『민족문제를 둘러싸고』의 출간 이후 전쟁을 둘러싼 일본의 국내외 상황이 급변했다는 점에 있다. 우선 중일전쟁(1937)이 발발하면서 전선이 만주지역에서 중국 전역으로 급속히 확대되었다. 그리고 이런 대외 전쟁을 뒷받침하기 위한 총동원체제가 본격적으로 작동하기 시작했다. 1938년 1월에 '후생성'이 설치되었고, 같은 해 4월에는 '국가총동원법'이 제정되었다. 즉,『민족생물학』은 위생학자가 펴낸 새로운 '민족과학'에 관한 학문적 성과이자 동시에 총동원체제의 인구정책 수립을 위한 정책적 제언이라는 이중적 성격을 띠고 있었다. 이런『민족생물학』의 정책적 성격은 고야가 이 책의 '서(序)'에서 '국체의 본의의 발양(發揚)에 관한 관념론적 견해의 일치'를 넘어서 진정한 '국책지도의 근본 이데올로기'를 확립하기 위해서는 '일본민족의 장래'를 '민족과학적' 견지에서 내다보는 것이 절실히 필요하다[27]고 언급하고 있는 부분에서 확인할 수

---

27) 古屋芳雄,『民族生物学』, 高揚書院, 1938, 1~2쪽.

있다. 요컨대『민족생물학』이라는 저서는 우생학의 이념에 기반한 '민족과학'의 지식이 '국책의 근본 이데올로기'를 확립하는 데 기여할 수 있을 것이라는 고야의 강한 믿음 위에서 성립하고 있는 것이다.

그렇다면 '민족생물학'은 어떤 성격의 학문인가? 그리고 고야는 어떤 점에서 그것을 '국책의 지도 이데올로기 수립'에 기여할 수 있는 학문으로 규정했던 것일까? 고야가 말하는 민족생물학은 독일어 'Rassenbiologie'를 번역한 것이다. 그는 민족생물학을 '민족소질이 변화하는 과정을 생물학적으로 살펴보는 학문',[28] 달리 말하면 '민족의 생물학적 기구의 변이과정을 연구하는 학문'[29]으로 정의한다. 고야는 세계 각국에서 민족생물학에 대한 관심이 높아지고 있으며, 그것은 무엇보다 민족문제가 중요한 이슈로 부상하고 있는 현실이 배경이 되고 있다고 말하고 있다. 이렇게 민족 간 대립이 격화되면서 '국가의 역량', 즉 '국세(國勢)'가 다시 주목을 받기 시작했는데, 고야가 보기에 최근의 '국세'에 대한 이해는 군사력과 경제력만이 아니라 '민족의 생물학적 세력'까지를 포함시켜 파악하는 데 특징이 있다. 고야는 이 방면에서 가장 앞서가고 있는 사례로 나치 독일을 든다. 나치 독일은 '국책의 최고 지도원리를 독일인의 민족위생(Rassenpflege)'에 두고 있기 때문이다. 그리고 그런 독일에 비교할 때 일본정부는 '국가총동원체제'를 선포했음에도 불구하고 여전히 '재력'과 '병력'만을 중시하고 '생물학적 세력'에 대한 관심은 표면적인 것에 머물러 있다고 비판한다. 따라서 이런 한계를 극복하기 위해서는 '민족과학'의 최신 학문인 '민족생물학'에 입각한 지도원리의 수립이 요구된다는 것이다.[30]

---

28) 위의 책. 1쪽.
29) 위의 책, 7쪽.
30) 위의 책, 3쪽.

민족의 역량은 생물학적 관점에 입각했을 때 '올바르게' 이해될 수 있다는 주장에서 알 수 있듯이 고야는 '민족'이라는 말도 민족생물학 안에서 새롭게 정의되어야 한다고 생각했다. 지금까지 민족은 주로 '동일 국어를 사용하고 동일 풍속습관 속에 사는 개인'의 집합(衆團)을 의미했다. 그는 이것을 민족에 대한 '문화사적 이해'라고 규정한다. 이에 반해 민족생물학에서 민족은 무엇보다 '혈액에서 근친자'를 가리킨다고 말한다.[31] 여기서 고야가 '혈액'이라는 말을 들고 나온 이유는 그가 보기에 인간의 생명현상은 모든 생명체와 마찬가지로 유전법칙에 따르기 때문이다. 고야는 기존의 민족 개념은 이렇게 인간을 생물의 한 '종'으로서 파악하는 관점을 결여하고 있기 때문에 한계가 있다고 보았다.[32]

고야가 민족을 '혈액'이라는 말과 결부시켜 서술하는 사례는 『민족생물학』이 처음은 아니다. 최초의 용례는 고야가 1931년에 출간한 『우생학원리와 인류유전학(優生学原理と人類遺伝学)』에서 찾아볼 수 있다. 다음에 보는 것처럼 여기서 고야는 '민족혈액'이라는 말을 사용해 어떻게 민족이 무한한 존재가 되는지에 관해 설명하고 있다.

> 처음부터 우리들은 인간이 창조된 과거로부터 연면히 이어지는 민족혈액 속에 서 있다. 개인으로서는 한 명의 예외도 없이 죽는다. 또 죽지 않을 수 없지만, 민족으로서의 생명은 불사(不死)하여 오늘날까지 계속되고 있다. (중략) 이렇게 생각할 때 자기자신이라는 것, 그것은 어떤 사소한 하나의 존재이지만, 우리들은 이것을 천지신명을 향해 자랑해도 좋은 것이다.[33]

여기서 고야가 민족을 생물학(유전학)의 토대 위에서 새롭게 정의하

---

31) 위의 책, 4쪽.
32) 위의 책, 4쪽.
33) 古屋芳雄, 『優生学原理と人類遺伝学』, 雄山閣, 1931, 7~10쪽.

려 했음을 분명하게 읽을 수 있다. 그는 인간을 개체로 보면 유한하지만 '혈액'에 보존되는 유전의 결과라는 관점에서 보면 영원한 존재가 된다고 주장하고 있다. 이렇게 고야는 유전학이라는 과학의 힘을 빌려 민족의 무한성을 주장하고 있지만, '민족으로서의 생명은 불사'한다는 구절은 그가 과거 다이쇼시기에 한 명의 예술가로서 심취했던 '생명주의'의 흔적을 드러내고 있다. 달리 말하면 '민족으로서의 생명'이나 불사의 생명'과 같은 말은 이 시기 그가 다이쇼 생명주의의 권역에서 완전히 벗어나지 못했을 보여주는 사례로 간주해도 좋을 것이다. 그러나 그 이후로 고야의 저술에서 민족을 언급할 때 '불사의 생명'같은 소위 낭만주의적 태도는 모습을 감춘다. 대신 생명에 대한 낭만주의적 상상력의 자리에 들어선 것은 '민족과학'의 시선으로 민족의 육체적·정신적 소질 향상에 몰두하는 위생학자의 냉철함이었다. 고야의 다이쇼 생명주의와의 단절은 철저했으나 그 과정은 단번에 일어난 것은 아니었다.

고야가 '민족의 혈액'에 집착했던 또 다른 이유로서 나치 독일에 대한 강한 동경도 빼놓을 수 없다. 그는 모든 저서에서 나치 독일의 인구정책을 일본이 본받아야 할 모범 사례로 언급하고 있는데, 고야는 독일의 인구정책을 거론하면서 그것의 밑바탕에는 '독일민족(Deutsche Rassen)'의 '혈액'을 보호한다는 의식이 분명하게 표현되어 있다는 점을 강조했다. 예를 들어 『국토·혈액·인구』(1941)에서 고야는 독일의 인구정책은 인구의 양적 증가에만 몰두하고 있는 다른 유럽의 국가들과 달리 '국민의 혈액'을 중요하게 고려하고 있다는 점을 높이 평가했다.[34]

---

34) 古屋芳雄, 『国土·人口·血液』, 朝日新聞社, 1941, 7~10쪽, 11쪽. 여기서 고야는 예를 들어 나치 독일의 농업대신 다레(Richard Walther Oskar Darré)의 '국가의 지극한 보배는 오직 민족혈액의 맹아(유전질)에 있을 뿐이다'라는 말을 높이 평가하고 있다. 다레는 과거 독일사회민주당의 아우구스트 비니히(August Winnig)가 주장한 '피와 흙(Blut und Boden)'이라는 표어를 소환해 우생학에 입각한 인구정책의 실시를 강하게 주장했다.

그렇다면 민족을 기존의 문화사적 관점에서 벗어나 생물학이나 유전학이 말하는 '종'의 관점에서 보는 것만으로 민족에 대한 올바른 이해가 달성되는 것일까? 예를 들어 고야는 생물학이나 유전학의 관점을 고수할 경우 차라리 민족보다 '인종'이라는 말을 사용하는 편이 낫다는 비판이 나올 수 있음을 인정한다. 그는 민족생물학이 유전학의 법칙에 따른 민족형식의 변화를 연구하는 학문이라는 점에서 '인종생물학'으로 바꿔 부르는 것도 가능하다고 말한다. 하지만 이렇게 되면 민족생물학이 생물학적, 유전학적 특징에만 몰두하는 인상을 줄 수 있기 때문에 역시 '민족생물학'이라는 명칭을 쓰는 게 좋다고 결론 내린다.[35] 그리고 이런 이유에서 고야는 독일어 Rassenbiologie를 '인종생물학'이라고 번역하는 사람들도 있지만 독일인이 Deutsche Rassen이라고 할 때 그것이 단지 생물학적 의미만이 아니라 문화적 의미도 포함한 것으로 사용되고 있기 때문에 '민족의 생물학적 기구의 변이과정을 연구하는 학문'은 반드시 민족생물학이라 부르지 않을 수 없다고 결론짓고 있다.[36]

고야는 자신의 민족생물학이 민족에 대한 문화적 의미를 간과하지 않는다는 이유를 들어 '인종생물학'으로 간주되어서는 안 된다고 말하지만, 민족생물학의 독자성에 대한 의심이 이것으로 불식되는 것은 아니다. 민족생물학은 민족을 생물학적 '종' 혹은 '혈액'으로 환원해 파악하는 까닭에 동물의 유전을 연구하는 동물학의 한 분야로 취급하는 시선에 직면하지 않을 수 없다. 고야는 생물학에 의존하지만 동시에 생물학과 구별되는 민족생물학의 자립성을 정당화하기 위해 생물학적 유전에서 문화가 수행하는 역할을 재차 강조하다. 즉 민족을 생물학적으로 이해한다는 것이 곧 민족소질의 유전에 미치는 문화의 영향을 결코 배제하는

---

35) 古屋芳雄, 앞의 책, 1938, 4쪽.
36) 古屋芳雄, 위의 책, 7쪽.

것은 아니라는 것이다. 민족생물학은 민족에 대한 문화사적 이해를 비판하면서 등장했지만 동시에 문화가 민족의 역량에 미치는 영향에도 관심을 두고 있다는 것이다.

그렇다면 민족생물학에서 민족과 문화의 관계는 민족에 대한 문화사적 이해와 어떤 점에서 차별화되는 것일까? 예를 들어 고야는 이 문제에 관해 다음과 같이 말하고 있다.

> … 민족의 생물학적 소질의 변화는 오직 생물학의 법칙에 따른 것이고, 우리 사회의 문화형태와 도덕사조에 영향을 받는 일은 없다, 따라서 문화학적 관념을 생물학에 도입하는 것은 사도(邪道)라고. 하지만 이것은 큰 잘못이다. 첫째로 민족의 생물학적 소질이 사회의 문화형태에 의해 변하지 않는다는 것은 근본적인 잘못이다. 물론 개인의 유전질은 일생 동안 변하지 않는다. 하지만 우량한 소질을 갖고 있는 자의 자손이 적어지고, 열악한 자의 자손이 많아지면 민족의 평균소질은 하락하며, […] (인구의 양적-저자 주) 증식률의 차이를 일으키는 원인은 주로 우리들 사회에서 도덕적 및 경제적 사정에 존재한다. 따라서 민족소질의 변화과정이 우리들이 속한 사회의 문화형태에 의존한다는 것은 중요한 사실이며 이것을 깨닫지 못하면 민족문제를 논할 자격은 없다.[37]

고야는 개인의 유전 형질은 평생 변화하지 않지만, 개인의 집합인 민족의 형질은 그 안에 '우수한 소실'을 가진 개인의 수에 따라 변화하며, 나아가 이런 민족 형질의 변화에 한 사회의 문화가 결정적인 영향을 미친다고 말하고 있다. 따라서 민족에 대한 생물학적 이해는 문화를 배제하기는커녕 문화가 민족소질의 유전에 미치는 영향에 대한 재인식을 요구한다. 여기서 고야가 사용하는 문화라는 말은 '문화사'나 '문화학'에서 말하는 언어나 풍속과 같은 것이 아니라 민족의 생존에 영향을 주는 포

---

37) 古屋芳雄, 위의 책, 5~6쪽.

괄적인 의미에서의 사회적·도덕적 환경을 의미함을 알 수 있다. 고야는 이러한 문화에 대한 재정의 위에서 동물이 '자연도태(선택)'을 거쳐 진화(변화)하듯이 민족도 오랜 시간에 걸친 '문화적 도태(선택)'을 거쳐 민족 특유의 소질을 형성한다고 주장하고 있는 것이다.

그렇다면 민족의 생물학적 소질의 변이(변화)를 연구하는 민족생물학과 인구문제는 어떻게 관련되는 것일까? 고야는 어떤 민족의 생물학적(유전적) 소질은 그 민족을 구성하는 인구의 양과 질에 의해 결정된다고 말한다. 앞서 보았던 민족의 형질이 '우수한 유전질'을 보유한 인구의 많고 적음에 따라 달라질 수 있다는 주장은 바로 이런 생각에서 나온 것이다. 고야는 종래의 인구문제가 주로 경제문제와 식량문제의 차원에서 다루어졌다면, 민족생물학은 인구문제를 문화적 환경 아래서 인구의 질적 구성과 양적 규모가 어떤 요인에 의해 변화하는지를 연구한다고 설명한다. 고야가 민족생물학야말로 새로운 인구정책을 위한 학문이라고 주장했던 이유가 바로 여기에 있다.

고야가 민족생물학의 필요성을 역설한 것은 민족 간 대립이 격화되는 국제정세와 그것을 배경으로 일어나고 있는 민족의 생물학적 소질에 대한 관심의 부상만이 아니었다. 사실 이런 대외적 정세보다 중요하게 생각한 것은 일본민족의 인구구성이 질과 양 모두에서 문제를 드러내고 있는 현실이었다. 우선 고야는 매년 인구는 증가하고 있지만 출생률이 지속적으로 하락하는 추세에 우려를 표명하고 있다. 그는 출생률 하락의 원인을 다음과 같이 진단한다. 즉 일본은 '메이지유신 이래 구라파 문명에 의해 계발되어 소위 장족의 진보를 이루'었지만, 반면 그 과정에서 '자유주의문화의 감미로운 과실'에 중독되어 '민족소모증(民族消耗症)'의 초기 증세를 나타내기 시작했다는 것이다.[38] 그는 출생률의 감소를 '민

38) 古屋芳雄, 위의 책, 29쪽.

족소모증'으로 가는 징후로서 파악했다.

하지만 고야가 보기에 출생률의 감소라는 '양적 상실'보다 더 심각한 문제는 인구의 '질적 저하'였다. 그는 각종 인구통계를 근거로 현재 일본의 '지식 계급' 혹은 대도시에 거주하는 '상층의 문화생활자' 사이에서는 '산아제한의 경향'이 급속히 퍼지면서 출생률이 낮아지고 있는 반면, '무능력계급' 혹은 '지능이 보통 이하인 소위 저격(低格) 계급', 혹은 여러 '변질자'의 출생은 조금도 하락하지 않고 있다고 말한다. 그리고 이런 계급에 따른 출생률의 차이가 가져올 결과는 '사회상층계급의 상실과 변질혹은 저격의 계급의 증가에 의해 결과지어지는 국민평균소질의 저하', 즉 소위 '역도태'라는 것이다.[39] 나아가 고야는 인구학상의 피국적 상황인 '역도태'의 도래는 농촌의 비교적 '우수한 부분'이 지속적으로 도시로 유입되는 현상에 의해 가속화되고 있다고 지적한다.[40] 그리고 이와 같은 일본민족의 소질 '저하'를 일으키는 궁극의 원인으로 '서구의 자유주의'가 규탄의 대상이 되고 있다. 결국 고야는 역도태와 같은 '민족소모증'이 전면화되는 사태를 막기 위해 인구의 생물학적 변화를 연구하고 거기에 영향을 미치는 사회적·문화적 요인을 분석해 인구를 양과 질의 측면에서 '향상'시킬 방안을 제시하는 '민족생물학'이 시급히 일본의 인구정책의 기반 학문이 되어야 한다고 주장하고 있는 것이다.

당시 출생률의 하락과 인구의 '질적 저하'를 우려한 것은 고야만이 아니었다. 1936년부터 육군은 징병검사의 성적이 악화되고 있음을 근거로 '국민체위'가 '위기적 상황'에 빠져있다고 지적하며, 이것을 극복하기 위한 방책으로 '위생성'의 설치를 주장했다. 이 제안을 주도한 것은 당시 육군성 의무국장이었던 고이즈미 지카히코(小泉親彦)였다. 고이즈미는

---

39) 古屋芳雄, 앞의 책, 32~33쪽.
40) 古屋芳雄, 앞의 책, 36~38쪽.

후일 후생상으로 등용되어 이른바 '건병건민(健兵健民)정책'을 이끌었던 인물이다. 그는 징병검사의 결과를 분석해 청년층의 '체격'은 전체적으로 '향상'되었지만, 체력만이 아니라 '작업능력', '정신적 능력' 등을 포함하는 '체력'은 특히 도시의 청년층에서 뚜렷한 저하 경향을 드러내고 있다고 주장했다. '위생성' 설치의 제안은 이듬해 발발한 중일전쟁의 영향으로 잠시 보류되었으나 결국 1938년 후생성의 설치라는 결과로 이어졌다. 실제로 후생성의 설립 이유는 '국민생활의 안정'과 함께 육군이 제안했던 '국민제취의 향상', 이렇게 두 가지였다.[41] 이렇게 보면 고야의 민족생물학 구상은 비록 학문적 담론의 성격을 띠고 있었지만 제국일본의 인구정책이 '과잉인구의 해소'에서 '인구증식과 체위향상'으로 전환하는 과정과 시기적으로 평행하고 있었음을 알 수 있다. 이런 사정을 생각하면 1939년 고야의 후생성 '입성'은 어쩌면 예정된 사건이었는지도 모른다. 하지만 보다 중요한 것은 고야의 후생성 참여(동원 혹은 가담)라는 사건은 우연인지 필연인지와는 무관하게 학술담론으로서의 우생학과 전시체제의 인구정책의 전면적 '결합'을 상징한다는 점일 것이다. 그런 의미에서 이후 '국민우생법'의 제정과 '인구정책확립요강'의 성립에 끼친 고야의 영향력은 고야의 후생성 입성이 근대일본의 우생학사에서 갖는 중대성을 우회적으로 보여주고 있다.

---

41) 후생성 설치의 경위에 관해서는 다음을 참조할 것. 高岡裕之, 「体力・人口・民族: 総力戦体制と厚生省」, 『한림일본학』 제23집, 한림대일본학연구소, 2013, 6~8쪽. 米本昌平他, 앞의 책, 2000, 175~176쪽.

Ⅳ. 민족과학과 '황도주의'

고야 요시오의 인구사상은 우생학의 이념을 충실히 따르고 있다. 특히 인구의 '질'과 관련해 우생학의 방침을 적극적으로 받아들였다. 그래서 그는 열악자에 대해 단종법을 실시하고, 타민족과의 혼혈 및 타민족의 일본내 유입을 억제할 것을 주장했다. 물론 이런 주장은 고야만이 아니라 여타의 우생론자들도 대체로 공유하는 내용이었다. 오히려 고야 요시오의 인구사상이 보여주는 고유성은 인구의 질을 다루면서 인구의 '육체소질'만이 아니라 '정신소질'의 중요성을 강조했다는 점에 있다. 나아가 '정신소질'을 언급할 경우 그는 다소 중립적인 '인구'라는 용어가 아니라 '민족의 정신소질'이라는 표현을 사용했다. 이것은 '국가의 역량=국세'를 경제력, 군사력만이 아니라 인구의 생물학적 능력과 정신적 능력까지를 포괄하는 종합적인 것으로 제시하려는 의도에 따른 것이었다. 전시기 고야는 일본민족의 정신소질이 다른 민족에 대해 갖는 고유성과 우월성을 밝히려 했고, 그것을 '대동아공영권의 건설'이라는 전쟁의 목적에 적극적으로 결합시켰다.

민족을 문화사적인 관점이 아니라 생물학적 관점에서 이해할 것을 주장하는 고야가 동시에 민족의 '정신소질'을 강조했다는 것은 일견 모순처럼 보인다. 하지만 고야가 말하는 민족의 생물학적 특성이란 흔히 '인종'의 구분에 사용되는 신체적 차이, 즉 피부색, 생김새, 신장과 같은 가리키는 것이 아니다. 앞서 그의 민족에 대한 재정의에서 본 것처럼 그가 강조하는 생물학적 관점이란 민족의 육체형질이든 정신형질이든 그것을 긴 시간에 걸친 자연적·문화적 '도태'의 결과로써 이해하는 것을 의미한다.

인종의 생물학적 특성이라는 것은 그렇게(타민족과의 결혼 등으로)
간단히 융합할 수 없는 것이다. 인종 간에 놓인 틈의 깊이는 인종의 성
립을 생각하면 바로 할 수 있듯이 한 인종이 그 고유형질을 갖추게 되
는 과정을 길고도 멀다. 즉 많은 형질 가운데 그 토지의 풍토기후의 도
태를 받고 견뎌낸 것만이 거기에 뿌리를 내리고 번식했다고 생각하면
[…] 이것은 정신형질에 관해서도 말할 수 있다. 정신이 육체에 종속된
이상 여기에도 고유의 기품(氣稟)이라는 것이 생겨난다. 일본에게는
일본인의 기품이 있고 그것은 좋고 나쁨을 떠나 아리안민족의 기품과
는 완전히 일치하지 않는다.[42]

  '도태'라는 말에서 알 수 있듯이 여기서 말하는 생물학적 특성이란 진
화론의 원리에 따라 형성된 고유한 형질을 가리킨다. 그리고 이것은 육
체형질만이 아니라 정신형질에도 적용된다. 그가 말하는 정신형질은 민
족(인종)이 진화의 결과로서 갖게 된 고유한 기품 내지 기질을 가리킨
다. 예를 들어 그는 '유태인의 정신형질'과 '동양인의 정신형질'은 다르
며, 그렇기 때문에 유태인의 사고방식이 낳은 '마르크스주의'와 같은 사
상이 동양에 들어와도 동양의 기질과 맞지 않기 때문에 결국 '청산'될 수
밖에 없다고 말한다. 왜냐하면 일본정신의 '배양토'인 동양기질은 '불립
문자를 사랑'한다는 점에서 '논리학으로 체계를 세우는' 서양인과 본질적
으로 다르기 때문이다.[43] 고야에 따르면 이 차이는 오랜 기간의 '도태'
(자연선택)의 결과라는 점에서 쉽게 변할 수 있는 성질의 것이 아니다.
  그럼 고야 요시오가 정의하는 일본민족의 고유한 정신형질은 어떤 것
인지 살펴보자. 가장 이른 시기에 출간된 『민족문제를 둘러싸고』에서는
일본인 특유의 민족정신이 '소아를 버리고 대아에 귀입(歸入)하는 마음
가짐(心がまへ)'[44]으로 제시되고 있다. 그는 이러한 일본인의 정신세계

42) 古屋芳雄, 『民族問題をめぐりて』, 人文書院, 1935, 20쪽.
43) 위의 책, 20쪽.
44) 위의 책, 36~37쪽.

는 '생물학적 사정, 지리적 관계, 기타 무수한 사정에 기반을 두고 자연스럽게 배양'되었으며 '전적으로 일본고유의 것'이라고 말한다. 다만 고유한 것이라고 해서 외래문화의 영향까지 부정하지는 않는다. 고야에 따르면 거기에는 '불교의 영향도, 도교의 영향도 있'지만 그것들은 '인도와 중국(支那)에서 번성하지 못하고, 일본에 와서 본질적인 결실을 이루고 완성되어 결국에는 민족정신과 융합'함으로써 '일본고유의 것이 되'었다.[45] 요컨대 고야는 일본민족을 '외래의 영양을 잘 흡수하고 가다듬고 솜씨 좋게 결실하는 인종'으로 간주하면서 이것을 일본인만의 '생물학적 소질'에 따른 결과라고 말하고 있는 것이다.[46]

고야가 일관되게 서양의 개인주의와 자유주의를 인구의 우생학적 발전을 저해하는 이데올로기로 간주했다는 점을 생각하면, '소아'가 가리키는 것이 무엇인지를 짐작하기란 어렵지 않다. 반면 '대아'에 대해서는 막연히 공동체적인 것, 개체적인 것을 포괄하는 전체적인 것을 지칭한다는 정도를 알 수 있을 뿐, 그는 어떤 구체적인 내용도 제시하지 않고 있다. 그러나 『민족생물학』 이후 '대아'의 의미상의 공백에는 '천황=국체'가 자리잡게 된다. 바꿔 말하면 그의 민족생물학이 '황도주의'와 결합하기 시작한 것이다.

예를 들어 고야는 『민족생물학』에서 일본인 개개인이 자각해야 하는 '자신과 민족의 관계'를 다음과 같이 설명하고 있다.

> 나의 부모가 가령 그것이 어떤 부모일지도 나에게 있어서는 절대이다. 이 절대성의 자각이 우리와 우리 민족 사이에 그리고 우리와 우리의 대종가(大宗家)인 황실과의 사이에 자각되지 않으면 안 된다. 오랜 기간 서구류의 유물주의를 교육받은 현대의 인텔리겐차는 이 자각을

---

45) 위의 책, 37쪽.
46) 위의 책, 37쪽.

결여하고 있지는 않은가?[47]

고야는 나와 부모의 관계가 절대적인 것처럼 나와 황실의 관계도 절대적이라는 자각을 강조한다. '대종가'라는 말에서 알 수 있듯이 천황가를 일본민족의 '부모'이자 '조상'으로 보는 인식이 나와 황실의 절대적 관계를 정당화한다. 즉 이전의 소아를 버리고 대아로 '귀입'하는 마음은 개인을 '계급적 존재'로 보는 서구의 유물론적 인식에서 벗어나 개인과 황실의 '절대적 관계'에 대한 자각으로 대체되고 있는 것이다. 바꿔 말하면 '소아/대아'는 이분법을 대신해 '계급의 일원/대종가의 일원'이라는 새로운 이분법이 등장하고 있는 것이다.

한편 고야 요시오의 민족생물학에 입각한 인구사상의 '총결산'이라고 할 수 있는『국토·인구·혈액』(1941)에서도 '민족의 정신소질'이라는 제목아래『민족생물학』에서와 같은 내용이 반복되고 있다. 하지만 여기에서는『민족생물학』에 보이는 나와 황실 간의 관계의 절대성에 관한 내용이 빠지고, 민족의 정신적 소질의 관찰은 특히 '동아공영권내의 여러 민족들(國人)'에 관해서도 이루어질 필요가 있다는 제언이 결론으로 제시되고 있다.

이런 서술 상의 부분적 차이 외에도『국토·인구·혈액』은 '일본인의 심성'이라는 별도의 장을 할애해『민족생물학』에서는 소략한 언급에 그쳤던 일본민족의 정신형질에 관한 내용을 상세하게 다루고 있다. 미리 결론을 말하자면,『국토·인구·혈액』에 이르러『민족문제를 둘러싸고』와『민족생물학』에서 제시되었던 서로 구분되는 일본인의 정실형질에 관한 내용이 하나로 '종합'되고 있다. 즉 그것은 아래의 인용에서 보는 것처럼『민족생물학』에서는 빠졌던 '대아'가 다시 등장했고, 그 '대아'가

---

47) 古屋芳雄, 앞의 책, 1938, 58~59쪽.

이번에는 '황실'에 대응하는 방식으로 나타나고 있다.

    결론부터 말하면 필자의 생각으로는 일본인의 심성의 동향이라는 것
    은—약간 어려운 표현을 사용하면—『소아(주관)을 버림(捨離)으로써 대
    아(객관)속에서 살아가려 하는 희구(希求)』에 있다고 생각한다. 이 심
    성의 특징은 어떻게 일본민족에 육성되었는가는 어려운 문제이지만 이
    것은 일면 우리들의 선조가 북에서 남에서 혹은 서에서 이 일본섬에 도
    착한 이래 그것이 금일의 통일된 일본민족을 만들기까지 통과하지 않
    으면 안 되었던 사회적, 정치적, 그 외 모든 종류의 『도태』의 결과였다
    는 것이 필연적으로 상상되었다. 예를 들면 황실에 대한 『천황의 곁에
    서 죽자, 뒤돌아보지 말고(大君のへにこそ死なめかへり見はせじ)』라는
    마음가짐은 우리나라에게는 이미 고대로부터 있는 것인데, 그 원인은
    다만 전통적 이유에 의한 것이라기보다는 보다 깊고 유구한 과거에 있
    어서 일본민족 생성 당시의 사회적, 경제적 및 인종생물학적 이유에 근
    거한 것으로 생각된다.[48]

 '천황의 곁에서 죽자, 뒤돌아보지 말고(大君のへにこそ死なめかへり
見はせじ)'라는 구절은 8세기 중반에 편찬된 『만엽집』 속 고대 시가에서
가져온 것이다. 고야는 일본인의 심성(정신형질)을 고유성을 '소아'를 버
리고 '대아' 속에서 살아가는 것, 즉 '황실=천황'을 위해 기꺼이 죽을 수
있는 마음으로 규정하고, 그것의 원형을 고대의 천황제로까지 소급함으
로써 적어도 수 세기에 걸친 불편의 형질로 자리잡았다는 점을 주장하
고 있다. 이런 '국체'에 대한 전면적인 수용뿐만 아니라 '천황을 위한 죽
음'을 일본민족 최고의 가치로 간주하고 있는 점은 당시 고야가 '국민의
전쟁동원'이라는 국가정책을 강하게 의식했음을 보여준다. 바꿔 말하면
고야의 일본민족의 정신형질에 관한 논의는 전쟁이 격화되는 상황에 대
응해 '소아/대아'라는 추상적 개념에서 벗어나기 시작해 천황을 정점하

---

48) 古屋芳雄, 앞의 책, 1941, 149~150쪽.

는 '대종가'의 일원이라는 자각을 거쳐 마침내 천환을 위해 '목숨을 바칠 수 있는 마음'으로 변조되어 갔다고 할 수 있다.

'시국'와 '국책'에 대한 고야의 예민한 의식은 일본민족의 외래문화에 대해 갖는 포용력을 서술하는 부분에서도 찾아볼 수 있다. 고야는 '국어'를 분석하면 알 수 있는 것처럼 일본민족을 인종적으로 분석하면 '주의 거의 모든 민족으로부터 다소이기는 하지만 혈액의 분여(分與)를 받았고, 이 과정에서 '이질문화를 훌륭히 융합조화'시키는 민족으로 발전했다고 말하고 있다.[49] 나아가 이런 '민족통합의 지도원리'를 현재는 천황이 체현하고 있다고 덧붙이고 있다. 명백하게 천황을 중심으로 한 '대동아공영권'의 통합을 의식한 발언이라고 할 수 있다.

일본민족의 '민족성=정신형질'의 핵심에 천황을 놓는 주장은 학문적 담론에 한정되지 않았다. 고야는 인구정책에 관한 제언과 계몽활동에서도 이런 생각을 반복해서 주장했다. 예를 들어 '고야 사안'을 보면 다음과 같은 언급을 볼 수 있다. 그는 '고야 사안'의 맨 앞부분에 '"민족을 번성케 하라"는 천황의 말에 인구정책의 본의가 있'음을 밝힌 다음, 따라서 이것은 '민족은 질에서 있어서 강하고 양에 있어서 비대할 때만이 영광스런 장래를 기대할 수 있다'고 이어가고 있다.[50] 또한 '국방국가체제의 정비에 기여함'과 동시에 '대동아공영권의 맹주'로서의 중책에 걸맞는 '심신 모두 강건한 민족인구의 증식'을 위한 '사상 대책'으로 '조상숭배'와 '가족제도의 강화'를 주장하고 있다. 그는 이것이 '존귀한 우리나라 국체가 일군만민의 혈액적 기초와 전통적 가족제도의 인대(靭帶)에 의해 견고함이 더해지고 있는 사실'[51]에 근거한 것임을 강조하고 있다.

---

49) 위의 책, 150쪽.
50) 위의 책, 209쪽.
51) 위의 책, 210쪽.

이런 '황도주의'와의 전면적인 결합은 국민의 '정신' 동원과 계몽을 위해 문부성이 주도해 편찬한 『교학총서』에 실린 「대동아전쟁과 인구문제」(1943)에서도 확인할 수 있다. 그는 '일본국민은 그 존재방식에서 이미 현저하게 (구미민족에 대한—저자 주) 민족과학적 우위'를 점하고 있다고 말하며, 그 우위의 내용을 다음과 같이 설명한다. 그것은 우선 일본국민은 '전통적 정신문화를 물질문화의 상위에' 두는 점에 나타나 있는데, 이것과 함께 보다 중요한 점은 '혈연적 서열'을 중시하는 태도에 있다고 말한다.

> 일본국민은 혈연적 서열이 다른 모든 관계를 초월해 중요한 의미를 갖는다. 이것은 황실을 중심으로 하는 일군만민의 관계 또는 가장을 중심으로 하는 견고한 가족제도의 인대(靭帶) 등으로 나타난다. 이것도 국가발전의 근본적 요청이 '향토', '이에', '혈액'에 관한 올바른 인식과 올바른 관계를 내용으로 할 때 성립하는 것임이 명확하다.[52]

학문적 담론 속의 '황도주의'는 일본민족의 정신상의 고유성이라는 점에서 강조될 뿐 그것을 서구민족에 대한 우월성으로 연결되지는 않았다. 하지만 보다 직접적으로 시국의 영향을 받아 발표한 인구정책적 성격의 글을 보면, 고야는 일본민족의 민족성—천황을 위해 죽을 수 있으며, 천황의 지도 아래 외래문화를 수용해 통합할 수 있는 능력—은 '대동아공영권'에서 일본민족의 지도적 지위의 근거이자 일본인의 관념이 서양인의 개인주의와 자유주의에 비해 우수하다는 것을 보여주는 증거가 되고 있다. 즉 전쟁 속에서 그의 민족과학적 인구론은 전쟁 동원을 위한 이데올로기의 성격을 뚜렷하게 띠기 시작했다고 할 수 있다.

---

52) 古屋芳雄, 「大東亜戦争と人口問題」, 『教學叢書 第十四輯』, 文部省教學局, 1943, 92~93쪽.

고야의 '(민족)과학적' 인구론이 '이데올로기'에 불과했음은 그가 '황실의 역사'를 과학적 실증의 대상으로 삼지 않았다는 점에서 확인할 수 있다. 그는 현재 존재한다는 것은 진화론에서 말하는 '도태'의 영향을 이겨냈다는 증표로 간주하기 때문이다. 즉 '황실의 존재 자체'가 그것의 중요성을 입증하는 과학적 근거인 것이다. 이렇게 생물학이라는 과학은 문화사적 민족론을 '민족과학'의 영역으로 전환시키는 역할을 했지만 다른 한편 '황도주의'를 어떤 실증도 없이 정당화하는 '비과학'의 태도를 합리화시켰다. 여기에 민족과학이 도달한 비합리의 정점을 지적하는 것은 과도한 비판일까?

III. 맺음말

고야 요시오는 일본의 우생학사에서 독특한 위치를 점하고 있다. 다이쇼 시기 그는 위생학을 연구하는 학자이면서 동시에 시라카바파의 일원으로서 '천재'와 '예술'과 '생명'의 가치에 몰두했던 '예술가'이기도 했다. 그러나 1927년부터 시작된 2년간의 독일 유학을 계기로 그는 '예술가'에서 '위생학자=우생학자'로 변모해갔다. 그리고 1930년대 중반을 거치면서 그는 '민족생물학'이라는 독자적인 위생학을 구축한 유력한 위생학자의 명성을 얻었다. 1938년 후생성이 설치되자 1939년 후생성에 입성해 학자가 아닌 후생관료의 한 사람으로서 전시기 인구정책의 수립과 실행에 깊숙이 관여했다. 앞서도 말했던 것처럼 '국민우생법'과 '인구정책확립요강'의 성립에 고야가 미친 영향력은 심대한 것이었다. 즉 그는 재야의 우생학을 전시국가의 인구정책에 접목시킨 매개자이면서 동시에 자신의 '민족위생학'을 인구정책에 반영시키려 노력했던 실행자였다. 그의 '위생학자=우생학자'로서의 이력은 근대일본의 우생학이 국가의 인구정책과 결합해 가는 역사와 분리해 생각할 수 없다.

전쟁기 고야는 '황도주의'에 경도된 모습을 보여주었다. 그는 '황도주의'가 '대동아공영권의 지도 이념'이어야 함을 자신의 '민족과학'을 통해 정당화했다. 하지만 고야가 자신의 민족생물학(민족위생학)을 '대동아공영권'을 위한 '지도 이념' 수립에 기여할 수 있는 '과학'으로 제시했다고 해서 '대동아공영원' 내의 민족들과 일본민족의 '혼혈', 즉 민족 간 '혈액의 융합'을 지지한 것은 아니었다. 이미 다수의 연구가 밝힌 것처럼 고야는 다른 민족에서 비해 '우수한' 정신형질을 가진 일본인이 다른 민족과 '혼혈'되면 민족성의 퇴화라는 '역도태'의 상황을 맞이할 수밖에 없다고 경고했다.[53] 그리고 같은 이유로 '혼혈'의 가능성을 높일 수 있는 타민족의 일본 유입에도 극히 부정적인 생각을 갖고 있었다. 바꿔 말하면 그는 '대동아공영권'이라는 제국의 '이념'에 대해서는 흔들림 없는 지지를 보냈지만, 민족 간 이동과 접촉이 활발해지는 제국의 '현실'에는 깊은 우려를 표명했다.

그러나 역설적으로 '혼혈'에 반대했던 위생학자라는 점 때문에 패전 이후에도 고야는 '전쟁협력'에 관한 책임 추궁당하는 일 없이 GHQ의 인구정책에도 관여하는 기회를 가질 수 있었다. 그는 과거 자신이 '산아제한'에 반대했다는 점은 수정했지만, '국민우생법'을 계승해 1948년 제정된 '우생보호법'의 제정에 참여함으로써 패전에도 불구하고 위생학자로서의 이력을 계속해 갈 수 있었다.[54] 1920년대 후반 시라카바파의 예술

53) 이에 관해서는 다음을 참조할 것. 오구마 에이지, 앞의 책, 2003, 『일본 단일민족신화의 기원』, 325~327쪽 ; 박이진, 앞의 글, 2018, 241~242쪽.
54) 이에 관해서는 다음을 참조할 것. 荻野美穂, 앞의 책, 2008, 156~159쪽.

가에서 벗어나 생물학(유전학)이라는 과학의 힘으로 '민족과학=민족생물학'이라는 학문의 길로 나아갔던 것처럼, 패전 이후에도 고야는 위생학, 인구학 분야의 '과학자'라는 이유로 '전쟁협력'의 과거를 불문에 붙인 채 전후라는 시간을 살아갈 수 있었다. 결국 '황도주의'를 위해 '과학정신'을 배반했던 전시기의 고야는 패전 후 '과학자'라는 이력을 방패삼아 우생정책이 전후에도 연명하는 데 기여했던 것이다.

참고문헌

1. 자료

「古屋芳雄先生に聞く」, 『公衆衛生』 27巻1号, 医学書院, 1963.

2. 저서

가토 슈이치(加藤秀一) 저 · 서호철 역, 『'연애결혼'은 무엇을 가져왔는가—성도덕
　　　과 우생결혼의 100년간』, 小花, 2013.

미쉘 푸코, 이규현 옮김, 『성의 역사1 앎의 의지』, 나남, 1990.

오구마 에이지, 조현설 역, 『일본 단일민족신화의 기원』, 소명출판, 2003.

요코야마 다카시(橫山尊) 저, 안상현 · 신영전 역, 『일본이 우생사회가 될 때까지—
　　　과학계몽, 미디어, 생식의 정치』, 한울아카데미, 2019.

久野収 · 鶴見俊輔, 『現代日本の思想』, 岩波書店, 1956.

古屋芳雄 · 早川孝之訳, 『カアペンター芸術論　天使の翼』, 表現の生活研究会, 1925.

＿＿＿＿＿, 『民族問題をめぐりて』, 人文書院, 1935.

＿＿＿＿＿, 『民族生物学』, 高揚書院, 1938.

＿＿＿＿＿, 『国土 · 人口 · 血液』, 朝日新聞社, 1941.

佐藤光, 『柳宗悦とウィリアム · ブレイク　還流する「肯定の思想」』, 東京大学出版
　　　会, 2015.

鈴木貞美編, 『大正生命主義と現代』, 河出書房新社, 1995.

＿＿＿＿＿, 『「生命」で読む日本近代』, NHKBooks, 1996.

田中聡(1994), 『衛生展覧会の欲望』, 青弓社, 1998.

中見真理, 『柳宗悦　時代と思想』, 東京大学出版会, 2003.

日本文学研究資料刊行会編, 『日本文学研究資料叢書　白樺文学』, 有精堂出版,
　　　1971.

荻野美穂 『「家族計画」への道』, 岩波書店, 2008.

藤野豊, 『日本ファシズムと優生思想』, かもがわ出版, 1998.

米本昌平他, 『優生学と人間社会ー生命科学の世紀はどこへ向かうのか』, 講談社, 2000.

3. 논문

강태웅, 「우생학과 일본인의 표상―1920~40년대 일본 우생학의 전개와 특성」, 『일본학연구』 38, 2012.

김경옥, 「총력전체제기 일본의 인구정책―여성의 역할과 차세대상을 중심으로」, 『일본역사연구』 37, 2013.

박이진, 「일본의 혼혈 담론」, 『대동문화연구』 제103집, 2018.

서동주, 「근대일본의 우생사상과 '파국'의 상상력」, 『일본문화연구』 제75집, 2020.

이헬렌, 「우생학 담론에서 '배제'의 논리: 생명관리 권력(Biopower) 이론을 통해 본 이케다 시게노리(池田林儀)의 우생운동」, 『일본역사연구』 36, 2012.

古屋芳雄, 「大東亜戦争と人口問題」, 『教學叢書 第十四輯』, 文部省教學局編, 1943.

鈴木善次, 「進化思想と優生学」, 柴谷篤弘外編, 『講座進化② 進化思想と社会』, 東京大学出版会. 1991.

高岡裕之, 「体力 · 人口 · 民族：総力戦体制と厚生省」, 『한림일본학』 제23집, 2013.

松原洋子, 「〈文化国家〉の優生法ー優生保護法と国民優生法の断層」, 『現代思想』, 1997.4.

松村寛之, 「「国防国家」の優生学ー古屋芳雄を中心にー」, 『史林』 83(2), 史学研究会, 2000.

柳宗悦, 「生命の問題」, 『柳宗悦全集 第一巻』, 筑摩書房, 1981.

19세기 후반 독일 청년운동과 신체문화

나 혜 심

I. 머리말

서구 근대화 과정의 결과에 대한 성찰은 현대사회의 다양한 사회현상을 설명하는 이유가 되곤 한다. 그 사회현상 중 대표적인 예 하나가 세계 여러 나라에 동시적이고 연쇄적으로 일어났던 68운동이다. 서구 근대성, 자본주의, 그리고 이성 중심의 사회, 냉전 구도를 이루는 거대 권력국가의 패권주의에 대한 거부감의 표명이기도 했던 이 운동은 그것을 이끄는 주체의 특별함으로 인해 또 하나의 이름을 갖고 있다. 바로 젊은 대학생에 의한 세대갈등 표출행위이다. 오늘날에는 세대 고유의 관심과 이해관계로 인한 세대갈등 표출은 그리 특별한 현상처럼 보이지 않지만 68운동은 당시로써는 상당히 신선한 것이었다. 그런데 그보다 이른 시기인 19세기 말, 이미 한 차례의 세대갈등 표출이자 동시에 당대 사회의 문제에 대해 성찰하는 태도를 보이는 세대운동인 청년운동이 있었다.[1] 68운동과는 달리 사회운동의 성격을 갖지는 않았지만 자주 68운동과 비교되는 청년 주도의 운동인데, 이는 주로 일상과 문화적 변화를 요청하면서, 특정한 행동방식을 드러내는 운동이었다.

청년들의 자발적 단체 활동으로 시작했고 일부 기성세대가 참여했던 이 운동에 대해 청소년운동이라는 표현이 더 자주 사용되는 것처럼 보인다. 하지만 한국의 청소년 기준이 만 19세라는 점을 감안하면 19세기 후반 이 운동 참여자를 청소년 범주에 넣기는 좀 어려워 보인다. 그뿐 아니라 이 운동에는 대학생이나 교사의 동참도 있었기 때문에 청년운동이라 부르는 것이 더 적절하다. 1896년 김나지움 졸업반 학생을 대상으로 당시 법학과 학생이었던 호프만(Herman Hoffmann)이 자신이 김나지움 다닐 때 교사로부터 들었던, '유랑하라 걸어서 여행하라'라는 조언을 실천했던 것이 이 운동의 시작점이었다. 1913년 10월, 독일 카셀(Kassel) 인근의 마이스너(Hohen Meissner) 산에 독일 전역에서 몰려온 청년들이 야영대회를 했고 이를 정점으로, 이후 다양한 분파와 조직들이 형성되고 운영되었다. 1914년 1차대전 발발과 함께 그 일부에서는 정치적 성격을 장착하게 되었다. 나치 시기의 청년조직으로 발전하기도 하면서 그 명맥은 1970-1980년대까지 이어졌다. 오늘날 독일의 학생들이 참여하는 많은 공, 사적 야외활동도 역사적으로 이 청년운동에서 기원하는 것으로 여겨진다.

이 운동이 시작되게 된 배경으로는 급격한 산업사회로의 전환 속에서 교양부르주아층이 갖게 된 일종의 위기의식이 언급되기도 하고 특히 대

1) 68운동과 19세기 후반 독일 청년 운동의 유사성에 대한 언급은 드물지 않게 제기되곤 한다. 예를 들면 린제(Ulrich Linse)는 미국에서의 68운동에 대한 논쟁 과정에서 19세기 말 독일 청년운동의 주제가 이와 자주 비교되어왔다고 썼다. 그리고 사회 내의 지식 계층(knowledge sector) 사이에서의 일이라는 점으로 인해 깊은 역사적 연관성을 찾아볼 수 있는 점을 강조했다. 이에 대해서는 Ulrich Linse, "Die Jugendkulturbewegung", Klaus Vondung, ed., *Das Wilhelminische Bildungsbürgertum* Göttingen, 1976, p.119.

학입시를 목적으로 엘리트 교육에 집중하는 학교 교육에 대한 세대불만의 표명으로 묘사되기도 한다. 그 이외에 산업화 된 사회 분위기에 반감을 가지고 자연과 친화하고자 하는 감정적 행위로 설명되거나 세기말적 불안 증상으로 인한 행동들로 이해되기도 한다. 무엇보다도 이들의 운동이 나치 집권 시기 강력한 지지세력이 되었던 청년층의 행동과 연결되면서 정치사적으로 주목을 받기도 한다.

본 연구의 대상은 정치운동과 연계되기 시작한 1914년 이전의 청년운동이며 특히 그들의 행동방식에서 나타난 문화적 태도에 주목한다. 교실에서 이루어지는 수업을 완전히 거부하지는 않으면서 주말을 이용해 밖으로 도보여행 다니고, 들판에서 야영하며, 악기 연주에 맞추어 노래와 춤을 추고, 때로는 나체로 운동과 일상을 영위하는 이들의 행위는 어떻게 해서 불만을 표출하는 방법이 된 것일까? 그들이 자신들의 신체를 자유롭게 표출하는 것이 청년세대의 어떤 의식을 대변하는 것일까? 교양부르주아층의 사회문화적 가치는 신체의 자유(Freikörper)로움과 어떻게 연결되는 것일까?

19세기 서구사회에서는 다양한 이념이 등장했고 그것들은 다양한 사회, 정치, 문화적 변화들을 유인했다. 19세기 후반에는 제국주의 확장과 세계에서의 권력 확보 경쟁 속에서 서구 국가들은 그들의 행위는 물론 그 경쟁과정에서의 자신들의 정치, 문화적 우위성을 주장하는 많은 담론들을 발전시켰다. 급격한 산업화로 인해 발생하는 사회문제는 물론, 이에 대한 해결의 노력들, 민족국가 형성을 실질적으로 완결시키려는 정치적 움직임 속에서 세기말적인 위기의식이 사회에 전반적으로 확산되어 있었다. 이런 세기말적 분위기에서 이 운동의 주체인 교양시민층 청년들은 그 현실적 세계 속에서보다는 자연에서, 그리고 자신의 자유로운 신체를 드러내는 행위를 통해서 자신들의 요구들을 구현하려고 했던 것일까? 그리고 이런 행동들은 당시 세기말적 사회인식들로부터 어떤 영향을 받아 취해진 것이었을까? 그들의 자발성은 어느 정도나 그들 세대로부터 나타난 것일까? 이런 물음들과 더불어 저항행동으로서의 문화운동에서 특히 신체행위에 담긴 의미에 대해 살펴보고자 한다.

II. 19세기 후반 독일 사회와 독일 청년운동

1. 독일의 청년운동과 연구관심들

19세기 말- 20세기 초 사이, 독일 사회에 나타난 청년들의 이러한 집단 움직임을 사회개혁 운동으로 해석하는 경우도 있지만, 사실 그것은 그렇게 의미 있는 사회변화 지향 행동은 아니었다. 처음에는 학교 교육방식에 반대하는 의사 표현이 주목적이었고 반발 행동의 범위는 어디까지나 그들에게 허용되는 선 안에 머물러 있었다. 그렇게 시작했던 운동이 1968년에 진행된 대학생 중심의 운동으로까지 이어지는 일종의 대안운동이었다는 주장에 공감하게 되면 이 운동의 역사는 상당히 길다. 그 긴 역사적 과정 동안 조직적인 측면에서 다양한 분파 파생의 과정이 있었으며 반더포겔(Wandervogel)과 같은 자발적 운동조직 말고도 정치기구나, 교회 등에서의 청년운동들도 이 운동의 과정 안에 있었다. 이런 이유로 이 일련의 청년운동 자체는 하나의 통일적인 운동으로 설명하기 어렵다.

이 중 본 고의 관심 대상인 청년운동은 1895년 베를린의 슈테글리츠(Steglitz) 김나지움을 출발지로 하는 반더포겔(Wandervogel)운동에서 시작된다. 1901년 11월, 반더포겔은 〈학생도보여행위원회〉로 형식을 갖추면서 본격적으로 조직화 되었다. 나중에 이 운동은 정규학교와 대학의 교육과정으로, 다양한 문화사업으로 발전했으며 다양한 청년 활동들로 확대되어갔다.[2] 사회적으로 운동 발전의 가장 중요한 전환점은 1913년 카셀 마이스너 산에서 전국에서 출발한 약 2천 명의 학생들이 모여 대회를 개최한 사건이었다. 그 뒤 1차 대전에서 패배하면서 이들 중 일부에서 민족과 독일문화를 찬양하는 정치적 성격의 청년조직들로 발전하게 된다. 일부는 나치의 집권과정에 기여하는 청년조직의 역할로까지 이어졌다.[3] 독일의 사회적 분위기에서 1차 대전 패전이 갖는 의미는 매우 크고 그런 상황에서 문화운동으로서의 성격이 민족주의적 성격의 운동으로 변화해간 것은 그리 특별해 보이지는 않는다.

사회사적으로 이 운동은 근대화한 빌헬름 제국의 사회에 대한 문화회의주의 현상으로, 특히 이 변화 속에서 사회경제적 위상의 불안정성을 느낀 교양시민층의 개혁 요구에서 출발한 것으로 평가되어왔다. 이와 같이 불안감에서 유발된 행동이라는 측면에서도 부모세대의 그것과는 달리 기성세대에 대한 저항 내지는 반항의사가 문화적 방식으로 발현되었다는 점으로 인해 일종의 세대갈등 양상으로도 이해된다. 세대 고유의 행동이라는 것은 1913년 3월 마이스너산에서의 모임에서 이들이 "성인들이 획득하고 전달한 가치를 우리들 스스로의 힘으로 내적인 진실성으로 발전시켜나간다"라고 표현함으로써 공공연히 표명되었는데 결국 이들은 자신들 미래를 스스로 결정하고자 하는 의사를 표현한 셈이다.[4]

---

2) 유진영, 「독일 청소년운동으로서의 안팡(Der Anfang)운동: 안팡지에 나타난 학생과 교사간 관계를 중심으로」, 『한국교육사학』 37(2), 2015, 3쪽.
3) 권형진, 「나치정권의 소년들에 대한 통제-히틀러 유겐트를 중심으로-」, 『대구사학』 89, 2007, 3쪽.
4) 이에 대해서는 권형진, 같은 논문, 8쪽.

독일의 산업화는 상대적으로 늦게 시작되었지만 급격한 진행을 보였고 그 과정에서 교양부르주아는 자신의 사회적 지위가 유지될지에 대한 위기의식을 느끼게 되었다. 경제상황 급변과 기술발전의 급속함을 지켜보며 자녀들에게는 여전히 대학에서의 엘리트 교육을 강요했다. 이에 거부감을 갖고 있던 자녀세대와의 사이에 교육목표 및 방식과 관련해 갈등이 발생하게 되었던 것이다. 청년들은 부모세대의 그것과는 다른 가치관을 지향하며 물질적 진보와 발전이 아닌, 전근대적인 전통과 낭만을 추구하는 것처럼 보였다. 운송수단 대신 도보로 여행을 했다는 의미에서, 그리고 사적인 영역의 존중과 이를 강화하기 위한 다양한 부르주아적 문화가 발달한 사회에서 집단으로 활동하며, 도시 중심의 사회임에도 야외에서의 공동체 문화를 향유하고자 했다는 의미에서 그러하다.

이런 면 때문에 이 운동은 산업화 된 독일사회에 대한 문명 비판행동으로 평가되기도 한다. 실천적으로는 사회개혁을 목적으로 하기보다는 권위적인 집과 사회, 학교에서 벗어나 자연친화적인 삶을 하고자 하는 문화운동이라고 보는 것이다. 그 형식 역시 사회개혁 목적과는 거리가 있다. 주중에는 일상적 삶을 그대로 영위하면서 주말, 휴일, 방학 등을 활용해서 자연을 산책하고 휴식을 취하는 운동이라는 점에서 그러하다. 그리고 산과 숲, 자연 속에서 전통적인 민요를 부르고 중세인처럼 공동체 생활을 한다는 점에서 이들의 이 행동은 중세적인 삶을 지향하는 것처럼 보인다. 이런 의미에서 낭만주의에 뿌리가 있는 것으로 이해되기도 한다.[5]

다른 측면에서는 기존 교육제도와 방식에 대한 저항운동으로 파악되기도 한다. 일종의 교육운동으로 해석하는 경우이다.[6] 이들 청년 단체

---

5) 사지원, 「20세기 전환기의 독일 청소년운동: 반문명운동」, 『독일어문학』 56, 2012, 204쪽.

지도자와 참가자가 주로 교양시민계층들이었고 당시 산업사회와 기술 발전, 노동 상황의 변화 속에서 경제사회적 지위 유지에 위기감을 느낀 부모 세대의 교육관이 청년들이 원하는 교육방식과 사이에 괴리가 있었던 상황에서 연원한 것이다. 시대의 변화에도 불구하고 교양시민층은 자녀들을 대학입학을 위한 아카데믹한 부분에 집중하는 교육을 시키려 했고 이에 대한 불만은 청년들 행동의 동기가 되었던 것이다. 이는 결국 교육 전반에 대한 청년들의 불만으로 이어졌다.[7] 변화의 핵심은 학생과 사제 간의 형식적 관계의 개선이었다는 것도 교육학적 측면에서 본 이 청년운동의 본질이다.

정치문화와의 연관성 속에서 청년운동에 주목한 연구도 있는데 히틀러유겐트(Hitlerjugend)에 대한 연구의 연장선상에서 이 조직 탄생 배경의 하나로 반더포겔 운동을 다루는 경우이다. 청년에 대한 제국주의 국가로서의 관심이 증가하던 시기에 국가나 정당 등의 조직 형식이 아니라 자발적으로 등장한 일종의 감성적 생활 공동체의 하나로 단체가 등장하고 활동했다는 점을 주목한다. 다양한 청소년 단체의 대표격이면서 '생의 즐거움'을 공유할 목적으로 시작되고 부모세대에 대항하는 청소년 운동의 하나라고 보는 것이다.[8]

청년운동에서 결국 나치 조직으로의 연관성 요소에 집중하는 이 연구이외에도 처음부터 장차 나치즘의 주요 이념과 연결될 소지를 발견하는 연구도 있다. 이 청년운동을 나치 역사에 선행하는 일종의 전사라고 보는 셈이다. 청년운동 내의 지도자급 인물들 대부분이 후에 NSDAP에 소속되었다는 점이 강조되기도 하는데, 운동의 발전과정에서 당시 교육적

---

6) 이에 대해서는 유진영, 「독일 청소년운동으로서의 안팡(Der Anfang)운동」, 3쪽.
7) 유진영, 같은 논문, 1-2쪽.
8) 권형진, 「나치정권의 소년들에 대한 통제」, 2-3쪽.

사고에 영향을 미치는 다양한 교육관이 이런 결론에 이르는데 영향을 주고 있는 것으로 보인다. 청년운동과 니체, 그리고 랑벤(Langbehn)과의 연관성을 탐구하는 가운데, 궁극적으로 그런 연관이 나치 이데올리기와 접점을 이루게 되었다는 논리이다.[9] 이런 관점을 가진 니마이어 (Niemeyer)의 다른 연구에서는 청년운동의 출발지였던 슈테글리츠 김나지움을 다녔던 블뤼허(Hans Blueher)의 자서전 내용을 바탕으로, 당시 교육자들 상당수가 그 책 내용에 대해 부정적 평가를 했음에도 불구하고 용돈을 털어 학생들이 니체의 책을 사서 읽었다는 사실을 증빙함으로써 세기말 청년운동에 미친 니체의 영향을 강조한다.[10] 니체의 위버멘쉬 (Übermensch)를 비롯해 인간에 대한 그의 생각을 오해한 나머지 그를 나치즘과 연관시키게 됨으로써 이런 논의가 발생된다고 보는 것이다. 그럼에도 불구하고 적어도 청년운동 내의 행위를 결정하는 주요 인식과정에서 위기를 제어할 지배자와 절대적 복종은 나치즘적 사고와 유사성이 있는 것은 부인할 수 없어 보인다.

이 청년운동과 나치 집권지지, 그리고 궁극적으로 나치시기의 청소년 조직으로 연결되는 일련의 과정에는 처음부터 이 운동이 갖고 있었던 성격보다는 1차 대전에서의 패전 상황과 충격이 영향을 미쳤다는 점이 강조되기도 한다.[11] 사실상 1차대전의 패전은 독일사회의 정치, 문화적으로 매우 분명한 상황적 전환점이었던 것은 분명하며 청년운동의 변화

---

9) Christian Niemeyer, *Nietzsche, die Jugend und die Pädagogik, Ein Einführung.* Einheim/München, 2002, Teil III

10) 당시 학생이었던 츠바이크(Stefan Zweig) 역시 커피숍에서 학생들끼리 오랜시간 니체를 논했다는 점을 밝힌다. 이에 대해서는 Christian Niemeyer, Nietzsche als Jugendverführer, Gefährdungslage und Pädagogisierungsoffensive zwischen 1890 und 1914. Christian Niemeyer ed., *Nietzsche in der Pädagogik?* Weinheim, 1998, pp.96-115. p.106.

11) 이 견해에 대해서는 고유경, 「문화비판으로서의 반더포겔운동, 1896-1913」, 『독일연구』 6, 2003, 5쪽.

역시 이런 과정으로 이해될 수 있을 것 같다.

청년운동을 통해 드러내고 있는 시대정신, 문화적 태도에 주목하여 이 운동의 성격을 파악하는 연구도 있다. 거기에서 다른 나라보다 늦었지만 속도면에서 매우 급속했던 산업화로 인해, 19세기 후반 독일사회의 사회적 갈등은 더 첨예했다는 점이 강조된다. 사회주의 운동과 이에 대한 정치계와 보수적 세력의 활약은 갈등의 양상을 더 심화시키는 것으로 보였고 이런 사회적 갈등으로 발현되는 근대화의 위기는 이 청년운동 등장과 발전으로 이어졌다는 것이다.[12]

운동 양상의 측면에서 이 운동은 청년문화(Jugendkultur)의 발현으로 간주될 만하며 그런 이유에서 부르주아적 문화로부터 벗어나 고유한 공동체 생활로 전환해가는 모습을 중심으로 평가되기도 한다.[13] 부르주아의 문화경향이 근대 경제체제의 기반이 되는 도시 문명, 개인주의적인 점과 비교해서, 그것으로부터 탈피하려는 양상에 주목하는 경우이다. 또 다른 연구에서는 운동 발생과 청년의 불안증을 연결하기도 한다. 부모세대는 경제 성장을 통해 안락한 삶을 살았지만 그 안에서 성장한 청년세대는 세기말의 경제위기 속에서 그 안락함을 자신들이 더는 누리지 못하게 될 것이라는 회의감이 있었다는 것이다. 1870년대 이후의 경제위기와 사회혼란 속에서 미래에 대한 불안이 자기 나름의 추상적 대응을 통해 부모세대의 규범에 거부하려는 움직임으로 이어졌다는 것이다.[14]

세기말적 상황과 청년의 사회개혁을 위한 움직임을 연결시켜서 청년운동을 파악하는 경우도 자주 발견된다. 급속한 산업화, 도시화, 대중문

---

12) 고유경, 「문화비판으로서의 반더포겔 운동」, 6쪽.

13) Laqueur W., *Die Deutsche Jugendbewegung, Eine historische Studie*, Köln:Wissenschaft und Politik, 1962., Grossmann, U., *Aufbruch der Jugend. Deutsche Jugendbewegung zwischen Selbstbestimmung und Verführung*, Nürmberg, 2013.

14) Hagen Schutze, Kleine Deutsche Geschichte, 반성완 역,『새로 쓴 독일역사, 지와사랑, 2001, 197쪽.

화의 출현, 전통적 시민 가치의 상실, 사회민주주의 세력의 등장, 식민지 경쟁에서 뒤처지고 있던 독일의 입지 등으로 인해 지식인층이 갖고 있던 문화비판과 사회개혁, 교육개혁 필요 인식이 이들에게서 나타났다는 것이다. 조화와 안정이 깨어진 듯이 보이는 상황에 대처하면서 그 일상성에 문제를 제기하는 여성운동이나 생활개선운동(Lebensreformbewegung) 등과 더불어 이 운동도 등장한 것이므로 궁극적으로는 일상적 삶의 구조에 대한 문제제기 행동이라고 파악하는 것이다.[15]

19세기 말에 시작된 청년운동은 나치시기를 지나, 이후 오랜 시간 동안 더 이어졌고 오늘날에도 청소년의 야외활동과 집단활동의 기원을 이 운동에서 찾기도 한다. 또한 그들 운동경향의 다양성과 현재 사회에의 영향이 여전히 논의의 주제가 되고 있어 청년운동의 연구는 지속된다.[16]

그러나 이 운동이 자발적이었다고 해도 이들이 김나지움을 막 마친 학생들이거나 대학생, 그리고 젊은 교사라는 점을 고려하면 이들의 행동방식이나 문화적 지향들이 완전히 자발적이라고 할 만한지는 의문이다. 이들이 새로운 세대로서 부모 시대의 가치와 그 가치에 기반을 둔 근대화 결과물에 비판적인 태도를 보였고 개혁교육학이라는 새로운 교육방식의 기반을 이루기는 했지만 그 운동의 주체가 하나의 세대적 특성을 보이는 정도의 혁신성 이외에 어떤 개혁성을 가졌었는지에 대해서 정확히 알 수 없다. 이들이 산으로의 도보여행이나 야영, 악기 연주와

---

15) Jürgen Reulecke, hg. *Geschichte des Wohnens, 1800-1918 Das bürgerliche Zeitalter*, Stuttgart, 1997, p.190.
16) 예를 들면 오버함바흐(Ober Hambach)에서 1980년대에 있었던 다수의 성폭력 사건들이 있다. 청년운동에서 출발한 개혁교육학을 기반으로 세워진 이 곳의 Odenwaldschule에서 일어났던 성폭력 사건들이 다루어질 때, 그것의 원인으로서 청소년 운동의 전통이 연관있다는 주장이 제기되었었다. 청소년 운동에 있었던 일종의 대안문화가 현대 세계에 이르러 이런 일탈로 연결되어 있다고 보는 것이다.

춤과 노래, 나체로 춤추기 등을 하며 자연에서 신체의 자유를 맛보았고 자신 세대의 미래에 이루어질 삶의 방식을 표현하기도 한 이 운동에 대해 하겐 슐체는 부모세대와의 세대갈등으로 묘사했다. 부모세대는 보수주의자거나 자유주의적 성향의 민족주의자 아니면 자유사상가였지만 그들은 인종주의적 성향의 민족주의자, 혹은 사회주의자, 또는 니힐리스트가 되었으며 그것도 '아니면' 청소년 운동이나 반더포겔에 참석했다고 썼다.[17] 이들의 운동은 부모세대의 정치사상과 그들 세대의 다양한 이념과 경향에 속하지 않기 위한 대안이었던 것처럼 읽히지만 과연 자유신체를 외치며 자연으로 나간 청년들에게 그것은 하나의 대안이었던 것일까? 특히 낭만주의 영향하에 고전 교육에 노출되어 있고 다양한 사상과 담론이 발전하고 있었던 시대에 교양시민층에 속한 이들의 행위들은 과연 이런 사상과 분리되어 내용적 자발성을 기반으로 할 수 있었던 것일까? 이에 대한 의문에서 본고는 출발했다.

2. 청년운동의 발생과 특징

1896년, 대학생 호프만의 지도로 시작된 숲으로의 도보여행은 중세 청년 직인의 편력여행을 연상시키며 그런 이유에서 이 움직임은 낭만주의적 경향으로 보일만하다.[18] 하지만 1913년 마이스너 산에서의 모임을 거치며 단순히 과거로 향해가는 낭만적 경향처럼 보이던 청년들의 움직임은 민족주의적 성격의 운동 양상으로 나타난다. 독일 중부 도시 카셀

---

17) Hagen Schultze, Kleine Deutsche Geschichte, 반성완, 『새로 쓴 독일역사』, 197쪽.
18) 고유경은 비단 이것이 과거로의 회귀만이 아니라 18세기 독일의 낭만주의 전통으로 이어지는 역사성을 갖고 있다고 주장했다. 이에 대해서는 고유경, 「문화비판으로서의 반더포겔 운동」, 3쪽.

에서도 가장 높은 이곳에서 야영대회를 치루면서 청년운동에 대한 전국적인 인지가 이루어진다. 하지만 이는 동시에 나폴레옹에 대한 독일의 라이프치히 전투 승전을 기념하는 행위였고 그런 이유에서 과거 부르센샤프트의 바르트부르그 축제를 연상시키며 정치적 의미까지 담보하게 된다.

이 청소년 조직은 그들 스스로 형성했고 자신들 내부에서 지도자를 선발하는 방식을 취했으며 만남의 인사로 Heil이라는 용어를 사용함으로써 나치즘을 연상시킨다. 한 언론 매체는 19세기 말 청년운동의 역사에 대한 기사를 쓰면서 이 운동 참여자가 부모에 대해 저항하는 일종의 반역적 태도를 취했고, 자유를 추구했으며 자연과 더불어 사는 삶을 살고자 했다고 설명했다.[19] 이 기사에는 청년운동의 상징처럼 보이는 그림이 등장한다. 금발의 긴 머리를 가진 젊은이가 나체 상태로 바위 꼭대기에 서서 자신의 팔을 양쪽으로 벌리고 하늘을 바라보는 모습을 뒤에서 그린 것이다. 회프너(Hugo Hoepner)에 의해 그려진 이런 컨셉의 신체 모습은 1900년을 넘어서면서 청년운동의 아이콘이 되었다.

위에서 언급한 것처럼 교양시민층의 청년운동은 근대적인 사회 모습에 대한 세대저항으로 보이지만 운동의 양상 자체가 거대한 사회적 반향을 일으킬만한 것은 아니다. 자연으로의 도보여행이나 숲에서의 야영, 노래하기, 나신으로 춤추기 등이 그 일부였으며 회프너의 그림처럼 나신으로 태양을 바라보며 태양으로부터 무엇인가를 받고 싶어 하는 청년의 모습은 전투적이거나 혁명을 준비하는 것과는 거리가 멀다. 그들은 그저 자연 속에서 걷고 이에 적절한 의상을 갖추고, 춤을 추고 노래하며

---

19) 'Aufbruch der Jugend: Die tragische Geschichte der deutschen Jugendbewegung" DW am 02.13.2013.
https://www.dw.com/de/aufbruch-der-jugend-die-tragische-geschichte-der-deutschen-jugendbewegung/a-17117521

악기를 연주한다. 야외에서 취사하고 숲에 있는 건물에서 잠을 잔다. 마치 중세의 청년처럼, 중세 직인의 편력 여행처럼 보이는 이런 행동들은 저항이라는 명분에 맞는 어떤 의미를 담고 있는 것일까? 자연과 직접 마주하는 이런 행동들은 무엇을 표현하려는 것일까? 이성 우위의 세계에서 인간의 원초적이고 본능적인 행위방식을 표현함에 있어서 자연과 마주 선 젊은 남성의 신체는 무엇을 의미하는 것일까? 이 행위들의 핵심은 자신의 신체를 어디에 가두는 것이 아니라 자연에 나서고 몸에 닿는 것을 최소화하며 신체의 자유에 집중하는 데 있어 보인다.

중세 서구사회에서 영혼 수행을 위한 감옥에 불과하다고 여겨졌던 인간의 신체는 근대 초에 이르러 새로운 관찰의 대상이 되었다. 근대 인문주의자에게 더 이상 신이 만든 질서에 불과하지 않게 된 자연이나 세계에 대한 관심 못지않게 신체는 중요한 관찰과 의미규정의 대상이 되었다. 예를 들면 프랑스 인문주의자 라블레(F. Rabelais)는 의사답게 신체강화활동의 중요성을 강조했다.[20] 홉스에 이르러 신체는 근대 유럽의 국가를 묘사하는 방식이 되었다. 물론 이를 통제하는 것은 어디까지나 정신이었지만 그에게 국가는 스스로 움직이는 조화로운 신체로 묘사되었다. 자본주의가 발전하면서 신체는 가치를 가져다주는 노동의 도구가 되어 중요해졌지만 곧이어 이 이익을 추구하는 목적에서 관리의 대상이 된다.

이에 관한 푸코의 주장은 많은 이들의 관심을 끌었는데, 그에 의하면 18세기 이후 인간의 몸은 서구세계에서 훈육의 대상이 되었다. 국가를 유지하고 사회에 필요한 형태로 국민의 몸을 관리하는 시대에 들어섰기 때문이다. 푸코는 훈육을 통해 복종되고 훈련된 신체, 즉 순종하는 신체

---

20) 김세희, 「프랑스 르네상스 인문주의에 대한 제고찰: 라블레의 '가르강튀아'를 중심으로」, 『교육사상연구』 32(3), 2018, 5쪽.

로 국민의 몸을 새로 태어나게 하는 방법들이 고안 되었다고 이야기한다. 특히 경제적 효용성의 측면에서 신체의 힘을 증가시키는 목적이 중심에 서게 되었고, 그런 한편에서 복종을 강요하는 정치적 관점에 의해 신체는 더 힘이 강조되어가는 특징을 갖는다고 이야기한다.[21] 근대 자본주의의 발전 속에서 노동을 통해 부를 창출 하는 일에 집중하면서 신체는 이에 기여할 수 있는 신체와 그렇지 않은 신체로 구분되기 시작했고 이런 신체들을 구분하는 담론들이 지식세계에 등장하기 시작했다.

회프너가 묘사한 신체는 청년운동에서 이야기하고자 하는 가치를 담고 있다. 건강하고 젊은 백인 남성으로 자연을 마주하고 있는 신체의 상은 기존 사회가 그들에게 강요하는 엘리트주의에 저항하는 몸짓이었다. 사실 이미 19세기에 신체는 다른 의미로 젊은이들에게 중요한 가치로 강조된 바 있다. 즉 신체의 건강함이라는 가치를 위해 단련과 운동이 정치적 차원에서 강조되었던 것이다. 하나의 국민국가가 아직 등장하지 않은 독일에서 19세기 초중반 민족주의는 강한 국민 만들기에 치중된 적이 있다. 바로 얀(Jahn)에 의해 시작된 강한 국민 만들기이다. 이를 계기로 학교 내에 다양한 체육 교과가 만들어지고 전국적인 축제로 신체 단련문화는 현실화되었다. 그러나 이렇게 강한 신체는 강한 민족, 강한 국가를 만드는 토대가 되었었지만 19세기 후반에 이르러 교양부르주아 계층의 청년들은 자신의 신체적 자유 활동을 가로막는 교육현장에 저항하기에 이르렀고 상황이 허락하는 범위에서 신체의 자유를 만끽하기 시작한다.

산업화 과정은 19세기 후반 들어 전기, 철강 등 고도의 기술도입을 통해 신체적 작용의 필요성을 더 감소하게 했고 이런 측면은 이 청년운동

---

21) 손준종, 「근대교육에서 국가의 몸관리와 통제양식연구」, 『한국교육학연구』 16(1), 2010, 30쪽.

의 주도계층인 교양부르주아뿐만 아니라 노동자 계급들에게도 위기로 다가갔다. 하지만 그 위기감이 교양부르주아의 청년들에게 더 강하게 인식되었다. 자유 신체에 대한 주장은 이 계급의 청년운동에서 특징을 이루며 얀이 주도했던 '강한 신체' 기르기와는 다른 맥락에 있었다. 신체의 자기 결정권 강조가 얀의 그것과는 다른 방향을 향하고 있었는데 그것은 아름다움, 미학적인 신체였다. 그것은 이들이 김나지움에서 교육받은 아름다운 신체상에 부합하는 것이었다. 그것은 그리스적이기도 했고 게르만적이기도 했으며 아리안적이기도 했다. 문제는 이런 신체에 대한 새로운 인식이 그들 스스로의 각성 결과가 아니라 독일사회에 확산되고 있던 인종주의적, 사회적 다원주의적, 그리고 나중에는 우생학적 담론의 영향이라는 것이다.

III. 19세기 후반 독일의 청년운동과 신체문화

19세기 후반 시작된 청년운동은 오늘날 대략 100개 이상의 청소년 단체를 통해 그 역사를 이어가고 있다. 1차 대전 이전의 이들의 행위는 청년들에 의한 일종의 하위문화로 평가되기도 한다. 이들의 행동은 음울한 정치에 대한 도피 행위이자 기존 정치를 둘러싼 문화경향에 대한 혐오감과 경멸감의 표시이기도 했고 이에 동참하는 공동체는 적지 않았다.[22]

그러나 한 김나지움에서 시작하고 비슷한 연령대의 청년들이 여기에 동참했다고 하더라도 이들이 온전히 색다른 생활방식을 추구하며, 배타

---

22) Hagen Schultze, Kleine Deutsche Geschichte, 반성완, 『새로 쓴 독일역사』, 197쪽.

적인 방식으로 그들 자신만의 운동을 구현했다고 보기는 어렵다. 그들의 운동방식과 내용적으로 연결되는 당시의 다양한 인식, 사상, 담론들은 이 청년 운동과의 연관성을 짐작하게 하며 그런 이유에서 이 세대의 자발적 운동은 시대인식의 반영일 수 있다.

그 인식들은 19세기 후반에 독일에 확산되어 있던 청년숭배, 게르만적 생활방식 모방, 그리고 인간의 신체를 논의하는 많은 정치적 이념들이다.

1. 청년숭배 문화

청년이 운동 주체가 되어 자신의 부모를 포함한 기성세대에 저항하는 행위는 세대갈등의 양상처럼 보인다. 그러나 19세기 후반 이 청년세대가 주도하는 행동은 여느 시대의 그것과는 좀 다른 의미를 갖는다. 그것은 기성세대에 대항하여 자기 세대의 독자적인 목소리를 발현하는 '청년'이라는 세대의 존재 자체가 비로소 이때에야 '발견'되고 '확산'되었던 것이기 때문이다. 이 발견이라는 점에 대해 우리는 좀 더 깊이 들여다보아야 하는데, 실은 청년은 이들 스스로 각성해서 나타난 것이기보다는 이미 사회적으로 청년에 대한 관심, 일종의 숭배의 양상으로 사회적으로 환산된 문화로서 볼만한 측면이 있기 때문이다. 19세기 후반은 청년에 대한 숭배문화(Jugendkultur)가 등장했던 때였고 인간 삶의 궤적에 있는 한 과정으로서 청년시기가 주목받으며 그 감성과 중요성이 시대의 문화적 키워드에 들어있었던 때였다.[23]

23) 청년운동의 발생에 대한 관심 속에서 유르겐 로일레케는 19세기 후반부에 "청년(Jugend)"이 한 인간의 개인적 삶의 궤적 속에서 자주적이고 자발적인 시기로 발견(Entdeckung)되고, 확산(Ausbreitung)되기 시작했다고 설명한다. Jürgen Reulecke, "...

이 청년운동은 김나지움 졸업학생이나 그의 선후배에서 시작되었지만 좀 더 구체적으로 보면 여기에는 주로 대입자격시험을 본 이들, 국가의 디플롬이나 박사시험을 지원한 이들, 그리고 초등학교 교사, 대학생, 그리고 공무원 등이 포함된다.[24] 이들 대부분은 교육받은 부르주아 계층이면서 청년층에 속한다. 사실상 세대를 특정해서 운동의 주체로 언급되는 경우는 이전에 거의 없었다는 점이 주목되어야 한다.

물론 19세기 전반기에 대학생의 정치문화운동이었던 부르센샤프트 운동은 독일의 민족주의 운동과 자유주의 추구의 주체로서 청년이 움직인 선례다. 그러나 19세기 후반의 이 청년운동에는 다른 연령층과 이들을 구분하는 인식뿐만 아니라 세대 자체의 존재감을 운동의 성격과 함께 녹여내고 있다는 점에서 차이가 있다. 단지 주체만이 아니라 운동의 이슈와 내용에서 청년의 모습이 담겨 있는데 예를 들면 과거세대에 대한 비판, 기존 세대 행위의 중점 가치인 이성성과 합리성, 대학의 엘리트 교육에 집중하는 기존의 교육경향에 대한 비판적 태도가 이들 운동의 한 부분을 이루고 있다. 특히 1913년 마이스너 산에서 있었던 운동의 전국적 모임인 제1회 자유독일청년의 날 행사의 역사적 의미를 그간 주변부에 머물러 있던 이들이 기성세대의 부속물이자 공적 영역에서 수동적이었던 점을 스스로 각성하기 시작한 데에 두고 있기도 하다.[25]

청년의 움직임은 급격하게 변화하는 시대 속에서 전통적 사회가 해체되고 그런 가운데 아버지 세대로부터 전수된 유산이 자신의 미래를 보장하는 것이 될 수 없다는 각성에서 일부 연원한다. 당시 독일대학의 상

---

und sie werden nicht mehr frei ihr ganzes Leben" Der Weg in die " Staatsjugend" von der Weimarer Republik zur NS-Zeit, *Zeitschrift für Pädagogik*, Beiheft, 1988, p.243.

24) Ulrich Linse, "Die Jugendkulturbewegung", Klaus Vondung ed., *Das Wilhelminische Bildungsbürgertum*, Göttingen, 1976, p.120.
25) 고유경, 「문화비판으로서의 반더포겔운동」, 2쪽.

황은 이런 염려에 원인을 제공하기도 했다. 1880년 이후 독일 고등교육은 변화하고 있었는데, 빌헬름 제국 창건 후 대학교육 확대 현상이 있었고 이로 인해 대학생 수가 급증했다. 결과적으로 고급 인력시장의 불충분성은 가시화되었고 전체적으로 이들의 프롤레타리아트화가 예상되고 있었다. 부모세대가 누리던 계급적 지위가 불안정해지는 상황에서도 여전히 전통적 방식으로 대학 진학만을 염원하는 부모의 교육태도는 이들의 불안함을 더 부추겼다.

그러나 미래의 삶에 대해 불안을 느끼는 이들은 비단 부르주아 계층 청년들만은 아니었다. 자본축적에 집중된 노동 환경이 생산성과 효율성에 집중하며 인간의 본능적 리듬을 억압하고 있었고 그런 가운데 노동자계급의 청년층에도 역시 불안정함이 깊이 자리하고 있었기 때문이다. 그러나 청년이라는 키워드는 19세기 후반의 노동자계급의 문화와 연결시키기는 어렵다. 왜냐하면 노동자계급의 청년은 일찍부터 노동자로서의 정체성을 가지고 있었고 역시 노동자인 부모세대와의 사이에서 연령을 기반으로 각기 다른 세대 정체성 갖기가 어려운 일이었기 때문이다. 이들에게는 "청년"이라는 신화 자체가 존재할 여력이 없었다.[26] 그런 의미에서 "청년"에 대한 강조 자체가 이미 근대화 과정의 부르주아 계급적 상황과 더 연관되어 있었다.

청년 강조의 사회적 분위기는 유아에 대한 강조와 함께 제국주의 국가가 갖는 특징으로 알려져 있다. 영국에서도 제국주의가 쇠락하는 상황에서 반전을 가져다줄 활력을 젊음에서 찾는 분위기가 형성되어있었다.[27] 19세기 말 독일에서도 청년은 문화적, 예술적 양상이자 정치적 태

---

26) 이에 대해서는 Ulrich Hermann, "Jugend in der Sozialgeschichte", W. Schieder & V. Sellin hg., Sozialgeschichte I Deutschland IV, Göttingen, 1987, 144쪽.
27) 권형진, 「나치정권의 소년들에 대한 통제」, 257쪽.

도이기도 했다. 조국을 구할 젊은 피, 아버지 세대와 교체할 새로운 세대가 필요하다는 사회적 동의가 있었던 것이다. 문화적으로도, 젊고 나이듦에 대한 인식이 19세기 후반에서 20세기 전반, 사회적 관심거리로 등장한다. 삶에 대해 관조하고 삶에 대한 힘찬 구호 등을 외쳤던 시인들에게서 늙음, 나이 들어감에 대한 토로가 나타났던 것이다. 예를 들면 헤르만 헤세는 늙어감을 주제로 작품을 썼다.[28) 자신의 개인적 경험이나 심리적 상태보다는 삶과 죽음, 젊음과 늙음, 선과 악 등 단순히 상호 배타적인 반대쌍의 상황들을 대비시키고 "전자를 기준으로" 두 요소를 우열관계로 나누는 사고방식을 드러낸 것이다.[29) 19세기 말의 암울한 시대에 청년은 두드러진 특징으로 인지되고 젊음은 이 시대에 하나의 기호가 되고 있었다.

독일 예술 분야의 새로운 양식인 유겐트슈틸(Jugendstil) 유행 역시 이런 분위기와 무관해 보이지 않는다. 주로 문학, 예술, 건축 등의 한 조류인 유겐트슈틸은 1900년 전후에 유행한 양식이다. 프랑스의 경우 아르누보(Art Nouveau), 영국의 경우 모던(Modern Style) 양식으로 표기되며 그 이외에 "Das Floreale", "Stile modernista" 등 다양한 양식의 독일적 변이형태로 규정하기도 한다.[30) 이는 1896년 창간된 뮌헨의 잡지 *Jugend*에서 따온 것이라는 의견이 있지만 한 잡지의 명칭에서 유래되었다고 하더라도 "청년"을 모티브로 한 잡지가 시대를 대표한다는 점, 그리고 잡지에 실린 양식의 내용이 청년운동에서 드러나는 많은 모티브들과 닮아 있다는 점에서 역시 청년이 하나의 시대적 용어이자 가치였다는 것을 알 수 있게 한다.

---

28) Im Altwerden(1914), Altwerden(1918), Altlern(1931)이 그것이다.

29) 김륜옥, 「늙음에 대한 헤르만 헤세의 시적 담론 소고」, 『헤세연구』 42, 2019, 35쪽.

30) 김재혁, 「릴케에게 있어서 유겐트슈틸 예술의 수용과 극복」, 『독어독문학』 53, 1994, 164쪽.

유겐트 슈틸에서 사용되는 모티브는 주로 자연, 꽃, 나체, 자연과 조화를 이룬 여성들이다. 예를 들면 1896년 *Judend*지에 실린 판콕(Berhnhard Pankok)의 그림은 여성의 나체가 물 속에 약 1/3정도 담긴 채로 풀들과 서로 얽혀있다. 유겐트슈틸의 대표적 예술가인 하인리히 포겔러(Heinrich Vogeler)도 신화, 동화, 전설 등을 모티브로 다룬다.[31] 그의 작품은 "현실과 유리된 이상적으로 아름다운 유겐트양식"이라 표현된다.[32] 유겐트 슈틸은 그림만 아니라 부르주아의 일상문화의 많은 부분에서 발견되었다. 부르주아의 가옥에 대한 연구에서 유르겐 로일레케(Jürgen Reulecke)는 19세기 후반의 불안정한 정치, 사회적 상황 속에서 유겐트슈틸이 부르주아 가옥을 설계하고 건축하는 데에 영향을 미쳤다고 한다. 그리고 그 영향을 가옥을 꾸미는 데 있어 특히 "자연"과 "신체"에 대해 특별히 주목하고 있는 점에서 발견한다.[33] 이 유겐트슈틸에서처럼 현실 거부 분위기는 청년세대의 감성과 연결되고 독일 청년운동 역시 완전한 현실도피는 아니더라도 방향성에서 이와 일정한 접점을 갖고 있다는 사실이 주목할 만하다. 그것은 중세적 삶으로의 회귀, 자연과 더 가까이 있음이다.

이 시기 청년은 비단 문학이나 예술의 사조만이 아니라 정치 이데올로기에서도 나타난다. 빌헬름 2세 즉위와 더불어 독일사회는 청년 숭배가 정치적 분위기에서도 나타난다. 1871년 통일 후 하나의 민족국가를 이루는 일에 집중했던 독일에서 1888년 29세에 황제가 된 빌헬름 2세와 더불어 청년숭배(Jugendkult) 현상은 두드러졌다. 당시 상황에서 29세는 청년이라고 보기 어려웠지만 즉위 직후 73세의 비스마르크 수상을 해임하고 독일적 방식의 해외진출을 꿈꾸고 있었던 그는 청년과 동일시되었

---

31) 김숙영, 「하인리히 포겔러의 미술:노동자와 유토피아」, 『인문과예술』 5, 2018, 248쪽.
32) 위의 논문, 251-252쪽.
33) J. Reulecke, *Geschichte des Wohnens*, p. 190.

던 것이다. 그 스스로도 "청년성과 에너지"를 강조함으로써 그는 "제대로 된 자리에 제대로 자리한 사람"으로서, 그리고 "미래의 남성"으로 추앙되었다.[34] 그런 그의 젊음은 결국 미래를 책임지는 힘으로 인식되었고 그의 정치는 권력을 낡은 세대에 넘기지 않겠다는 의지로 읽혔다.

그의 취임으로 시작된 청년숭배 문화 속에서 '순수하고 도덕적인 청년들의 자발성과 개방성, 희생정신만이 타락하고 노후한 독일사회를 개혁하고 임박한 문화적 파국으로부터 구원할 수 있다'는 사회적 담론이 발전하게 되었다. 청년은 진보와 역동성의 상징으로써 빌헬름 제국 사회의 자화상을 드러내는 모사(Abbild)로 표현되어졌다.[35] 청년숭배는 운동 참여자이자 교육의 변화를 유도했던 뷔네켄에 의해 적극적으로 진행되었다. 그의 자서전에는 청년과 청소년 시기에 타인에 의해 인정받지 못했던 기억을 담고 있는데 이를 기반으로 이 세대에 대한 재평가가 필요하다는 주장이 담겨있다.[36]

사실 청년은 독일에서 이미 정책적 대상으로 여겨지고 있었는데 이 글에서 다루는 청년 이전 세대인 14세~20세 사이를 대상으로 해서이다. 학교를 졸업할 연령이 된 이들이 사회에 나가 사회주의 영향에 노출될 상황을 막기 위해 국가가 지원하는 다양한 청소년 단체를 만들어 관리했다. 또한 차후에 군사력으로 활용하기 위한 목적이 거기에 있었다. 이런 조직과 모임, 그리고 거기서 행해지는 다양한 문화활동은 "민족의 친구"가 되고, "민족의 도덕성" 함양이 목적으로 내세워졌다.[37] 미래세대인

---

34) Martin Kohlrausch, "Die Flucht des Kaisers-Doppeltes scheitern adlig-bürgerlicher Monarchiekonzept", Heinz Rief ed., *Adel und Bürgertum in Deutschland II*, Berlin, 2001. p.71.

35) Klaus Vondung hg., *Das wilhelminische Bildungsbürgertum,* Göttingen, 1976, 125쪽.

36) 뷔네켄은 자신의 어린 시절을 기반으로 학교에서 학생과 교사가 하나의 교육공동체라는 점을 인식하는 것이 중요하다고 강조하면서 젊은이들에 대한 사회적 가치를 변화시키려고 했다. 이에 대해서는 Linse, Ulrich "Die Jugendkulturbewegung", p.125.

청소년을 관리하며 '민족'을 내세우고 '도덕성' 강화와 연결시키는 이런 경향들 속에서 청년세대 역시 기성세대와 다른 자기 결정권에 대한 인식은 물론 '민족'에 대한 역할과 연관된 사고를 하기 시작했을 것으로 보인다. 거기에 결부된 민족에 대한 사명감은 그들의 마이스너산에서의 선언 이후에 나타난 운동의 방향에서도 그대로 나타난다.

청년숭배는 언론과 다양한 문화매체를 통해 확산되었는데 단순히 '젊다는 점' 이외에 이를 통해 표현하고자 하는 이미지들이 있었다. 그것은 '순결'이나 '순수'와 같은 이미지이다. 청년을 상징하는 영화, 다양한 사진, 그림 등에 모티브로 활용되는 것은 건강하고 예쁜, 백색의 소녀와 소년들이었다. 유겐트슈틸 대표작가인 호프만(Ludwig von Hofmann) ≪Der Frühlingssturm≫(1894/95)에 나타난 "건강한 백인 남성과 여성"이 그 예이다.

청소년, 그리고 청년이 사회와 정치의 주목 대상이 되고, 위기에 처한 독일사회를 구해줄 대상으로 황제의 '젊음'이 강조되는 상황에서 청년은 자신세대의 정체성을 각성하고 자신들의 희망을 운동의 차원으로 드러낸다. 그러나 이는 이미 사회적으로 청년의 이미지가 하나의 방향으로 만들어져가고 있는 가운데 생겨난 것이었고 그것은 어떤 창조적 이미지보다는 사회에 구현되어 있는 청년의 이미지를 차용하는 방식이었다. 순수하고 건강한 모습은 또 하나의 이미지와 결합되는데 그것은 과거, 중세 독일인의 모습으로서이다.

---

37) 이를 위하여 Zentral-Ausschuss zur Förderung der Jugend-und Volksspiele in Deutschland(ZA) 가 만들어지고 정치계와 중앙 및 지방정부의 협업이 진행되었다. 이에 대해서는 Militärgeschichtliches Forschungsamt ed., *Der Kampf um die Jugend zwischen Volksschule und Kaserne. Ein Beitrag zur Jugendpflege im Wilhelmnischen Reich*, Karlsruhe, 1971, pp.98-99.

2. 근대에 대한 비판: 과거로, 중세로, 게르만으로

청년운동은 교실을 떠나 자연으로 나가는 것으로 시작되었다. 주말을 이용해 야외로 나가 걸어서 이동한다. 학교교육방식에 대한 반항과 기성세대의 대한 불만은 어째서 자연으로 향했으며 교통수단 활용 대신 스스로 발로 걸어서 하는 행동으로 나타났던 것일까? 호프만이 스승으로부터 받았다는 '밖으로 나가 걸으라'는 가르침은 어디에서 연원한 것일까?

이런 운동방식과 관련해서 한스 울리히 벨러(H.U. Wehler)의 언급은 상당히 주목할 만하다. 그는 19세기 말 청소년 운동시기 널리 읽혔던 작가에 대해 언급한 적이 있다. 그의 저서 『독일 제2제국』에서 청년운동 경향을 게르만적 사회적 낭만주의로의 도피라고 표현했고 이에 영향을 준 저술로 라가르드(Paul de Lagarde)와 랑벤(Julius Langbehn)의 저작을 언급했다. 이들의 저작이 청년운동가들에게 읽을거리로 호평 받았다는 것이다.[38]

라가르드는 1848년 이후 점차 기울어가는 독일 민족의 삶을 염려하며 독일의 재탄생을 촉구했던, 일종의 문화비판적 사상가인데 후에 국가사회주의자들에 의해 정신적 선지자로 여겨졌다.[39] 그가 가진 문화비판 관점이나 독일 영광 회복 등의 이슈를 통해 당시 청년운동과의 연관성을 짐작할 수 있다. 그러나 이보다 중요한 저서는 『교사로서의 렘브란트(Rembrandt als Erzieher)』이다.[40] 실질적 저자는 랑벤이지만 처음에는 익

---

38) Hans Ulrich Wehler, Das deutsche Kaiserreich 1871-1918, 이대헌 역, 올리히 벨러, 『독일제2제국』, 신서원, 1996, 223쪽.

39) Fritz Stern, Kulturpessimismus als politische Gefahr, Stuttgart, 2005, pp. 29-30.

40) Fritz Stein에 의하면 그의 책에서 렘브란트는 완전한 독일인이자 비교불가의 예술가로서 하나의 문화적 이상형으로 다루어진다. 내용적으로는 최고의 삶의 방식을 의인화한 것이며 최고의 예술이자 가장 순수한 개인성의 구현으로 보는 것이다. Fritz

명으로, 라가르드(Lagarde)를 편집자로 해서 출간한 이 책은 1890년 출판되면서 일부러 2마르크라는 대중적 가격을 책정했다. 보급을 늘리려는 의도에서였는데 이름 대신 단지 '한 독일인'이라고 적은 것이 오히려 사회적으로 궁금증을 불러일으켰고 그의 의도대로 대중들에 읽히는 데 성공했다. 출간된 지 2년 만에 39쇄, 그리고 1909년에는 94판이 인쇄되었고 당대의 많은 이들에게 읽혔음은 물론 당시 자라나는 세대에게 상당한 영향을 미쳤던 것으로 평가된다.[41]

그의 글이 청년들에게 특히 주목 받았던 이유는 그의 글에서 유아세대, 또는 청년세대에 대한 긍정적 의미가 강조되었기 때문이다. 특히 아이들의 본능적 순수성(Reinheit)과 완결성(Sicherheit)을 지지했다. 슈테른(F. Stern)은 그에 대해 "청년숭배"를 선전한 최초의 독일 민족주의자 중 한 명이라고 묘사했다.[42] 실제로 그 책에서는 부르주아사회를 비판하면서 젊은 청년들에게서 독일의 정신적 삶을 찾고 있었다.

『교사로서의 렘브란트』는 20세기로 넘어가는 시기, 독일 지식인이 갖고 있던 문화비판적 멘탈리티를 드러내고 있으며 근대화 과정에 대한 저항을 담고 있다. 그의 눈에는 독일 사회가 "정치적 사고구조를 향한 경향(Tendenz zu einer paranoiden politischen Denkstruktur)"을 보이고 있었다. 이런 시각은 사실상 당시 사회에 확산되어 있던 반유대주의와 인종주의의 전형적 양상에서 발견할 만한 것이었다.[43]

청년운동과 랑벤 저술 사이의 관련성은 많은 연구자들에 의해 지적된

Stein, *Kulturpessimismus als politische Gefahr*, p.169.

41) C. T. Carr, "Julius Langbehn-A Forerunner of National Socialism", *German Life and Letters*, 3(1), October. 1938, p.45.

42) Fritz Stein, *Kulturpessimismus als politische Gefahr*, p.183.

43) Eva Wiegmann-Schubert, Fremdheiskonstuktionen und Kolonialdiskurs in Julius Langbehns Rembrandt als Erzieher:Ein Beitrag zur interkulturellen Dimension der Kulturkritik um 1900", *Zeitschrift für interkulturelle Germanistik* 4, 2013, Heft 1, p.59.

다. 킨트(Kindt)도 그중 한 명인데, 랑벤의 *Rembrandt als Erzieher*는 많은 반더포겔그룹이 즐겨 읽었다고 했다.[44] 반더포겔 운동에 의해 시작된 개혁교육학에서도 랑벤의 책만큼 독일의 정신적 삶과 교육운동에서 영향을 미친 책은 더 찾을 수 없다는 주장도 제기된다.[45]

> "1890년 익명으로 출간된, 시대와 문화를 비판하는 책이자 니체와 라가르드의 생각과 연관된『교사로서의 렘브란트(Rembrandt als Erzieher): 한 독일인으로부터』(1938)은 물질주의, 지성주의, 학문, 근대성이 독일 문화를 파괴시키는 요소들이 되고 있다는 내용을 담고 있다. 자기의 내면 들여다보기, 이상주의, 그리고 자기 토대에 굳건히 존재하기라는 선전내용을 가지고 거대한 영향력을 확장하고 있으며 독일 청년운동과 하이마트운동에 영향을 주었다"[46]

19세기 후반 독일사회가 널리 공감하고 있던 반유대주의나 물질문명에 대한 거부, 더 나아가 인종주의적 인식들을 대변하는 랑벤의 글은 이런 류의 생각을 더 확대했던 것으로 보인다. 더구나 이들 교양시민층 자녀들이 김나지움 졸업자이거나 대학생, 그리고 교사층임을 염두에 두었을 때, 교육적 목적으로 랑벤의 저서는 더 많이 활용되었을 가능성이 있다. 그가 독일이 다시 태어나기 위해 개선되어야 할 분야로 군대, 법, 화폐분야, 헌법, 관세 이외에 교육개혁(Bildungsreform)을 언급하며 이것이

---

44) 킨트는 1963년에서 1974년 사이에 청년운동에 대한 자료집 세권을 발간했다. 위 내용에 대해서는 Werner Kindt, hg. Die Wandervogelzeit. Quellenschriften zur deutschen Jugendbewegung 1896-1919, Düsseldorf/Köln, 1968, p.1043.

45) Christian Niemeyer, "Über Julius Langbehn(1851-1907), die völkische Bewegung und das wundersame Image des 'Rembrandtdeutschen' in der Pädagogischen Geschichtsschreibung". Z.f.Päd. 60Jg, 2014, Heft 4, p.608.

46) Killy & Vierhaus, hg., Deutsche Biographische Enzyklopädie, Bd. 6 München/Leipzig, 1997, S.230, Christian Niemeyer, "Über Julius Langbehn(1851-1907), die völkische Bewegung und das wundersame Image des 'Rembrandtdeutschen' in der Pädagogischen Geschichtsschreibung". Z.f.Paed. 60Jg, 2014, Heft 4, p.608에서 재인용.

독일을 재생하는 일을 완결 지을 방법이라고 주장했기 때문에 교육계에 미친 그의 영향은 짐작할 수 있다.[47]

자신이 받은 박사학위를 파기하고 매우 불안정해 보이는 생활을 이어간 랑벤의 저서에 대한 사회적 반향이 모든 독일 지성계에 긍정적이기만 한 것은 아니었다. 그러나 청년을 무너져가는 독일을 구할 수 있는 주체로, 교육을 그 방편으로 생각하는 그의 글들은 청년은 물론 교육현장에 있는 이들에게 더 강한, 긍정적 영향으로 이어졌을 것은 물론이다. 그런 측면에서 볼 때, 그가 청년운동에 영향을 미친 또 하나의 요소를 언급해야만 하는데 그것은 바로 게르만적 가치에 대한 강조였다. 그의 생각은 청년층으로 하여금 게르만적 가치로 시선을 돌리게 했기 때문이다. 게르만은 그의 영향력 이전에는 독일 사회에서 단순한 민족의 영웅으로 받아 들여졌지만 그에 의해서는 게르만에 대한 종족적 특징이 좀 더 일상적이고 세부적인 방식으로 묘사되었고 하나의 이상향적 삶의 모델로 언급됨으로써 일상에서 게르만적 가치를 재현하는 데 영향을 미치게 된다. 자연과 좀 더 가까워지는 생활방식으로서이다. 니마이어(C. Niemeyer)의 경우에도 개혁교육학(Reformpädagogik)과 청년운동에서 나타나는 나체문화(Nacktkultur)를 연결하면서 이를 게르만족인 유형의 것이라고 서술한다.[48]

근대사회에 대한 거부감이 과거로의 회귀 지향으로 드러날 때, 그 구체적인 형태는 중세 게르만적 이미지의 발현으로 나타난다. 권형진의 연구에서 청년운동이 추앙하는 가치가 게르만 신앙, 민족, 전통, 영웅, 관습, 그리고 북방민족의 남성적 아름다움이라고 표현했다.[49] 자연에서

---

47) 랑벤의 언급에 대해서는 그의 책 Julius Langbehn, *Rembrandtdeutsche als Erzieher. Von einem Deutschen* 43.Aufl. Leipzig 1893, p.333 참조

48) C. Niemeyer, "Über Julius Langbehn(1851-1907)", p.609.

49) 권형진, 「나치정권의 소년들에 대한 통제」, 262쪽.

먹고 마시며 도보 여행하는 것은 중세적 교육 및 산업 문화의 한 부분이다. 마치 중세 직인을 비롯한 젊은이들의 방랑, 편력의 재현처럼 보인다.[50] 또한 개인주의적인 산업화 사회의 경향과 달리 공동체의식 강화라는 측면도 이와 연관되어 있다.

다수 연구자들의 지적대로 랑벤의 저서와 청년운동을 연결시키는 경우에, 그가 청년운동에 미쳤을 다른 영향도 주목할 필요가 있다. 그의 저서에는 다른 문화나 다른 인종에 대한 편견 어린 생각들이 드러나 있기 때문이다. 유대인에 대한 적대감은 물론 일본과 같은 다른 문명권에 대한 부정적 태도가 그것이다. 아시아나 아프리카 등 타인종에 대해서는, 그들이 지리적, 정신적 극단으로 인해 상반되는(Antipoden)문화를 갖고 있기 때문에 독일에는 위협적이지는 않다고 보았다. 심지어 아프리카의 경우 전혀 두려워할 이유가 없는데 그 이유는 그들이 완전히 멍청하기 때문이라는 것이다. 오리엔트의 경우에도 유럽에 대비되는 단순한 반구조(Gegenkonstuktion)에 불과하다고 묘사했다. 게다가 퇴폐적 타락의 운명을 갖고있는 문화라고 주장한다.[51] 같은 인종에 대한 적대감 역시 그의 생각의 일부로 드러나는데, 프랑스의 경우 그 문화가 악마같다(als teuflisch)라고 표현했을 뿐만 아니라 베를린의 독일문화와 예술에 불어닥친 프랑스적인 영향을 완전히 부정적(verderblich verdammt)인 것이

---

50) 학생들은 주로 7-8명씩 무리지어 다니며 성가를 부르고 구걸하면서 편력했다. 이들은 방랑학도(clerici Vagantes) 또는 걸식학생으로 불렸는데 가난한 그리스도의 이미지 영향으로 이들의 걸식이나 방랑이 부끄러운 일이 아니었다. 황제 바르바로사는 1158년 면학을 목적으로 여행하는 학생들을 위한 특권을 제시하는 고서를 내리기도 했는데 학헌장으로 불리는 이 교서는 주교, 영주 등에게 이들을 보호해줄 것을 명시했다. 이에 대해서는 이 광주, 「중세의 방랑교사와 그 후예들」, 『대학교육』 68, 1994, p.39.

51) Eva Wiegmann-Schubert, "Fremdheiskonstruktionen und Kolonialdiskurs in Julius Langbehns *Rembrandt als Erzieher*", *Zeitschrift für Interkulturelle Germanistik* 4, 2013, Heft 1, p.60.

라고 서술한다.[52] 독일 내에서도 프로이센에 대한 문화적 거부감도 드러낸다.

> "화류계(Demimonde)와 (...) 민주주의 (...)는 모두 독일로 들이닥친 프랑스의 질병이다. 그것들과 죽을 때까지 싸워야 한다. 역시 파리를 고향으로 하는 세 번째 요소들, 즉 인생의 적인 학문 제도, 영혼 없는 스콜라 철학 역시 마찬가지이다"[53]

19세기 후반의 독일에서 민족주의는 독일국가 건설 직후에 하나의 필연적인 구호가 되었다. 그러나 프랑스에 대한 이런 적대적인 감정은 하나의 독일을 위한 민족주의의 표현보다는 보불전쟁이라는 역사적 사건을 거친 이후 진행된 패권주의 다툼에서 드러나게 되는 적대감 정도로 보인다. 이런 점을 생각해본다면 독일 민족의 재생이라는 주제와 관련해서 게르만으로 귀결되는 것은 어쩌면 자연스럽다.

독일의 민족, 결국 종족적인 기원과 근대 민족의 강화를 위한 담론 속에서 게르만이 등장한 것은 근대 초이다. 타키투스의 『게르마니아』의 발굴이 중세 이래로 자랑할 것 없었던 그들의 조상인 게르만에 대한 다른 묘사를 가능하게 했고 그런 이유에서 근대 독일에서 민족을 이야기하는데 빠지지 않는 주인공이자 영웅이었다.

슐레스비히 홀슈타인 출신으로 덴마크와의 민족 갈등을 경험하고 보불전쟁기간 동안 19살로 자원입대했던 랑벤은 고대 그리스 예술을 주제로 학위논문을 썼다. 하지만 스스로 학위를 반환하였고 대학에서 일하는 것을 거부한 채, 자기 삶의 목표를 독일문화 개혁과 독일 민족의 재탄생(Wiedergeburt)에 두었다. 이런 삶에 대해 프리츠 슈테른(Fritz Stern)

---

52) Julius Langbehn, *Rembrandtdeutsche als Erzieher*, p.306.
53) Julius Langbehn, *Rembrandtdeutsche als Erzieher*, p.344.

은 그가 '지성주의'와 학문에 대해 비판했고 근대문화를 강한 목소리로 비난하며 '자유로운' 개인을 찬양하며 독일 귀족을 보존하고자 했으며 과거를 다시 재생하려고 시도'했다고 평가한다.[54] 비록 그를 당시 독일 인의 대표로 보기는 어렵지만 불안정한 세기말적 상황에서 이런 생각들은 쉽게 사람들 사이에 스며들어 갈 수 있었다. 이런 경향에서 청년들은 예외적이지 않았다.

독일민족을 다시 태어나게 할 의무에 대한 언급은 랑벤의 저서를 읽은 젊은 세대에게 호소력을 보였고 랑벤이 연구한 그리스의 신체, 랑벤이 높이 산 게르만적 신체의 자유는 젊은이들에게 운동의 형태로 나타났던 것이다. 나체문화 역시 이런 영향 속에서 긍정적인 이미지로 사회화되었다. 나체의 아름다움을 찬탄하는 논리와 작품들은 세기말에 드물지 않게 등장했다. 이런 일련의 상황들을 살펴보면, 청년운동의 자연과의 접촉, 건강하고 자유로운 신체에 대한 긍정적 관심은 그 시기 독일 사회에 확산되어 있었다. 당시 사람들은 건강한 신체만이 아니라 아름다움 신체에 대한 관심을 드러냈는데 스포츠나 체조에서 자연과 햇빛 아래서 가능한 한 간단한 옷을 착복하고 움직이는 것을 촉구하는 모임의 등장으로 이어지기도 했다.[55] 그 한 발현이 청년들에 의해 진행되었던 것이다.

3. 자연과 교감하는 신체와 청년운동

청년운동 참여자의 행동방식은 도보행진, 야외에서 노래하고 악기 연

---

54) Fritz Stern, *Kulturpessimismus als politische Gefahr*, p.144.
55) Janos Frecot, "Die Lebensreformbewegung", Klaus Vondung, ed., *Das Wilhelminische Bindungsbürgertum*, p.143.

주하기, 숲속에서 야영하기 등이다. 교양부르주아 계층 청년이 부모세대가 원하는 지식습득 위주의 학습방식에 저항해 도시 대신 자연으로, 생산성에 대한 고려 대신 자연주의적 삶으로, 지식 함양 대신에 춤과 노래와 악기 연주 등 본능에 충실한 행동을 보인 것은 부모세대가 유지하려는 근대적 가치에 대한 저항이자 문명에 대한 항의였다. 또한 뷔네켄의 교육운동에서 보이듯이 자유학교공동체(Freie Schulgemeinde) 형성이나 신체를 자유롭게 드러내는 생활방식 등은 각종 규칙과 제도 등으로부터 자유로움을 추구한다. 신체를 자유로움 속에 두는 일은 그들이 그동안 받아왔던 교육에 대한 일종의 저항적 자세였고 그것은 오랜 기간 동안 자유주의적 경향에서 배제되어 왔던 국왕의 교육 통제에 대한 거부이기도 했다. 하지만 이는 비단 신체의 자유로움만을 위한 것에 그치지 않았다.

청년운동에 영향을 미쳤던 청년숭배는 인생에서 가장 건강한 시기, 그리고 몰락해가고 있는 듯이 보이는 독일사회를 회생시킬 건강한 체력에 대한 추앙이기도 했다.[56] 전 세대 중에서도 독일 사회의 미래를 책임질 모범(Vorbild)으로 여기는 청년숭배는 생기로 가득한 건강한 삶의 단계라는 점과 관련이 있다. 이런 건강함에 대한 인식은 얀으로 대표되는 강한 신체 만들기의 문화민족주의 운동에서도 이미 나타난 바 있다. 나폴레옹의 라인지방 점령 이후에 신체단련을 위한 체조운동(Turnen)을 발전시킨 것은 민족주의 발현방식이었다. 강한 힘을 기르는 것이 민족을 지키는 수단이 될 것이라는 이유 때문이었다. 이를 주도했던 얀은 1810년 베를린에 독일 체조협회를 만들고 체조운동을 확산시키는 기반

---

56) 청년에 대한 추앙은 사회를 주도하는 존재라는 의미로 청년들을 미화하도록 했다. 또한 이런 방식을 통해서 진보와 역동성이라는 이미지로 젊은 제국사회의 자화상을 만드는데 청년은 이에 필요한 상징적인 존재로, 하나의 상으로 비추어졌던 것이다. 이에 대해서는 Ulrich Linse, Die Jugendkulturbewegung", p.125.

으로 삼았다.

그러나 청년으로 표상되는 건강한 신체에 대한 주목은 일종의 문명적 건강함, 우월성과 연관되기도 했다. 이는 낭만주의 시기에도 드러난 바 있는데, 사실 근대 17세기 이후 독일 국민들에게 신체는 그들의 문화적 자긍심을 표현하는 하나의 방법이었다. 독일의 낭만주의가 그리스에 대한 열광으로 점철되어 있듯이 그 열광은 독일인이 흠모하던 그리스의 신체조각상을 모델로 하는 것이었다. 그것은 아름답고, 백색이며 균형 잡힌 신체였다.

18세기 독일 빙켈만(Johan Joachim Winckelmann, 1717-1768)으로 대표 되는 고대 그리스 조각에 대한 다양한 묘사들은 그 조각상에 구현된 신체 이미지로부터 연유한 공식, 즉 백색=문명, 채색=비문명이라는 인식을 담고 있다. 그는 그리스 조각상에서 '이상적 인체미'를 발견했다. 고대 조각의 이상적인 아름다움은 "깊은 샘에서 떠온 순수한 물(,,,), 모든 이질적인 요소들을 깨끗이 제거했기 때문에 맛은 덜 하지만 몸에는 더 좋아 보이는 것"이라는 서술과 더불어 그리스 조각의 인체미를 추앙하고 그 깨끗함과 순수함을 표했다.[57] 이런 인식은 독일 사회 지식인들 사이에 소위 "색채공포증"을 확산시켰는데, 예를 들면 괴테의 경우에도 『채색론(Zur Farbenlehre)』을 통해 색은 "여성적, 동양적, 원시적, 부가적, 장식적이라며 비본질적으로 것"으로 여기기에 이른다.[58] 그 반대에 있는 백색은 문명의 색이다.

고대 조각에서 인간 신체의 완결성을, 그리고 조각의 백색에서 인체 순수성의 표본을 보게 된다. 그리고 이를 기반으로 독일문화와 인종의 순수함과 원초성에 대한 믿음이 발전하게 된다.

---

57) 인용 및 참고는 염운옥, 『낙인찍힌 몸』, 돌베개, 2019, 55-56쪽.
58) 염운옥, 같은 책, 59쪽.

흰색 피부에 대한 긍정적 평가는 피부색으로 문명적 우열을 가리고 있던 서구 인종주의의 다른 표현인 것은 말할 나위가 없다. 신체의 외적 특징은 선과 악, 문명과 야만을 가르는 시대에서 고대의 조각에 묘사된 인체는 가치평가를 위한 중요한 기준이 된다.

17세기 이래로 신체에 대한 이런 관심은 사회적 다윈주의와 범게르만주의 확산 속에서 도태되는 열등한 존재와 비견되는, 하얗고 깨끗하고 건강한 몸에서 완벽한 신체를 찾아나가게 했다. 원래 종교적인 이유에서 거부감의 대상이었던 유대인에 대한 감정이 그들의 몸, 피, 그리고 마음이라는 요소에 의해 고조되고 있던 당시의 상황은 이런 경향을 잘 보여준다. 즉 신체 자체가 적대감의 이유가 되었던 것이다.[59] 독일 사회에서 이제 악의 근원은 인종, 몸, 성정에 의한 것으로 표현하는 문화현상이 발전되게 된다. 슈퇴커는 셈족의 특징을 유물론, 배금주의, 물질주의적이라고 묘사하며 자본주의적 물질문명은 셈족이 만들어낸 결과물이라고 했던 것도 몸을 기준으로 하는 적대감이 문화적으로 표현된 예라고 할 수 있다.[60]

이런 시대에 회프너의 그림에서 나타났던 젊고, 건강하고 하얀 피부를 가진 젊은이의 신체는 단지 건강함의 표현만이 아니었다. 그것은 게르만적인 순수함과 깨끗함, 그리고 문명을 표현하는 것이다. 신체를 외적 기준으로 판단하는 인종주의와, 사회적 다윈주의 등이 확산되고 있던 독일 사회에서 신체를 자유롭게 하려는 청년운동의 행태는 이런 세

---

59) 반유대주의가 신체를 기준으로 변화된 내용에 대해서는 나인호, 「인종주의적 반유대주의의 새로움-빌헬름 마르를 중심으로」, 『독일연구』 37, 2018, 60쪽.
60) 이런 상황은 종말적인 상황과 연결되면서 종말의 원인을 유대주의에서 찾는 이들의 출현으로 이어졌다. 예를 들면 가톨릭 신학자인 롤링(August Rohling)은 1871년 『탈무드 유대인』을 써서 세계가 향하는 종말적인 상황을 강조하며 적그리스도 구현체인 술탄의 등장과 거기서 사람을 유혹하는 유대인 역할 등을 언급했다고 한다. 이에 대해서는 나인호, 「인종주의적 반유대주의의 새로움」, 64쪽.

계관으로부터 자유롭지 않다. 오히려 그것을 청년의 방식으로 표출하고 있는 것인지도 모른다. 이와 연관해서 포이케르트의 주장, 즉 19세기 독일 김나지움을 지배하는 것은 게르만, 신교도, 그리고 그리스의 가치였다고 하는 것은 상당히 설득력이 있다. 그들이 원했던 아니든지 간에 학교에서 배우고 사회에서 독서를 통해 습득한 시대인식은 노동자계층의 청년들과는 달리 자신들의 청년 시기를 고스란히 인지할 수 있었던 교양시민층 청년들에게서 자발적인 행동으로 나타났던 것이다. 그리고 사실상 그들이 자유롭게 하고자 했던 신체는 독일 사회가 추앙하던 그리스 조각에서 보이던 그것이었다. 자연으로의 도보는 역시 그들이 학습한 고대그리스와 중세 게르만의 순수한 이미지의 반복이었다.

IV. 맺음말

19세기 후반에 독일 청년, 특히 교양부르주아층 청년의 위기감은 교실 밖으로 나가는 것을 시작으로 자신 부모세대가 원하는 엘리트로의 교육적 경로를 저항하는 것으로 발전했다. 정치운동의 성격을 갖지는 않았지만 그보다는 하위문화로 작동하는 일종의 특별한 삶에 대한 사고, 삶의 방식에 더 가까웠다. 그런데 이런 행동양상은 사실상 매우 다양한 이념적 기반과 연결되는 것들이었지만 당시의 등장하고 있는 여러 조건들, 기술사회화, 산업화, 도시화 등에 대한 반감의 표명이라는 공통점을 갖는다. 61) 그리고 지향하는 바는 "자연스러움", "자연과 부합하는 생활방식(Naturgemässene Lebensweise)"으로 귀환하는 것이다.

---

61) 나인호, 같은 논문, 139쪽.

이런 면에서 청년운동은 19세기 중반에 시작되어 19세기 말에 활발해진 생활개혁운동의 한 부분에 자리한다. 생활개혁운동(Lebensreformbewegung) 은 다양한 세부적인 방향들을 포괄하고 있지만 중요한 것은 신체적인 영역에 중심점이 있다는 것이다. 그리고 그것은 정화(Reinigung)와 조화(Harmony)를 위한 것이었다. 이를 담고 있는 각종 저술들에는 고유한 세계, 사회에 대한 상을 "자연으로의 회귀(Zurück zur Natur)"의 가치를 포함하는 것으로 묘사한다. 그중에서 위생적인 중요성이 가장 선두에 있었다.[62]

사실상 청년이 주체가 되었다는 점을 빼면, 이들의 문화운동은 얀이나 랑벤의 가르침에 충실한 것이었다. 책을 출판하면서 인위적으로 가격을 낮추어 많은 이들이 읽도록 했던 랑벤의 경우에는 그의 생각에 관심을 갖는 이들의 적극적인 독서 의지와 서로 상호작용하여 그의 생각을 읽고 받아들이게 할 수 있었다. 이런 지식세계의 가르침은 젊은 교양계층에게 그들 나름의 생활문화운동을 수행하도록 영향을 미쳤던 것이지만 그들의 자연으로의 움직임은 다만 당시 독일 사회의 다양한 문화적 이념을 반영하는 것에 불과했다. 그들의 운동행위는 자발적이었으나 그들이 표현하는 바는 당시 사회적 관심의 반영이었다.

---

62) Janos Frecot, "Die Lebensreformbewegung", p. 146. 위생의 중요성은 결국 이 인식과 우생학과의 연관성을 짐작하게 하지만 본고의 논의 범주에서는 본격적으로 다루지는 않았다.

참고문헌

고유경, 「문화비판으로서의 반더포겔운동, 1896-1913」, 『독일연구』 6, 2003.

권형진, 「나치정권의 소년들에 대한 통제-히틀러 유겐트를 중심으로-」, 『대구사학』, 89, 2007.

김면, 『독일 민속학』, 민속원, 2012.

김륜옥, 「늙음에 대한 헤르만 헤세의 시적 담론 소고」, 『헤세연구』, 42, 2019.

김숙영, 「하인리히 포겔러의 미술:노동자와 유토피아」, 『인문과예술』 5, 2018.

김재혁, 「릴케에게 있어서 유겐트슈틸 예술의 수용과 극복」, 『독어독문학』 53, 1994.

나인호, 「인종주의적 반유대주의의 새로움-빌헬름 마르를 중심으로」, 『독일연구』 37, 2018.

사지원, 「20세기 전환기의 독일 청소년운동:반문명운동」, 『독일어문학』 56, 2012.

손준종, 「근대교육에서 국가의 몸관리와 통제양식연구」, 『한국교육학연구』 16(1), 2010.

염운옥, 『낙인찍힌 몸』, 돌베게, 2019.

유진영, 「독일 청소년운동으로서의 안팡(Der Anfang)운동:안팡지에 나타난 학생과 교사간 관계를 중심으로」, 『한국교육사학』 37(2), 2015.

하겐 슐체, 『새로 쓴 독일역사』, 지와사랑, 2001.

Carr, C.T., Julius Langbehn-A Forerunner of National Socialism, German Life and Letters, 3(1), October.

Grossmann, U., Aufbruch der Jugend. Deutsche Jugendbewegung zwischen Selbstbestimmung und Verführung, Nürnberg:Germanisches Nationalmuseum 2013.

Hermann, Ulrich, "Jugend in der Sozialgeschichte", W. Schieder & V. Sellin hg., Sozialgeschichte I Deutschland IV, Vandenhoeck und Ruprecht 1987.

Killy & Vierhaus, hg., Deutsche Biographische Enzyklopädie, Bd. 6 München/Leipzig, 1997, in: Christian Niemeyer, "Über Julius Langbehn(1851-1907), die völkische Bewegung und das wundersame Image des 'Rembrandtdeutschen' in der Pädagogischen Geschichtsschreibung". Z.f.Päd. 60,. 2014, Heft 4.

Kindt, Werner, hg. Die Wandervogelzeit. Quellenschriften zur deutschen Jugendbewegung 1896-1919. Düsseldorf/Köln: Diederichs, 1968.

Kohlrausch, Martin, "Die Flucht des Kaisers-Doppeltes scheitern adlig-bürgerlicher Monarchiekonzept", in: Heinz Rief hg., Adel und Bürgertum in Deutschland II, Akademie Verlag, 2001.

Laqueur W., Die Deutsche Jugendbewegung, Eine historische Studie. Köln: Wissenschaft und Politik, 1962.

Langbehn, Julius, Rembrandtdeutsche als Erzieher. Von einem Deutschen 43.Aufl. Leipzig 1893.

Linse, Ulrich "Die Jugendkulturbewegung", in: Klaus Vondung, Das Wilhelminische Bildungsbürgertum, Vandenhoeck & Ruprecht, 1976.

Militärgeschichtliches Forschungsamt hg., Der Kampf um die Jugend zwischen Volksschule und Kaserne. Ein Beitrag zur Jugendpflege im Wilhelmnischen Reich, G. Braun Karlsruhe, 1971.

Niemeyer, Christian Nietzsche, die Jugend und die Pädagogik, Ein Einführung. Einheim/München: Juventa 2002, Teil III.

Niemeyer, Christian Nietzsche als Jugendverführer, Gefährdungslage und Pädagogisierungsoffensivezwischen 1890 und 1914. in: Christian Niemeyer hg. Nietzsche in der Pädagogik? Weinheim: Dt.Studien-Verl. 1998.

Niemeyer, Christian, "Über Julius Langbehn(1851-1907), die völkische Bewegung und das wundersame Image des 'Rembrandtdeutschen' in der Pädagogischen Geschichtsschreibung". Z.f.Päd. 60. 2014, Heft 4.

Reulecke, Jürgen , hg. Geschichte des Wohnens, 1800-1918 Das buergerliche Zeitalter, Deutsche Verlags-Anstalt Stuttgart, 1997.

Jürgen Reulecke, "... und sie werden nicht mehr frei ihr ganzes Leben" Der Weg in die " Staatsjugend" von der Weimarer Republik zur NS-Zeit, Zeitschrift fuer Pädagogik, Beiheft 1988.

Stern, Fritz, Kulturpessimismus als politische Gefahr, Kletta-Cotta Stuttgart, 2005.

Vondung, Klaus hg., Das wilhelminische Bildungsbürgertum, Vandenhoeck & Ruprecht, 1976.

Wiegmann-Schubert, Eva, "Fremdheiskonstruktionen und Kolonialdiskurs in Julius Langbehns Rembrandt als Erzieher", Zeitschrift für Interkulturelle Germanistik 4, 2013, Heft 1.

▌이 책에 실린 논문의 출처 ▌

1부 근대 건강 담론의 층위

■ 한국 근대의학 지식의 초기 수용 모습
의학교의 외국인 교원 채용과 의학교과서 번역작업을 중심으로 _하세가와 사오리·최규진
:『일본문화연구』 78호, 동아시아일본문화학회, 2021.

■ 『가뎡위싱』을 통해 본 기독교 의료선교사 Mills의 가정위생 인식
(원제: 한말~1920년대와 의료 선교사 Mills의 가정위생 인식) _성주현
:『역사와교육』 33집, 역사와교육학회, 2021.

■ 일제 경찰기구의 위생 관념 보급을 위한 시·공간적 선전
(원제: 일제 경찰기구의 위생 선전) _최재성
:『한일민족문제연구』 40호, 한일민족문제학회, 2021.

■ 시각화한 신체와 '건강미' _최규진
:『역사연구』 41호, 역사학연구소, 2021.

■ 근대일본의 스포츠를 둘러싼 정치학과 식민지 조선 스포츠담론의 행방과 '국민의 신체' _황익구
:『한일민족문제연구』 40호, 한일민족문제학회, 2021.

2부 보건 사회 정책의 역사성

■ 일제강점기 간호학의 보급과 간호사 양성 정책 _정은영
:『한국융합학회논문지』 12권 7호, 한국융합학회, 2021.

■ 1946년 서울 지역 콜레라 발병세와 일국적·지역적 중심부/주변부/변경성(性) _임종명
:『사학연구』 140호, 한국사학회, 2020.

- 역사 속 재일조선인의 의료와 복지의 한계 _김인덕
  : 『한일민족문제연구』 40호, 한일민족문제학회, 2021.

- 제국일본의 생명정치와 '황도주의' 우생학: 고야 요시오의 '민족생물학'을 중심으로 _서동주
  : 『일본학』 52호, 동국대학교 일본학연구소, 2020.

- 19세기 후반 독일 청년운동과 신체문화 _나혜심
  : 『독일연구』 47호, 한국독일사학회, 2021.

▌찾아보기 ▌

▌저자소개 (필자순) ▌

■ **하세가와 사오리**(인하대학교 의과학연구소 박사후연구원)

논문으로는 「한위건의 초기 생애와 3·1 독립운동 참여 과정 톺아보기 −생애 초기 규명과 경성의학전문학교 특성 고찰을 중심으로」(『일본문화연구』 75, 2020), 「731부대에 대한 민주주의적 '소비'를 넘어서 − 731부대 관련 사진 오용 사례와 조선 관계 자료 검토」(『역사비평』 132, 2020) 등이 있다. 번역서로는 『누구나 알지만 아무도 모르는 731부대』(건강미디어, 2020, 공역)가 있다.

■ **최규진**(인하대학교 의과대학 부교수)

저서로는 『세상의 배경이 된 의사』(건강미디어협동조합, 2018), 『광장에 선 의사들』(이데아, 2017), 『의료, 인권을 만나다』(건강미디어협동조합, 2017, 공저), 『의료 붕괴』(이데아, 2017, 공저), 『한국 보건의료운동의 궤적과 사회의학연구회』(한울, 2016), 『역사 속의 질병, 사회 속의 질병』(솔빛길, 2015, 공저) 등이 있고, 번역서로 『누구나 알지만 아무도 모르는 731부대』(건강미디어, 2020, 공역), 『콜레라는 어떻게 문명을 구했나』(메디치미디어, 2012, 공역)가 있다.

■ **성주현**(1923 제노사이드연구소 부소장)

저서로는 『관동대지진과 식민지 조선』(도서출판 선인, 2020), 『근대 신청년과 신문화운동』(모시는사람들, 2019), 『3·1운동의 역사적 의의와 지역적 전개』(공저, 경인문화사, 2019), 『1919년 3월 1일 그날을 걷다』(공저, 서울역사편찬원, 2019) 등이 있다. 논문으로는 「한말 사회진화론의 수용과 자강론의 형성」(『시민인문학』 39, 2020), 「대한적십자 요인 이경희와 이관용의 민족운동」(『한국민족운동사연구』 102, 2020), 「衡平社と天道教」(『部落解放研究』 212, 2020) 등이 있다.

■ **최재성**(청암대학교 재일코리안연구소 연구교수)

저서로는 『식민지 조선의 사회경제와 금융조합』(경인문화사, 2006), 『계몽의 기획과 신체』(공저, 도서출판 선인, 2019) 등이 있다. 논문으로는 「개화기 교과서에 투영된 신체 규율」, (『한국독립운동사연구』 67, 2019), 「조선총독부 발행 1910·20년대 교과서의 보건·위생론」, (『한일민족문제연구』 38, 2020), 「조선총독부 발행 1930~40년대 교과서의 보건·위생론」,

(『사림』 73, 2020) 등이 있다.

■ **최규진**(청암대학교 재일코리안연구소 연구교수)

저서로는 『조선공산당 재건운동』(독립기념관, 2009), 『근대를 보는 창20』(서해문집, 2007), 『근현대 속의 한국』(공저, 방송통신대학출판부, 2012), 『일제의 식민교육과 학생의 나날들』(서해문집, 2018), 『이 약 한번 잡숴 봐!: 식민지 약 광고와 신체정치』(서해문집, 2021) 등이 있다. 논문으로는 「우승열패의 역사인식과 '문명화'의 길」(『사총』 79, 2013), 「근대의 덫, 일상의 함정」(『역사연구』 25, 2013), 「노동하는 신체와 '국민되기'」(『역사연구』 36, 2019) 등이 있다.

■ **황익구**(청암대학교 재일코리안연구소 연구교수)

저서로는 『交錯する戦争の記憶-占領空間の文学』(春風社, 2014), 『異文化理解とパフォーマンス』(공저, 春風社, 2016), 『재일코리안에 대한 인식과 담론』(공저, 도서출판 선인. 2018), 『재일코리안의 역사적 인식과 역할』(공저, 도서출판 선인, 2018), 『일제침략기 사진그림엽서로 본 제국주의의 프로파간다와 식민지 표상』(공저, 민속원, 2019), 『계몽의 기획과 신체』(공저, 도서출판 선인, 2019), 『지식장의 변동과 공중위생』(공저, 도서출판 선인, 2021) 등이 있다. 논문으로는 「1930년대 재일조선인의 주택문제와 생활권 투쟁의 고찰」(『한일민족문제연구』 36, 2019), 「식민지 초기 조선의 위생풍속에 대한 식민권력의 이중성 – 미신담론을 중심으로」(『일본문화연구』 75호, 2020) 등이 있다.

■ **정은영**(청암대학교 간호학과 조교수)

논문으로는 「초등학생의 안전실천행위에 영향을 미치는 융합요인」(『한국융합학회』 10(3), 2019), 「간호대학생을 위한 시뮬레이션 기반 재난간호 교육프로그램 개발 및 효과 검증」(『한국간호시뮬레이션학회』 7(1), 2019), 「한국 노인의 심혈관질환과 치주질환의 관련성 연구」(『한국융합학회』 10(12), 2019), 「개화기 신소설을 통한 건강 표상」(『역사연구』 36, 2019), 「농촌 지역사회 노인의 재난·안전 실천행위 측정도구 개발」(『한국농촌간호학회』 15(1), 2020) 「근대(1876-1945) 한국사회의 전염병 인식과 간호사의 융합적 역할」(『The Journal of the Convergence on Culture Technology』 6(3), 2020) 등이 있다.

■ **임종명**(전남대학교 사학과 교수)

논문으로는 「종전/해방 직후 남한, 인종 중심적 미국상과 反패권적 약소민족 인민 연대의 상상」(『한국사학보』 78, 2020), 「종전/해방 직후 남한 담론 공간과 미국의 인종적 국가·

사회상」(『역사연구』 37, 2019), 「아시아-태평양 전쟁기, 식민지 조선의 인종 전쟁 담론」(『사총』 94, 2018), 「종전/해방 직후(1945.8~1950.5) 남한 담론 공간과 변경의 미학적 재현」, 『역사연구』 33, 2017), 「해방 공간의 소설과 '서울/비(非)서울'의 표상 체제」, 임종명 외 『역사 속의 중앙과 지방』, 엔터, 2011) 등이 있다.

■ **김인덕**(청암대학교 간호학과 교수, 재일코리안연구소 소장)

저서로는 『재일조선인 민족교육 연구』(국학자료원, 2016), 『한국현대사와 박물관』(국학자료원, 2018), 『오사카 재일조선인의 역사와 일상』(도서출판 선인, 2020) 등이 있다. 논문으로는 「공간 이동과 재일코리안의 정주와 건강」(『인문과학』 73, 2019), 「역사박물관의 탄생과 현재-한국 현대사박물관의 새로운 이해를 위하여-」(『글로벌코리안연구』 5, 2019), 「한국현대사와 박물관 전시-전시와 '한국근현대사' 시점 넘어 보기-」(『세계 역사와 문화연구』 55, 2020) 등이 있다.

■ **서동주**(서울대학교 일본연구소 조교수)

저서로는 『전후의 탈각과 민주주의의 탈주』(공저, 박문사, 2020), 『재일조선인 자기서사와 문화지리』(공저, 역락, 2018), 『근대지식과 저널리즘』(공저, 소명, 2016), 『전후의 탄생-일본, 그리고 조선이라는 경계』(공저, 그린비, 2013)등이 있다. 최근 논문으로는 「근대일본 우생학의 혼혈 담론과 혐오의 정치」(『횡단인문학』, 9, 2021), 「노동을 위한 〈의학〉·국가를 위한 〈위생〉 – 근대일본의 위생학자 데루오카 기토의 과학적 위생론을 중심으로-」(역사연구, 36, 2019) 등이 있다.

■ **나혜심**(고려대학교 독일어권문화연구소 연구원)

저서로는 『독일로 간 한인여성』(산과글, 2012), 『박정희시대와 파독한인들』(선인, 2013), 『기록으로 보는 해외 한인의 역사(유라시아편)』(국가기록원, 2015), 등이 있다. 논문으로는 「독일로 간 한인 여성노동자의 난민성」(『역사문제연구』, 20-1, 2016), 「A Study of South Korean Migrant Nurses in West Germany from the Perspective of the Catholic Church in Germany」(『독일연구』 37, 2018), 「횡단적 삶의 방식인 이주 그리고 재독 한인의 삶」(『사림』 59, 2017), 「돌봄 노동 이주의 역사적 기원」(『서양사론』 144, 2020) 등이 있다.